# 神经科的那些病例



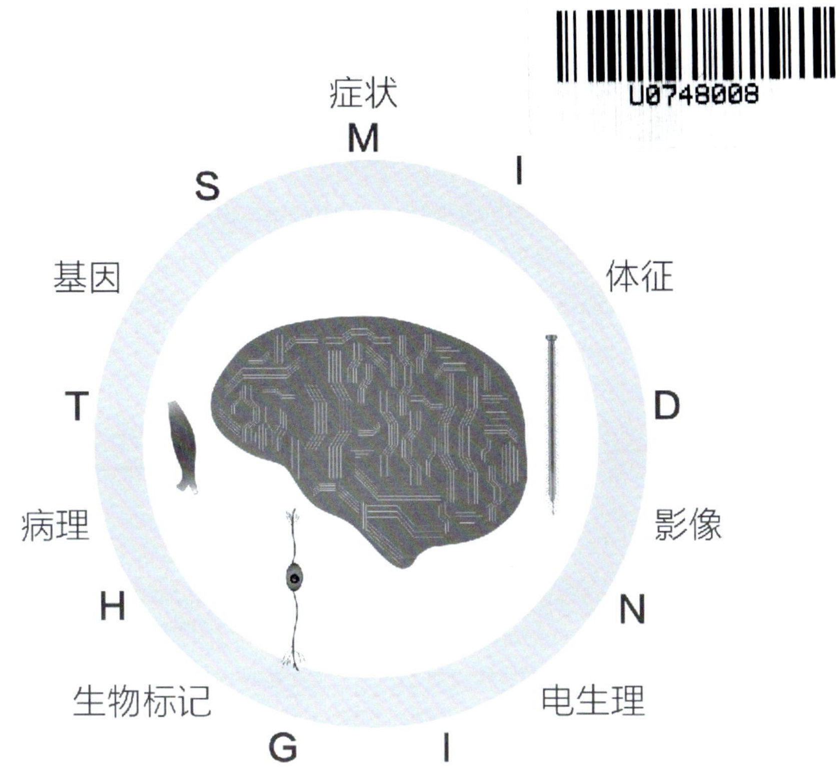


主审　吕传真 卢家红
主编　赵重波 邹漳钰 王蓓

·长沙·

**图书在版编目（CIP）数据**

神经科的那些病例／赵重波，邹漳钰，王蓓主编.
—长沙：中南大学出版社，2019.7(2020.7 重印)
ISBN 978－7－5487－3682－0

Ⅰ.①神… Ⅱ.①赵… ②邹… ③王… Ⅲ.①神经系统疾病—病案 Ⅳ.①R741

中国版本图书馆 CIP 数据核字(2019)第 149320 号

**神经科的那些病例**
**SHENJINGKE DE NAXIE BINGLI**

主编　赵重波　邹漳钰　王　蓓

□责任编辑　谢新元
□责任印制　易红卫
□出版发行　中南大学出版社
社址：长沙市麓山南路　　邮编：410083
发行科电话：0731－88876770　　传真：0731－88710482
□印　　装　湖南鑫成印刷有限公司

□开　　本　710×1000　1/16　□印张 24.75　□字数 483 千字
□版　　次　2019 年 7 月第 1 版　□2020 年 7 月第 2 次印刷
□书　　号　ISBN 978－7－5487－3682－0
□定　　价　98.00 元

# 编者名单

**主审** 吕传真(复旦大学附属华山医院神经内科)
卢家红(复旦大学附属华山医院神经内科)

**主编** 赵重波(复旦大学附属华山医院神经内科)
邹漳钰(福建医科大学附属协和医院神经内科)
王　蓓(复旦大学附属静安区中心医院神经内科)

**编者** (按姓氏首字拼音顺序排名)
董　漪(复旦大学附属华山医院神经内科)
段山山(复旦大学附属静安区中心医院神经内科)
敬思思(复旦大学附属静安区中心医院神经内科)
林　洁(复旦大学附属华山医院神经内科)
陆　珺(复旦大学附属华山医院神经内科)
罗苏珊(复旦大学附属华山医院神经内科)
刘丰韬(复旦大学附属华山医院神经内科)
全　超(复旦大学附属华山医院神经内科)
宋　捷(复旦大学附属华山医院神经内科)
邬剑军(复旦大学附属华山医院神经内科)
吴　慧(复旦大学附属静安区中心医院神经内科)
奚剑英(复旦大学附属华山医院神经内科)
闫　翀(复旦大学附属华山医院神经内科)
岳冬曰(复旦大学附属静安区中心医院神经内科)
周　磊(复旦大学附属华山医院神经内科)

**插图** 郑兴军　郑兴江

# 序

一本好书，是有灵魂的！

一个优秀的神经科医生的灵魂应该是丰富的、有光辉的能量散发出来！我的导师曾说：不怕胡思乱想，就怕没有想法。我深为触动,并以之为然！神经科医生要有大量的躬身实践、阅读、交流和自省；在此基础上，当头脑中的有形成分跃跃欲试甚至喷涌而出时，则应天马行空，不拘泥于“八股”，敢于提出新的疾病观！临床医学，就是这样进步的。

阅读眼前的这本书，其实是在跟一个个撰稿人“隔空对话交流”：我们有必要把读书转化成这种有趣的体验！每一个病人的诊疗经历，每一个临床场景，都是真实的描述。当我们融入这个场景中，会看到作者们在实践中提出了很多的问题，并在分析文献和自省后作出了解答。如果我们与作者进行“对话”，独立思考并且批判性阅读，将会有更大的收获。

很高兴赵重波教授再次践行自己的理想！真心希望中国的神经科医生们，首先安安静静地把患者的病看好。当一例一例的成功诊治经验积累起来之时，兴趣和成就感油然而生，下一步的科学探索是水到渠成的事。

希望中国神经科医生都在做自己感兴趣的事！

徐蔚海

2019 年元月

# 前言

在写“神经内科随笔”系列之余，一直想尝试写一些神经科临床病例的诊治心得，把它们命名为“神经科的那些病例”，立足于临床的基础上，既有实用性，又不那么八股而古板，最好是基于每个“鲜活”的病例，按照“step by step”(逐步)的原则，进行定位和定性诊断思维，然后动用相关的辅助检查来进行证实。在检查之前，也可以根据已知的知识，对辅助检查的各种可能性进行推测，随后根据检查结果进行印证。针对实际提出能提高临床决策能力和预见能力的问题，适当回顾文献并结合临床经验进行回答，不断完善疾病的临床诊疗策略，提高“全天候”的诊治能力。

每一个病例都有值得学习的地方，不在乎病情的百转千折，只要肯去挖掘和注意细节就有收获。无论是认识或发现了一个体征、搞清楚了一个诊断、关联了某个辅助检查结果和临床症候、抑或认识了某种治疗的适应证或不良反应等，只要用心去观察和学习，就能逐渐让自己的临床知识体系根深叶茂，融会贯通。

有的医生嫌每天接诊无数同类患者，已经“专业疲劳”了，逐渐丧失好奇心，错过了大量有价值的临床细节，以致长期不能增加“经验值”。也许大家都渴求完美的病例，但很多时候是可遇不可求，在实践中我们面对的大多是不完美病例，正如北京协和医院神经科徐蔚海医生所说：“在处理那些文献记录语焉不详的病例时，更多需要临床医生的经验积累、对患者的细致观察以及对病理生理过程的深刻理解。”

因此，编者的初衷是希望通过一些不算完美的病例，去发掘一些重要且需要关注的知识点，让更多的医生从平常的工作中去不断学习，持续提高临床决策能力和预见能力。以编者所见，临床医学对医生的基本要求是：能够娴熟地应用已有的医学知识，合理地解决临床实际问题！但我们扪心自问，是否已经很全面地掌握了已有的医学知识呢？答案是否定的，大家都需要不断学习。编者在强迫自己学习的同时，也希望能将这些病例和体会分享给大家，在提高自己的同时，和广大同行进行讨论互动。只有分享自己学到的，才能让自己学到更多。微信的普及，已经在一定程度上改变了人们的阅读方式，碎片化阅读已经成为我们获取信息的主要方式。在此，我们不去讨论微信文体的“快餐”和“浅薄”，只是希望为碎片化阅读方式尽量多提供一些有营养的内容。

古人说“善始者众，善终者寡”，说明做一件事非常不易。感谢所有编者的努力和付出，使本书得以“善始善终”，这体现了团队协作的强大力量！感谢恩师吕传真教授和师姐卢家红教授，他们对本书的内容进行了勘校并提出了很多宝贵意见，使本书的内容更加严谨和合理。感谢徐蔚海教授为本书作序，他务实的临床风格和前沿的学术观点使我们获益良多。此外，本书的出版得到了中南大学出版社谢新元、陈海波、代琴编辑的大力支持和帮助，在此深表谢意！

鉴于我们经验、学识和水平有限，医学知识又在不断拓展更新中，书中内容难免有纰漏和不足，我们虚心接受各位读者的批评和指正，希望在临床实践的道路上不断学习和进步。

赵重波

2019 年元月

# 目录

# 认知篇

# 1.“抽丝剥茧”从主诉开始

主诉是患者自述或由他人代述的症状、性质以及持续时间等内容的归纳总结，在疾病的诊断过程中至关重要。对于患者而言，主诉是他寻找医生就医的主要理由以及期待医生帮助解决的主要问题。而对于医生而言，主诉则有双重价值：一是展开临床诊断的起点，医生可以从主诉中归纳重要信息，并与自己的知识体系进行比配，从而形成初步或粗略的诊断方向，进而指导下一步病史询问和体格检查的重点。由此，从搜集诊断信息的不同层面进行深度展开，直至获取最终诊断结论(图1)。二是诊疗过程中始终关注的核心，既然是患者求助于医生的主要问题，医生必须从医学和人文角度进行全程处理，主诉就是患者的需求，如果没有从形式(解决主诉中的躯体不适)和实质(确诊疾病 + 诊断性治疗)对主诉进行解决，很难让患者对诊疗过程满意。

根据主诉的构成，一般是由核心症状加发病方式/病程共同组成。对于神经科疾病，核心症状可以提示疾病的病变部位，而发病方式和病程演变则对病理生理有一定的提示作用(图2)。也许有人会质疑：什么检查都没有做，什么病史都没有问，难道单凭主诉就能对患者的病情进行考虑吗？其实，主诉是现病史的高度浓缩，如果概括得当，重要的定位和定性诊断信息已经被归纳其中。此外，一名医生的临床诊断思路和经验是不断自我升级和迭代的。常用的临床学习过程是：主诉—指导询问现病史—指导体格检查—指导辅助检查—获得最终诊断—从最终诊断反馈，与前面所有环节的细节进行经验关联，如此反复循环(图1)，久而久之，以强大的疾病认知体系作为后盾，就能在主诉环节进行大胆假设了！如果把疾病的诊断比喻一个茧，主诉就是第一根丝，顺势而下，可达尽头。

笔者一直要求住院医生在每日的交班时仔细聆听其他床位医生交班的情况，根据其他医生对患者主诉的描述，很快对该患者进行定位和定性假设。然后在交班完毕后去翻阅病历来验证自己的假设，通过这样的刻意练习，可以逐

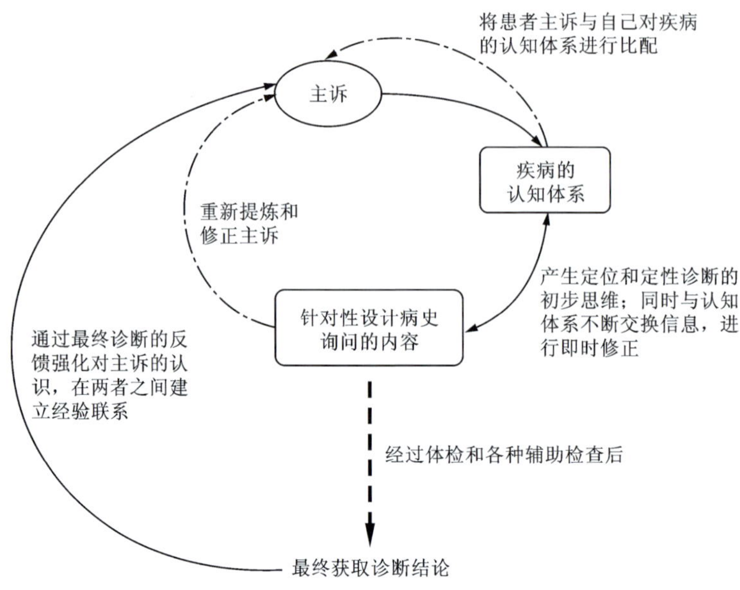
将患者主诉与自己对疾病的认知体系进行比配
主诉
疾病的认知体系
重新提炼和修正主诉
产生定位和定性诊断的初步思维；同时与认知体系不断交换信息，进行即时修正
针对性设计病史询问的内容
通过最终诊断的反馈强化对主诉的认识，在两者之间建立经验联系
经过体检和各种辅助检查后
最终获取诊断结论

**图 1　不断反馈和修正获取诊断结论**

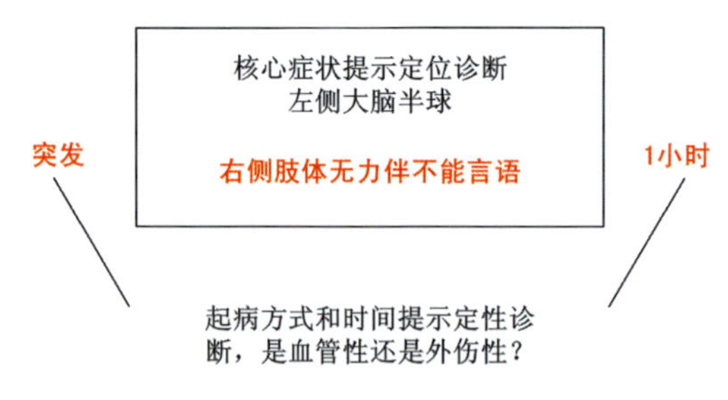
核心症状提示定位诊断
左侧大脑半球
突发
右侧肢体无力伴不能言语
1小时
起病方式和时间提示定性诊断，是血管性还是外伤性？

**图 2　主诉的构成**

渐提高对患者主诉或临床症候的敏锐度和洞察力。大家都喜欢看图说话，根据临床医学影像片的阅读来进行诊断和鉴别诊断，人体的医学影像是病理生理过程的一个投射层面，其实主诉何尝不是？主诉和影像之间可以互为旁证，均可作为患者病情诊断和鉴别诊断的切入点(图 3)。

可以举一些例子来说明主诉在诊断分析中的重要性。比如“进行性四肢近端无力 3 个月”，可以有什么提示呢？四肢近端无力是核心症状，提示病变部位可能是在下运动神经元通路和肌肉，根据概率大小依次排列为肌肉、周围神

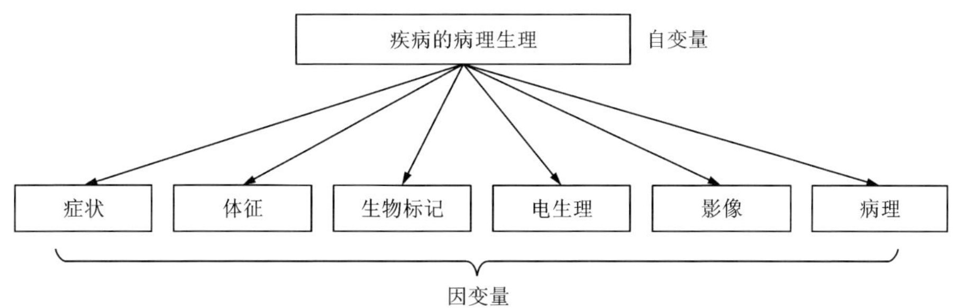


**图3　疾病的病理生理的投射点就是诊断时的切入点**

经、神经肌接头和前角细胞。根据病程只有3个月，而且是呈进行性发展的，那么从定性诊断而言首先考虑为获得性疾病，免疫介导性(I)和中毒性(T)均要怀疑。在根据主诉获得的初步印象指导下，才能更好地组织问题去询问病史，进一步进行病变部位的鉴别诊断以及病因诊断的分析。再比如"发作性愣神伴不自主咀嚼半年"，愣神代表可能有意识障碍，不自主咀嚼可能是自动症，提示病变部位可能在杏仁核和岛盖，而症状呈发作性，所对应的病因可以是癫痫、偏头痛、发作性运动障碍、短暂性脑缺血发作(transient ischemic attack，TIA)、癔症，根据核心症状和发作性的组合，可初步假设为颞叶癫痫，由此可指导进一步详细的病史询问。再比如"突发双下肢无力伴小便困难半小时"，核心症状是双下肢无力和小便困难(潜台词上肢没有问题)，提示病变部位可能在胸段脊髓；而起病方式非常急骤，提示病因可能为血管性疾病(梗死或出血)或机械压迫(急性脊髓压迫症)。由此可见，主诉的重要性毋庸置疑。

然而，凝练一句好的主诉并非易事，需要对概念的精确把握。比如有人会说："发作性四肢无力和小便困难2年。"这是一句"两不像"主诉，既有脊髓病变的"风骨"(四肢无力和小便困难)，又有离子通道病的"内核"(发作性，说明有正常间歇期)，其实仔细询问病史之后，才知道患者是"反复四肢无力伴小便困难2年"是复发性脊髓炎，如果主诉归纳不当，诊断的方向可能就此偏离。因此，主诉的精准提炼和深刻认识，是神经科医生重要的临床技能，也是展开诊断过程的主要切入点。要提高临床预见能力和决策能力，从主诉开始吧！

(赵重波)

# 2. 反馈是临床学习过程中的“核心”

在复旦大学附属华山医院的诸多临床科室中，神经内科大概是学习氛围最热烈的科室之一，每周不同的亚专业组都有形式各异和内容丰富的学习活动。究其原因，主要是神经内科所包罗疾病种类的复杂性以及相关知识更新的快速性所决定的。创造学习条件和营造学习氛围固然重要，但是参与者是否在其中真正把知识转化为自己的见识或智慧就不得而知了。神经科专业知识只不过是客观存在的一堆信息而已，无论我们见与不见，它就在那里！一名医生要想通过学习把知识转为己有，固然有很多技巧和方法，但窃以为其中最重要的是反馈。所谓反馈(feedback)，是指我们把学习到的信息或知识展现或运用出来，通过客体(包括同行和患者)给予回应返回到我们的认知，构成一个信息环路，与我们原有的认知结构进行对比，完成固化或升级，由此形成对专业问题坚实有力的认知体系，完成客观信息向既有知识的转化。在我们一直提倡的“step by step”诊断模式中，并非是单向从信息收集端逐渐通过推演形成假设指导后续的各种检查，同时也要在获得最终结果后反过来印证在信息收集端发生的“得与失”，固化正确的认知，修正遗漏的细节，再次提高诊断能力。因此，“step by step”是双向的，在推演和反馈中不断对自己的临床能力进行锤炼。比如，碰到多发肌肉肥大的肌病患者，常规思路是先天性肌强直、先天性副肌强直或 myostatin 缺陷性肌病(罕见)，但在经过磁共振(MRI)、病理、FHL－1 蛋白印迹以及基因检测之后确诊为 FHL－1 基因缺陷性肌病，此时通过反馈就可以对在信息收集早期发现的“肌肉肥大”进行鉴别诊断谱的扩展，升级临床认知(图 4)。

从反馈的主体来说，实现反馈的途径很多，常用的有以下几种：①独立完成诊疗过程，通过咨询上级医生和随访患者的诊疗结果进行不同层次的反馈(如“step by step”诊断原则)；②知识展示，包括对下级医生的各种教学形式以及 PPT 制作，只有能被自己演示出来并得到客体良好反馈的知识才是真的知

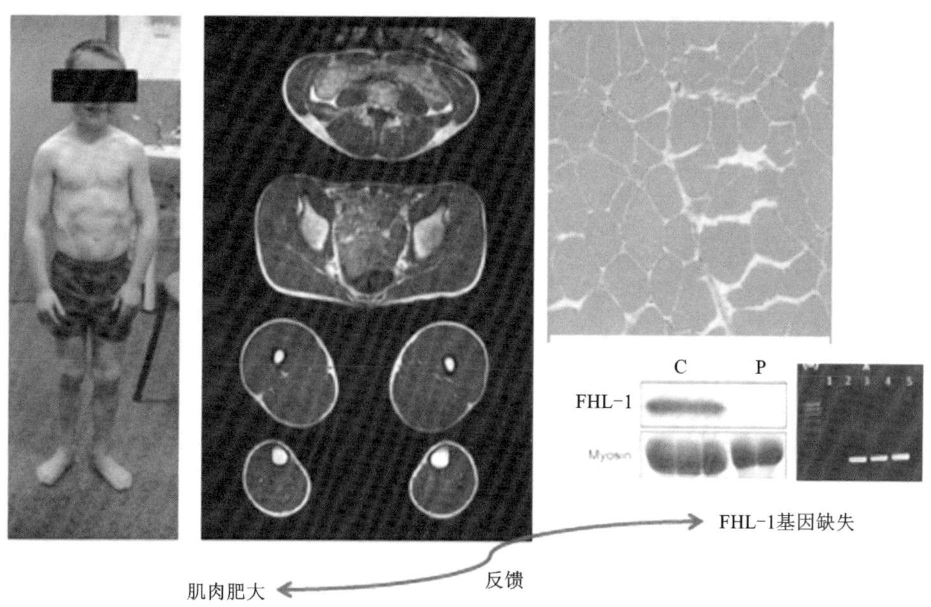


**图4 肌肉肥大到FHL-1基因缺陷性肌病的反馈**

Clinical genetics 2016 Aug; 90(2): 156-170

识；③参与讨论，就某个专业问题与“大牛同行”进行积极讨论，互相切磋，不断发现自己认知体系的盲点并进行修正和充实，把自己的想法向“大牛”印证，进行固化或升级，这样才能将客观的信息变成自己的见识和智慧。

（赵重波）

# 3.临床诊断的“底层逻辑”

疾病的临床诊断从某种意义上说就像一种概率游戏，医生通过对患者主诉和病史的概率分析，设定一种可以解释患者症状的某种病理学上疾病的概率，进一步收集过去史、家族史、个人史、体格检查和初步实验室辅助检查等证据，以加强或减弱之前设定的概率。每一个环节或层面的证据都能减弱或增强某种概率，一旦概率达到某个特定的点，就尽量做验证检查，并结合先前设定概率的情境解读实验结果。

有人会立即提出反问，在各种辅助检查高度发达的今天，还那么费劲推理假设做什么？临床思维是需要医生这个主体千锤百炼的，实际中的诊断水平参差不齐，质量难以保证。直接让患者全部查一遍好了，然后根据阳性或异常的检查结果再来看病，难道同质性不是更好？我相信持此纯粹观点的只在极少数，但过度依赖辅助检查的医生却大有人在。

我曾写过一些不能过度依赖辅助检查的内容，但一直未深究其底层逻辑，本篇随笔希望借助“高大上”的贝叶斯原则予以说明。其实，早在2009年徐蔚海教授主编的《神经内科病例分析——入门与提高》一书中，协和医院的关鸿志教授就写过一篇“贝叶斯法与神经科诊断决策“，其中很好地阐述了贝叶斯原则在神经科临床决策中的应用和意义，各位可以参考阅读。

**图5　托马斯·贝叶斯**

托马斯·贝叶斯（Thomas Bayes，1701—1761）是英国一名神职人员（图5），同时也是一名数学家和哲学家。他发明了概率统计学原理，首先将归纳推理法用于概率论基础理论，并创立了贝叶斯统计理论，该理论广泛应用于各个领域。

贝叶斯公式看上去有点复杂(图6)，对于医生来说理解起来颇为不易。但其核心的原理为：事件A在事件B(发生)的条件下的概率，与事件B在事件A的条件下的概率是不一样的，然而这两者是有确定的关系，该关系可表述为后验概率=(似然比×前验概率)/标准化常量。也就是说，后验概率与前验概率和似然比的乘积成正比。

$$P(D_j \mid x) = \frac{P(x \mid D_j)P(D_j)}{\sum_{i=1}^{n} P(x \mid D_i)P(D_i)}$$

**图6 贝叶斯公式**

这里需要作几个名词解释：**前验概率**是指根据以往经验和分析得到的概率，它往往作为“由因求果”问题中的“因”出现的概率，在临床诊断概率推演中主要指人群的发病率或危险发生率。**后验概率**是指在得到“结果”的信息后重新修正的概率，是“执果寻因”问题中的“果”，在临床诊断概率推演中主要指确诊的概率。**似然比**(likelihood ratio，LR)是反映真实性的一种指标，属于同时反映灵敏度和特异度的复合指标，即有病者中得出某一筛检试验结果的概率与无病者得出这一概率的比值。分为阳性似然比(敏感度/(1－特异度))和阴性似然比((1－敏感度)/特异度)。鉴于贝叶斯公式较为复杂，可以把后验概率的计算按以下方式简化：

前验比=前验概率/(1－前验概率)

后验比=前验比×似然比

后验概率=后验比/(1+后验比)

一谈到数理统计的名词大家都头大(我是花了好些时间才学到皮毛)！那我们就用“人话”演绎一下！首先来假设一个情境：某天有人心血来潮，想通过测定血清乙酰胆碱受体(AchR)抗体对人群重症肌无力筛查，如果发现一个血清AchR抗体阳性的个体，让我们猜猜看，这个人是重症肌无力的概率有多大？首先要明确的是，作为一项检测，血清AchR抗体有一定的假阳性和假阴性，这是检测指标的普遍规律，概莫能外！按照一般的文献报道，AchR抗体的特异性为99.8%，敏感性为84%，重症肌无力的年发病率为8/100000。在这个情境中，前验概率(发病率)是8/100000，阳性似然比是420(0.84/(1～0.998))，基于血清抗体阳性这一事件的实际，重症肌无力后验概率仅仅为2.5%。怎么样，是不是有点匪夷所思，让人泄气啊？这种没有任何目的的筛查，其命中率是相当低的。

但是，如果我们通过前期的临床问诊（波动性肌无力，晨轻暮重等），把筛查人群缩小为高危人群，前验概率增加到70%（就是说具备波动性肌无力和晨轻暮重特点的人群中重症肌无力的阳性率为70%，这里是作比喻，实际情况可能不是如此），又会发生什么变化呢？在这种情形下，阳性似然比不变，仍然是420，但基于血清AchR抗体阳性这一事件的实际，重症肌无力后验概率则增加至99.9%（也可以通过图7的似然比应用表，根据前验概率推测后验概率）。

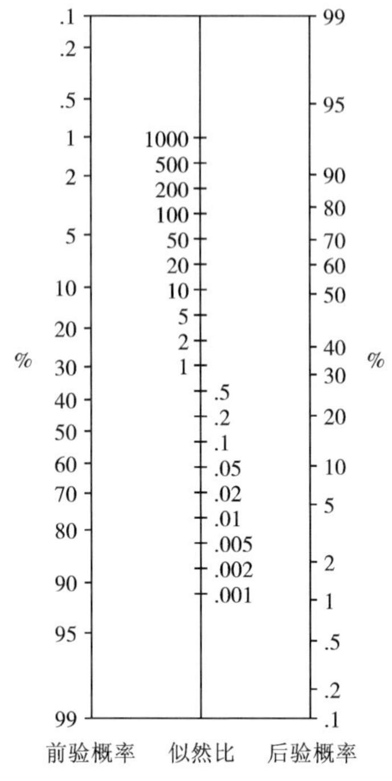


**图7 似然比应用表**

通过上面的例子，不难看出如果没有任何先前假定概率，盲目地诉诸于某个检查是事倍功半的，检测本身并不是单向输出信息，它其实是调整概率的一种载体，既吸收信息，也产出信息。

从贝叶斯原则回归到临床现实，我们是不是有点恍然大悟了：之所以强调临床的分析假设，实际上是在某种检测指标的特异性和敏感性相对固定的情况下（似然比不变），通过缩小某个病理生理状态的高危人群来增加前验概率，由此尽可能增加后验概率，提高正确诊断率（正如前述，后验概率与前验概率和似然比的乘积成正比）。

当然，贝叶斯原则是一个数理统计的原则，直接用于临床诊断不切实际，但其中的精髓却是我们日常临床诊断工作中的底层逻辑。在实际情况中，所谓前验概率（发病率）和似然比（检测的特异性和敏感性）都不是精确且放之四海而皆准的，因此后验概率也不可能是精确可靠的。

我们了解贝叶斯原则，只是通过数字的力量再次证明以下问题：①实验室检测指标的解读一定要基于先前的临床分析和假定，所谓“step by step”的诊断步骤就是为了增加前验概率，是有很科学的底层逻辑支撑的；②在临床上基于某个检测指标开展人群疾病的筛查必须慎之又慎，根据贝叶斯原则，很可能是劳民伤财而获益很少的工程，对某些筛查研究需要用第三只眼来看待。

（赵重波）

# 4. 浅谈神经科临床的心理表征

在终极医学和全面人工智能时代到来之前，临床医生诊断疾病的模式依然是根据患者的临床线索在记忆中匹配对应的具体或抽象的认知，所谓“知道才能想到”，或者“一叶知秋”都是从不同维度反映这一过程的高度概括。

用当下比较时尚地说法，这种认知心理就称为“心理表征”。有学者认为，心理表征是指信息或知识在心理活动中的表现和记载的方式。畅销书《刻意练习》对心理表征的定义是：一种与我们大脑正在思考的某个物体、某个观点、某些信息或者其他事物相对应的心理结构，或具体或抽象。比如提到树叶黄了，我们脑海里就浮现出秋天的景象，这就是心理表征。有时人们也会把直觉或第六感觉归为心理表征。

在临床神经病学中，看到患者的某个症状或体征，我们脑海里就需要浮现出相关的疾病，这是一种经过不断训练形成的高度专业化心理表征。某种疾病会出现相对特定的症状、体征、生物标记、影像学或电生理变化，反之这些特定的变化则能提示相关疾病的存在，其间关系虽然不是绝对特异，但却有明显的指向性。

在定位诊断方面，如果患者出现顽固性恶心、呕吐或呃逆，就要高度怀疑极后区病变；低头后下半身像触电放射样不适则要考虑高颈段病变；一侧肢体投掷样动作则考虑对侧丘脑底核病变；肌肉跳动＋肌萎缩提示为前角细胞病变；发作性击剑手姿势异常提示额叶病变；等等。这就是为什么医生们只要问到了相应症状就产生了病灶位置的联想。

在定性诊断方面，对于青年＋急性波动性耳鸣＋严重头－面－颈部疼痛时，要高度怀疑颈动脉夹层；而对于慢性起病＋四肢感觉运动功能障碍＋腱反射减弱或消失＋脑脊液蛋白细胞分离，就要高度怀疑慢性吉兰－巴雷综合征；急性下行性肌瘫痪（眼外肌—延髓肌—抬头肌—四肢肌和呼吸肌），要怀疑肉毒素中毒；急性肢体疼痛后＋四肢无力，高度怀疑吉兰－巴雷综合征；慢性肾功能不全者突发头痛伴双眼失明，要考虑可逆性后部脑白质病变（高血压脑病）；急性非外伤昏迷－清醒－再缄默者，要怀疑一氧化碳中毒迟发脑病；等等。

我们组织各种各样的影像学读片比赛，就是希望大家对影像建立强大的心理表征，根据一个影像，头脑里就产生相应的一系列鉴别诊断，再结合细节和其他信息进行甄别，很快直奔主题，确认诊断，那些“一剑封喉”的高手们是心理表征的极端体现。比如我们比较熟悉的“深部基底节灰质团块异常信号”（图 8），通过不断训练，就可以培养较好的影像诊断思路。

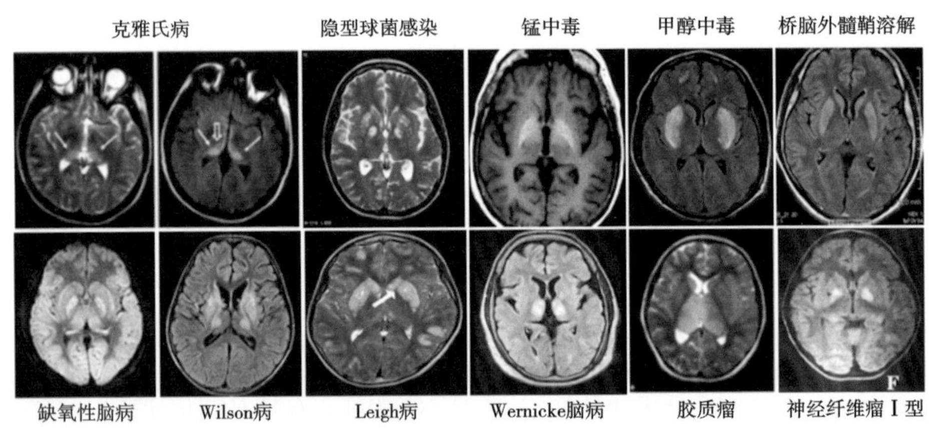


**图 8　深部基底节灰质团块异常信号鉴别诊断**

如果说上述的例子有点老生常谈的话，下面重点谈谈患者身上可能会被忽略的一个临床细节问题——构音模式。理论上而言，小脑、锥体外系、上运动神经元、前角细胞、周围神经、神经肌肉接头和肌肉的病变都会产生构音的障碍。但不同部位病变产生的构音障碍其实有非常大的差别，鉴于目前没有特别好的工具来采集并分析不同构音障碍的模式和特点，只能通过我们人脑反复认识、反馈和修正来建立针对识别构音障碍的心理表征。

这是肌萎缩侧索硬化患者的构音障碍（音频），很难用语言来描述它的特点，似乎在含糊不清中有往上吊住的感觉（一种痉挛性构音障碍），大家可以自行体会。如果听得多了，我们可以根据患者讲话的“腔调”快速分辨是小脑共济失调？运动神经元病？肌接头病变抑？喉部肌张力障碍？等。

肌萎缩侧索硬化
（音频）

临床能力与心理表征密切相关。心理表征越强大，临床预见性就越强，接受新信息、整合和分析信息的水平就越高，如此而言，提高临床决策能力和预见能力就不是一句空话，而是 mission posssible！

当然，心理表征不是从天上掉下来的，也没有多快好省的捷径。建立强大的心理表征需要有目的、有计划的“刻意练习”，通过反复学习临床病例和背后的意义，以及不同临床线索之间的关联，才能最终在临床能力和心理表征之间产生良性循环，成为个中高手！

（赵重波）

# 病例篇

# 1. 姿位性震颤伴构音不清的中年男性

［病史摘要］

患者，男，45 岁，双上肢平伸时震颤伴面部肌肉跳动、讲话声音改变数年，进行性加重。否认有毒物接触史，否认有家族史及父母近亲婚配史，育有一女。

［神经科体格检查］

患者神志清楚，语言欠清晰，有鼻音成分，面部肌肉有颤动，以下颌处最明显（视频 1），舌肌萎缩（图 9），纡颤，闭目闭唇肌力 4 级，舌顶颊肌力 3 级，抬头肌力 4 级 +，双上肢近端肌力 4 级 +，远端肌力 5 级，双下肢近端肌力 4 级，远端肌力 5 级，腱反射（ + ）对称，病理征阴性。双侧乳房有明显发育（图 10）。双上肢平伸有震颤（视频 2）。

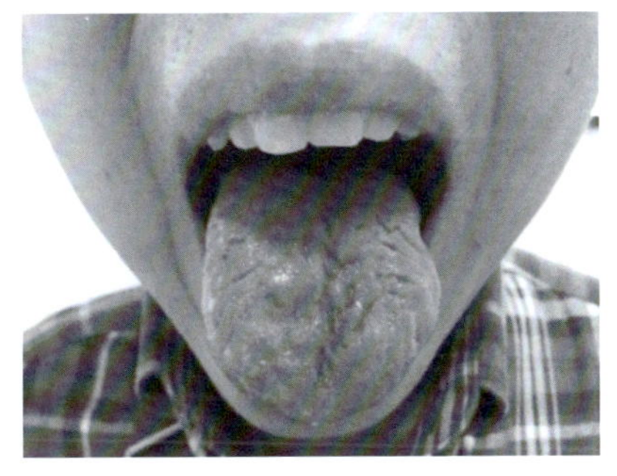

图 9　患者舌肌萎缩外观

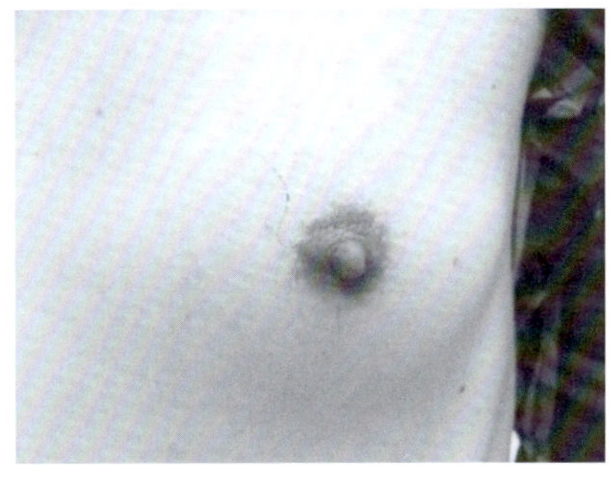

图 10　患者乳房发育外观

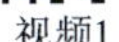

视频1

视频2

图9、10彩色图

［定位诊断思路］

临床定位诊断思路分析见图 11。

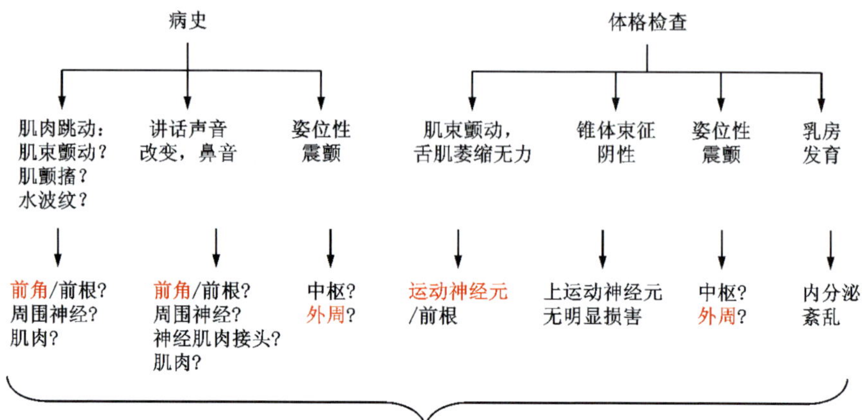


**图 11　定位诊断思路图**

［定性诊断与鉴别诊断］

定性诊断思路与鉴别诊断思路形成见图 12。

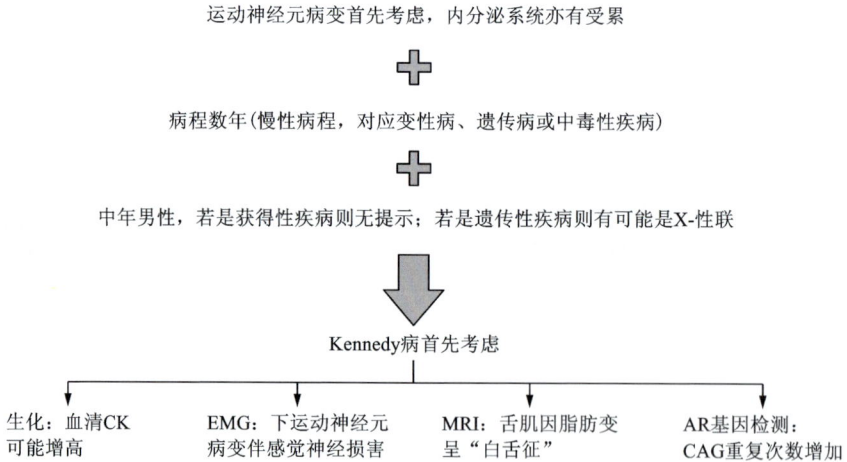

运动神经元病变首先考虑，内分泌系统亦有受累

病程数年(慢性病程，对应变性病、遗传病或中毒性疾病)

中年男性，若是获得性疾病则无提示；若是遗传性疾病则有可能是X-性联

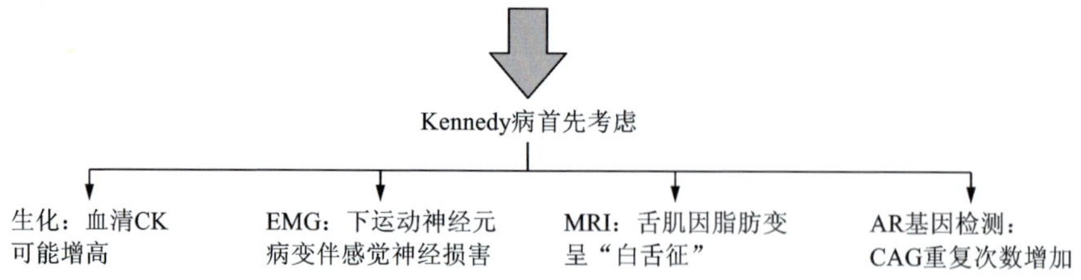


**图 12　定性诊断思路图**

注：EMG—肌电图检查；MRI—磁共振成像

患者血清肌酸激酶(creatine kinase, CK) 881 U/L，肌电图提示广泛神经源性损害伴感觉神经损害，雄激素受体(androgen receptor, AR)基因测序提示1号外显子的CAG重复47次(CAG重复次数不超过34次为正常，36次及以上可引起肯尼迪病(Kennedy disease, KD)。本患者未行磁共振成像(magnetic resonance imaging, MRI)检查。

**最终诊断：KD**

［病例的问题］

1. KD的核心临床表现是什么?

面肌、延髓肌和四肢肌肉的无力(下肢比上肢明显)是KD最核心的临床表现，笔者当住院医生的时候曾把本病误诊为面肩肱型肌营养不良，就是因为当时那例患者有明显的面肌无力症状。KD表现的肌无力可伴有感觉异常，姿位性震颤，口周有明显的肌束震颤，病程呈慢性进展。内分泌系统异常可表现为雄激素抵抗所致的乳房发育和生殖功能下降。在一项研究中，姿位性震颤、乳房发育、延髓肌麻痹存在于所有患者。

2. 女性携带者会有症状么?

虽然KD是X-性联隐性遗传病，理论上女性携带者不会致病，但临床上没有绝对的事情。已有报道表明，女性携带者可表现为无症状高CK血症、肌束震颤、轻度远端肌无力或肌肉痉挛等，推测可能与这些携带者的X染色体失活或野生型AR基因位点的甲基化异常有关(原因未明，可能与其他修饰基因有关)。

3. 为什么KD的血清CK会增高?

KD患者血清中的CK增高经常会使临床医生在定位和定性诊断方面产生迷惑。其CK增高的原因可能有：①长期肌束震颤引起肌纤维损伤，CK外漏；②疾病本身就引起肌肉病变，是因为AR基因位点也广泛分布于肌肉，而在电生理层面和病理层面均可以看到肌源性损害的证据。

4. KD的鉴别诊断包括哪些?

从进行性延髓肌麻痹伴肌无力的临床症候来看，需要鉴别的疾病有肌萎缩侧索硬化症、成人起病的脊肌萎缩症、肌营养不良症、线粒体病、多灶性运动神经病、肾上腺脊髓神经病等。在临床实践中，如果碰到类似KD而最终不能确诊者，可考虑暂用类KD(mimic)来暂时定义，等进一步的证据出来再确定诊断。

5. 如何从谱系角度看待 KD？

KD 的临床表现并非单一的，异质性也很明显。临床上可表现为无症状高 CK 血症、延髓肌麻痹、四肢肌无力和呼吸肌受累所致的呼吸衰竭等。也就是说，KD 并非总是充满温情的，偶尔也可以要命。

6. KD 的预后如何？

尽管目前 KD 有 B 族维生素、维生素 E 等一些聊胜于无的治疗，但总体没有特效治疗。在所有广义的运动神经元病中，KD 是最良性的，起病年龄在 20～40 岁，病情进展缓慢. 在一项 223 例患者的研究中，上楼梯需要扶把手的平均年龄是 49 岁，需要持拐杖的平均年龄是 59 岁，坐轮椅的平均年龄是 61 岁，平均寿命正常或轻度减短，死亡的常见原因是肺炎和呼吸衰竭。在一项纳入 39 例患者的回顾性研究中，10 年生存率为 82%，所有患者均有延髓肌麻痹症状，但没有患者使用胃造口或留置胃管，仅有一人使用了无创呼吸机。

（赵重波）

## 参考文献

[1] Sperfeld AD, Karitzky J, Brummer D, et al. X - linked bulbospinal neuronopathy: Kennedydisease. Archives of neurology, 2002, 59(12): 1921 - 1926.

[2] Finsterer J. Bulbar and spinal muscularatrophy(Kennedy's disease): a review. Europeanjournal of neurology: the official journal of the European Federation of Neurological Societies, 2009, 16(5): 556 - 561.

# 2. 头痛伴弥漫脑膜强化的青年男性

［病史摘要］

患者，男，17 岁，头痛伴恶心、呕吐、反应迟钝和双下肢无力 3 周余，近 1 周出现小便失禁。2018 年 6 月，发现鼻窦内及颈部有肿块，经病理确诊为横纹肌肉瘤，考虑为胚胎型，手术切除后行化疗和放疗，随后病情尚稳定。否认有遗传家族史。

［神经科体格检查］

神志清楚，神情委靡，反应迟钝，定向力可，对答基本切题，双瞳等大等圆，直径 3 mm，对光反应灵敏，双眼外展露白 2 mm，其余方向活动好，其他颅神经检查未见异常。颈抵抗，双上肢肌力 5 级，腱反射（ + ）对称，双下肢近端肌力 3 级 – ，远端肌力 4 级 + ，双下肢肌张力降低，膝、踝腱反射迟钝，双侧病理征未引出，克氏征阳性，双下肢远端音叉振动觉减弱。

［定位诊断思路］

临床定位诊断思路分析见图 13。

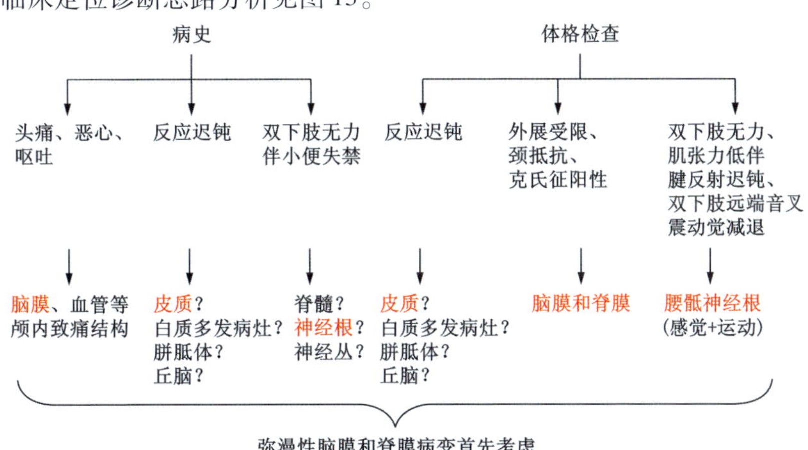


**图 13　定位诊断思路图**

## [定性诊断与鉴别诊断]

定性诊断与鉴别诊断思路形成见图 14。

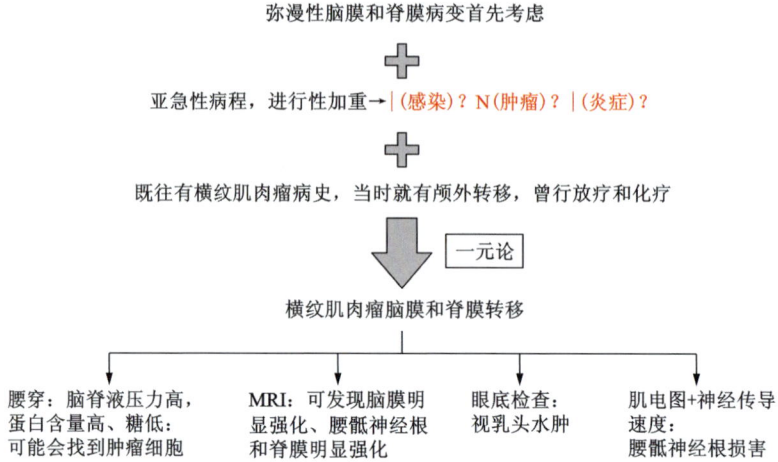

弥漫性脑膜和脊膜病变首先考虑

亚急性病程，进行性加重→I(感染)？N(肿瘤)？I(炎症)？

既往有横纹肌肉瘤病史，当时就有颅外转移，曾行放疗和化疗

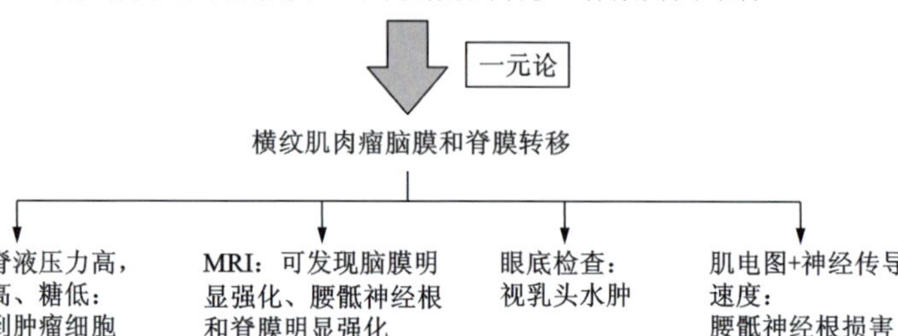
一元论
横纹肌肉瘤脑膜和脊膜转移
腰穿：脑脊液压力高，蛋白含量高、糖低：可能会找到肿瘤细胞
MRI：可发现脑膜明显强化、腰骶神经根和脊膜明显强化
眼底检查：视乳头水肿
肌电图+神经传导速度：腰骶神经根损害

**图 14　定性诊断思路图**

该患者邀眼科会诊，眼底提示双侧视乳头明显水肿。行腰椎穿刺检查：测脑脊液压力大于 300 $mmH_2O$，脑脊液生化检测糖 0.4 mmol/L，蛋白 1068 mg/L，脑脊液细胞学检查可见肿瘤细胞。头颅 MRI 增强影像提示脑膜广泛强化，伴双侧额、顶叶皮质多发异常信号，磁共振弥散加权成像(diffusion weighted imaging，DWI)可见脑叶皮质绸带样弥散受限(图 15)。未行患者腰椎 MRI 增强扫描，未做肌电图检查。

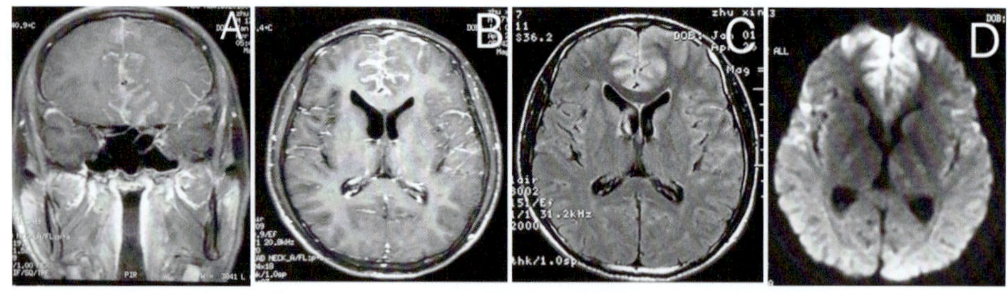
A
B
C
D

**图 15　患者头颅 MRI 影像**

A. 脑膜广泛强化，冠状位头颅 MRI 示脑膜增强；B. 轴位头颅 MRI 示脑膜增强，双侧额、顶叶皮质多发异常信号；C. 轴位头颅磁共振成像液体衰减反转恢复序列(fluid attenuated inversion recovery，FLAIR)；D. 轴位头颅 DWI 影像

**最终诊断：横纹肌肉瘤脑脊膜播散转移**

[病例的问题]

1. 如何从不同“维度”确定颅高压?

颅高压作为一种病理生理现象会在不同“维度”留下线索，临床症状学表现为头痛、恶心、呕吐；体格检查可见双侧外展神经不完全麻痹以及视乳头水肿；脑脊液检查可以发现压力明显增高。因此，对于颅高压的确定，应该整合症状、体征、脑脊液压力来综合考量，否则容易被其他检查带入歧途。

譬如，曾有一例既往有偏头痛的患者，近 1 周来头痛明显，伴恶心和呕吐。头颅 CT 影像提示后纵裂有高密度影，磁共振静脉成像(magnetic resonance venogram，MRV)提示上矢状窦下段和直窦显影不佳(图 16)，是否仅根据这些就考虑患者有颅高压？如果以“多维度”的临床思维分析，肯定不会这么认为，从症状和影像倒推分析，的确可怀疑患者有颅高压(静脉窦血栓形成?)，但仍需要其他“维度”的信息予以证明。

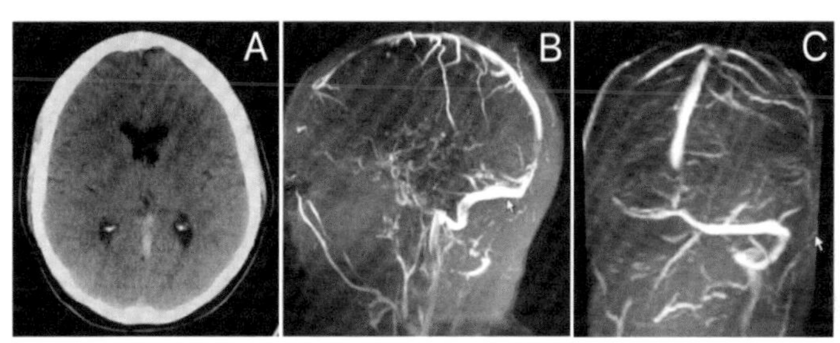


**图 16　一例患者的头颅 MRV**

A. 头颅 CT 影像，后纵裂有高密度影；B、C. 头颅 MRV，矢状位(B)影像、冠状位(C)影像显示上矢状窦下段和直窦显影不佳

遂请眼科会诊眼底，结果示“视乳头无明显水肿”，再行腰椎穿刺测脑脊液压力，完全正常。因而患者的颅高压证据不足，所以其静脉窦血栓形成的诊断也就不成立(MRV 的假阳性不容忽视)。此时结合患者的背景疾病，考虑为偏头痛持续状态，按偏头痛治疗后患者好转出院。

2. 什么样的实体肿瘤最容易发生脑膜转移?

肿瘤脑膜转移大概发生于 5% ~10% 的实体瘤患者，最容易引起脑膜转移的“四大金刚”是乳腺癌、恶性脑瘤(胶母细胞瘤和星形细胞瘤)、肺癌和黑色素瘤。当然，这些只是最常见的，其他可以引起脑膜转移的肿瘤不计其数，从

Pubmed 上众多的 case report（病例报道）就可窥其一斑。但横纹肌肉瘤引起脑膜转移的报道并不多见，用“rhabdomyosarcoma + meningealmetastasis”在 Pubmed 上检索，也只能得到 20 篇文献。肿瘤脑膜转移主要有 2 个途径：①肿瘤细胞通过血行转移；②从瘤体直接浸润到脑膜，然后通过脑脊液循环广泛播散至脑膜和脊膜。

3. 什么是横纹肌肉瘤？

横纹肌肉瘤与魏则西的滑膜肉瘤同属于肉瘤，来源于间叶组织（包括结缔组织和肌肉），属于恶性肿瘤。横纹肌肉瘤起源于横纹肌细胞或向横纹肌细胞分化的间叶细胞，是儿童软组织中最常见的一种肉瘤，其发病率次于恶性纤维组织细胞瘤和脂肪肉瘤，居软组织肉瘤的第 3 位，成人少发，男性多于女性。

4. 在临床中如何确诊肿瘤脑膜转移？

从临床角度而言，头痛、颅神经损害、颅高压症状具有一定的提示价值。从技术角度而言，腰椎穿刺脑脊液细胞学和神经影像学检查最为重要。脑脊液细胞学的特异性高达 95%，但敏感性却不足 50%，而且与腰椎穿刺的次数有关。有研究表明，在脑脊液细胞学确诊的患者中，第 1 次腰椎穿刺的阳性率为 45%，第 2 次腰椎穿刺的阳性率增加至 80%，但超过 2 次以上的腰椎穿刺则获益不多。复旦大学附属华山医院神经内科曾有患者反复腰椎穿刺 5 次，才在脑脊液细胞学检查中发现肿瘤细胞。

头颅和脊髓的 MRI 增强影像对横纹肌肉瘤脑脊膜转移的提示有一定价值，有 81% ~96% 的患者可通过 MRI 增强影像发现转移病灶，但也有研究表明共假阴性率高达 60%。如此可见，肿瘤脑膜转移的诊断也是需要“多维度”进行整合分析的。当然，既往的肿瘤病史是最重要的线索。

5. 肿瘤脑膜转移的预后如何？

肿瘤脑膜转移的预后极差！在一项研究中，该类患者（含各类实体瘤）的平均生存期仅为 42 天，Arush 等报道的 1 例牙槽横纹肌肉瘤脑膜转移的儿童在入院后 19 天即死亡。

（赵重波）

## 参考文献

[1] Singh G, Mathur SR, Iyer VK, et al. Cytopathology of neoplasticmeningitis: A series of 66 cases from a tertiary care center. Cyto Journal, 2013, 10: 13.

[2] Passarin MG, Sava T, Furlanetto J, et al. Leptomeningeal metastasisfrom solid tumors: a diagnostic and therapeutic challenge. Neurological sciences: official journal of the Italian

Neurological Society and of the Italian Society of Clinical Neurophysiology, 2015, 36(1): 117 -123.

[3] Arush MW, Kollender Y, Issakov J, et al. Unusual leptomeningeal dissemination in a child with extracranial metastaticalveolar rhabdomyosarcoma. Pediatrichematology and oncology, 2009, 26(6): 473 -478.

# 3. 急性全身肌无力的女孩

［病史摘要］

患者，女，24 岁，双眼睑下垂伴全身无力 20 天。患者 20 天前出现双侧眼睑下垂，此后很快依次出现讲话带鼻音、轻度吞咽困难、抬头无力和四肢无力，无肢体麻木、无胸部束带感、无肌肉颤动、无大小便障碍，发病 4 ~5 天病情达到高峰，外院行“新斯的明”试验阳性。否认前驱感染史，否认其他特殊用药史和特殊疾病史。家族史无特殊。

［神经科体格检查］

神志清楚，智能佳，双侧眼睑下垂（图 17），疲劳试验阳性，双眼球活动好，双侧瞳孔等大等圆，直径 3 mm，对光反射存在，面肌肌力 4 级，讲话轻度鼻音，舌顶颊肌力 4 级，抬头肌力 3 级，双上肢近端肌力 4 级 –，远端肌力 5 级，双下肢近端肌力 4 级，远端肌力 5 级，四肢腱反射（ + + ）对称，病理征未引出，感觉与共济检查无异常。

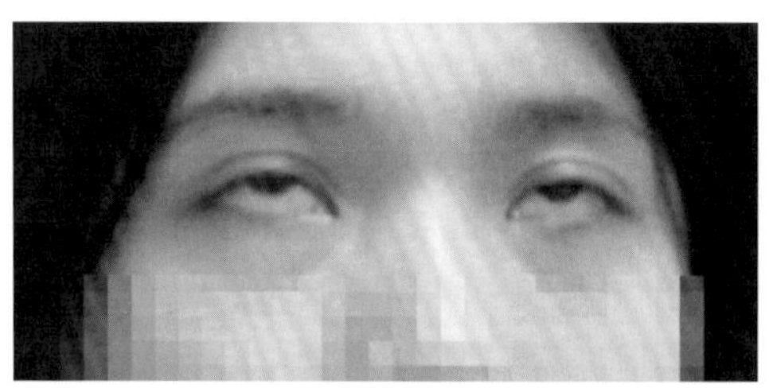

图17彩色图

**图 17　患者双眼睑下垂外观**

［定位诊断思路］

临床定位诊断思路分析见图 18。

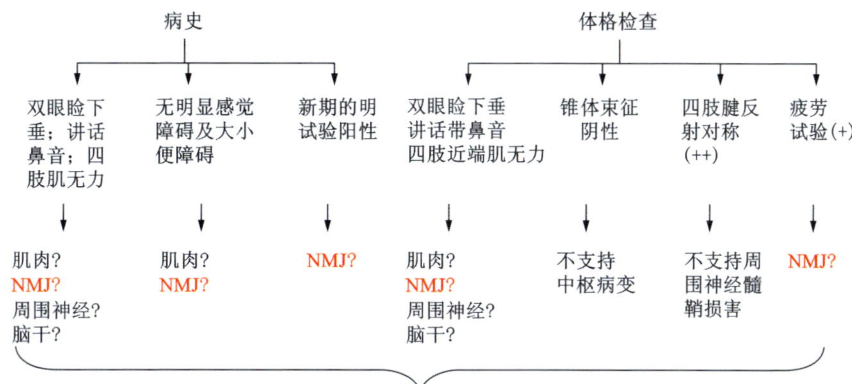


**图 18　定位诊断思路图**

注：NMJ—神经肌肉接头

[ 定位诊断与鉴别诊断 ]

定性诊断与鉴别诊断思路形成见图 19。

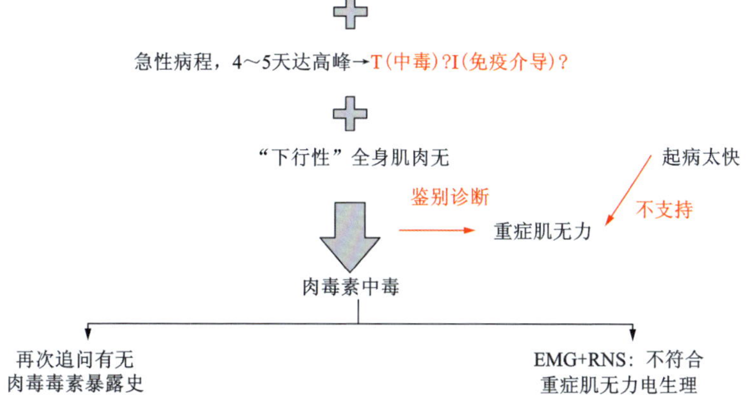


**图 19　定性诊断思路图**

本患者行肌电图提示不规则波增多，左侧额肌低频重复神经电刺激(repetitive nerve stimulation，RNS)阳性，左侧拇短展肌强直后易化(post tetanic facilitation，PTF)近 40%，考虑轻度肌源性损害改变，不除外伴突触前膜病变

（图 20）。与前期假设鉴别诊断的重症肌无力有所不符，比较支持肉毒素中毒，仔细追问病史，患者承认发病前 1 周在不知名美容机构双侧大腿注射“肉毒素”4 针瘦腿美容（实在搞不懂患者为什么要隐瞒此病史?）。结合临床上的下行性瘫痪 + 前驱肉毒素注射史 + 肌电图的提示，诊断为医源性肉毒素中毒，遂给予吡啶斯的明 60 mg，每日 3 次口服，由于患者没有呼吸肌受累症状，仅予以观察随访，服药 2 周后患者的病情稳定并得到改善（注：就在同期，因注射肉毒素美容而出现相似症状的患者在很多医院均有被报道）。

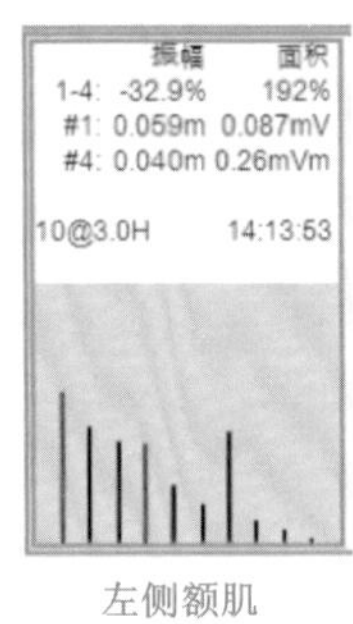


左侧额肌

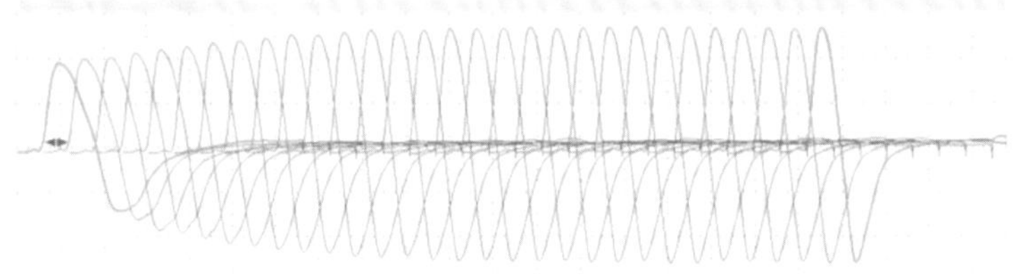

拇短展肌

**图 20　患者肌电图检测**

肌电图示左侧额肌低频 RNS 阳性，左侧拇短展肌 PTF

**最终诊断：医源性肉毒素中毒**

［**病例的问题**］

1. 肉毒素中毒的发病机制是什么？

肉毒素共有 A ~ G 7 种，最初合成的毒素是无活性的单链，随即通过翻译后修饰，组成一个由二硫键连接重链和轻链的活性双链。在神经元轴突内吞后，毒素的二硫键断裂，轻链与重链分开，轻链包含有一个催化锌肽链内切酶的功能域，可以水解以下与突触囊泡及前膜融合并释放乙酰胆碱有关的蛋白：

突触囊泡相关膜蛋白(vesicle associated membrane protein，VAMP)、突触融合蛋白1(Syntaxini1)和突触小体相关蛋白25(synaptosomal associated protein，SNAP25)，后两者属于可溶性神经细胞存活因子(neuronal survival factor，NSF)附件蛋白。这些蛋白一旦被毒素水解，可永久抑制囊泡释放乙酰胆碱，造成神经肌肉突触传递障碍(图21)，临床上引起肌无力(muscle weakness)。毒素的抑制不可逆，只有当轴突末梢的再生形成，神经肌肉传递功能才能恢复。

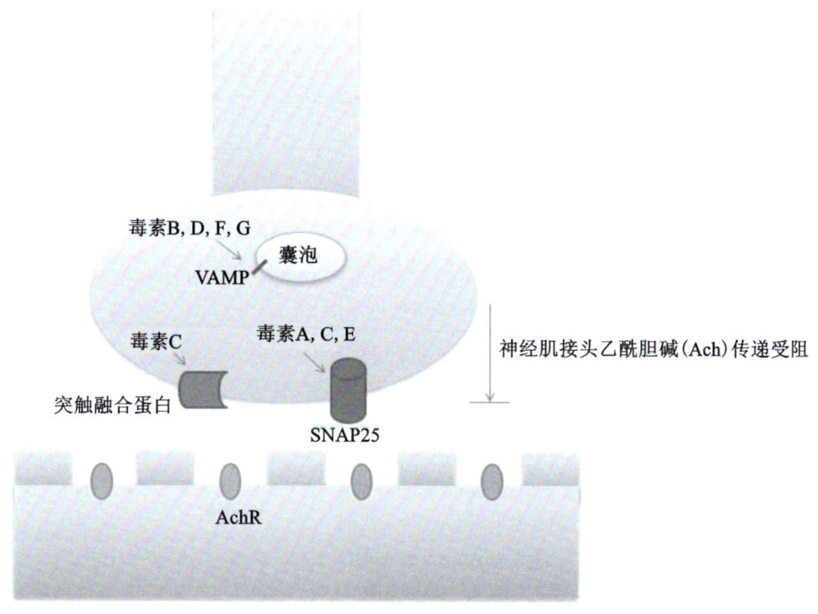


**图21　肉毒素中毒的机制**

注：VAMP—突触相关膜蛋白；SNAP25—突触小体相关蛋白25；AchR—乙酰胆碱受体

2. 肉毒素中毒主要有哪些类型？

根据肉毒素的来源不同，可分为以下几种：①食源性肉毒素中毒，常由误食肉毒梭状芽孢杆菌污染的家庭罐装食品(蔬菜、水果和蛋白类)所致；②伤口性肉毒素中毒，常由肉毒梭状芽孢杆菌污染伤口所致，细菌在局部产生毒素并被吸收入血循环；③婴儿肉毒素中毒，由摄入肉毒梭状芽胞杆菌所致，该细菌可寄殖于胃肠道并产生毒素入血致病；④成人肠道肉毒素中毒，发病机制同婴儿肉毒素中毒；⑤吸入性肉毒素中毒，是一种非自然状态下肉毒素中毒，由吸入雾化的毒素所致，常见于生化武器的使用；⑥医源性肉毒素中毒，由于注射肉毒素A治疗疾病所致，本患者就属于此类肉毒素中毒。

3. 肉毒素中毒的典型临床表现是什么？

肉毒素中毒的典型临床表现是急性起病的对称性“下行性”软瘫，没有感觉障碍，可伴有自主神经功能障碍（胃肠道功能障碍、尿潴留、瞳孔固定或散大、直立性低血压等）。所谓“下行性”软瘫的顺序是：眼睑下垂、复视→构音障碍、吞咽困难→抬头无力→上肢近端肌无力→呼吸肌无力→下肢近端肌无力，肌无力也可从肢体近端向远端发展，严重呼吸衰竭者需要呼吸机支持。食源性肉毒素中毒发病前可有腹痛、腹泻、恶心和呕吐等消化道症状。总之，临床上如果碰到急性发病症状的又符合“3D”特点的患者就要高度警惕肉毒素中毒。“3D”是指复视（diplopia）、构音障碍（dysarthria）和吞咽困难（dysphagia）。

4. 本患者为什么会引起医源性肉毒素中毒？

有文献报道，局部注射治疗剂量的肉毒素 A 会引起非注射部位的神经肌肉接头传递障碍，可有以下机制：①局部的运动轴突摄取后通过轴浆的逆行运输到脊髓运动神经元；②通过血液循环分布全身，以后者最为可能。Ghasemi 等报道的患者在局部注射 30U 保妥适后即出现中毒症状。因此，提出重视医用肉毒素的处理、保存、溶解、注射部位选择、最适剂量的选取，有助于减少医源性肉毒素中毒的发生。本例患者在非专业机构由非专业人员注射了 4 针来源不明的肉毒素（推测是 100U/支，一次性 400U），同期很多其他医疗机构均报道了类似事件，估计与这批非正规渠道的肉毒素有关，属于公共卫生事件，已报疾控中心备案。

5. 肉毒素中毒的自然病程如何？

在暴露肉毒素后，患者在数小时至数天（平均 2 小时至 8 天）出现症状，其中绝大多数在 12 ~ 72 小时之间。症状出现的时间与肉毒素的种类和剂量有关，肉毒素 E 0 ~ 2 天，肉毒素 A 0 ~ 7 天，肉毒素 B 0 ~ 5 天。出现呼吸衰竭使用人工通气的时间平均为 2 ~ 6 周，但也有时间更长的报道。一项研究表明，肉毒素 A 中毒的平均人工通气时间是 58 天，而肉毒素 B 中毒的平均人工通气时间为 28 天。肉毒素中毒的总体恢复过程非常缓慢，有的患者在发病后 1 年仍遗留有症状。

6. 肉毒素中毒主要与哪些疾病进行鉴别？

肉毒素中毒主要与以下疾病进行鉴别（表 1）：

**表 1　肉毒素中毒鉴别诊断**

| 鉴别项 | 肉毒素中毒 | 吉兰 - 巴雷综合征 | 重症肌无力 |
|---|---|---|---|
| 前驱事件 | 肉毒素暴露 | 感染 | 无 |
| 起病方式 | 急性 | 急性 | 亚急性或慢性 |

**续表 1**

| 鉴别项 | 肉毒素中毒 | 吉兰－巴雷综合征 | 重症肌无力 |
|---|---|---|---|
| 瘫痪方式 | 下行性 | 多为上行性 | 多为非有序的下行性 |
| 感觉障碍 | 无 | 多见 | 无 |
| 自主神经功能障碍 | 可有 | 可有 | 无 |
| 电生理 | 突触前膜损害表现 | 周围神经病改变 | 突触后膜损害表现 |

7. 肉毒素中毒的电生理特点是什么?

肉毒素中毒的电生理特点主要有：①感觉神经的波幅、速度和潜伏期正常；②运动传导速度正常，受累肌单一神经刺激后运动单相动作电位(monophasic action potential, MAP)的波幅下降，约 85% 的患者可出现异常；③2～3 Hz 低频重复电刺激 MAP 常呈衰减；④部分受累肌肉的 PTF 现象(PTF 是用 50 Hz 的高频快速刺激或等张收缩 10 秒后记录的 MAP 波幅，就是通常所说的递增现象)与肌无力综合征(Lambert-Eaton Myasthenic Syndrome, LEMS)类似，但程度略轻。肉毒素中毒的 PTF 增加幅度为 30%～100%，LEMS 则在其 2 倍以上，但受累严重的肌肉呈阴性反应；⑤针极肌电图可见到自发电位和短时程多相运动单位动作电位增多，类似于肌源性损害的电生理改变。本患者的针极肌电图可见不规则波增多，左侧额肌低频 RNS 阳性，左侧拇短展肌 PTF 近 40%，与文献报道的特点相似。

8. 肉毒素中毒如何治疗?

肉毒素中毒的治疗主要包括抗毒素和对症治疗，前者治疗的时间窗在暴露毒素 24 小时之内，旨在中和循环中的毒素，对于已经摄入突触末梢的毒素没有治疗作用。在我国目前的情况下，能及时使用抗毒素治疗可能性不大。对症治疗包括呼吸管理和其他对症治疗的药物，对于有呼吸衰竭倾向的患者需及早使用人工通气，对症治疗的药物包括胍乙啶和 4－氨基吡啶，可以改善眼外肌和四肢肌的肌力，但对呼吸肌肌力改善不大。有文献报道吡啶斯的明疗效不佳，但本患者新斯的明试验明显阳性，说明吡啶斯的明的治疗作用有待进一步评估。血浆置换和静脉注射丙种球蛋白治疗不作为推荐，目前无证据表明会有效。

(赵重波)

# 参考文献

[1] Ha JC, Richman DP. Myasthenia gravis and related disorders: Pathology and molecular pathogenesis. Biochimicaet biophysica acta, 2015, 1852(4): 651 - 657.

[2] Ghasemi M, Norouzi R, Salari M, Asadi B. Iatrogenic botulism after the therapeutic use of botulinum toxin - A: a casereport and review of the literature. Clinicalneuropharmacology, 2012, 35(5): 254 - 257.

[3] Coban A, Matur Z, Hanagasi HA, Parman Y. Iatrogenic botulism after botulinum toxin type A injections. Clinical neuropharmacology, 2010, 33(3): 158 - 160.

[4] Cherington M. Botulism: update and review. Seminars in neurology, 2004, 24(2): 155 - 163.

# 4. 双下肢无力缓慢进展的中年女性

[病史摘要]

患者，女，48 岁，进行性双下肢无力 7 年。初始症状为行走时左下肢无力感，1 年后出现左小腿萎缩伴肌肉跳动感，右下肢行走无力伴右小腿肌肉萎缩；此后 6 年双下肢无力逐渐加重，肌肉跳动感范围扩大。既往史无特殊，父母身体健康，否认父母近亲婚配史，否认有遗传病家族史。

[神经科体格检查]

神志清楚，言语清晰，对答切题，定向力、记忆力和计算力正常，无舌肌萎缩及纤颤，舌肌顶颊肌力 5 级，其余颅神经检查未见异常体征。颈软，双上肢肌力 5 级，双下肢近端肌力 4 级，远端背屈肌力 4 级，跖屈肌力 4 级－；双上肢肌张力正常，双下肢肌张力减低，双下肢肌肉萎缩，双上肢腱反射（＋＋）对称，双下肢膝反射偏活跃，双侧 Hoffman 征阳性，右侧掌颏反射阳性，双侧 Babinski 征、chaddock 征阳性，四肢深浅感觉检查正常。

[定位诊断思路]

临床定位诊断思路分析见图 22。

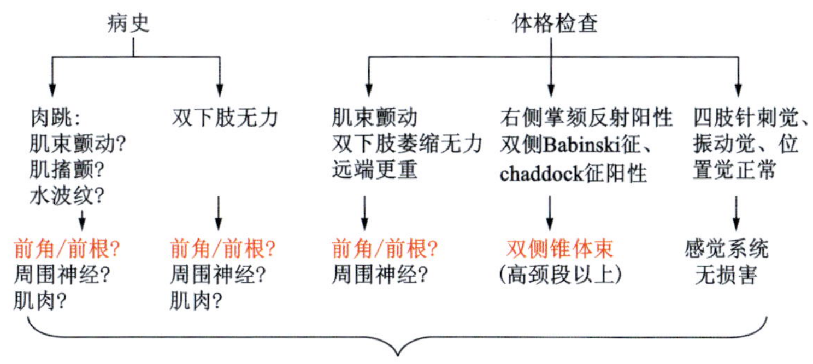


**图 22　定位诊断思路图**

[定性诊断与鉴别诊断]

定性诊断与鉴别诊断思路形成见图 23。

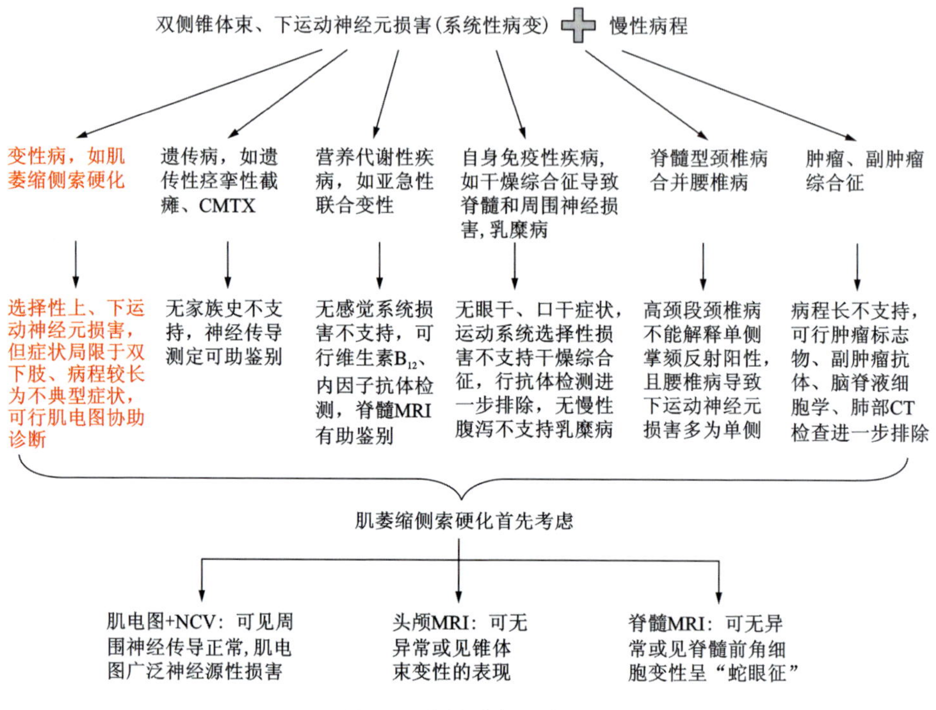

双侧锥体束、下运动神经元损害(系统性病变)
慢性病程
变性病，如肌萎缩侧索硬化
遗传病，如遗传性痉挛性截瘫、CMTX
营养代谢性疾病，如亚急性联合变性
自身免疫性疾病，如干燥综合征导致脊髓和周围神经损害，乳糜病
脊髓型颈椎病合并腰椎病
肿瘤、副肿瘤综合征
选择性上、下运动神经元损害，但症状局限于双下肢、病程较长为不典型症状，可行肌电图协助诊断
无家族史不支持，神经传导测定可助鉴别
无感觉系统损害不支持，可行维生素B12、内因子抗体检测，脊髓MRI有助鉴别
无眼干、口干症状，运动系统选择性损害不支持干燥综合征，行抗体检测进一步排除，无慢性腹泻不支持乳糜病
高颈段颈椎病不能解释单侧掌颏反射阳性，且腰椎病导致下运动神经元损害多为单侧
病程长不支持，可行肿瘤标志物、副肿瘤抗体、脑脊液细胞学、肺部CT检查进一步排除
肌萎缩侧索硬化首先考虑
肌电图+NCV：可见周围神经传导正常，肌电图广泛神经源性损害
头颅MRI：可无异常或见锥体束变性的表现
脊髓MRI：可无异常或见脊髓前角细胞变性呈“蛇眼征”


**图 23　定性诊断思路图**

患者神经传导测定提示上肢、下肢周围神经运动和感觉传导均正常，针极肌电图示双下肢神经源性损害双侧胫前肌、股内侧肌可见大量自发电位及高波幅、宽时限的运动单位电位(motor unit potentials，MUP)，见图 24 所示。

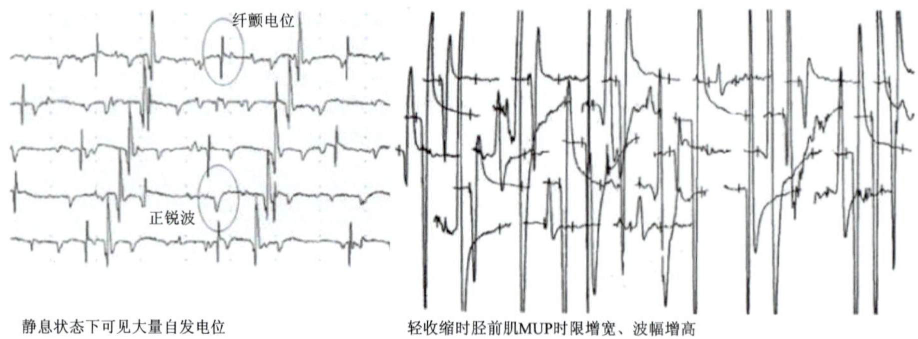

纤颤电位
正锐波
静息状态下可见大量自发电位
轻收缩时胫前肌MUP时限增宽、波幅增高


**图 24　患者针极肌电图**

进一步行血生化、甲状腺功能、自身免疫抗体、肿瘤标志物、副肿瘤抗体检测，其结果均正常，脑脊液常规、生化、细胞学检测正常，双下肢感觉诱发电位（somatrosensory evoked potential，SEP）正常，肺部 CT、腹部彩超检查未见明显异常，颅脑、颈椎、腰椎 MRI 未见明显异常。详细的辅助检查排除其他鉴别诊断后，仍考虑肌萎缩侧索硬化症（amyotrophic lateral sclerosis，ALS）的诊断，鉴于患者病情发展缓慢，病程长达 7 年，下运动神经元损害仍局限于双下肢，症状不典型，行 ALS 相关基因检测，结果发现 SOD1 基因已知的致病基因 p. H46R 突变。鉴于该类遗传性 ALS 为常染色体显性遗传而患者没有家族史，考虑为新发突变。

**最终诊断：肌萎缩侧索硬化症（ALS，SOD1 基因 p. H46R 突变）**

［病例的问题］

1. 临床上表现为“肉跳”的病变情况有哪些？

临床上表现为“肉跳”的病变情况包括肌束震颤（fasciculation）、肌颤搐（myokymia）和水波纹（ripping），但这 3 种病变情况的发生机制和表现截然不同。

肌束震颤是肌肉静息时由单个运动单位的不规则自发放电引起的，为轴突支配的一组肌纤维的不规则收缩。肌束震颤可以有不同的范围和幅度，较明显的肌束震颤肉眼即可看到，小的肌束震颤患者能感觉到但肉眼观察不到。肌电图可以在静息状态下见到肌束震颤电位，可伴随正锐波或纤颤电位，神经超声也可以发现肉眼难以发现的肌束震颤。病理性肌束震颤通常伴随肌肉无力和萎缩，常见于前角细胞病变、神经根病或周围神经病。

肌颤搐是一个或几个运动单位的重复放电引起的肌纤维自发性抽搐，皮肤下可见缓慢持续不规则的肌肉波纹状起伏或蠕动，肌纤维收缩沿肌纤维纵轴方向呈波浪样前进。肌电图显示同一运动单位自发和重复放电，频率 2 ~ 60 次/s，持续数秒钟。肌颤搐常见于慢性神经损伤轴突末端，放射性臂丛神经病、吉兰 – 巴雷（Guillain – Barre）综合征等脱髓鞘周围神经病、中毒性周围神经病、脊髓病和 Issacs 综合征等。

水波纹可能是由于骨骼肌通道机械敏感或牵张激活，叩击或牵张诱发的异常肌肉收缩。表现为运动诱发的肌肉僵硬、间歇性疼痛和痉挛，肌肉在叩击或收缩后伸展时可诱发持续性“滚动”收缩，如水面涟漪一般扩展。通常肢体近端肌肉，如股四头肌和肱二头肌最为明显。肌肉水波纹般收缩的速度 0.6 m/s，并且水波纹收缩的方向与肌纤维长轴呈直角，可持续 5 ~ 20 秒，直接叩击肌肉尚可诱发叩击性肌强直，也常伴腓肠肌增生，肌电图检查静息状态下插入电位轻度增加，而水波纹样收缩时呈电静息。常见于涟漪性肌病（包括 caveolin－3 谱系病以及相关获得性重症肌无力等）。

2. ALS 的临床表型包括哪些？

ALS 并非单一的疾病，而是包括了一组异质性疾病的综合征，其临床表型主要包括仅累及下运动神经元的进行性肌萎缩（progressive muscular atrophy，PMA），仅累及上运动神经元的原发性侧索硬化（primary lateral sclerosis，PLS），同时累及上运动神经元（upper motor neuron，UMN）、下运动神经元（lower motor neuron，LMN）的经典型 ALS，局限于延髓的进行性延髓麻痹（progressire bulbar palsy，PBP），局限于上肢的连枷臂综合征（flail arm syndrome，FAS），局限于下肢的连枷腿综合征（flail leg syndrome，FLS），局限于一侧肢体的偏瘫型 ALS，以及局限于四肢远端的假性多神经炎型 ALS。

3. ALS 如何诊断？

ALS 目前还没有特异性的生物学诊断标志物，因而主要是临床诊断。临床上用得比较多的诊断标准是在 1998 年修订的 El Escorial 诊断标准基础上提出的 Awaji 诊断标准，Awaji 诊断标准如下（表 2）。该诊断标准将人体分为延髓、脊髓颈段、胸段、腰段四个体区，根据患者存在上运动神经元和下运动神经元损害的体区数量分成临床确诊、临床拟诊和临床可能 3 个不同的诊断级别，具体见表 2。

**表 2　Awaji 诊断标准**

| 诊断级别 | 标准 |
|---|---|
| 诊断基本条件 | 临床、电生理或神经病理证实有 LMN 受累<br>临床检查证实有 UMN 受累<br>病史或检查证实临床症状和体征在一个节段内进展或向其他节段进展<br>影像学、电生理和病理等检查排除可导致上下运动神经元受累的其他疾病 |
| 临床确诊 ALS | UMN + LMN 存在于延髓 + ≥2 个脊髓节段，或 UMN + LMN 存在于 3 个脊髓节段 |
| 临床拟诊 ALS | UMN + LMN 存在于≥2 个体区，并且部分 UMN 位于 LMN 的头端 |
| 临床可能 ALS | UMN + LMN 存在于 1 个体区，或 UMN 存在于≥2 个体区，或 LMN 位于 UMN 头端 |

ALS 的诊断标准中强调随诊及鉴别诊断的重要性，对于处于疾病早期或症状不典型的患者应随诊，发现病变向其他节段进展可帮助临床确诊。

随着近年来越来越多的 ALS 相关致病基因的发现，2015 年再修订的 El Escorial 诊断标准中明确提出，如果基因检测发现已知的 ALS 相关基因的致病突变，可在仅存在一个区域上运动神经元或下运动神经元损害的情况下诊断 ALS。这充分说明了随着新技术的出现，ALS 的诊断标准从临床、电生理维度向分子生物学维度拓展。

4. ALS 的鉴别诊断包括哪些疾病?

ALS 的鉴别诊断主要根据患者的临床表现，同时存在上运动神经元、下运动神经元损害的患者需要和以下疾病鉴别：颈椎病、副肿瘤综合征和乳糜病(celiac disease，CD)等。

以上运动神经元损害为主要临床表现的患者需要和以下疾病鉴别：遗传性痉挛性截瘫(hereditary spastic paraplegia，HSP)、亚急性联合变性(subacute combined degeneration，SCD)和肾上腺脑白质营养不良。

以下运动神经元损害为主要临床表现的患者需要和以下疾病鉴别：平山病(hirayama disease，HD)、脊髓性肌萎缩症(spinal muscular atrophy，SMA)、脊髓延髓肌萎缩症(spinal cord muscular atrophy，SCMA)或 KD、脊髓灰质炎后综合征(post-polio syndrome，PPS)、多灶性运动神经病(multifocal motor neuropaty，MMN)、Lewis-Summer 综合征、已糖胺酶 A 缺乏症、包涵体肌炎(inclusion body myositis，IBM)和面肩肱型肌营养不良(facioscapulohumeral dystrophy，FSHD)等。

5. 哪些疑诊 ALS 的患者需要进行基因检测?

并非所有疑诊 ALS 的患者都需要进行基因检测，下面几种情况可考虑进行基因检测：①单纯下运动神经元损害需要排除 SMA 和 KD 时；②有明确家族史的患者；③存在特殊临床表型的患者，如病情进展特别快且生存期特别短、病情进展特别慢且生存期特别长，或者合并痴呆/额颞叶痴呆；④发病年龄特别小者。本患者发病 7 年后肢体无力仍局限于双下肢，肌电图也仅见局限于双下肢的神经源性损害，生活尚可自理，病程较良性，症状不典型，因此行基因检测得以确诊。需要指出的是，目前已发现的基因突变约占家族性 ALS 的 2/3，散发性 ALS 的 10%，因此，即使基因检测未发现致病突变也不能藉此排除 ALS 的诊断。

6. SOD1 基因致病的主要机制是什么?

SOD1 基因是首个被发现的 ALS 的致病基因，编码的 SOD1 蛋白属于超氧化物歧化酶家族，主要功能是抗氧化，阻止自由基损伤细胞。SOD1 基因突变的致病机制尚不明确。最初认为 SOD1 基因突变引起 ALS 的可能机制是突变的 SOD1 酶活性减低，导致自由基清除障碍，继发氧化损伤运动神经元。但后来的研究发现，SOD1 基因突变主要通过“功能的获得”导致 ALS，突变的 SOD1 蛋白异常折叠、聚集形成聚合物，沉积于运动神经元的细胞质中，导致细胞氧化应激损伤增加、兴奋性毒性增加，启动或促发神经元凋亡。

7. ALS 目前的主要治疗方法有哪些？

目前 ALS 的治疗强调的是综合治疗，包括药物治疗、营养管理、呼吸支持和心理治疗等。药物治疗包括疾病修饰治疗和对症治疗。目前美国 FDA 批准用于治疗 ALS 疾病修饰治疗的药物有两种：利鲁唑和依达拉奉。利鲁唑是第一个证实有效的 ALS 治疗药物，其作用机制包括稳定电压门控钠通道的非激活状态、抑制突触前谷氨酸释放、阻滞突触后谷氨酸受体以促进谷氨酸的摄取等。利鲁唑用法为 50 mg，每日 2 次口服。研究显示，利鲁唑可以延缓患者 ALS 的进展，使生存期延长 3 ~ 6 个月。依达拉奉是一种高效的小分子自由基清除剂，可清除活性氧物质，减少脂质过氧化反应，阻断氧化应激通路，保护神经元。依达拉奉适用于 ALS 发病 2 年内、FEV1 > 80% 预测值的 ALS 患者。依达拉奉用法为 60 mg 静脉滴注，每日 1 次，第 1 个月连续静脉滴注 14 天，第 2 个月至第 6 个月每月连续静脉滴注 10 天。除了疾病修饰治疗药物，根据患者的症状个体化给予对症治疗药物，可以缓解痉挛、疼痛、焦虑、流涎等症状。

护理也是治疗的一个重要组成部分，早期无创呼吸机的使用可以改善患者的通气不足；对吞咽困难或出现饮水呛咳的患者早期行经皮胃镜下胃造口术（percutaneous endoscopic gastrostomy，PEG）可以保证充足的能量供应，避免由于能量不足引起的其他并发症，预防吸入性肺炎，改善患者的生活质量，提高生存期。

8. ALS 的预后如何？

ALS 患者平均生存期为 3 ~ 5 年，但个体差异较明显，约 10% 患者生存期可达 10 年以上。流行病学研究显示，发病年龄小、临床表现以上运动神经元损害为主的患者预后相对较好，而老年起病、低体重指数、延髓起病的患者预后较差。

ALS 患者的预后也与其临床表型密切相关，PLS 预后最好（生存期多超过 20 年），FAS、FLS 和 PMA 的预后也较好（多数生存期 5 年以上），而延髓起病的 ALS 预后最差（生存期 2 ~ 3 年）；ALS 患者的生存期还与其携带的基因突变有关，如 SOD1 基因 p. D90A 和 p. H46R 突变患者生存期相对较长（甚至可达 30 多年），而 SOD1 基因 p. A4V 突变和 FUS 基因 p. P525L 突变、移码突变患者生存期较短（绝大多数小于 2 年，最短 6 个月）。此外，利鲁唑和无创呼吸机治疗也可使 ALS 患者的生存期轻度延长。

（邹漳钰）

## 参考文献

[1] de Carvalho M, Dengler R, Eisen A, et al. Electrodiagnostic criteria for diagnosis of ALS. Clin Neurophysiology, 2008, 119: 497 - 503.

[2] Ludolph A, Drory V, Hardiman O, et al. A revision of the El Escorial criteria - 2015. Amyotrophic lateral sclerosis and frontotemporal degeneration, 2015, 16: 291 - 292.

[3] Swinnen B, Robberecht W. The phenotypic variability of amyotrophic lateral sclerosis. Nature reviews Neurology, 2014, 10: 661 - 670.

[4] Chen L, Zhang B, Chen R, et al. Natural history and clinical features of sporadicamyotrophic lateral sclerosis in China. Journal of Neurology Neurosurgery Psychiatry, 2015, 86: 1075 - 1081.

[5] Zou ZY, Cui LY, Sun Q, et al. De novo FUS gene mutations are associated with juvenile - onset sporadic amyotrophic lateral sclerosis in China. Neurobiology of Aging, 2013, 34: 1312. e1 - 8.

[6] Zou ZY, Liu MS, Li XG, et al. H46R SOD1 mutation is consistently associated with a relatively benign form of Amyotrophic Lateral Sclerosis with slow progression. Amyotrophic lateral sclerosis and frontotemporal degeneration, 2016, 17(7 - 8): 610 - 613.

# 5. 快速进展性肢体无力和萎缩的少年

［病史摘要］

患者，男，18 岁，进行性右侧肢体无力 4 个月余。最初出现右下肢无力、跛行、上下楼梯困难，1 个月后出现右上肢无力，伴右下肢萎缩，无肉跳；右侧肢体无力持续加重伴肌肉明显萎缩，无肢体麻木。出生史正常，既往史无特殊，父母身体健康，否认近亲婚配史，否认遗传病家族史。

［神经科体格检查］

神志清楚，言语清晰，对答切题，定向力、记忆力和计算力正常，无舌肌萎缩及纤颤，舌肌顶颊肌力 5 级，其余颅神经检查未见异常体征；颈软，右上下肢肌肉明显萎缩。四肢肌张力正常，右上肢近端肌力 4 级，远端肌力 3 级，右下肢近端肌力 4 级，远端肌力 3 级，左侧肢体肌力 5 级，双侧下颌反射活跃，双侧掌颏反射阳性，四肢腱反射亢进，双侧 Babinski 征、Chaddock 征阳性。四肢深浅感觉检查正常。

［定位诊断思路］

临床定位诊断思路分析见图 25。

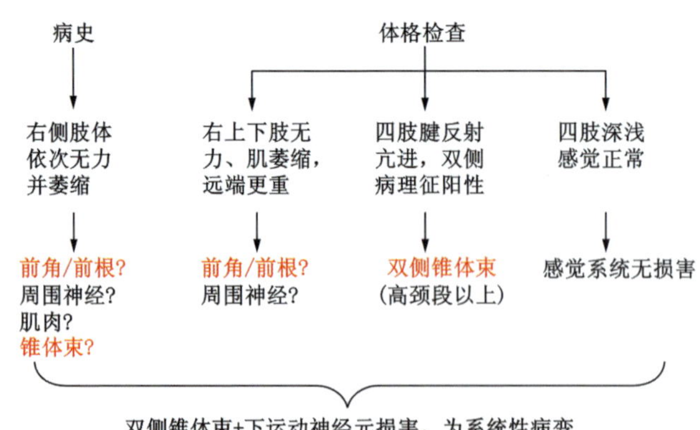


图 25　定位诊断思路图

［定性诊断与鉴别诊断］

定性诊断与鉴别诊断思路形成见图 26。

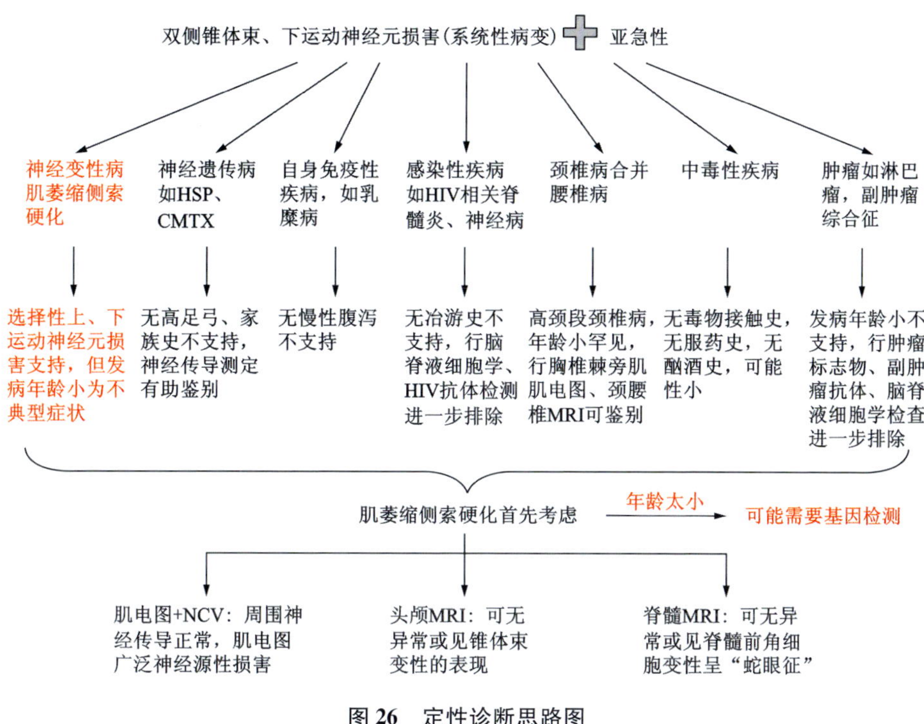
双侧锥体束、下运动神经元损害(系统性病变)
亚急性
神经变性病肌萎缩侧索硬化
神经遗传病如HSP、CMTX
自身免疫性疾病，如乳糜病
感染性疾病如HIV相关脊髓炎、神经病
颈椎病合并腰椎病
中毒性疾病
肿瘤如淋巴瘤，副肿瘤综合征
选择性上、下运动神经元损害支持，但发病年龄小为不典型症状
无高足弓、家族史不支持，神经传导测定有助鉴别
无慢性腹泻不支持
无冶游史不支持，行脑脊液细胞学、HIV抗体检测进一步排除
高颈段颈椎病，年龄小罕见，行胸椎棘旁肌肌电图、颈腰椎MRI可鉴别
无毒物接触史，无服药史，无酗酒史，可能性小
发病年龄小不支持，行肿瘤标志物、副肿瘤抗体、脑脊液细胞学检查进一步排除
肌萎缩侧索硬化首先考虑
年龄太小
可能需要基因检测
肌电图+NCV：周围神经传导正常，肌电图广泛神经源性损害
头颅MRI：可无异常或见锥体束变性的表现
脊髓MRI：可无异常或见脊髓前角细胞变性呈“蛇眼征”

**图 26　定性诊断思路图**

患者神经传导测定提示上肢、下肢周围神经运动和感觉传导均正常，针极肌电图呈广泛神经源性损害（脊髓颈段、胸段、腰骶段支配肌肉均可见大量自发电位和宽时限、高波幅的 MUP），进一步行血生化检测提示 CK537 IU/L（参考值 22～270 IU/L），血甲状腺功能、自身免疫抗体、肿瘤标志物、副肿瘤抗体均正常；脑脊液常规、生化、细胞学检测正常；肺部 CT、腹部彩超检查未见明显异常；颈椎、腰椎 MRI 未见明显异常，头颅 MRI 见双侧中脑大脑脚和内囊后支 T2 序列、FLAIR 序列高信号（图 27）。

经详细辅助检查排除其他鉴别诊断后，考虑 ALS 的诊断，鉴于患者发病年龄小，病情进展迅速，症状不典型，行 ALS 相关基因检测发现 FUS 基因已知的致病突变 p. P525L 基因突变，患者的父母未检测出该基因突变，证实该基因突变为新发（de novo）突变。该患者病情进展迅速，发病 1 年即四肢瘫痪，生活不能自理，发病 2 年后死于呼吸衰竭。

左　　右

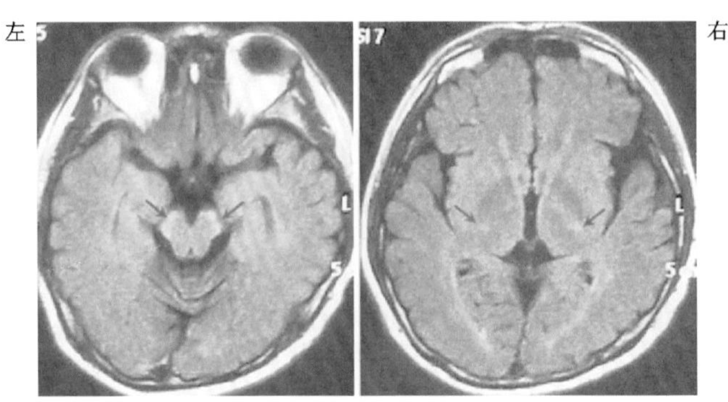

**图 27　患者头颅 MRI 影像**

头颅 MRI 显示双侧中脑大脑脚(左)和内囊后支(右)高信号

**最终诊断：少年型肌萎缩侧索硬化(少年型 ALS，FUS 基因 p. P525L 突变)**

[病例的问题]

1. ALS 发生于哪个年龄段的人群?

流行病学资料显示 ALS 的发病率随着年龄增加而升高，发病高峰是 50 ~ 75 岁，75 岁后发病率下降。然而 ALS 并非只发生于中老年人，文献报道中最小发病年龄仅为 4 岁，最大发病年龄 89 岁。一般而言，家族性 ALS 的发病年龄要比散发性 ALS 更小，近年来随着基因检测的临床应用，越来越多携带基因突变的家族性和散发性少年型 ALS 见诸于报道。因此，不能因为发病年龄小而排除 ALS 的诊断。

2. 少年型 ALS 的主要致病基因与成年起病的 ALS 的致病基因有什么区别?

遗传学研究发现，成年起病的家族性和散发性 ALS 的主要致病基因为 C9orf72 基因、SOD1 基因、FUS 基因和 TARDBP 基因。少年型 ALS 是指患者发病年龄小于 25 岁，近年来的遗传学研究发现少年型 ALS 可大致分为两种不同的临床表型：一种多数有家族史，病情进展缓慢，病程较长，相关致病基因主要是 ALS2、SETX 和 SPG11；而另外一种类型可无家族史，病情进展迅速，病程较短，多数在发病数月到 2 年内死亡，相关致病基因主要是 FUS 基因和 SOD1 基因。

3. ALS 患者为什么会出现 CK 升高?

血 CK 升高是肌肉损害的相对特异性指标，临床上常以此鉴别肌肉疾病和周围神经病，然而相当部分 ALS 患者也可出现血清 CK 的轻度至中度升高(一般低于 1000 IU/L)。其可能原因为:疾病引起肌肉代谢紊乱,导致线粒体中的内源性 ATP 活性增加,CK 产生增加,同时运动神经元变性导致其支配的横纹肌萎缩,肌纤维损害引起血清 CK 的升高。因此,ALS 患者血 CK 升高的水平反映了患者肌纤维萎缩的程度和速度,也间接反映了运动神经元变性的程度。研究发现血 CK 水平低(低于 200IU/L)的 ALS 患者生存期更长。

4. 评价上运动神经元损害的方法有哪些?

ALS 的诊断中很重要的一点就是要确定是否存在上运动神经元损害及其存在的体区,目前的诊断都是以上运动神经元损害体征作为标准。提示上运动神经元损害的体征在延髓段包括眼轮匝肌反射、下颌反射活跃或亢进,掌颏反射阳性和假性球麻痹;颈段包括肱二头肌、肱三头肌、桡骨膜反射活跃或亢进,Hoffman 征、Rossolimo 征阳性;胸段主要是腹壁反射减弱或消失;腰段包括膝反射、踝反射活跃或亢进,髌阵挛或踝阵挛、Babinski 征、Oppenheim 征、Chaddock 征、Gordon 征等病理反射阳性。需要特别指出的是,明显肌无力或萎缩的肢体腱反射保留也是上运动神经元损害的证据。

通过三重经颅磁刺激技术(triple stimulation technique, TST)对 ALS 患者行运动诱发电位(motor evoked potential, MEP)也可评估上运动神经元损害。研究发现 ALS 患者 TST 波幅比降低、中枢运动传导时间(central motor conduction time, CMCT)延长、MEP 潜伏期延长、静息运动阈值(resting motor threshold, RMT)增高。这其中尤以 TST 波幅比最为敏感,即便是不存在上运动神经元损害体征的患者亦出现 MEP 的异常,提示 TST 有助于发现 ALS 患者亚临床的上运动神经元损害,为临床早期诊断提供证据。

部分 ALS 患者颅脑 MRI 可见放射冠、内囊后支、中脑大脑脚和延髓锥体等锥体束走行径路在 T2 序列和 FLAIR 序列呈高信号,提示锥体束变性;影像学研究还发现存在上运动神经元损害体征的 ALS 患者,其 MRS 中央前回 NAA 值或 NAA/Cr 比值较对照组明显降低;弥散张量成像(diffusion tensor imaging, DTI)显示 ALS 患者内囊后支 DA 值较对照组明显降低。由此可见,影像技术也有助于发现 ALS 患者的上运动神经元损害。

然而,通过神经电生理和影像学发现的上运动神经元损害体征对 ALS 的诊断价值还有待更多的大样本研究来评估。

5. FUS 基因致病的主要机制是什么?

FUS 基因编码的 FUS 蛋白是一种多功能 RNA/DNA 结合蛋白,该蛋白在细胞质和细胞核内都有表达,涉及众多的细胞加工过程,包括细胞增殖、DNA 修复、转录调节,以及 RNA 和 micro-RNA 的加工处理。有关 FUS 基因突变的致病机制目前尚未明确,比较可能的两种机制是 FUS 基因突变通过影响 DNA 和

RNA 代谢过程，或者突变 FUS 蛋白从细胞核异位到细胞质中，形成聚合物而获得毒性，导致神经元的损伤(图 28)。

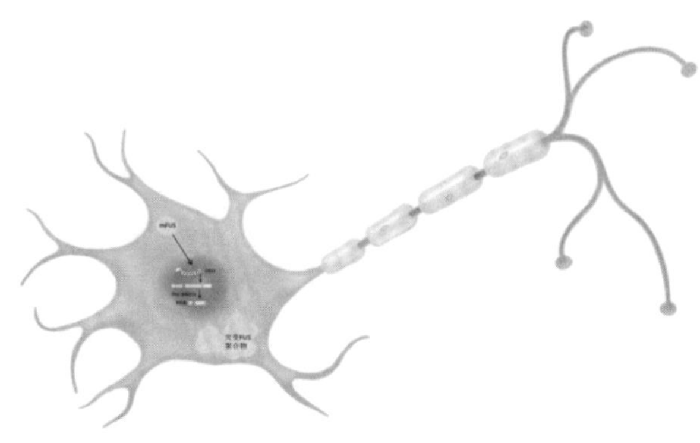


**图 28　FUS 蛋白异位**

6. 不同基因型的 ALS 有哪些主要区别？

目前已经发现 20 多种基因突变与 ALS 相关，这些基因的突变除了可以导致典型的 ALS 外，还可有一些特殊的临床表型，常见的 ALS 基因型的临床表型归纳于表 3。

**表 3　ALS 基因型－临床表型**

| 基因 | FALS 基因座 | 遗传方式 | 临床表型 |
| --- | --- | --- | --- |
| SOD1 | ALS 1 | 常显，常隐 | ALS，PMA，少年型 ALS |
| ALS2 | ALS 2 | 常隐 | 少年型 ALS，婴儿型 HSP |
| SETX | ALS 4 | 常隐 | 少年型 ALS，dHMN，AOA2 |
| SPG11 | ALS 5 | 常隐 | 少年型 ALS，HSP |
| FUS | ALS 6 | 常显，常隐 | ALS，ALS－FTD，FTD |
| VAPB | ALS 8 | 常显 | ALS，PMA |
| ANG | ALS 9 | 常显 | ALS，ALS－FTD |
| TARDBP | ALS 10 | 常显 | ALS，ALS－FTD，FTD |
| FIG4 | ALS 11 | 常显，常隐 | ALS，PLS，CMT |
| OPTN | ALS 12 | 常显，常隐 | ALS，FTD |

**续表 3**

| 基因 | FALS 基因座 | 遗传方式 | 临床表型 |
| --- | --- | --- | --- |
| ATXN2 | ALS 13 | — | ALS，SCA2 |
| VCP | ALS 14 | 常显 | ALS，FTD，IBM，PDB |
| UBQLN2 | ALS 15 | X 连锁 | ALS，ALS - FTD，少年型 ALS |
| SIGMAR1 | ALS 16 | 常隐 | 少年型 ALS，dHMN |
| CHMP2B | ALS 17 | 常显 | ALS，FTD |
| PFN1 | ALS 18 | 常显 | ALS |
| C9orf72 | ALF - FTD | 常显 | ALS，FTD，ALS - FTD |
| MATR3 | — | 常显 | ALS，远端型肌病 |
| CHCHD10 | — | 常显 | ALS，FTD，小脑共济失调，肌病 |
| SQSTM1 | — | 常显 | ALS，FTD，IBM，PDB |
| HNRNPA1 | — | 常显 | ALS，FTD，IBM，PDB |
| HNRNPA2B1 | — | 常显 | ALS，FTD，IBM，PDB |
| TBK1 | — | 常显 | ALS，FTD |

注：AOA2 - 共济失调伴眼动失用 2 型；CMT - 腓骨肌萎缩症；dHMN - 远端型遗传性运动神经病；FTD - 额颞叶痴呆；HSP - 遗传性痉挛性截瘫；IBM - 包涵体肌炎；PDB - paget 骨病；PLS - 原发性侧索硬化；SCA2 - 脊髓小脑性共济失调 2 型。

（邹漳钰）

# 参考文献


[1] Swinnen B, Robberecht W. The phenotypic variability of amyotrophic lateral sclerosis. Nature reviews Neurology, 2014, 10: 661 - 670.

[2] Orban P, Devon RS, Hayden MR, et al. Chapter 15 Juvenile amyotrophic lateral sclerosis. Handbook of clinical neurology. Elsevier Health Sciences: PJ Vinken and GW Bruyn, 2007, 82: 301 - 312.

[3] Li HF, Wu ZY. Genotype - phenotype correlations of amyotrophic lateral sclerosis. Translational neurodegeneration, 2016, 5: 3.

[4] Zou ZY, Liu MS, Li XG, et al. The distinctive genetic architecture of ALS in mainland China. Journalof Neurology Neurosurgery Psychiatry, 2016, 87(8): 906 - 907.

[5] Zou ZY, Liu MS, Li XG, et al. Mutations in FUS are the most frequent genetic cause in

juvenile sporadic ALS patients of Chinese origin. Amyotrophic lateral sclerosis and frontotemporal degeneration, 2016, 17: 249 - 252.

[6] Furtula J, Johnsen B, Frandsen J, et al. Upper motor neuron involvement in amyotrophic lateral sclerosis evaluated by triple stimulation technique and diffusion tensor MRI. Journal of Neurology, 2013, 260: 1535 - 1544.

[7] Rafiq MK, Lee E, Bradburn M, et al. Creatine kinase enzyme level correlates positively with serum creatinine and lean body mass, and is a prognostic factor for survival in amyotrophic lateral sclerosis. European Journal of Neurology, 2016, 23: 1071 - 1078.

# 6. 伴 Beevor's 征的青年男性肌无力

［病史摘要］

患者，男，29 岁，进行性双上肢上举困难 13 年，近 2 年出现双上肢平举不能过肩。自幼体育成绩欠佳，洗澡时自觉肩胛骨向后凸起，但不影响日常生活。其奶奶、父亲和三叔有类似疾病史，二叔正常（图 29）。

图 29　患者家系病史图

■ 患者男性；● 患者女性；

□ 正常男性；○ 正常女性

［神经科体格检查］

神志清楚，闭目肌力 3 级，闭唇肌力 4 级，吹口哨及鼓腮有困难，"鱼嘴样"嘴唇，抬头肌力 4 级，"衣架肩"（图 30），双上肢近端肌力 3 级⁺，三角肌相对保留，肱二头肌和肱三头肌萎缩，上肢近端肌力 4 级，远端肌力 5 级，Beevor's 征阳性（视频 3），双侧翼状肩，但不对称（图 31），双下肢肌力 5 级，足跟和足尖行走佳。四肢腱反射（ + ）对称，双侧病理征阴性。

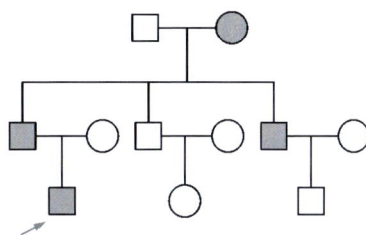

视频3

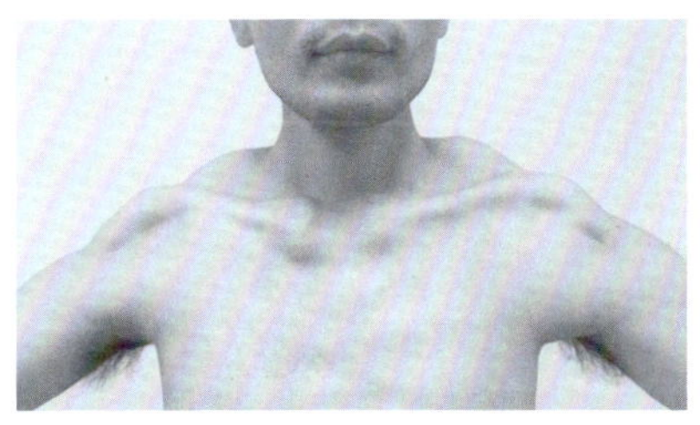

图 30　患者"衣架肩"外观

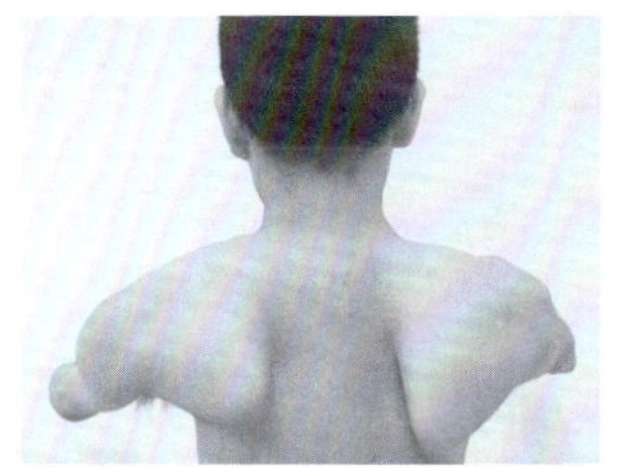

图 31　患者双侧翼状肩外观
（右侧更明显）

［定位诊断思路］

临床定位诊断思路分析见图 32。

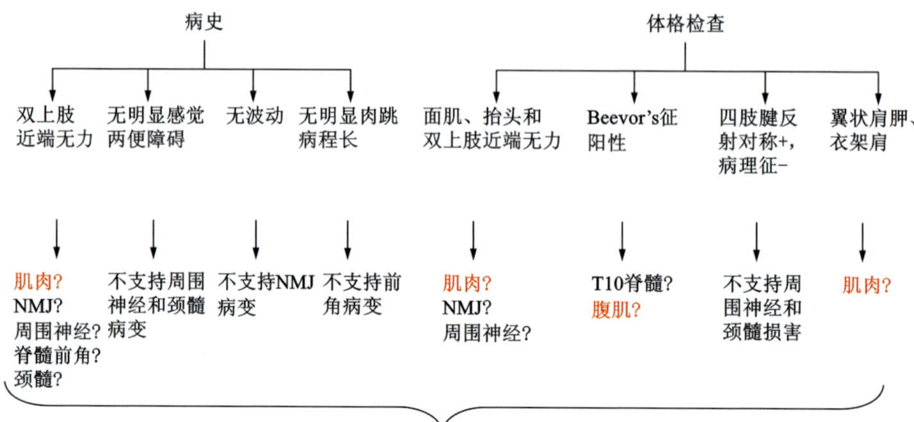


图 32　定位诊断思路图

［定性诊断与鉴别诊断］

定性诊断与鉴别诊断思路形成见图 33。

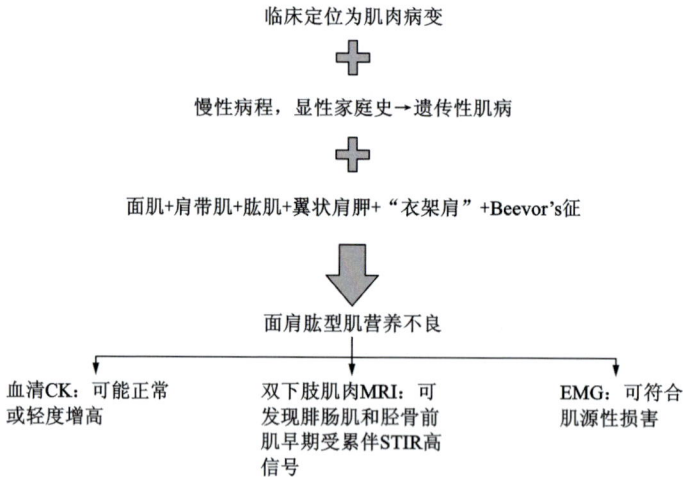

临床定位为肌肉病变

慢性病程，显性家庭史→遗传性肌病

面肌+肩带肌+肱肌+翼状肩胛+“衣架肩”+Beevor's征

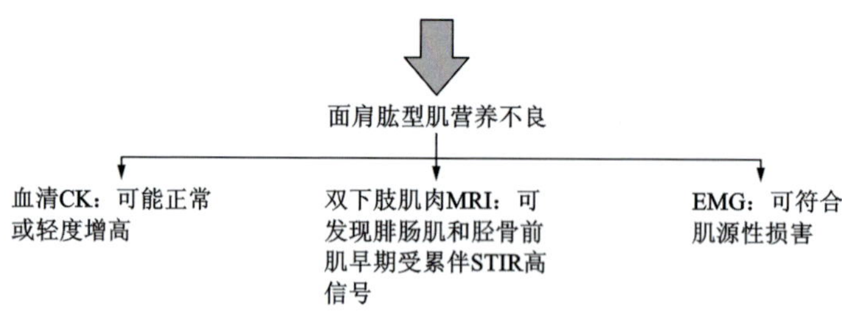


图 33　定性诊断图

基于上述分析，测血清 CK 223U/L，肌电图提示为肌源性损害，整合面肌 + 肩带肌 + 肱肌 + 翼状肩胛 +“衣架肩” + Beevor's 征阳性 + CK 223U/L + 肌电图检查结果，提示肌源性损害 + 显性遗传家族病史，临床上诊断为 FSHD。由于临床症状典型，未行肌肉 MRI 和肌肉病理检查。

**最终诊断：FSHD**

［病例的问题］

1. FSHD 是不是一个“终极诊断”？

可以先回顾一下认识 FSHD 的历史，在 1862 年，Duchenne 发表了一张典型的 FSHD 患者照片，Landouzy 和 Dejerine 在 1885 年报道了符合 Duchenne 描述的患者，并发现了在其家族中有类似的患者病情程度各异，命名为“facioscapulohumeral type of progressive myopathy”。1950 年在美国犹他州一个大型家系中证明为常染色体显性遗传疾病；1990 年将基因定位于 4q35；1992 年发现 4q35 上的微卫星重复序列串联 D4Z4 明显减少与该病有关；2010 年进一步发现 D4Z4 减少可引起 double homeobox 4（DUX4）的异常表达；2012—2016 年，在 D4Z4 重复序列正常的 FSHD 患者中，发现了可引起异染色质凝聚异常和 DUX4 表达增加的另外 2 个基因（SMCHD1 和 DNMT3B）。

目前，将经典的 D4Z4 重复序列减少的 FSHD 称为 1 型，而将 SMCHD1 基因突变所致的 FSHD 称为 2 型，DNMT3B 基因突变引起的 FSHD 尚未定型。

由此可见，西医对疾病的诊断总是起始于对临床共性特征的总结描述，随着认识的深入和检测技术的发展，临床表现共性的疾病逐渐由病因的异质性而逐渐细分，逐渐完成由临床诊断向终极诊断的过渡。基于这一规律，FSHD 显然不是一个终极诊断。

2. FSHD 有哪些主要的临床特征？

FSHD 是成人中最常见的肌营养不良，患病率为 1/20000 ~ 1/15000，其中约 95% 为 FSHD1，5% 为 FSHD2。无论是 FSHD1 还是 FSHD2，其临床特征基本相似，可概括如下：①可发生于任何年龄，但通常在 10 ~ 20 岁起病，婴幼儿型和晚发型也不少见；②肌群受累和翼状肩不对称；③肌群受累通常呈“下行式”，顺序依次为面肌 - 肩带肌（三角肌相对保留） - 下肢肌，下肢肌通常先累及远端（常表现为垂足），再累及近端，少数患者会有呼吸肌受累；眼外肌、延髓肌和心肌不受累；④Beevor's 征通常阳性；⑤可有骨骼肌外受累表现，包括视网膜血管病变（称为 Coat's 综合征，占 1%）和听力障碍（50%）。

值得注意的是，并非所有的 FSHD 都有面肩肱肌受累，外显率为 70% ~

85%，有 6% ~18% 无面肌受累。受累肌群见图 34 所示。

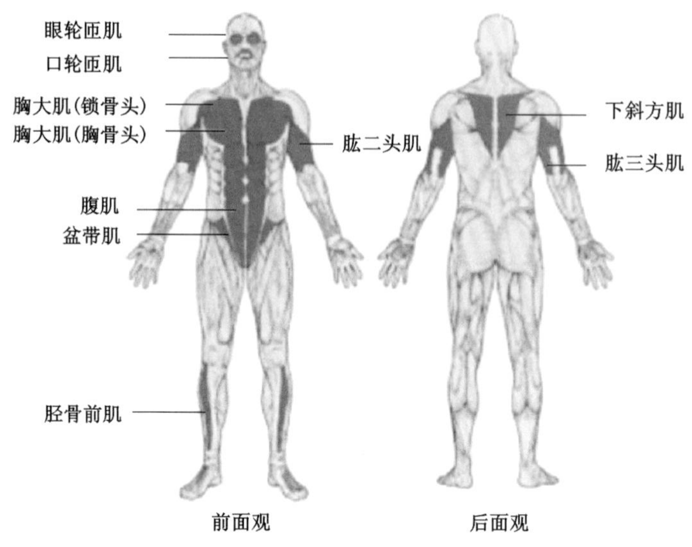


**图 34　FSHD 受累肌群**

3. FSHD1 和 FSHD2 的发病机制是什么？

FSHD 的发病机制非常复杂，其认识过程一波三折。目前已经明确，转录因子 double homeobox 4(DUX4)的异常表达(毒性功能增加)与该病的发病机制密切相关。

在正常情况下，细胞染色质紧密缠绕在一起，使得 DUX4 的表达受到抑制，DUX4 的异常表达与以下 3 个条件有关：①至少有 1 个 D4Z4 拷贝数；②当 D4Z4 重复序列缺失到一定程度( <10 个)和/或甲基化减少(MCHD1 基因突变)，染色质结构变得松散，使得 DUX4 表达增加；③在最后 1 个 D4Z4 远端有多聚腺苷酸化序列(A 变异)，可以稳定 DUX4 的转录半衰期。

基于上述原因，本来不表达的转录因子 DUX4 大量表达，引起毒性 gain of function，造成多系统受累。

D4Z4 重复拷贝数 <10 且存在 A 变异的，称为 FSHD1；D4Z4 重复拷贝数正常但因 MCHD1 基因突变导致 D4Z4 甲基化降低且存在 A 变异的，称为 FSHD2(图 35)。

此处可以引出问题 1，FSHD 可能还会有新类型出现，因为目前存在的现实是：①仍有分子诊断不能归入 FSHD1 和 FSHD2 的患者；②与 D4Z4 甲基化相关的基因不止 MCHD1。

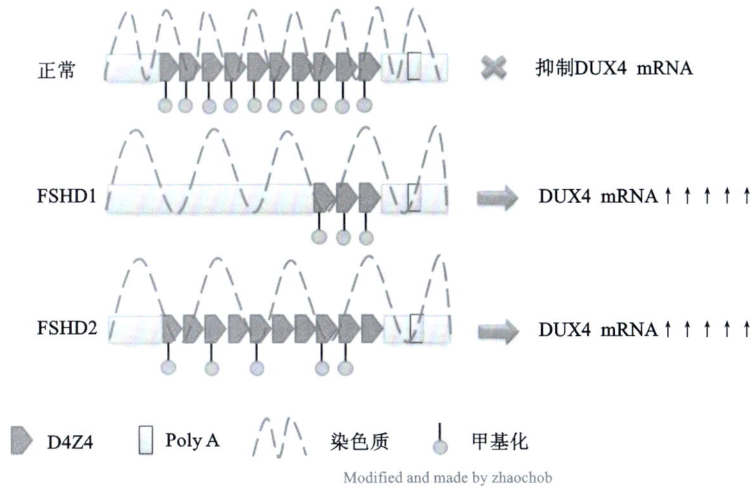


**图 35　FSHD1 和 FSHD2 的发病机制**

4. 如何诊断 FSHD?

FSHD 在病理诊断上无特异性，而分子诊断暂时又比较困难，目前仍以临床诊断为主。常用的诊断标准就是问题 2 中所罗列的临床特点，同时需要排除其他疾病。如果患者出现眼睑下垂或其他眼外肌或延髓肌无力，或肌电图上出现强直电位或神经源性损害，均不支持 FSHD 的诊断。

5. FSHD 是否存在基因型和临床表型的关联?

目前研究表明，D4Z4 拷贝数多少和甲基化状态与疾病的严重程度有关，拷贝数越少，病情越严重，起病年龄越早。拷贝数 1 ~ 3 个的患者其外显率高达 85% ~ 100%，10 岁之前起病者的拷贝数大多为 1 ~ 3 个，常有视网膜血管病和听力障碍等骨骼肌外受累。

拷贝数 4 ~ 7 个的患者临床症状相对轻些，部分为无症状携带者，约 70% 的患者在 60 岁左右才被注意到有症状，本群患者约 60% 累及下肢，其中 20% 在 59 岁以后需坐轮椅。

拷贝数 7 ~ 10 个的患者临床症状较轻，基本不需坐轮椅，其外显率与影响 D4Z4 甲基化的其他修饰基因有关，譬如 MCHD1，如果 MCHD1 基因有缺陷 + D4Z4 拷贝数 7 ~ 10 个，患者可以出现严重的临床症状。

6. 翼状肩胛有何临床意义?

翼状肩胛(winging scapulae)并非特征性体征，可由斜方肌、菱形肌和前锯肌的无力所致，病因也是多种多样。由于这些原因造成不同模式的肩胛运动可协助鉴别诊断（表4）。

**表4　翼状肩胛的鉴别诊断**

| 鉴别项 | 斜方肌 | 菱形肌 | 前锯肌 |
| --- | --- | --- | --- |
| 受累神经 | 副神经 | 肩胛背神经 | 胸长神经 |
| 受累神经根 | C1～C4 | C4～C5 | C5～C7 |
| 检查方法 | 耸肩<br>检查者给予阻力 | 手叉腰，肘向后用力<br>检查者加以阻力 | 双臂伸直推墙 |
| 肩胛位置 | 肩胛上角侧向移位 | 肩胛下角侧向移位 | 整个肩胛骨内侧和上部位移 |
| 常见原因 | 医源性<br>如：颈部淋巴结活检<br>颈部肿块切除术 | C5神经根损伤/撕脱（外伤、神经根病变）；前肩关节脱位（外伤）；神经卡压（中斜角肌） | 医源性（气胸术，切除术，手术治疗）；外伤性；神经痛性肌萎缩（Parsonage－Turner综合征）；肌源性FSHD |

7. Beevor's征有何临床意义？

当患者从卧位坐起时，脐孔上移，称为Beevor's征阳性，是因为下腹直肌无力而上腹直肌有力，使得脐孔向头端移动，主要见于第10胸椎（T10）脊髓胸段病变，但也可以见于FSHD、肌萎缩侧索硬化症、Pompe病和包涵体肌炎。在一项研究中，20例FSHD中有19例Beevor's征阳性，而对照的其他20例肌病中，仅有2例阳性，说明Beevor's征诊断FSHD的特异性和敏感性都比较高。

8. FSHD应该如何治疗？

尽管有临床研究评估了泼尼松、地尔硫䓬、沙丁胺醇、抗氧化剂维生素E、维生素C、硒、锌和myostatin抑制药的疗效，但未证明有疗效，因而目前的治疗仍然以康复支持治疗为主，今后以DUX4作为靶点可能是治疗研究的发展方向。

9. FSHD的预后如何？

鉴于问题5指出的基因型和临床表型的关联，不同基因型的临床症状严重性差别较大。虽然FSHD不是致命性疾病，但也可以造成严重残疾。约20%的患者需要轮椅支持，1%～13%的患者需要无创呼吸机支持。携带1～3个拷贝数的患者发展至坐轮椅大多在20~40岁，以后疾病的发展速度相对较慢。

（赵重波）

## 参考文献

[1] Statland J, Tawil R. Facioscapulohumeral muscular dystrophy. Neurologic clinics, 2014, 32(3): 721-728, ix.

[2] Wang LH, Tawil R. Facioscapulohumeral Dystrophy. Current neurology and neuroscience reports, 2016, 16(7): 66.

[3] Shahrizaila N, Wills AJ. Significance of Beevor's sign in facioscapulohumeral dystrophy and other neuromuscular diseases. Journal of neurology, neurosurgery, and psychiatry, 2005, 76(6): 869-870.

[4] Sugie K, Kumazawa A, Ueno S. Sporadic Inclusion Body Myositis Presenting with Beevor's Sign. Internal medicine, 2015, 54(21): 2793-2794.

# 7. 双上肢进行性无力的老年男性

［病史摘要］

患者，男，56 岁，进行性双上肢无力 6 年。初始症状为右上臂无力，3 个月后出现左上臂无力，此后双上臂无力逐渐加重伴肌肉萎缩、肉跳，不能抬高、梳头，双手尚可持物，无肢体麻木，无言语含糊。既往史无特殊，父母身体健康，否认有遗传病家族史。

［神经科体格检查］

神志清楚，言语清晰，对答切题，定向力、记忆力和计算力正常，无舌肌萎缩及纤颤，舌肌顶颊肌力 5 级，其余颅神经检查未见异常体征，颈软，双上臂和肩胛带肌明显萎缩，双上肢可见肌束震颤（视频 4），双侧肩关节内收、外展肌力 2 级，肘关节屈、伸肌力 3 级，双上肢远端肌力 4 级，双下肢肌力 5 级，双上肢肌张力减弱，双下肢肌张力正常，双上肢腱反射（ + ）对称，双下肢膝反射（ + + ），双侧 Hoffman 征阴性，双侧掌颏反射阴性，双侧 Babinski 征、Chaddock 征阴性，四肢深浅感觉检查正常。

［定位诊断思路］

视频4

临床定位诊断思路分析见图 36。

患者血 CK 正常；神经传导测定提示双侧正中神经、尺神经运动传导复合肌肉动作电位（compound muscle action potential，CMAP）波幅降低，上肢、下肢周围神经运动和感觉传导均正常；针极肌电图示双上肢神经源性损害（双侧三角肌、肱二头肌、伸指伸肌、小指展肌可见大量自发电位及高波幅、宽时限的 MUP）。根据患者肌电图表现，考虑前角/前根病变可能性较大，但周围神经病变尚不能完全排除。

［定性诊断与鉴别诊断］

定性诊断与鉴别诊断思路形成见图 37。

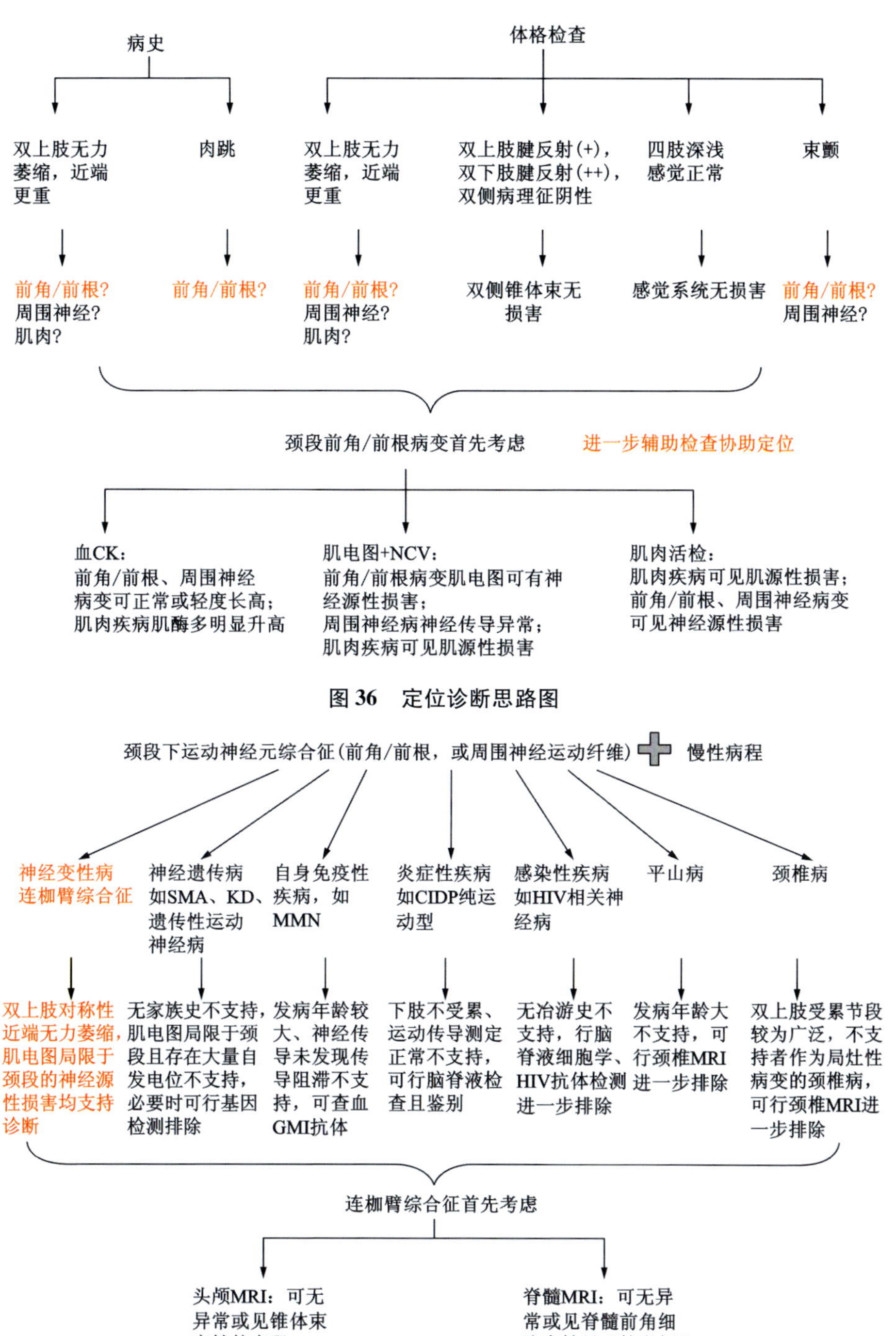

病史
体格检查
双上肢无力萎缩，近端更重
肉跳
双上肢无力萎缩，近端更重
双上肢腱反射(+)，双下肢腱反射(++)，双侧病理征阴性
四肢深浅感觉正常
束颤
前角/前根？周围神经？肌肉？
前角/前根？
前角/前根？周围神经？肌肉？
双侧锥体束无损害
感觉系统无损害
前角/前根？周围神经？
颈段前角/前根病变首先考虑
进一步辅助检查协助定位
血CK：前角/前根、周围神经病变可正常或轻度长高；肌肉疾病肌酶多明显升高
肌电图+NCV：前角/前根病变肌电图可有神经源性损害；周围神经病神经传导异常；肌肉疾病可见肌源性损害
肌肉活检：肌肉疾病可见肌源性损害；前角/前根、周围神经病变可见神经源性损害

图 36　定位诊断思路图

颈段下运动神经元综合征(前角/前根，或周围神经运动纤维)
慢性病程
神经变性病连枷臂综合征
神经遗传病如SMA、KD、遗传性运动神经病
自身免疫性疾病，如MMN
炎症性疾病如CIDP纯运动型
感染性疾病如HIV相关神经病
平山病
颈椎病
双上肢对称性近端无力萎缩，肌电图局限于颈段的神经源性损害均支持诊断
无家族史不支持，肌电图局限于颈段且存在大量自发电位不支持，必要时可行基因检测排除
发病年龄较大、神经传导未发现传导阻滞不支持，可查血GMI抗体
下肢不受累、运动传导测定正常不支持，可行脑脊液检查且鉴别
无冶游史不支持，行脑脊液细胞学、HIV抗体检测进一步排除
发病年龄大不支持，可行颈椎MRI进一步排除
双上肢受累节段较为广泛，不支持者作为局灶性病变的颈椎病，可行颈椎MRI进一步排除
连枷臂综合征首先考虑
头颅MRI：可无异常或见锥体束变性的表现
脊髓MRI：可无异常或见脊髓前角细胞变性呈“蛇眼征”

图 37　定性诊断思路图

对患者进一步行血生化、甲状腺功能、自身免疫抗体、人类免疫缺陷病毒(human immunodeficiency virus, HIV)抗体、GM1抗体、肿瘤标志物、副肿瘤抗体检测均正常；脑脊液常规、生化、细胞学检查正常；双下肢SEP正常，肺部CT、腹部彩超等检查未见明显异常；头颅、颈椎MRI未见明显异常。

**最终诊断：FAS**

［病例的问题］

1.FAS和FLS如何诊断？

FAS和FLS的诊断主要基于患者的临床表现，目前多采用2009年Wijesekera提出的诊断标准(表5)：

**表5 FAS和FLS的诊断标准**

| 诊断标准 | 连枷臂综合征 | 连枷腿综合征 |
| --- | --- | --- |
| 主要标准 | 双上肢下运动神经元损害，主要表现为近端无力和萎缩，症状进行性发展<br>病程中可以出现上肢的病理性反射阳性(如Hoffmann征)<br>症状局限在上肢持续12个月以上 | 双下肢下运动神经元损害，主要表现为远端无力和萎缩，症状进行性发展<br>病程中可以出现下肢的病理性反射阳性(如Babinski征)<br>症状局限在下肢持续12个月以上 |
| 排除标准 | 发病12个月内出现下肢和球部肌肉明显无力和萎缩<br>上肢肌张力增高<br>表现为双上肢远端无力或萎缩而近端不受累 | 发病12个月内出现上肢、球部肌肉和呼吸肌明显无力和萎缩<br>下肢肌张力增高或出现阵挛<br>表现为双下肢近端无力或萎缩而远端不受累 |

2.FAS和FLS有上运动神经元损害吗？

FAS和FLS主要表现为局限于上肢或者下肢的下运动神经元损害，但在病程中可以出现Hoffman征、Babinski征等病理反射。研究发现，即便是不存在锥体束征的FAS和FLS患者，神经电生理的表现也与经典的ALS相似，如皮质和周围兴奋性增高，或者MEP的中枢运动传导时间延长；病理上可见典型的上运动神经元受累的病理特征，如脊髓胸段和腰段的皮质脊髓侧束有髓纤维的广泛脱失。

3. FAS 和上肢起病的 ALS 临床上有什么区别?

FAS 和上肢起病的 ALS 临床上存在一些差异：FAS 患者肌无力和萎缩主要位于上肢近端，而上肢起病的 ALS 患者肌无力以上肢远端为主；上肢起病的 ALS 患者肌束震颤明显较 FAS 患者更常见；FAS 病理征少见而 ALS 多见；FAS 患者自发病到第二个体区出现功能障碍的时间要明显比上肢起病的 ALS 长(平均分别为 34.3 个月和 12.3 个月)。

此外，神经电生理研究还发现 FAS 患者不存在 ALS 患者典型的分裂手现象(split – hand phenomenon)。分裂手现象是指患者拇短展肌和第 1 骨间背侧肌更早出现肌萎缩无力且受累程度更重，而小指展肌相对保留，在神经电生理上表现为拇短展肌/小指展肌 CMAP 波幅比和第 1 骨间肌/小指展肌 CMAP 波幅比明显降低。

然而，需要指出，少数 FAS 在病程中也可出现病理反射，而且近 2/3 FAS 患者在出现第二个体区的功能障碍前肌电图可出现第二个、第三个体区的神经源性损害。因此，临床上 FAS 和上肢起病的 ALS 单次就诊也很难完全区分开来。

4. FAS 的鉴别诊断包括哪些?

虽然 FAS 的典型表现为双上肢近端对称性无力、肌肉萎缩，但一项对 42 例 FAS 患者的研究发现，仅 25% 患者起病时表现为双侧对称性无力、肌肉萎缩，而 75% 患者起病时仅表现为单侧上肢无力、肌肉萎缩，仅 24% 患者起病时表现为单纯近端无力或肌萎缩，而 40% 患者以单纯上肢远端无力起病，36% 患者以上肢远端和近端同时无力起病，由于在疾病的早期症状多数不典型，误诊率可高达 55% 。

FAS 的鉴别诊断包括平山病、脊髓性肌萎缩症、多灶性运动神经病、遗传性运动神经病、CIDP 纯运动型、HIV 相关神经病、面肩肱型肌营养不良、颈椎病、双侧皮质分水岭梗死和脊髓梗死等。

5. FAS 和 FLS 的预后如何?

总体而言，FAS 和 FLS 的预后要明显好于经典型 ALS。国外一项对 135 例 FAS 和 75 例 FLS 的研究发现，FLS 和 FAS 的中位生存期(分别为 69 个月和 61 个月)明显比上肢起病和延髓起病的 ALS 患者(分别是 34 个月和 27 个月)长，这四种临床表型的 5 年生存率分别为 63.9% 、52% 、20% 和 9.3% 。

樊东升教授对 126 例 FAS 的研究发现，FAS 的中位生存期(97 个月)明显比肢体起病和延髓起病的 ALS 患者长(分别是 72 个月和 48 个月)，三种临床表型的 5 年生存率分别为 58% 、49% 和 37% 。

(邹漳钰)

# 参考文献

[1] Wijesekera LC, Mathers S, Talman P, et al. Natural history and clinical features of the flail arm and flail leg ALS variants. Neurology, 2009, 72: 1087 - 1094.

[2] Chen L, Zhang B, Chen R, et al. Natural history and clinical features of sporadic amyotrophic lateral sclerosis in China. J Neurol Neurosurg Psychiatry, 2015, 86: 1075 - 1081.

[3] Hubers A, Hildebrandt V, Petri S, et al. Clinical features and differential diagnosis of flail arm syndrome. J Neurol, 2016, 263: 390 - 395.

[4] Jawdat O, Statland JM, Barohn RJ, et al. Amyotrophic Lateral Sclerosis Regional Variants (Brachial Amyotrophic Diplegia, Leg Amyotrophic Diplegia, and Isolated Bulbar Amyotrophic Lateral Sclerosis). Neurologic clinics, 2015, 33: 775 - 785.

[5] Yoon BN, Choi SH, Rha JH, et al. Comparison between Flail Arm Syndrome and Upper Limb Onset Amyotrophic Lateral Sclerosis: Clinical Features and Electromyographic Findings. Experimental neurobiology, 2014, 23: 253 - 257.

[6] Yang H, Liu M, Li X, et al. Neurophysiological Differences between Flail Arm Syndrome and Amyotrophic Lateral Sclerosis. PLoS One, 2015, 10: e0127601.

# 8. 四肢近端疼痛的男性

［病史摘要］

患者，男，57岁，双侧肩部和髋部疼痛伴活动无力4周余。4周前患者无明显诱因下出现双上肢疼痛，平举外展难过肩部，蹲下后站起困难伴髋部疼痛，早晨起床时觉双上肢僵硬严重，随后稍有改善，影响夜间睡眠。无明显感觉异常，无肌肉萎缩、跳动，无大小便障碍。否认特殊疾病史和特殊药物、毒物暴露史，否认相关家族史。

［神经科体格检查］

神志清楚，语言清晰，颅神经阴性，抬头肌力5级，双上肢近端肌力因肩关节疼痛检查受限，远端肌力5级，双下肢近端肌力5级，远端肌力5级，四肢腱反射（++）对称，双侧病理征阴性。双上肢肩关节疼痛活动受限（视频5），双下肢"4字"试验阳性，蹲下后站立困难。

视频5

［定位诊断思路］

临床定位诊断思路分析见图38。

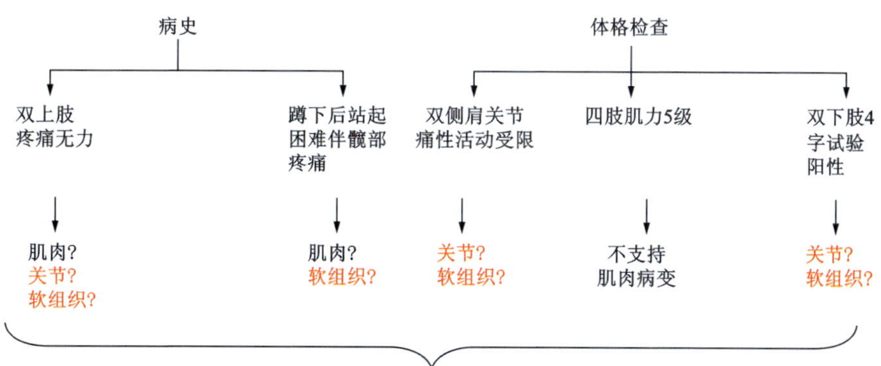


图38　定位诊断思路图

[定性诊断与鉴别诊断]

定性诊断思路与鉴别诊断形成见图 39。

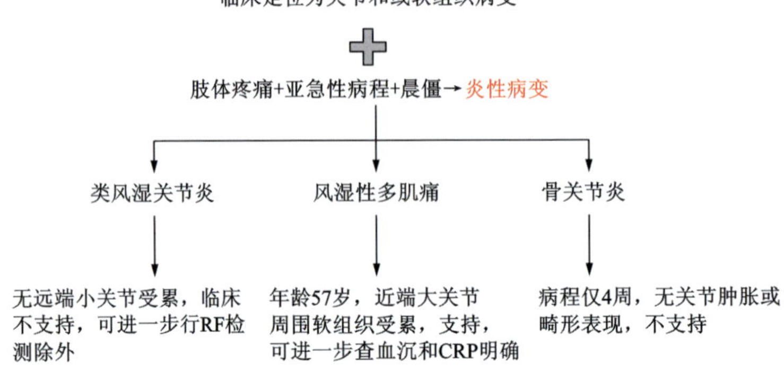
临床定位为关节和或软组织病变
肢体疼痛+亚急性病程+晨僵→炎性病变
类风湿关节炎
风湿性多肌痛
骨关节炎
无远端小关节受累，临床不支持，可进一步行RF检测除外
年龄57岁，近端大关节周围软组织受累，支持，可进一步查血沉和CRP明确
病程仅4周，无关节肿胀或畸形表现，不支持

**图 39　定性诊断思路图**

患者入院后查血抗核抗体(antinuclear antibody，ANA)、抗双链 DNS 抗体(dsDNA)、抗中性粒细胞胞浆抗体(anti - neutrophil cytoplasmic antibody，ANCA)、类风湿因子(rheumatoid factor ，RF)等免疫指标均为阴性，血常规和血清 CK 正常，血沉 77 mm/h(正常值：0～15 mm/h)，超敏 CRP 10.5 mg/L(正常值：0～8 mg/L)，根据年龄 + 双侧肩部和髋部疼痛 + 晨僵 + 血沉增快，考虑为风湿性多肌痛，予以泼尼松 20 mg，每日 1 次口服治疗，1 周后病情明显改善。

**最终诊断：风湿性多肌痛(polymyalgia rheumatica，PMR)**

[病例的问题]

1. PMR 属于肌病吗？

Big big no！这是一个容易产生误导的诊断名词，虽然叫“多肌痛”，但实际的病变结构不是肌肉，而是软组织，譬如肱二头肌的腱鞘、肩峰下的滑囊、颈椎和腰椎的滑囊等，由于炎症反应而产生疼痛，引起关节活动障碍。严格意义上说，风湿性多肌痛不属于神经科范畴，但由于有肌痛和假性无力，且其他专科医生对本病认识不足，常常将患者转诊至神经科，久而久之，也误打误撞成为神经科门诊诊治的疾病。

2. PMR 的临床特点是什么？

风湿性多肌痛的临床特点：①好发于 50 岁以上人群，女性多于男性；②急性(数天)或亚急性(数周)起病；③双侧肩关节(70% ~95%)、颈部(70%)或髋关节(50%)疼痛，④肩、颈或髋晨僵超过 45 分钟；⑤约 40% 的患者可出现低热、体重下降、睡眠障碍、乏力等系统性症状；⑥血沉增高 >40 mm/h，C 反应蛋白(C - reactionprotein，CRP)也可增高；⑦对小剂量激素治疗有效。

3. PMR 和巨细胞动脉炎有何关系?

目前有观点认为，风湿性多肌痛和巨细胞动脉炎属于同一疾病的不同表现，两者均好发于50 岁以上人群，临床队列研究发现，40% ~60% 的巨细胞动脉炎合并有风湿性多肌痛，而16% ~21% 的风湿性多肌痛患者合并有巨细胞动脉炎。风湿性多肌痛较巨细胞动脉炎多见 3 ~10 倍，有观点认为，风湿性多肌痛可能是早期的亚临床血管炎，Kremers 等报道约 20% 的风湿性多肌痛患者会发展为巨细胞动脉炎。

4. PMR 的鉴别诊断有哪些?

鉴于患者大多主诉为肌肉疼痛和无力，症状学不具特异性，经常会由神经科医生接诊，需要与感染(如病毒感染、感染性心内膜炎和结核等)、恶性肿瘤(如骨转移)、风湿科疾病(如类风湿关节炎、系统性红斑狼疮和多发性肌炎等)、药物诱发性肌痛症(如他汀类药)、软组织病变(如肩周炎等)、骨关节炎、甲状腺功能减退和纤维肌痛症等疾病相鉴别。

5. PMR 的诊断标准是什么?

目前大多沿用的是改良的 Bird 诊断原则：①双侧肩部疼痛或僵硬；②起病多在2 周之内；③血沉增快超过 40 mm/h；④晨僵超过 45 min；⑤发病年龄超过 50 岁；⑥伴有抑郁症和/或体重减少；⑦上肢压痛，诊断的敏感性为 92%，特异性为 80%。

6. 如何判断疾病的病情活动度?

可以采用疾病活动评分来进行判断，其公式为：CRP(mg/dL) + 患者疼痛视觉模拟评分(visual analogue scale for patient，VASp)(0 ~10 分) + 医生疼痛视觉模拟评分(visual analogue scale for physician，VASph)(0 ~10 分) + 晨僵时间(morning stiffness time，MST)(min ×0. 1) + 上肢活动评估(elebation of the upper limbs，EUL)(3 ~0 分)。评分结果提示：0 分为正常，1 分为超过肩带水平，2 分为与肩带水平以下，3 分为不能活动。小于7 分提示为轻度活动，7 ~17 分为中度活动，大于17 分为高度活动。这个虽然能量化评估，但真的不好用!

7. 风湿性多肌痛如何治疗?

风湿性多肌痛对激素治疗较为敏感，使用小剂量激素后，约 70% 的患者在1 周内就可获得全面的病情改善，而炎性标记物在 3 ~4 周内改善，也就是说，可在治疗 3 ~4 周后复查血沉和 CRP。对于复发的患者可以考虑联用甲氨蝶呤，治疗流程见图 40 所示。

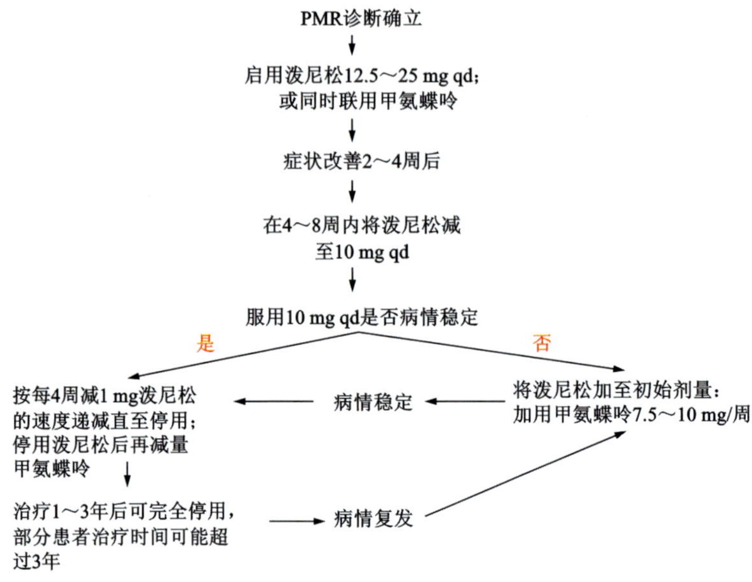
PMR诊断确立
启用泼尼松12.5～25 mg qd；
或同时联用甲氨蝶呤
症状改善2～4周后
在4～8周内将泼尼松减
至10 mg qd
服用10 mg qd是否病情稳定
是
否
按每4周减1 mg泼尼松
的速度递减直至停用；
停用泼尼松后再减量
甲氨蝶呤
病情稳定
将泼尼松加至初始剂量；
加用甲氨蝶呤7.5～10 mg/周
治疗1～3年后可完全停用，
部分患者治疗时间可能超
过3年
病情复发

**图 40　风湿性多肌痛治疗流程图**

（赵重波）

## 参考文献

[1] Muratore F, Pazzola G, Pipitone N, Salvarani C. Recent advances in the diagnosis and treatment of polymyalgia rheumatica. Expert review of clinical immunology, 2016, 1 -9.

[2] Buttgereit F, Dejaco C, Matteson EL, Dasgupta B. Polymyalgia Rheumatica and Giant Cell Arteritis: A Systematic Review. JAMA, 2016, 315(22): 2442 -2458.

# 9. 行为异常伴肢体无力、言语含糊的中年男性

[病史摘要]

患者，男，49 岁，行为异常 2 年，进行性双上肢无力 1 年，言语含糊半年。初始症状为性格及行为异常，表现为脾气急躁、易怒，卫生习惯变差，举止轻佻，记忆力减退，1 年前出现双上肢无力，持物、扣衣困难，并逐渐加重，半年前出现言语含糊，饮水咳呛。既往史无特殊，父母身体健康，否认遗传病家族史。

[神经科体格检查]

神清，言语含糊，对答尚切题，定向力和计算力正常，记忆力减退，伸舌居中，舌肌萎缩，可见纤颤（视频 6），双侧咽反射迟钝，其余颅神经检查未见异常体征，颈软，双手、双上臂和肩胛带肌明显萎缩，双上肢可见肌束震颤，双上肢近端肌力 4 级，远端肌力 3 级，双下肢肌力 5 级 -，双上肢肌张力减低，双下肢肌张力增高，双上肢腱反射（++）对称，双下肢膝反射（+++），双侧下颌反射活跃，双侧 Hoffman 征阴性，双侧掌颏反射阳性，双侧 Babinski 征、Chaddock 征阳性，四肢深浅感觉检查正常。

视频6

[定位诊断思路]

临床定位诊断思路分析见图 41。

[定性诊断与鉴别诊断]

定性诊断与鉴别诊断思路形成如图 42。

简易智能精神状态检查量表（mini - mental state examination，MMSE）评分 21/30 分，额叶功能评估量表（frontal assessment battery，FAB）评分为11/18分，额叶行为量表（frontal behavior inventory，FBI）评分为 12/18 分。进一步行血生化、甲状腺功能、自身免疫抗体、HIV 抗体、肿瘤标志物、副肿瘤抗体检测均显示正常；脑脊液常规、生化、细胞学检查正常；神经传导测定提示双侧正中神

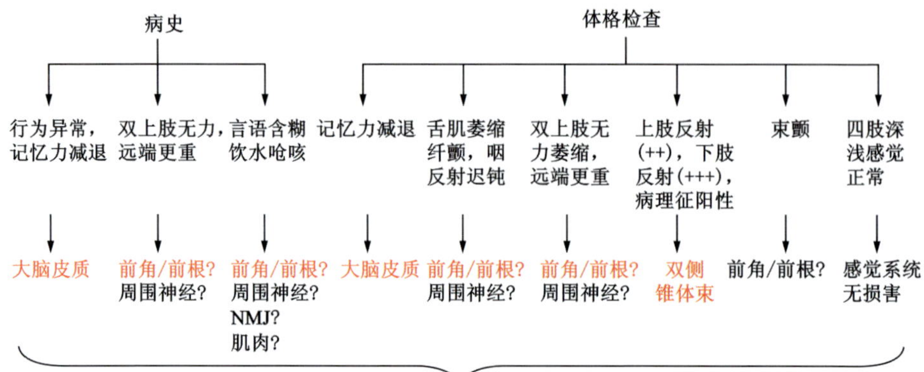
病史
体格检查
行为异常，记忆力减退
双上肢无力，远端更重
言语含糊饮水呛咳
记忆力减退
舌肌萎缩纤颤，咽反射迟钝
双上肢无力萎缩，远端更重
上肢反射(++)，下肢反射(+++)，病理征阳性
束颤
四肢深浅感觉正常
大脑皮质
前角/前根？周围神经？
前角/前根？周围神经？NMJ？肌肉？
大脑皮质
前角/前根？周围神经？
前角/前根？周围神经？
双侧锥体束
前角/前根？
感觉系统无损害
大脑皮质+双侧锥体束+下运动神经元

**图 41　定位诊断思路图**

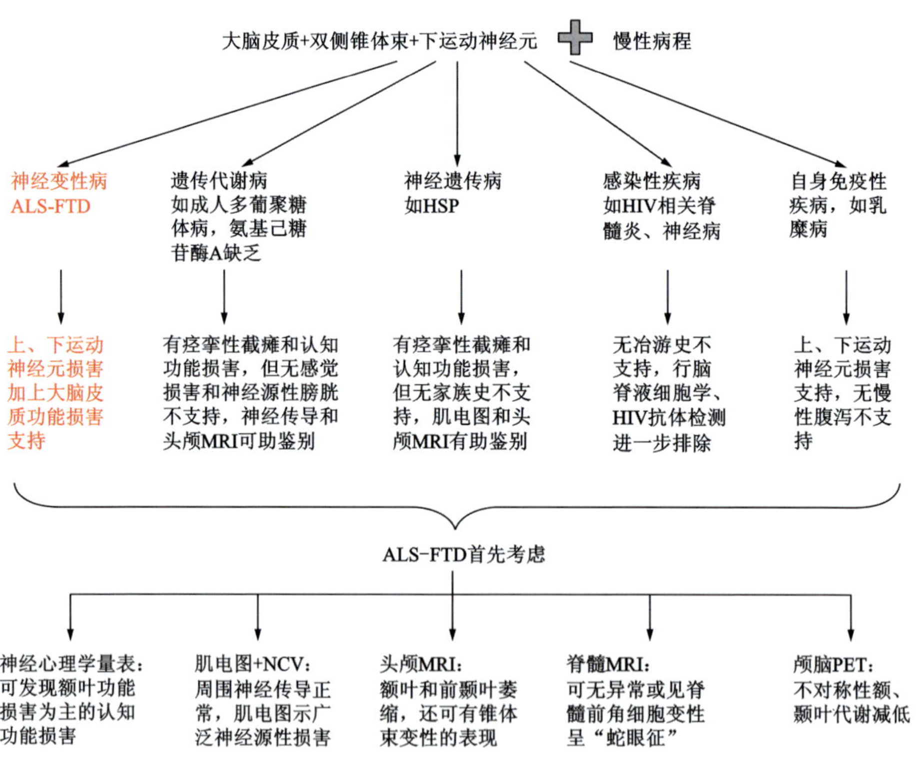
大脑皮质+双侧锥体束+下运动神经元
慢性病程
神经变性病ALS-FTD
遗传代谢病如成人多葡聚糖体病，氨基己糖苷酶A缺乏
神经遗传病如HSP
感染性疾病如HIV相关脊髓炎、神经病
自身免疫性疾病，如乳糜病
上、下运动神经元损害加上大脑皮质功能损害支持
有痉挛性截瘫和认知功能损害，但无感觉损害和神经源性膀胱不支持，神经传导和头颅MRI可助鉴别
有痉挛性截瘫和认知功能损害，但无家族史不支持，肌电图和头颅MRI有助鉴别
无冶游史不支持，行脑脊液细胞学、HIV抗体检测进一步排除
上、下运动神经元损害支持，无慢性腹泻不支持
ALS-FTD首先考虑
神经心理学量表：可发现额叶功能损害为主的认知功能损害
肌电图+NCV：周围神经传导正常，肌电图示广泛神经源性损害
头颅MRI：额叶和前颞叶萎缩，还可有锥体束变性的表现
脊髓MRI：可无异常或见脊髓前角细胞变性呈“蛇眼征”
颅脑PET：不对称性额、颞叶代谢减低

**图 42　定性诊断思路图**

注：PET—正电子发射型计算机断层显像

经、尺神经运动传导 CMAP 波幅降低，上肢、下肢周围神经运动和感觉传导均正常；针极肌电图示广泛神经源性损害（双侧胸锁乳突肌、双上肢、椎旁肌和双下肢可见大量自发电位及高波幅、宽时限的 MUP）；肺部 CT、腹部彩色 B 超等检查未见明显异常，颈椎 MRI 未见明显异常，头颅 MRI 见双侧前颞叶及额叶明显萎缩，正电子发射计算机断层成像（positron emission tomography，PET）提示双侧额叶为主的代谢减低（图 43）。该患者未行基因检测。

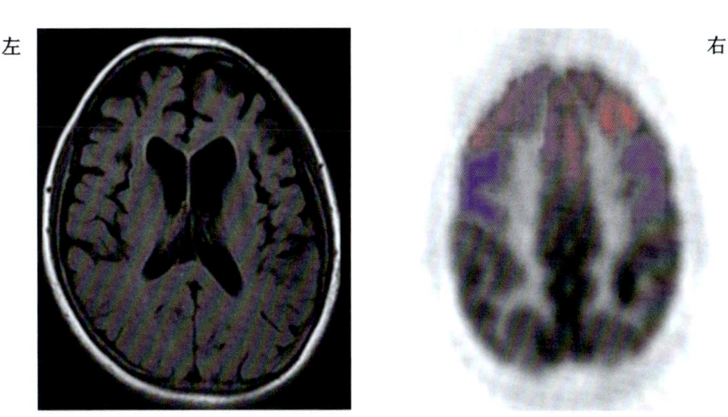


**图 43　患者头颅 MRI 影像（左）及 PET 影像（右）**

**最终诊断：肌萎缩侧索硬化合并额颞叶痴呆（amyotrophic lateral sclerosis - frontotemporal dementia，ALS - FTD）**

**［病例的问题］**

1. ALS 患者存在认知行为异常的比例有多少？

ALS 原来一直被认为是选择性累及运动系统的神经变性病，患者不存在认知功能障碍，1994 年的 El Escorial 诊断标准甚至把存在认知功能障碍（cognitive disorder）作为 ALS 的排除标准。实际上关于 ALS 患者的认知功能障碍一直有个案报道，而近年来国内外的系统研究则证实了 ALS 患者存在相当比例的认知行为异常。尽管研究设计、采用的神经心理量表不同可能造成研究结果的差异，但国内外的研究表明高达 50% 的 ALS 患者可以存在不同程度的认知行为异常。

国外两项基于人群的流行病学研究发现，爱尔兰的 ALS 患者中（160 例），53.2% 的患者存在不同程度的认知功能障碍，21.2% 存在执行功能障碍，

14.4%存在非执行功能认知障碍，13.8%合并额颞叶痴呆（frontotemporal dementia，FTD），1.9%合并阿尔茨海默病（alzheimer disease，AD），1.9%存在其他类型认知功能障碍；意大利ALS患者中（183例），50.3%的患者存在不同程度的认知功能障碍，19.7%存在执行功能障碍，5.5%存在非执行功能认知障碍，12.6%合并FTD，0.5%合并AD，6.0%存在其他类型认知功能障碍，6.0%存在行为异常。崔丽英教授的研究发现106例ALS患者中，21.8%患者存在认知功能障碍，11.3%存在执行功能障碍，4.7%存在非执行功能认知障碍，4.7%合并FTD。

2. ALS认知行为异常的评估常选用什么神经心理量表？

目前临床上常用的ALS认知行为异常的初步筛查量表主要有：MMSE，FAB和日常生活能力量表（activity of daily living，ADL）。如果发现患者存在认知功能异常，还应选用相应的神经心理量表对不同认知领域进行更详细的评估，如执行功能评估可选用Stroop色词测验、连线测验；语言功能评估可选择波士顿命名测验、举词流畅性测验；情景记忆测试可选用听觉词语学习测验、视觉再生测验；精神行为症状评估可选用神经精神症状量表、FBI进行评估。此外，还有一些国外使用的量表如ALS－FTD问卷（ALS－FTD－Q）、爱丁堡认知和行为ALS筛选量表等，国内使用较少。

3. ALS和FTD有什么关系？

临床研究显示多达50%的ALS患者可以出现不同程度的认知功能障碍，有一些可以发展为FTD，而FTD进展期的患者也可出现ALS的临床表现；而且，在同一个家系中，甚至同一患者身上可以同时发生ALS和FTD。病理研究在绝大多数ALS和FTD最常见的病理类型——泛素阳性的额颞叶变性（frontotemporal lobe degeneration，FTLD）（FTLD－U），FTLD－U患者中发现神经元中存在TDP－43阳性聚集物，FUS突变的ALS患者和一部分FTD患者的神经元中也可见相同的FUS阳性聚集物。

随着遗传学的发展，近年来陆续发现一些基因的突变既可以导致ALS的表型，也可以导致FTD的表型，甚至可以同时表现为ALS和FTD的表型（图44）。因此，临床表现、病理和遗传学上的重叠，把ALS和FTD这两种乍看毫不相似的疾病紧密联系到了一起。目前认为ALS和FTD构成一个连续的ALS－FTD疾病谱，ALS和FTD位于谱系的两端，中间是ALS伴认知功能障碍（ALSci），ALS伴行为异常（ALSbi）和ALS－FTD。

4. ALS－FTD如何诊断？

ALS－FTD的诊断要求同时满足ALS的诊断标准和FTD的诊断标准，ALS的诊断标准多采用在1998年修订的El Escorial诊断标准基础上提出的Awaji诊

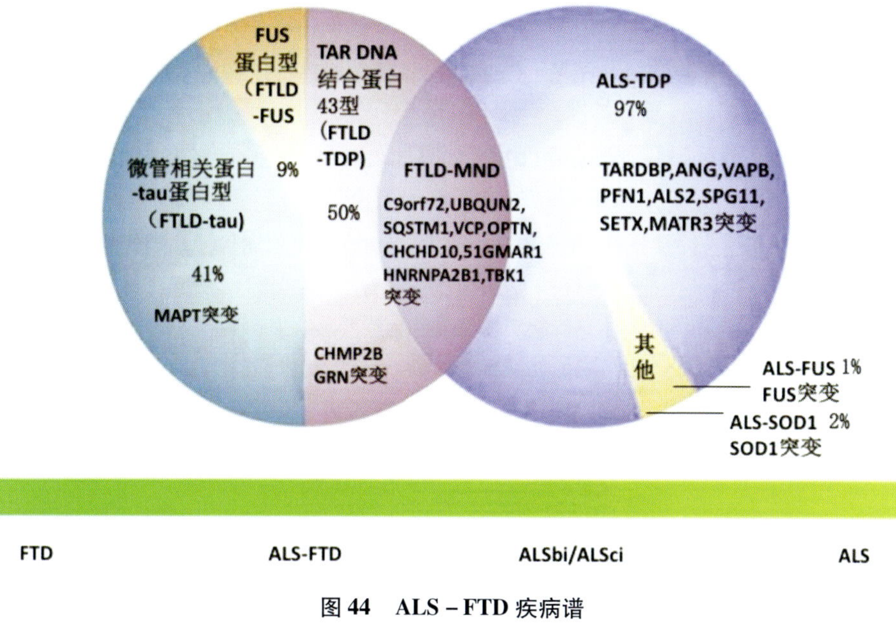


**图 44　ALS－FTD 疾病谱**

断标准，其诊断要求在延髓、脊髓颈段、胸段和腰段四个体区至少有两个体区同时存在上运动神经元损害和下运动神经元损害的证据（本书病例篇 4 表 2）。

FTD 根据临床特征，可分为行为变异型额颞叶痴呆（behavioral variant frontotemporaldementia，bvFTD）、语义性痴呆（semantic dementia，SD）和进行性非流利性失语症（progressive nonfluentaphasia，PNFA）三种主要的临床亚型，其中 SD 和 PNFA 又可归为原发性进行性失语（primary progressive aphasia，PPA）。

PPA 的诊断标准是：①以下 3 项必须为肯定性诊断条件：a. 最突出的临床特征是语言障碍；b. 出现由语言障碍引起的相关日常生活功能受损；c. 失语症是症状出现时以及疾病早期最显著的认知障碍。②以下 4 项均为否定条件：a. 其他非神经系统变性或内科疾病可更好地解释认知障碍；b. 精神疾病可更好地解释认知障碍；c. 疾病早期显著的情景记忆、视觉记忆或视觉知觉障碍；d. 疾病早期显著的行为障碍。

bvFTD 的诊断标准采用 2011 年的国际诊断标准（表 6）。

**表 6　bvFTD 诊断标准**

| 诊断 | 诊断标准 |
|---|---|
| Ⅰ **神经系统退行性病变：** | 必须存在行为和(或)认知功能进行性恶化才符合 bvFTD 的诊断标准 |
| Ⅱ **疑似** bvFTD： | 必须存在以下行为/认知表现(A～F)中的至少 3 项，且为持续性或复发性，而非单一或罕见事件 |
| | A. 早期去抑制行为[至少存在下列症状(A1～3)中的 1 个]： |
| | A1. 不适当的社会行为；<br>A2. 缺乏礼仪或社会尊严感缺失；<br>A3. 冲动鲁莽或粗心大意 |
| | B. 早期出现冷漠和(或)迟钝 |
| | C. 早期出现缺乏同情/移情[至少存在下列症状(C1～2)中的 1 个]： |
| | C1. 对他人的需求和感觉缺乏反应；<br>C2. 缺乏兴趣、人际关系或个人情感 |
| | D. 早期出现持续性/强迫性/刻板性行为[至少存在下列症状(D1～3)中的 1 个]： |
| | D1. 简单重复的动作；<br>D2. 复杂强迫性/刻板性行为；<br>D3. 刻板语言 |
| | E. 口欲亢进和饮食习惯改变[至少存在下列症状(E1～3)中的 1 个]： |
| | E1. 饮食好恶改变；<br>E2. 饮食过量，烟酒摄入量增加；<br>E3. 异食癖 |
| | F. 神经心理表现：执行障碍合并相对较轻的记忆及视觉功能障碍[至少存在下列症状(F1～3)中的 1 个]： |
| | F1. 执行功能障碍；<br>F2. 相对较轻的情景记忆障碍；<br>F3. 相对较轻的视觉功能障碍 |
| Ⅲ **可能为** FTD： | 必须存在下列所有症状(A～C)才符合标准 |
| | A. 符合疑似 bvFTD 的标准 |

续表 6

| 诊断 | 诊断标准 |
| --- | --- |
| | B. 生活或社会功能受损(照料者证据，或临床痴呆评定量表或功能性活动问卷评分证据) |
| | C. 影像学表现符合 bvFTD[至少存在下列(C1 ~ 2)中的 1 个]： |
| | C1. CT 或 MRI 显示额叶和(或)前颞叶萎缩； |
| | C2. PET 或 SPECT 显示额叶和(或)前颞叶低灌注或低代谢 |
| **Ⅳ病理确诊为** bvFTD： | 必须存在下列 A 标准与 B 或 C 标准中的 1 项 |
| | A. 符合疑似 bvFTD 或可能的 bvFTD |
| | B. 活体组织检查或尸体组织检查有额颞叶变性的组织病理学证据 |
| | C. 存在已知的致病基因突变 |
| Ⅴ bvFTD **的排除标准**： | 诊断 bvFTD 时下列 3 项(A ~ C)均必须为否定；疑似 bvFTD 诊断时，C 可为肯定 |
| | A. 症状更有可能是由其他神经系统非退行性疾病或内科疾病引起 |
| | B. 行为异常更符合精神病学诊断 |
| | C. 生物标志物强烈提示阿尔茨海默病或其他神经退行性病变 |

5. ALS－FTD 相关的突变基因有哪些，其临床表型有哪些主要区别?

ALS－FTD 相关的突变基因包括 C9orf72、SQSTM1、UBQLN2、VCP、OPTN、CHCHD10、HNRNPA1、HNRNPA2B1、SIGMAR1，以及 TBK1 基因，其中以 C9orf72 基因突变最为常见。各种基因对应的临床表型和致病的可能分子机制如表 7 所示。

**表 7　ALS－FTD 相关基因型－临床表型**

| 基因 | 临床表型 | 致病分子机制 |
| --- | --- | --- |
| C9orf72 | ALS，FTD，ALS－FTD | RNA 毒性或重复双肽聚积 |
| SQSTM1 | ALS，FTD，ALS－FTD，IBM，PDB | 自噬通路 |

续表 7

| 基因 | 临床表型 | 致病分子机制 |
|---|---|---|
| UBQLN2 | ALS，FTD，ALS－FTD，痉挛性截瘫 | 自噬通路 |
| VCP | ALS，FTD，ALS－FTD，IBM，PDB | 自噬通路 |
| OPTN | ALS，FTD，ALS－FTD | 自噬通路 |
| CHCHD10 | ALS，FTD，ALS－FTD，小脑共济失调，肌病 | 线粒体功能障碍 |
| HNRNPA1 | ALS，FTD，ALS－FTD，IBM，PDB | RNA 代谢异常 |
| HNRNPA2B1 | ALS，FTD，ALS－FTD，IBM，PDB | RNA 代谢异常 |
| SIGMAR1 | ALS，FTD，ALS－FTD | 内质网功能障碍 |
| TBK1 | ALS，FTD，ALS－FTD | 自噬通路 |

IBM. Inclusion body myositis 包涵体肌炎

PDB－Paget's disease of bone 佩吉特骨病

6. ALS－FTD 的预后如何？

由于伴有认知行为异常的 ALS 或 ALS－FTD 患者对药物治疗、经皮胃造口或无创呼吸机治疗的配合程度明显，且不如单纯 ALS 患者，这些患者的预后比单纯 ALS 或 FTD 患者更差。研究发现伴执行功能障碍的 ALS 患者或 ALS－FTD 患者的生存期约为 2 年，明显比单纯 ALS 患者的生存期短。

（邹漳钰）

## 参考文献

[1] Montuschi A, Iazzolino B, Calvo A, et al. Cognitive correlates in amyotrophic lateral sclerosis: a population－based study in Italy. J Neurol Neurosurg Psychiatry, 2015, 86: 168－173.

[2] Phukan J, Elamin M, Bede P, et al. The syndrome of cognitive impairment in amyotrophic lateral sclerosis: a population－based study. J Neurol Neurosurg Psychiatry, 2012, 83: 102－108.

[3] Cui B, Cui L, Gao J, et al. Cognitive Impairment in Chinese Patients with Sporadic Amyotrophic Lateral Sclerosis. PLoS One, 2015, 10: e0137921.

[4] 中华医学会老年医学分会老年神经病学组额颞叶变性专家共识撰写组. 额颞叶变性专家共识. 中华神经科杂志, 2014, 47: 351 - 356.

[5] Gorno - Tempini ML, Hillis AE, Weintraub S, et al. Classification of primary progressive aphasia and its variants. Neurology, 2011, 76: 1006 - 1014.

[6] Rascovsky K, Hodges JR, Knopman D, et al. Sensitivity of revised diagnostic criteria for the behavioural variant of frontotemporal dementia. Brain, 2011, 134: 2456 - 2477.

[7] Guerreiro R, Bras J, Hardy J. SnapShot: Genetics of ALS and FTD. Cell, 2015, 160: 798 e1.

[8] Hardy J, Rogaeva E. Motor neuron disease and frontotemporal dementia: sometimes related, sometimes not. Exp Neurol, 2014, 262 Pt B: 75 - 83.

# 10. 颈内动脉剥脱术后又出现左肢无力伴言语不清的男性

［病史摘要］

患者，男，73 岁，发现双侧无症状性颈内动脉严重狭窄 5 个月。3 个月前已行左侧颈内动脉支架置入术，本次拟行右侧颈内动脉内膜剥脱术住院。3 天前患者行右侧颈内动脉剥脱术，手术顺利，术后服用阿司匹林及他汀类药治疗作为二级预防。就诊当天 19：40 患者如厕时摔倒，发绀，一过性低氧血症，醒后觉左侧肢体无力伴言语不清。20：18 神经内科会诊建议做头颅 CT 检查。已戒烟 3 个月，既往有高血压史，血压控制佳。

［神经科体格检查］

嗜睡，两瞳孔等大，部分右侧凝视障碍，左侧鼻唇沟浅，抬额尚可，构音含糊，左侧肢体肌力 0 级，感觉严重减退，左侧 Babinski 征阳性。美国国立卫生研究院卒中量表（National Institute of Health Stroke Scale，NIHSS）评分为 20 分。

［定位诊断思路］

临床定位诊断思路分析见图 45。

头颅 CT 检查提示未见明显出血，右侧大脑中动脉（middle cerebral artery，MCA）远端高密度征，右侧顶叶小缺血灶（图 46）。

患者在进行了头颅 CT 血管成像（computed tomography angiography，CTA）评估（图 47），并行左侧颈内动脉支架置入术（carotid stent implantation，CAS）、右侧颈内动脉内膜剥脱术（carotid endarterectomy，CEA）后，与患者亲属及血管外科医生探讨了静脉溶栓治疗的风险，如手术部位再出血，但患者目前脑卒中症状严重且明确，而使用动脉内再通治疗可能对局部血管损伤更严重，于是最终决策为标准剂量的静脉溶栓治疗。患者溶栓治疗效果良好，出院时 mRS 量表评分为 1 分。另外，从本病例应该提出，严格的危险因素控制和改善生活方式

右侧颈内动脉剥脱术后予以阿司匹林二级预防
第4天出现神经系统新发症状和体征

症状
上厕时摔倒，紫绀，一过性低氧血症，醒后觉左侧肢体无力伴言语不清

体征
嗜睡，两瞳孔等大，部分向右凝视，左侧鼻唇沟浅，抬额尚可，构音含糊，左侧肢体0级，感觉严重减退，左侧Babinski征阳性

定位诊断：右侧大脑半球。右侧MCA支配区
定性诊断：急性脑血管意外
鉴别诊断：癫痫后TODD瘫

急诊头颅CT阴性

符合急性缺血性脑卒中
需鉴别心源性栓塞，颈内动脉剥脱术后内膜贴片脱落，血管痉挛，癫痫后TODD瘫

急诊头颅CTA/CTP

确认急性缺血性卒中
右侧颈内动脉系统闭塞

癫痫后TODD瘫

刚刚完成了CEA手术的下级血管闭塞了怎么办?

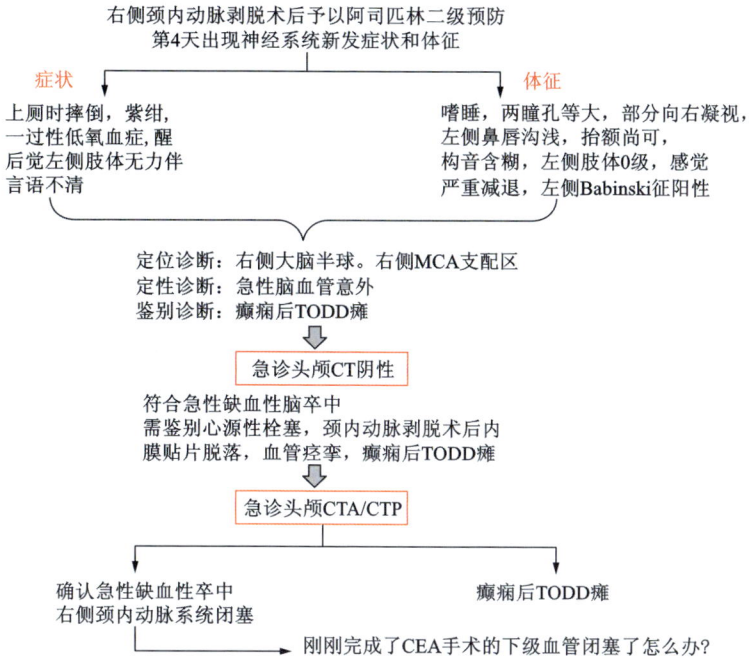

图 45　定位诊断思路图

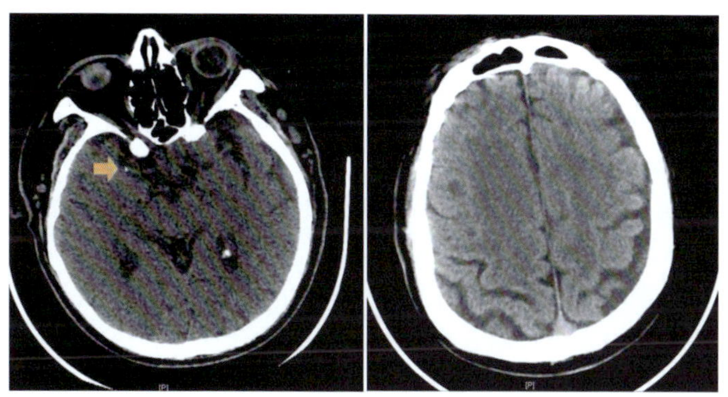

图 46　患者头颅 CT 影像

比手术干预更重要。

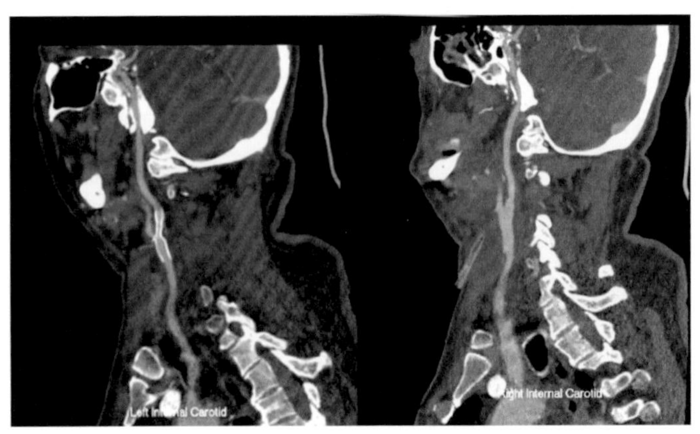


**图 47　患者头颅 CTA 影像**

**最终诊断：脑梗死，CAS 及 CEA 后**

［病例的问题］

1. 如何对缺血性卒中的患者进行颈动脉的血管评估？

缺血性脑卒中（包括 TIA 及缺血性脑梗死）都需要尽快完善血管评估，涵盖范围应该是主动脉弓及以上的动脉血管。筛查手段以无创为主，颈段首选颈部血管 B 超/CTA/增强磁共振血管成像（magnetic resonance angiography，MRA）；入颅段首选 CTA/MRA TOF。如果颈部血管 B 超（按照血流速度法）探测血管狭窄程度大于 80% 或是 CTA 或增强 MRA 狭窄超过 70%，则定义为重度颈动脉狭窄。另外，需要根据患者是否发生过同侧短暂性脑缺血发作（transient ischemic attack，TIA）或者脑卒中，分为症状性颈内动脉狭窄和无症状性颈内动脉狭窄。

2. 严重颈内动脉狭窄的手术策略是什么？

仅症状性严重的颈内动脉狭窄需要手术治疗的策略本患者无症状，在劲内动脉内膜剥脱术后出现急性缺血性事件，提醒临床医生，任何干预都需要权衡利弊。目前对于非症状性颈内动脉狭窄的治疗仍以严格危险因素控制，改善生活方式为主，手术治疗的风险与获益并未得到公认。对于症状性严重颈内动脉狭窄，手术治疗方式包括颈内动脉内膜剥脱术和颈内动脉支架置入术。如果成熟的手术中心（手术并发症 <6%），建议首先考虑颈内动脉内膜剥脱术。如果患者存在狭窄节段过长或者狭窄节段过高可考虑颈内动脉支架置入术作为备选方案。就此患者来说，对于存在病灶但无确切神经功能缺损的患者是否需要手

术须严格把握。对于急性脑卒中的患者，建议在发病 2 天内或 2 周后行手术治疗。

3. 如何在高危血管风险患者的围手术期采取预防措施？

对于该患者来说，住院前需要严格控制高危因素，如控制血压、血糖、他汀类药治疗、戒烟、运动及低盐饮食等。对于存在血管高危因素的患者若需要急诊手术或择期手术（包括颈内动脉手术或其他手术），建议由神经内科评估出血及梗死的风险。高危血管风险患者围手术评估见表 8。

**表 8 高危血管风险患者围手术评估**

| 手术出血风险 | 脑梗死风险 | | |
|---|---|---|---|
| | 脑梗死 6 个月以上 | 脑梗死 2 周至 6 个月 | 高危患者 2 周内 |
| 低危<br>（拔牙，皮肤活检或体表穿刺，胃肠内镜检查、甲状腺手术，眼科前房手术） | 继续抗栓药物进行急诊手术，可行择期手术 | 继续抗栓药物进行急诊手术，可行择期手术 | 继续抗栓药物进行急诊手术，推迟择期手术 |
| 中危<br>（可能需要输血的手术，如内脏、心血管、骨科大手术、胃肠内镜手术、泌尿系统内镜手术） | 继续抗栓药物进行急诊手术，可行择期手术 | 继续抗栓药物进行急诊手术，推迟择期手术，若必要可行急诊手术 | 继续抗栓药物进行急诊手术，推迟择期手术 |
| 高危<br>（封闭空间的手术如颅内、脊髓、眼科后房手术、心脏手术及需要输血的大手术） | 停用抗栓药物（1 周）进行急诊手术，可行择期手术 | 继续服用阿司匹林，停用氯吡格雷进行急诊手术，可行择期手术 | 继续服用阿司匹林，氯吡格雷可改用ⅡB/ⅢA 抗血小板药物或者肝素代替进行急诊手术，推迟择期手术 |

4. 如何通过影像学检查预测急性大动脉闭塞？

本患者发病的临床症状符合大血管闭塞的特点，临床如果 NIHSS 量表评分 6 分以上应该进行急性期血管筛查（无论是否进行了静脉溶栓治疗）。另外，如果出现失语、偏盲、忽略、凝视等均提示在脑皮质损害时，也支持进行血管筛查。如果在基线头颅 CT 影像中发现了大脑中动脉高密度征，也可作为大血管闭塞的直接证据。然后可进一步进行头颅 CTA/CTP 检查，作为急诊评估，若条件允许的医院也可急诊进行头颅 MRA TOF/DWI/PWI 的监测。急性期影像学评估的目的有两个，一是明确是否大血管闭塞的部位；二是了解可能半暗带的范围，以评估预期的疗效，但对于半暗带阈值目前尚无公认界值。

5. 既往无症状的腔隙性病灶患者是否适合溶栓治疗？

由于患者既往无临床事件，因此影像学上发现的腔隙性病灶不作为静脉溶栓的禁忌证。另外，即使患者既往有过脑梗死病史，若距本次发病超过 3 个月也可以考虑再次溶栓治疗。至于短期内就复发的脑卒中，是否能静脉溶栓治疗尚属于超指征使用，需进一步的临床研究证实。

（董　漪）

## 参考文献

[1] Chassot P G, Delabays A, Spahn D R. Perioperative antiplatelet therapy: the case for continuing therapy in patients at risk of myocardial infarction. British Journal of Anaesthesia, 2007, 99(3): 316 -328.

[2] Brothers TE, Ricotta JJ, Gillespie DL, et al. Contemporary results of carotid endarterectomy in "normal - risk" patients from the Society for Vascular Surgery Vascular Registry. J Vasc Surg, 2015, 62(4): 923 -928.

[3] Qazi E, Al - Ajlan FS, Najm M, et al. The Role of Vascular Imaging in the Initial Assessment of Patients with Acute Ischemic Stroke. Curr Neurol Neurosci Rep, 2016, 16(4): 32.

[4] Demaerschalk BM, Kleindorfer DO, Adeoye OM, et al. American Heart Association Stroke Council and Council on Epidemiology and Prevention. Scientific Rationale for the Inclusion and Exclusion Criteria for Intravenous Alteplase in Acute Ischemic Stroke: A Statement for Healthcare Professionals From the American Heart Association/American Stroke Association. Stroke, 2016, 47(2): 581 -641.

# 11. 发热、头痛伴进行性视力下降的青年男性

［病史摘要］

患者，男，25 岁，头痛 3 周，发热伴双眼视力进行性下降 1 周。患者 3 周前无明显诱因出现持续性头痛，恶心呕吐不明显。头痛 3 天后出现发热，体温最高达 39.4℃。头痛 5 天时行头颅 CT 检查未见明显异常，予阿莫西林治疗无效。

发病 10 天时在当地行腰椎穿刺检查示脑脊液压力 260 $mmH_2O$，脑脊液白细胞 360/μL，淋巴细胞比例 67%；脑脊液生化检测：糖 2.5 mmol/L，氯 117 mmol/L，蛋白 939 mg/L。发病 14 天时当地医院按“结核性脑膜炎”给予异烟肼、利福平、乙胺丁醇、吡嗪酰胺四联抗结核治疗，同时予以地塞米松 5 mg 静脉滴注。2 天(即发病 16 天)后患者出现双眼视力进行性下降，右眼更明显，但体温恢复正常，遂停用抗结核药物。否认肺结核病史、疫水疫地接触史，否认酗酒史。

［神经科体格检查］

神志清楚，言语清晰，左眼视力眼前数指，右眼视力光感，双瞳孔 5 mm，对光反射迟钝，右眼相对性瞳孔传入障碍(relative afferent pupillary defect，RAPD)阳性，眼底检查见双侧视乳头水肿(图 48)。眼球各向活动均到边。其余颅神经检查无异常。颈软，无抵抗，脑膜刺激征阴性。四肢肌力 5 级，腱反射正常，病理征未引出，深浅感觉正常。

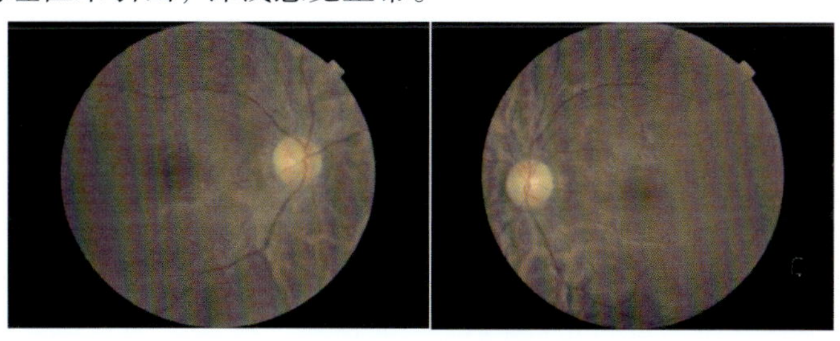

**图 48　眼底检查见双侧视乳头水肿**

[定位诊断思路]

临床定位诊断思路分析见图49。

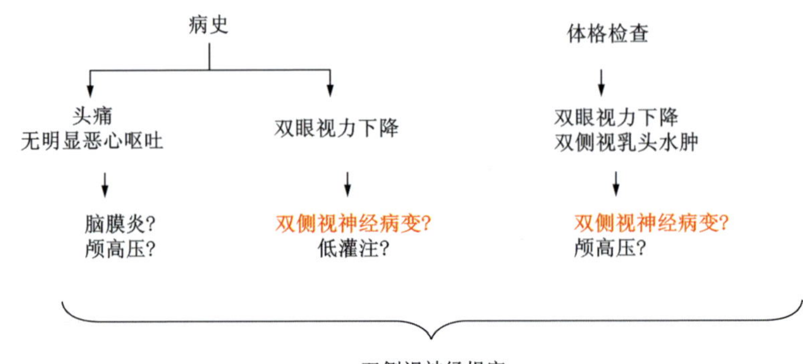


**图49　定位诊断思路图**

[定性诊断与鉴别诊断]

定性诊断与鉴别诊断思路形成见图50。

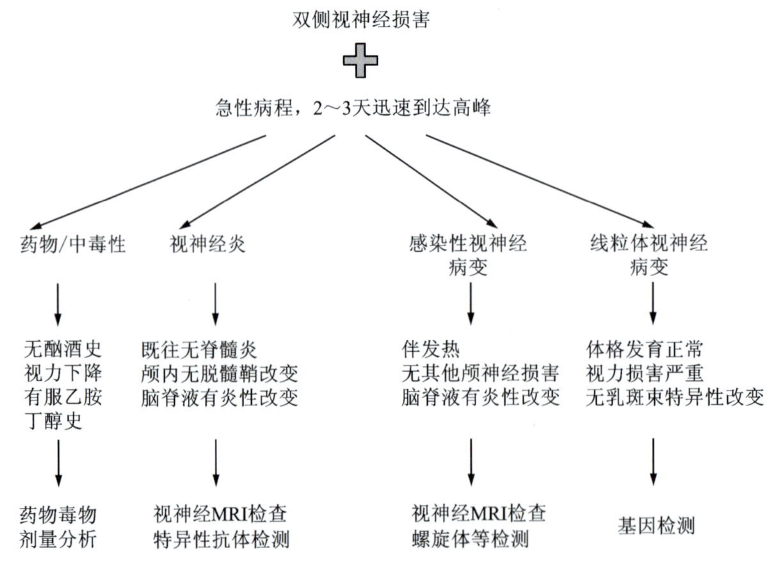


**图50　定性诊断思路图**

患者入院后未再发热，行头颅MRI检查未见明显异常，视神经MRI检查发现双侧视神经长节段明显强化(图51)。光相干计算机断层扫描(OCT)见双侧视网膜神经纤维层(retinal nerve fiber layer，RNFL)变厚(图 52)。行水通道蛋白-4(AQP-4)抗体检测呈阴性；风湿全套检测：抗核杭体(ANA)、可提取性核抗原(extractable nuclear antigen，ENA)、抗双链 DNA 抗-dsDNA、ANCA 检测阴性。梅毒螺旋体血凝集反应(treponema pallidum hemagglutination assay，TPHA)、快速血浆反应素试验(rapid plasma reagintest，RPR)检测呈阴性。寄生虫抗体包括钩虫抗体、莱姆病抗体检测呈阴性。少突胶质细胞糖蛋白(myelin oligodendrocyte glycoprotein，MOG)抗体检测发现：血 MOG 抗体 1∶32 呈阳性反应，脑脊液 MOG 抗体呈阴性反应。经甲泼尼龙 500 mg 静脉冲击治疗 3 天后视力即明显改善。

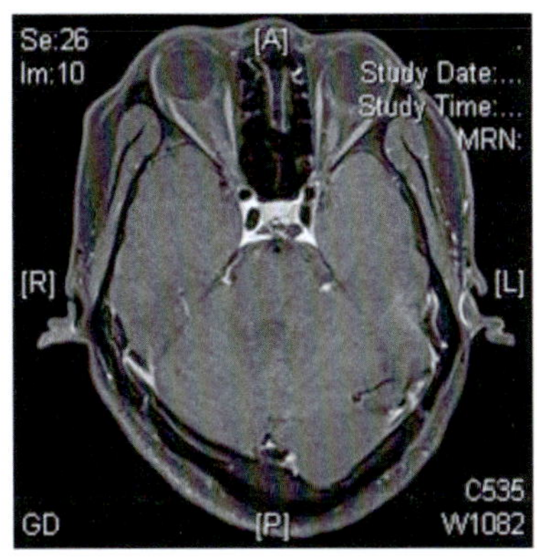


**图 51　视神经 MRI 检查示双侧视神经长节段明显强化**

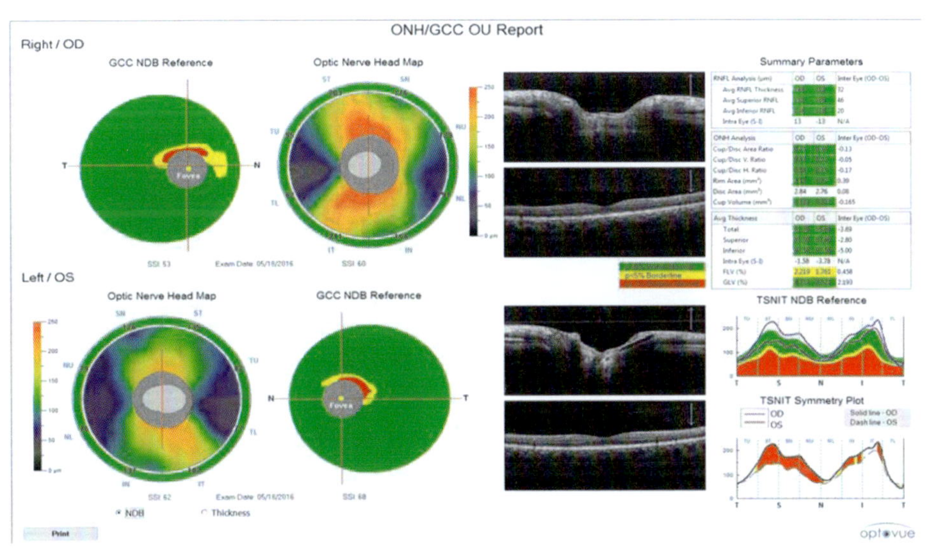


**图 52　OCT 检测示双侧 RNFL 变厚**

**最终诊断：MOG 抗体性相关视神经炎(MOG antibodyrelated－optic neuritis，MOG－ON)**

［病例的问题］

1. 视神经炎到底有哪些类型?

视神经炎(optic neuritis，ON)是指累及视神经的各种炎性病变，是青中年最易罹患的致盲性视神经病变。根据 2014 我国《视神经炎诊断和治疗专家共识》提出的分类，最常见的是特发性视神经炎。

特发性视神经炎又分为：①特发性脱髓鞘性视神经炎(idiopathic demyelinating optic neuritis，IDON)，亦称经典多发性硬化相关视神经炎(multiple sclerosis related optic neuritis，MS－ON)；②视神经脊髓炎相关视神经炎(neuromyelitis optica related optic neuritis，NMO－ON)；③其他中枢神经系统脱髓鞘疾病相关性视神经炎。其中，经典的 NMO－ON 主要表现为双眼同时或相继出现迅速而严重的视力下降，视功能恢复差，多数患者会遗留双眼或至少一只眼严重的视力障碍(裸视力低于 0.1)。

相比于大多单眼发作、恢复良好的 IDON，NMO－ON 具有更高的致残性。血清 AQP4 抗体阳性在视神经脊髓炎/视神经脊髓炎谱系疾病(neuromyelitis optic/neuromyelitisoptica spectrum disorders，NMO/NMOSD)的诊断中起到了决定性的作用。但是临床中仍然发现有 10%～20%的 NMO/NMOSD 患者在血清中检测不到 AQP4 抗体。

2016 年重新修订了视神经脊髓炎谱系疾病(neuromyelitisoptica spectrum disorders，NMOSD)的诊断，提出了血清阴性 NMOSD 的诊断标准，并积极寻找 AQP－4 抗体阴性 NMOSD 患者的潜在生物学标志。近来发现髓鞘少突胶质细胞糖蛋白 MOG 抗体在部分 AQP－4 抗体阴性 NMOSD 患者血清中呈阳性反应，故而猜测 MOG 抗体参与了这些血清 AQP4 抗体阴性 NMOSD 患者的发病。

此外，在一些青少年急性播散性脑脊髓炎(acute disseminated encephalomyelitis，ADEM)、多发性硬化患者血清中同样发现 MOG 抗体，这些患者病程中除了颅内病变以外同样会有视神经炎发作。因而对于病因不明的视神经炎应积极寻找 MOG 抗体。

2. MOG 抗体与 AQP－4 抗体作用机制有什么不同?

AQP－4 大量密集于星形胶质细胞足突中，这些星形细胞常分布于导水管周围，AQP－4 抗体与足突中的 AQP4 特异性结合，在补体参与下，导致严重的星形细胞损害，胞质内 AQP4 和胶质纤维酸蛋白(glial fibrillary acidicprotein，

GFAP）大量丢失，形成NMO的根本性病理改变，因而AQP－4阳性的NMO是一种星形细胞病。与AQP－4不同的是，MOG大量密集于少突胶质细胞表面，MOG抗体与细胞表面的MOG特异性结合，造成MOG构型发生改变，使少突胶质细胞丧失了其维持髓鞘形成、支持神经元的功能，形成MOG介导的病理改变。在这种改变中没有像AQO－4那样有大量补体的参与介入，炎性反应没有较AQP－4介导的强烈，甚至在动物实验中发现MOG介导的炎症改变有一定自我缓解的趋势。因而MOG阳性的类似NMO改变是一种少突细胞病（图53）。

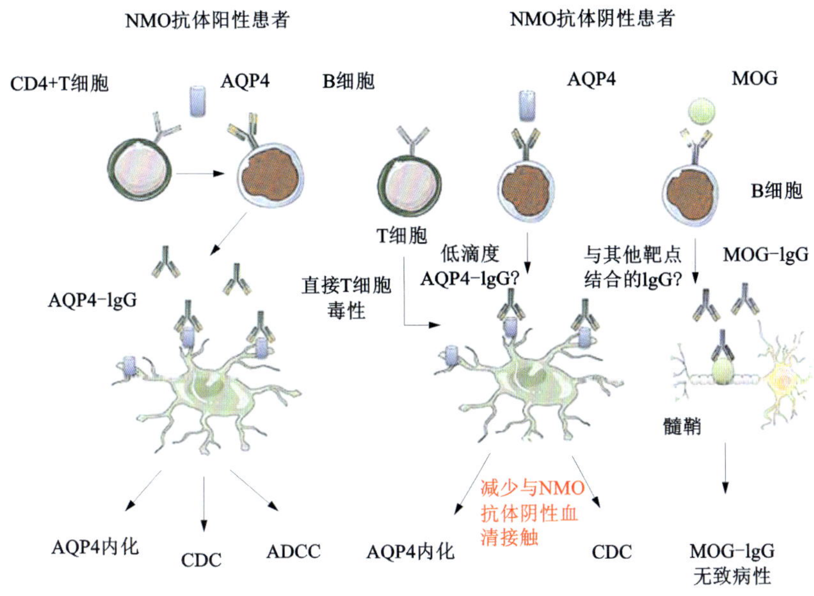


**图53　MOG抗体与AQP－4抗体作用机制**

注：CDC（complement dependent cytotoxicity）补体依赖的细胞毒性作用

ADCC（antibody dependent cell－mediated cytotoxicity）抗体依赖细胞介导性细胞毒性作用

3. MOG－ON的诊断思路如何？

在MOG－ON的诊断中，第一步必须除外其他类型的视神经病变，如非动脉炎性缺血性视神经病变，压迫性、浸润性、外伤性、中毒性及营养代谢性、遗传性视神经病变等。其中首先必须注意：①常见累及视神经的中毒性疾病，如甲醇中毒；②易引起视神经损害的药物，如乙胺丁醇等；③线粒体病引起的急性视神经损害。第二步要排除感染性视神经炎，结合患者的脑脊液及实验室检查重点排除梅毒、结核、HIV等易累及视神经的感染。第三步必须除外自身免疫病引起的视神经炎，重点关注 ANA、ENA、dsDNA、ANCA 等指标，以除外系统性红斑狼疮、干燥综合征、白塞病、结节病等引起的视神经炎。第四步要根据患者视神经炎的临床特点、视神经 MRI 特点、OCT 特点并结合 AQP－4、MOG 等抗体检测判断是何种类型的视神经炎（IDON、NMO－ON、MOG－ON）。

4. 与 NMO－ON 相比，MOG－ON 的临床特点如何？

在许多国外 MOG 抗体相关中枢神经系统（central nervous system，CNS）脱髓鞘病变临床研究中发现视神经炎，尤其是双侧同时受累的视神经炎是最常见的临床发作形式，这些视神经炎患者均呈现不同于 IDON 的发作形式，即双眼交替、单眼反复、双眼同时发作，且往往有严重的视力障碍。因而这些 MOG－ON 急性发作时的临床发作特点更类似于 NMO－ON。文献报道 MOG－ON 患者经大剂量糖皮质激素冲击治疗后视力可以明显改善，其恢复与预后要明显好于 NMO－ON。此外 MOG－ON 男性患者比例高达 50%，远远高于在 NMO－ON 中的比例（表 9）。

**表 9　不同视神经炎临床特征**

| 临床特征 | IDON | NMO－OH | MOG－ON |
|---|---|---|---|
| 男女比例 | 女性多 | 女性多 | 男女相当 |
| 双侧同时或相继发作 | 少见 | 常见 | 常见 |
| 严重视力损害损害 | 少见 | 常见 | 常见 |
| 视神经 MRI 特点 | 短节段、前段强化明显 | 长节段、后段强化明显 | 长节段、前段后段均明显强化 |
| 糖皮质激素治疗 | 可不用，或大剂量冲击治疗后迅速递减 | 大剂量激素缓慢递减联用免疫球蛋白或血浆置换 | 大剂量激素治疗缓慢递减 |
| 恢复与预后 | 恢复迅速，预后良好 | 恢复缓慢，预后不佳 | 恢复迅速，预后良好 |

5. 与 NMO－ON 相比，MOG－ON 视神经 MRI 的特点如何？

视神经 MRI 是急性期诊断 NMO－ON 最有价值的辅助检查，视神经强化在视神经炎的急性期常见，尤其是发病 1 个月内，强化可持续 3 个月。NMO－ON 视神经在 MRI 上的强化较 IDON 具有明显的长节段特点，当视神经强化超过 40 mm 时，对于 NMO－ON 的诊断具有一定特异性，并且这种长节段的强化在 NMO－ON 初发与复发中并无统计学差异。

当视神经强化超过 35 mm 时对 NMO－ON 的诊断特异性几乎为 100%。根据视神经 MRI 影像进行三段分类法，IDON 几乎不累及后段，主要累及眶内段和管内段；而 NMO－ON 三段均可累及，在后段（即视交叉）累及率明显高于 IDON，全段强化更为常见（图 54）。

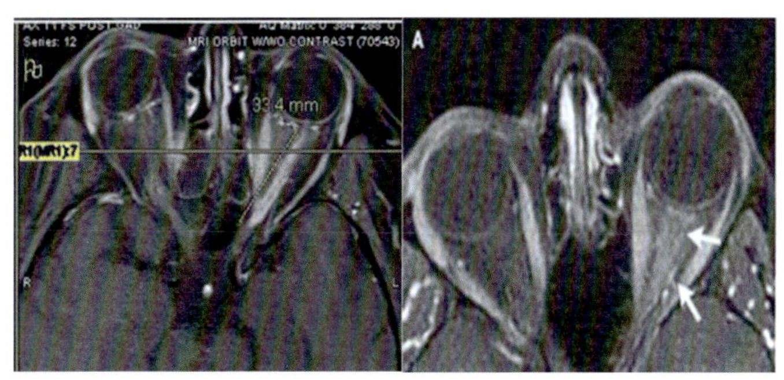


**图 54　NMO－ON 与 IDON 视神经在 MRI 影像的比较**

（左图为 NMO－ON，右图为 IDON）

因而 2016 年修订的 NMOSD 新诊断标准中引入了视神经 MRI 这一检查手段，明确指出 NMOSD 的视神经病灶≥视神经长度的 1/2，并易累及视交叉（即后段）的特点。MOG 抗体性相关视神炎（MOG－ON）视神经的强化形式相较于 IDON 更类似于 NMO－ON，表现为视神经长节段的强化，这种长节段强化可累及整个视神经全段，前段、眶内段累及的比例较 NMO－ON 多。

6. MOG 相关中枢神经脱髓鞘疾病的脑脊液改变如何？

MOG 相关中枢神经脱髓鞘疾病脑脊液呈非特异炎性反应，这种炎性改变的程度介于多发性硬化（multiple sclerosis，MS）与 NMO 之间，细胞数可 >50/ul（升高数值的具体区间有待进一步探索），蛋白可增高，但很少 >1000 mg/L。部分患者急性期蛋白增高明显者可出现一过性头痛表现。

比较而言，NMO 患者脑脊液有时可出现剧烈的炎性反应，蛋白甚至可以超过 2000 mg/L。因此，MOG－ON 与 NMO－ON 这两类脱髓鞘性炎症往往在急性期会有一些脑膜炎性反应，诊断时必须注意，不要以此误诊为感染性病变。

7. MOG－ON 急性期治疗上与 NMO－ON、IDON 的差别？

区分不同类别的视神经炎对于治疗及预后的判断至关重要，尤其是急性期治疗，IDON 与 NMO－ON 在糖皮质激素的应用上有很大的差别。大量关于 IDON 的急性期治疗的随机双盲对照试验（randomized controlled trials，RCT）及荟萃分析已经证——单次视神经炎发作后，即使未行治疗，视力也会有所恢复。静脉注射甲泼尼龙方案(1000 mg/d，共 3 天，继以每天口服泼尼松 1 mg/kg，共 11 天，随后 3 天内泼尼松逐渐减量)可提前 2 周使视力出现恢复，但不会改变最终的视力恢复程度；在 2 年内可延缓 MS 的神经疾病症状和体征出现，但上述延缓效果在两年后消失。另外静脉注射甲泼尼龙有助于缓解眼周疼痛。

NMO - ON 的急性期治疗虽然缺乏高级别 RCT 的证据，但 2012EFNS 和 2014NIH 的治疗指南均推荐静脉注射甲泼尼龙 1000 mg/d，共 3 ~ 5 天，尤其是视神经恶化者，并建议缓慢减量以等待预防复发药物起效，联合应用血浆置换和免疫球蛋白能显著改善患者症状。目前对于 MOG - ON 的急性期治疗暂无大样本研究资料，但鉴于其临床发作特点类似 NMO - ON，仍建议按 NMO - ON 治疗方案推荐治疗。

(周　磊　全　超)

## 参考文献

[1] Sato DK, Callegaro D, Lana - Peixoto MA, et al. Distinction between MOG antibody - positive and AQP4 antibody - positive NMO spectrum disorders. Neurology, 2014, 82: 474 - 81.

[2] Pröbstel AK, Rudolf G, Dornmair K, et al. Anti - MOG antibodies are present in a subgroup of patients with a neuromyelitis optica phenotype. Journal of Neuroinflammation, 2015, 12: 46.

[3] Waters P, Woodhall M, O'Connor KC, et al. MOG cell - based assay detects non - MS patients with inflammatory neurologic disease. Neurol Neuroimmunol Neuroinflamm, 2015, 2: 89.

# 12. 行走困难伴皮肤变硬的女性

［病史摘要］

患者，女，57 岁，农民，双下肢水肿 1 年伴皮肤变硬 6 个月。1 年前无明显诱因出现双下肢凹陷性浮肿，无发红及疼痛，在外院考虑“类风湿关节炎”，予“甲强龙”20 mg 静脉滴注 8 天后水肿消退，出院后予“泼尼松”10 mg 治疗，未再出现浮肿。患者 6 个月前逐渐出现双下肢皮肤发紧、变细，并逐渐累及上肢前臂及双手，致使双手无法伸直，晨起时四肢僵硬明显，活动后稍有减轻。否认有特殊毒物暴露史，否认疾病家族史。

［神经科体格检查］

视频7

神志清楚，语利，颅神经检查正常，抬头肌力 5 级，四肢肌力 5 级，四肢腱反射( + + )对称，双侧病理征阴性，双侧小腿变细，皮肤紧绷，蜡样光泽，右小腿皮肤色素脱失(图 55A)，双侧踝周色素沉着(图 55B)，右小腿凹槽征(图 55C)，脐周散在皮疹，触之较硬(图 55D)，双手远端关节挛缩(图 55E)。右侧跟腱挛缩明显，行走时足跟不能着地(视频 7)。关节处压痛明显。

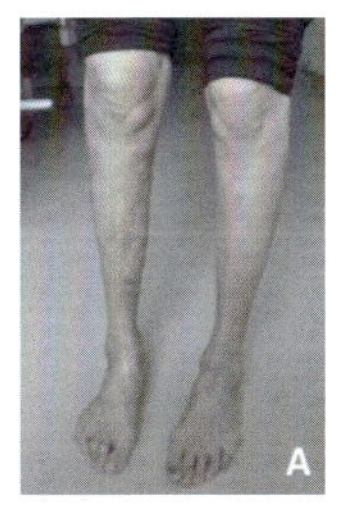

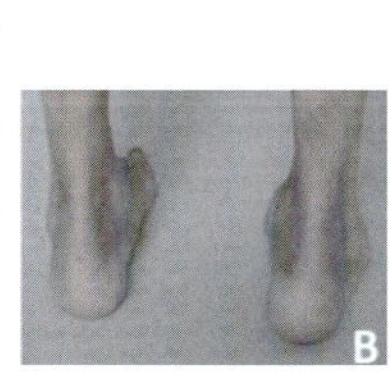

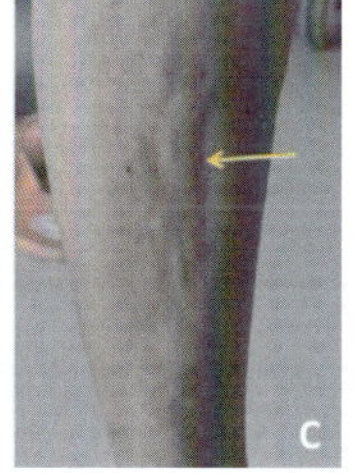

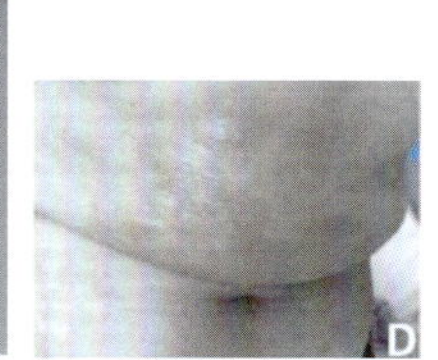

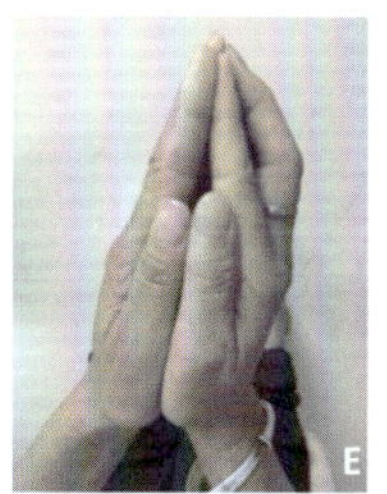


**图 55　患者四肢及腹部体表体征**

A. 右小腿皮肤色素脱失；B. 双侧踝周色素沉着；C. 右小腿凹槽征；D. 脐周散在皮疹，触之较硬；E. 双手远端关节挛缩

[定位诊断思路]

临床定位诊断思路分析见图 56。

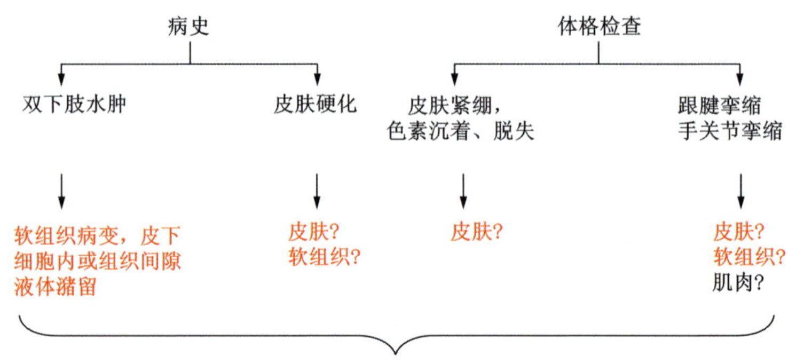


**图 56　定位诊断思路图**

[定性诊断与鉴别诊断]

定性诊断与鉴别诊断思路形成见图 57。

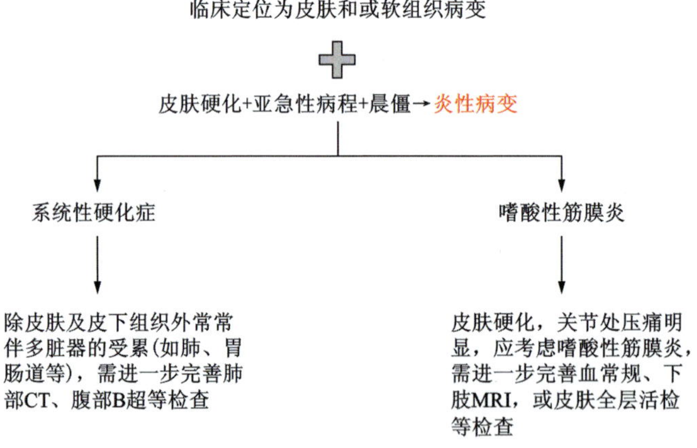


**图 57　定性诊断思路图**

患者血常规：嗜酸性粒细胞（eosinophils，EOS）绝对值 0.95 $\times 10^9$/L，占 19.7%，血常规其他指标正常；血沉（ESR）：17 mm/h；γ－球蛋白 24.7%（正

常值9% ~ 18%）；双小腿 MRI［短时间反转恢复序列（short time inversion recovery，STIR）］：各肌群轻度脂肪浸润伴筋膜水肿（图 58）；ANA 1∶320（颗粒型），ENA 阴性；肺部 CT：两肺纹理增多；腹部 B 超：肝、胆、胰、脾、肾未见明显异常。根据皮肤硬化 + 晨僵 + 外周血嗜酸性粒细胞升高 + 肌肉 MRI 见筋膜水肿，考虑嗜酸性筋膜炎。予泼尼龙 40 mg 静脉滴注，治疗 5 天后，患者疼痛症状缓解，行走时足跟可着地（视频 8）。

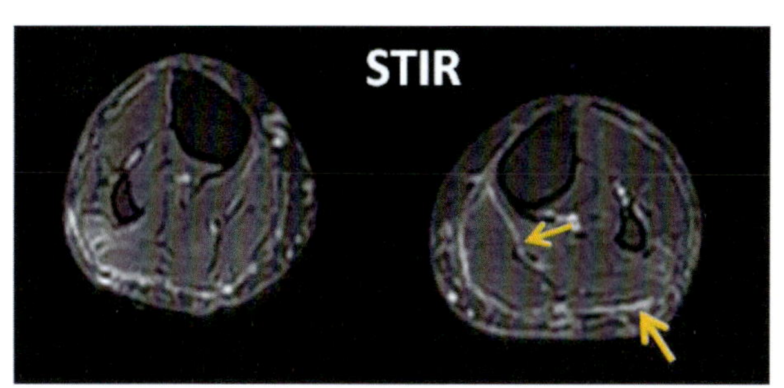


箭头示筋膜水肿

视频8

图 58　双小腿 MRI（STIR）影像

**最终诊断：嗜酸性筋膜炎（eosinophilic fasciitis，EF）**

［病例的问题］

1. EF 的临床特点有哪些？

EF 主要发生在 40 ~ 50 岁的成人，但各年龄段均可发病，男女发病率没有明显差异。30% ~ 46% 的患者在发病前有剧烈运动或外伤。EF 的典型起病为四肢远端疼痛及红肿，以前臂最常见，其次是小腿，多左右对称，随着病情的进展，水肿逐渐被皮肤变厚及硬化所取代，可出现橘皮样外观，即“橘皮征”，约有 50% 的患者可见明显的静脉凹陷征，即“凹槽征”，这两个征象是 EF 的特异性皮肤表现。1/3 患者可出现局灶性皮肤硬化，躯干的皮肤硬化会导致患者出现限制性通气障碍。EF 可出现皮肤色素沉着、色素缺失等，肌痛、体重减轻、肌无力及晨僵较多见，而雷诺现象少见。40% 的患者会出现关节挛缩和滑膜炎，关节挛缩多出现于 EF 的晚期阶段，提示筋膜纤维化程度严重。

2. EF 的实验室检查会有哪些阳性结果？哪些阴性结果？

实验室检查的阳性结果：①外周血嗜酸性粒细胞升高（63% ~ 93%）；②CRP 及 ESR 升高（29% ~ 63%）；③高 γ 球蛋白血症（50%）；④抗核抗体阳性

(15%～20%)。

实验室检查的阴性结果：①抗 dsDNA；②ENA；③CK。

3. EF 的鉴别诊断有哪些?

EF 的鉴别诊断主要有两个切入点：

(1)皮肤变硬纤维化伴关节挛缩，主要需与以下疾病鉴别：①系统性硬化症：不会有外周血嗜酸性粒细胞的增多，且对激素治疗效果不佳，常合并有多脏器(如肺和食管)的受累，毛细血管镜检查多异常。皮肤活检中 EF 表皮正常，炎症反应在筋膜和皮下组织下部，而系统性硬化可见表皮异常，真皮层显著水肿和硬化。②皮肤 T 细胞淋巴瘤：有时会有皮肤和/或筋膜的受累，但是皮疹好发于躯干和臀部，起初为点状逐渐为斑片状，可合并有其他系统(如肝脏、肺、骨髓等)的受累，活检可明确诊断。

(2)血嗜酸性粒细胞增高，主要需与以下疾病鉴别：①L－色氨酸摄入后的嗜酸性粒细胞增多－肌痛综合征：急性或慢性起病，前者表现为广泛的肌痛、呼吸困难、咳嗽、发热、皮肤感觉过敏、皮疹以及四肢末端的瘙痒和肿胀，后者表现为硬皮病样改变及逐渐出现的多系统受累。该病诊断标准为：外周血嗜酸性粒细胞明显升高，伴广泛的肌痛，该肌痛症状较重，以至于患者日常活动受限，排除感染及肿瘤病史。②高嗜酸性粒细胞综合征：该病主要表现为外周血嗜酸性粒细胞增多及全身器官(心脏、肺脏和神经)受累。③Churg－Strauss 综合征：当 EF 患者出现脏器受累时需与 Churg－Strauss 综合征相鉴别，后者的典型临床表现为激素依赖型哮喘，胃肠道、神经、心脏、皮肤及肾脏的多器官受累，这在 EF 中较少见，38%～48%患者有血清 ANCA 阳性。④寄生虫感染。

4. EF 的诊断标准是什么?

EF 目前尚无统一的诊断标准，Pinal－Fernandez 等在 2014 年提出了关于 EF 诊断的建议标准，其中包括 2 条主要诊断标准和 5 条次要诊断标准。

(1)主要诊断标准：①对称或非对称性，弥漫性(四肢、躯干和腹部)或局限性(四肢)的皮肤肿胀、硬结和皮肤皮下组织增厚；②病变皮肤全层楔形活检提示筋膜增厚，伴淋巴细胞和巨噬细胞聚集，伴或不伴 EOS 浸润。

(2)次要诊断标准：①外周血 EOS $>0.5\times10^9$/L；②高 γ 球蛋白血症，γ 球蛋白计数 >1.5 g/L；③肌无力和/或二磷酸果糖酶升高；④皮肤呈“凹槽征”或“橘皮样”改变；⑤肌筋膜在 MRI 检查 T2 加权像显示高信号。

在除外系统性硬化症诊断后，符合 2 条主要诊断标准或 1 条主要诊断标准加 2 条次要诊断标准，可诊断为 EF。本患者未行病理活检，但符合 1 条主要诊断标准和 4 条次要诊断标准。

5. EF 如何治疗?

部分患者未经治疗可自行缓解，而未缓解的患者建议使用糖皮质激素[泼尼松 0.5 ~1 mg/(kg · d)]治疗，症状缓解需要数周或数月，低剂量的甲氨蝶呤(methotrexate, MTX)治疗(每周用量 15 ~25 mg)为推荐的二线治疗方案，特别对于皮肤出现有硬皮样改变的患者。激素的使用时间目前并无共识，文献中患者使用时间为 45 ±31 个月，70% ~90% 的患者症状会部分缓解或完全缓解，建议治疗起始使用 3 天甲泼尼龙(0.5 ~1 g/d)静脉治疗，较单纯口服激素预后更好，且需要加用免疫抑制药的比例更低，但文献中也提到以下 4 类患者的预后较差：①皮肤硬皮样改变；②躯干受累；③发病年龄 12 岁以下；④皮肤活检病理出现真皮纤维硬化。

(岳冬日)

## 参考文献


[1] Pinal - Fernandez IP, Selva - O'Callaghan A, et al. Diagnosis and classification of eosinophilic fasciitis. Autoimmun Rev, 2014, 13(4 -5): 379 -382.

[2] Lebeaux D, Sène D. Eosinophilic fasciitis(Shulmandisease). Best Pract Res Clin Rheumatol, 2012, 26(4): 449 -458.

[3] Wright NA, Mazori DR, Patel M, et al. Epidemiology and Treatment of EosinophilicFasciitis: An Analysis of 63 Patients From 3Tertiary Care Centers. JAMA Dermatol, 2016, 152(1): 97 -99.

# 13. 缓慢进展的肢体无力和萎缩的中年女性

［病史摘要］

患者，女，44 岁，建筑工人，进行性肢体无力伴肢体萎缩 1 年。发病初为右手无力，表现为抓握力弱，症状缓慢进展，渐出现左手、右足无力，行走时易绊倒，伴肉跳，寒冷时症状加重，无晨轻暮重，无吞咽困难、饮水呛咳。既往史无特殊，父母身体健康，否认有遗传病家族史。

［神经科体格检查］

神志清楚，言语清晰，对答切题，定向力、记忆力和计算力正常，颅神经检查未见异常体征，颈软，右手第 1 骨间肌、小鱼际肌萎缩，右手握力 4 级，左手握力 5 级 -，双上肢近端肌力 5 级，右足背屈肌力 4 级，其余肢体肌力 5 级，双上肢、右下肢腱反射（ + ），左下肢腱反射（ + + ），双侧下肢病理征阴性，四肢针刺觉、音叉振动觉、位置觉正常。

［定位诊断思路］

临床定位诊断思路分析见图 59。

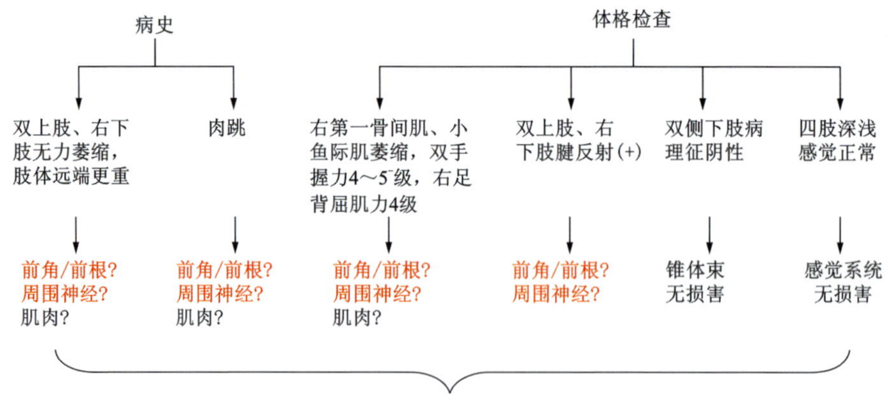


图 59　定位诊断思路图

[定性诊断与鉴别诊断]

定性诊断与鉴别诊断思路形成见图60。

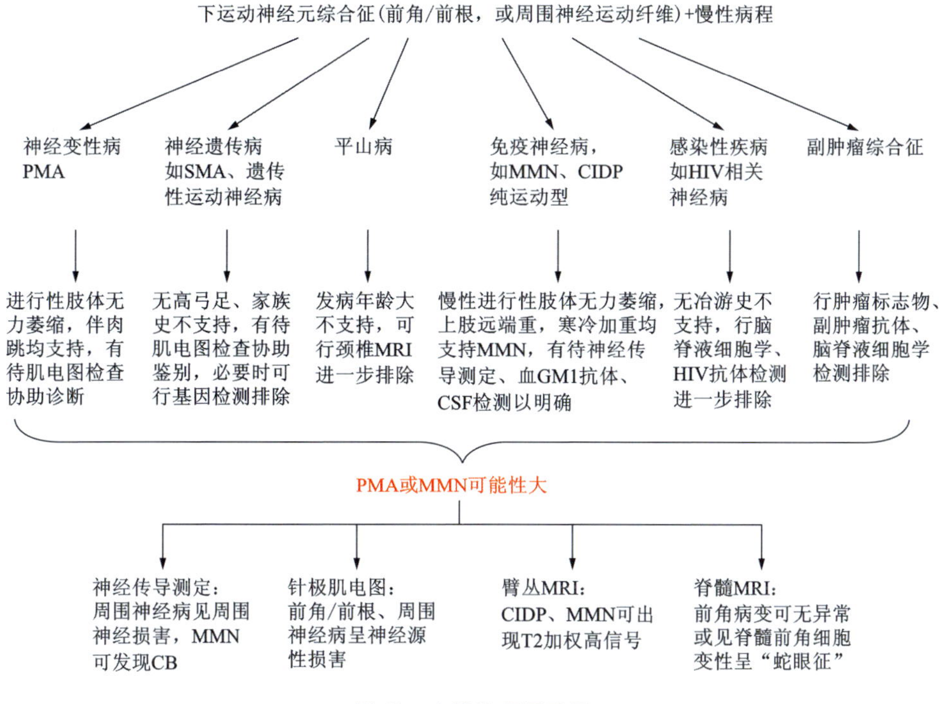
下运动神经元综合征(前角/前根，或周围神经运动纤维)+慢性病程
神经变性病
PMA
神经遗传病
如SMA、遗传性运动神经病
平山病
免疫神经病，
如MMN、CIDP
纯运动型
感染性疾病
如HIV相关神经病
副肿瘤综合征
进行性肢体无力萎缩，伴肉跳均支持，有待肌电图检查协助诊断
无高弓足、家族史不支持，有待肌电图检查协助鉴别，必要时可行基因检测排除
发病年龄大不支持，可行颈椎MRI进一步排除
慢性进行性肢体无力萎缩，上肢远端重，寒冷加重均支持MMN，有待神经传导测定、血GM1抗体、CSF检测以明确
无冶游史不支持，行脑脊液细胞学、HIV抗体检测进一步排除
行肿瘤标志物、副肿瘤抗体、脑脊液细胞学检测排除
PMA或MMN可能性大
神经传导测定：周围神经病见周围神经损害，MMN可发现CB
针极肌电图：前角/前根、周围神经病呈神经源性损害
臂丛MRI：CIDP、MMN可出现T2加权高信号
脊髓MRI：前角病变可无异常或见脊髓前角细胞变性呈“蛇眼征”

**图60　定性诊断思路图**

患者进一步行血生化、甲状腺功能、自身免疫抗体、肿瘤标志物、副肿瘤抗体检测，均显示结果正常，血尿免疫固定电泳阴性，血GM1－IgM抗体阳性，脑脊液常规、生化、细胞学正常。

神经传导测定右尺神经、右腓总神经CMAP波幅降低，右尺神经腋－肘上节段可见肯定的传导阻滞(conduction block，CB)，腋点CMAP波幅较肘上点下降93%(图61)，上下肢其他周围神经运动传导、感觉传导测定均正常，肌电图呈广泛神经源性损害(脑干，脊髓颈段和腰骶段所检肌肉见慢性神经源性损害，其中右小指展肌和右胫前肌可见自发电位)。脊髓颈段MRI未见明显异常。患者未行臂丛MRI检查。

患者神经传导测定发现CB不支持PMA诊断，脑脊液蛋白正常不支持慢性炎性脱髓鞘性多发性神经根神经病(chronic inflammatory demyelinating polyneuropathy，CIDP)变异型诊断，神经传导测定右尺神经腋－肘上节段CB和

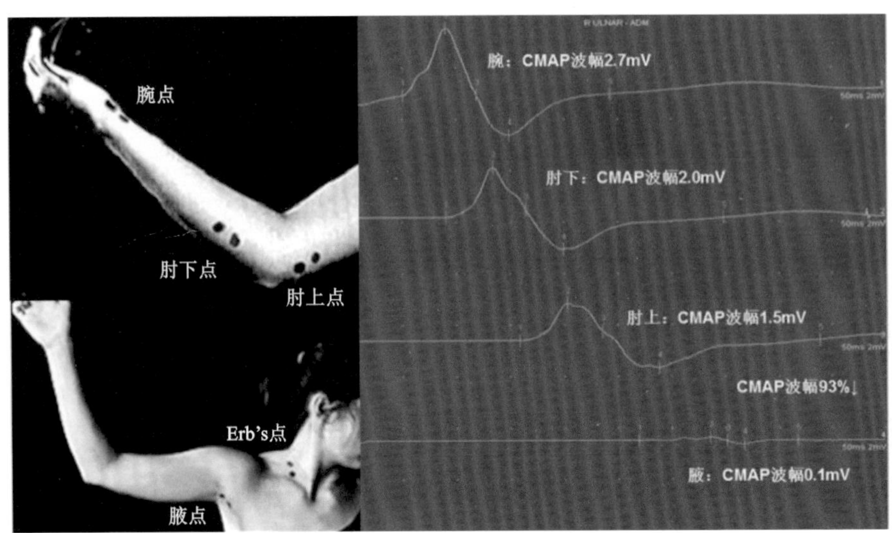


图 61　神经传导见传导阻滞(CB)

血 GM1－IgM 抗体阳性支持多灶性运动神经病的诊断，静脉注射免疫球蛋白(intravenous immunoglobulin，IVIg)总量 2 g/kg，分 5 天静脉滴注治疗后患者肢体无力明显改善。

**最终诊断：多灶性运动性神经病(mulitifocal motor neuropathy，MMN)**

[病例的问题]

1. MMN 主要的临床表现是什么?

MMN 主要临床表现是缓慢进展的肌肉无力和萎缩，首发症状多为垂腕、握力差和足下垂。肌无力通常不对称，上肢明显重于下肢，肢体远端重于近端，甚至同一神经支配的肌肉受累程度也可有明显差异，肌无力在寒冷时加重。

肌无力程度往往与萎缩程度不成正比，通常肌无力程度较重但仅轻度肌萎缩或无肌萎缩。约 2/3 的患者可出现痛性痉挛和肌肉颤动，受累肢体的腱反射通常减退，少数患者腱反射可正常或活跃但不出现病理征。颅神经和呼吸肌极少受累。部分患者可有皮肤感觉异常和麻木，但除少数下肢有轻微的振动觉异常外，绝大多数没有客观的感觉障碍(sensory disturbanccs)体征。

2. MMN 如何诊断?

MMN 的诊断关键是在临床表现的基础上通过电生理检查发现 CB，目前使用的诊断标准来自欧洲神经病学联盟/周围神经病学会2010年发表的MMN诊治指南，该诊断标准包括临床标准、电生理标准和支持标准，并根据满足这些标准的情况分为确诊MMN、很可能MMN和可能MMN三个不同的诊断级别（表10）。

**表10　NNM诊断标准**

| 诊断标准 |
| --- |
| 临床标准 |
| 核心标准（两者必须同时符合） |
| 1. 缓慢进展或阶梯样进展、局限性、不对称性肢体无力[a]，即至少有两条神经运动支配区受累，且持续超过1个月[b]，如果症状和体征只见于一条神经支配区，只能诊断可能的MMN |
| 2. 无客观的感觉障碍，除了下肢可有轻微的震动觉异常[c] |
| 临床支持标准 |
| 3. 主要累及上肢[d] |
| 4. 受累肢体的腱反射减低或消失[e] |
| 5. 颅神经不受累[f] |
| 6. 受累肢体可见痛性痉挛和肌束震颤 |
| 7. 免疫抑制剂可改善功能障碍或肌力 |
| 排除标准 |
| 8. 上运动神经元体征 |
| 9. 明显的球部受累 |
| 10. 比下肢震动觉轻微异常严重的感觉障碍 |
| 11. 发病最初数周内出现弥漫性对称性无力 |
| 电生理标准 |
| 1. 肯定的运动CB[g]：无论神经节段的长度如何（正中神经、尺神经和腓神经），复合肌肉动作电位（CMAP）负峰面积近端与远端相比减少≥50%，有运动CB的节段远端刺激时，CMAP负峰波幅必须>正常低限的20%且>1 mV，且CMAP负峰时限近端与远端相比增加必须≤30% |
| 2. 很可能的运动CB[g]：上肢神经跨越长节段（如腕到肘或肘到腋）CMAP负峰时限近端与远端相比增加≤30%时，CMAP负峰面积减少≥30%；或CMAP负峰时限近端与远端相比增加>30%时，CMAP负峰面积减少≥50% |
| 3. 有CB的上肢神经节段的感觉传导检查正常 |

**续上表**

| 诊断标准 |
| --- |
| 支持标准 |
| 1. 抗神经节苷脂抗体 GM1 IgM 抗体滴度升高 |
| 2. 脑脊液蛋白 <1 g/L |
| 3. MRI T2 加权臂丛见高信号伴弥漫性神经肿胀 |
| 4. IVIg 治疗后有客观的临床改善 |
| 确诊 MMN |
| 符合临床标准中的核心标准以及排除标准，且一条神经符合电生理标准 1 和 3 |
| 很可能 MMN |
| 符合临床标准中的核心标准以及排除标准，且两条神经符合电生理标准 2 和 3 |
| 符合临床标准中的核心标准以及排除标准，且一条神经符合电生理标准 2 和 3，并且至少符合支持标准中的两项 |
| 可能 MMN |
| 符合临床标准中的核心标准及排除标准，且感觉神经传导正常，且符合支持标准的第 4 项 |
| 符合临床标准中核心标准 1，但只有一条神经有临床体征，并符合核心标准 2 以及排除标准，且一条神经符合电生理标准 3 以及 1 或 2 |

注：a：如果肌力 MRC 评分 >3，需要两侧相差 1 个 MRC 级别，如果肌力 ≤3，需要两侧相差 2 个 MRC 级别；b：通常超过 6 个月；c：在病程中可出现感觉症状和体征；d：发病时主要累及下肢者大约占 10%；e：曾有腱反射轻度增强的报道，尤其是在受累的上肢，只要符合排除标准的第 1 项就不能除外 MMN；f：曾有舌下神经受累的报道；g：CB 的证据必须位于常见的嵌压或压迫综合征的部位以外。

3. 诊断 MMN 是否一定要存在 CB？

MMN 诊断的关键是在临床表现的基础上通过电生理检查发现神经非嵌压部位存在 CB，然而，并非所有的 MMN 患者都能通过电生理检查发现 CB，能否检出 CB 取决于多种因素，包括 CB 的标准，以及神经传导测定检测的神经及节段数量。

CB 有多种标准，有的以近端刺激与远端刺激相比 CMAP 波幅下降幅度为标准，有的以 CMAP 面积减少的幅度为标准，不同标准对 CMAP 波幅或面积下降幅度的要求也不一样，有要求下降 50% 以上，也有要求下降 30% 以上，还有的标准甚至对上肢神经和下肢神经 CMAP 波幅或面积下降的要求也不一样。

与 CMAP 面积相比，由于 CMAP 波幅受波形离形的影响较大，因此，目前建议采用欧洲神经病学联盟/周围神经病学会2010年的MMN诊治指南的电生理标准，以CMAP负峰面积近端与远端相比减少≥50%作为标准，国内仍多采用CMAP负峰波幅近端与远端相比减少≥50%作为标准。

MMN常累及的神经包括尺神经、正中神经、桡神经和胫后神经，然而常规神经传导测定只检测一侧正中神经、尺神经、腓总神经和胫后神经而很少检测桡神经，且对这些神经的检测往往只检测神经远端而未检测近端，而MMN患者CB常位于神经近端，因此常规的神经传导测定很容易漏过这些CB，正如本例患者，如果右尺神经未行腋点刺激就无法发现CB。

因此，对于临床疑似MMN的患者，神经传导测定应检查尽可能多的神经以寻找CB，对每条神经的检测都应采用多点刺激，不仅要检测远端，更要检测近端，正中神经检测腕点、肘点、腋点、erb's点，尺神经检测腕点、肘下、肘上、腋点、erb's点，桡神经检测腋点、erb's点，腓神经检测踝点、小头下、小头上，胫后神经检测踝点和腘点，必要时甚至要使用inching技术来检测CB。

erb's点由于神经干位置较深，常规神经传导测定的刺激电流往往很难达到超强刺激，因此，还可以采用神经根刺激、经颅磁刺激等其他电生理技术来协助发现神经近端的CB。此外，疲劳试验也有助于发现一过性的运动依赖性CB。

综上所述，未发现CB不能作为MMN的排除标准。MMN的诊断标准中将符合临床标准中的核心标准及排除标准，感觉神经传导正常，且IVIg治疗后有客观的临床改善的患者诊断为可能的MMN。

4. 肌电图广泛神经源性损害就是运动神经元病（motor neuron disease，MND）吗？

MND的肌电图最主要特点是广泛神经源性损害，但广泛神经源性损害的肌电图改变不仅仅可以见于运动神经元病，还可以见于很多周围神经病或下运动神经元疾病。

北京协和医院刘明生教授对首次就诊的298例肌电图表现为广泛神经源性损害的患者进行随访，发现最后诊断为ALS/PMA 228例，肯尼迪病13例，平山病10例，颈椎病或腰椎病9例，脊髓性肌萎缩6例，MMN 5例，ALS叠加综合征5例，肌病4例，遗传性运动神经病3例，运动轴索性周围神经病3例，脊髓灰质炎后综合征2例。

可见肌电图表现为广泛神经源性损害的疾病谱很广，广泛神经源性损害并非一定是ALS，正如该患者的肌电图也表现为广泛神经源性损害。因此，在诊断过程中，应该始终将肌电图结果与临床相结合进行综合分析以避免误诊。

5. MMN 的发病机制是什么?

MMN 患者血清中 GM1 - IgM 抗体滴度升高，以及对免疫调节治疗有效，都支持 MMN 是一种自身免疫性疾病。GM1 在体内广泛表达，主要分布于周围神经郎飞氏节旁髓鞘，也存在于郎飞氏节的轴膜，GM1 在运动神经的表达比感觉神经多得多，这可能是 MMN 主要累及运动纤维的原因。

神经节苷脂的功能主要是维持和修复神经组织、稳定节旁连接和离子通道簇，这些都是动作电位的快速传播所必需的。尽管 MND 等其他疾病血中也可检出 GM1 - IgM 抗体，但 MMN 患者血中 GM1 - IgM 抗体的滴度要明显高于其他疾病。GM1 - IgM 抗体可以激活经典补体通路，而且其补体激活能力与抗体的滴度呈正相关。

血清中 GM1 - IgM 抗体滴度高的 MMN 患者肌无力、功能障碍和轴索损害的程度都比抗体阴性的患者更严重，而且抗体滴度越高，肌无力越明显。这些都说明 GM1 - IgM 抗体可能与 MMN 的发病直接相关。

由于目前还没有 MMN 的动物模型，因此 GM1 - IgM 抗体究竟如何导致 MMN 尚未明确，目前多认为 GM1 - IgM 抗体的致病机制与 GM1 - IgG 抗体导致吉兰 - 巴雷综合征(Guillain - Barre syndrome，GBS)的机制类似。GM1 - IgM 抗体首先结合到节旁连接处，影响节旁区的解剖结构，导致钠和钾通道簇的移位和破坏；接着抗体激活经典补体通路并形成膜攻击复合物，膜攻击复合物是一种孔蛋白，可以破坏细胞膜的完整性，导致离子通道簇的进一步破坏，从而导致神经冲动在郎飞氏结的跳跃式传播障碍，发生传导阻滞，最后甚至导致轴索损害。IVIg 可以通过抑制 GM1 - IgM 抗体介导的补体沉积阻断经典补体通路的激活。

6. 目前 MMN 主要的治疗方法是什么?

目前 MMN 最主要的治疗方法是免疫治疗，结合欧洲神经病学联盟/周围神经病学会 2010 年发表的 MMN 诊治指南，对 MMN 的免疫治疗可以采用以下方案：①当患者的功能障碍严重需要治疗时，首选 IVIg(总量为 2 g/kg，于 2 ~ 5 天分次静脉注滴；②如果最初使用大剂量丙种球蛋白静脉注射治疗有效，患者常需要定期重复使用丙种球蛋白静脉注射治疗，维持治疗的频率需要根据治疗反应确定，通常总量 0.4 ~ 1 g/kg，每 4 周 1 个疗程，或总量 2 g/kg，每 2 个月 1 个疗程；③如果丙种球蛋白静脉注射疗效不充分，或者由于特殊原因无法使用丙种球蛋白治疗，可考虑采用免疫抑制药，如环磷酰胺、硫唑嘌呤、霉酚酸酯、利妥昔单抗等，但应注意监测这些免疫抑制药的不良反应；④不建议使用糖皮质激素和血浆置换治疗，这两种治疗方案不仅无效，甚至会使一些患者病情加重。

总的来说，70%～90% MMN 患者 IVIg 初始治疗有效，由于多数患者 IVIg 的疗效仅持续数周，往往需要定期使用 IVIg 维持治疗，IVIg 维持治疗的剂量需要个体化，主要依据是患者运动功能障碍的基础水平，例如 IVIg 治疗后运动功能的下降速度，IVIg 初始治疗的剂量以及 IVIg 治疗间隔的时间。对于病程比较长的患者，IVIg 的疗效可能不理想，此时可以考虑使用免疫抑制药。除了免疫治疗，还可以使用神经营养药及对症治疗药物。

7. MMN 的预后如何？

MMN 缓慢进展，疾病本身很少影响患者的生存期，但绝大多数患者会出现不同程度的运动功能障碍。患者的运动功能障碍程度取决于 IVIg 开始治疗的时机，是否使用 IVIg 维持治疗，以及 IVIg 治疗是否有效。一般来说，越早开始 IVIg 治疗效果越好，IVIg 治疗可以改善患者的肌无力和运动功能，延缓疾病的进程，但多数患者的运动功能障碍仍只能缓解其进展，病程越长，患者的肌肉无力、肌萎缩越严重，功能障碍程度越重。

（邹漳钰）

## 参考文献

[1] Van den Berg - Vos RM, Franssen H, Wokke JH, et al. Multifocal motor neuropathy: diagnostic criteria that predict the response toimmunoglobulin treatment. Ann Neurol, 2000, 48: 919 - 926.

[2] Vlam L, van der Pol WL, Cats EA, et al. Multifocal motor neuropathy: diagnosis, pathogenesis and treatment strategies. Nature reviews Neurology, 2012, 8: 48 - 58.

[3] 刘明生，崔丽英，管宇宙，等. 肌电图广泛神经源性损害和肌萎缩侧索硬化的诊断. 中华神经科杂志，2012，45：463 - 466.

# 14. 反应迟钝伴两便失禁的中年女性

[病史摘要]

患者，女，56 岁，反应迟钝伴大小便失禁 1 周余。3 周前患者无明显诱因突发“感冒样”症状，畏寒乏力，伴精神委靡，无发热。1 周前出现明显反应迟钝、言语减少，思睡，最初尚可辨别亲人，随后症状逐渐加重，不能言语，但可点头示意，且出现大小便失禁。外院腰穿检查提示脑脊液压力正常，脑脊液蛋白稍高 0.59 g/L，白细胞偏高 80 个，单核为主。外院予“甲强龙”1 g 冲击治疗 3 天后症状明显逐渐缓解，说话能简单成句，主动表达。半年前曾行“左侧附件间皮瘤切除”(低度恶性)。父母身体健康，否认近亲婚配史，否认遗传病家族史，否认疫苗接种史。

[神经科查体]

神志清楚，精神委靡，反应迟钝，言语少，可少量遵嘱执行动作，但总体查体欠合作，双瞳等大等圆，直径 3mm，对光反应灵敏，双侧眼球活动可，双侧鼻唇沟对称，鼓腮露齿不配合，其余颅神经检查不配合。颈软，四肢可抬离床面，肌力估计在 3 级以上，四肢肌张力无明显增减，四肢腱反射活跃，双侧巴氏征阳性，其余共济及感觉等查体不配合。

[定位诊断思路]

临床定位诊断思路分析见图 62。

[定性诊断与鉴别诊断]

定性诊断与鉴别诊断思路形成，需动用的辅助检查以及结果预测见图 63。

本患者行头颅及脊髓 MRI 检查示：双侧额叶、顶叶、颞叶、枕叶、小脑白质、胸髓内多发脱髓鞘病变，增强后强化不明显(图 64)。ESR：41 mm/h，其余风湿免疫指标均为阴性。脑电图检查提示双侧较多散在和阵发性 θ 波、尖波。结合患者病前 1 周有感冒样症状 + 急性病程 + 脑病症状 + 颅内多发病变 + 激素有效 + 脑电图异常 + 不符合 MS 诊断标准，故考虑为急性播散性脑脊髓炎。

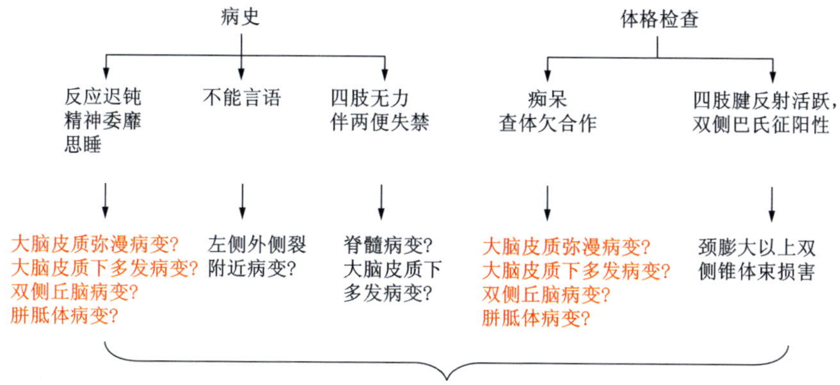


**图 62　定位诊断思路图**

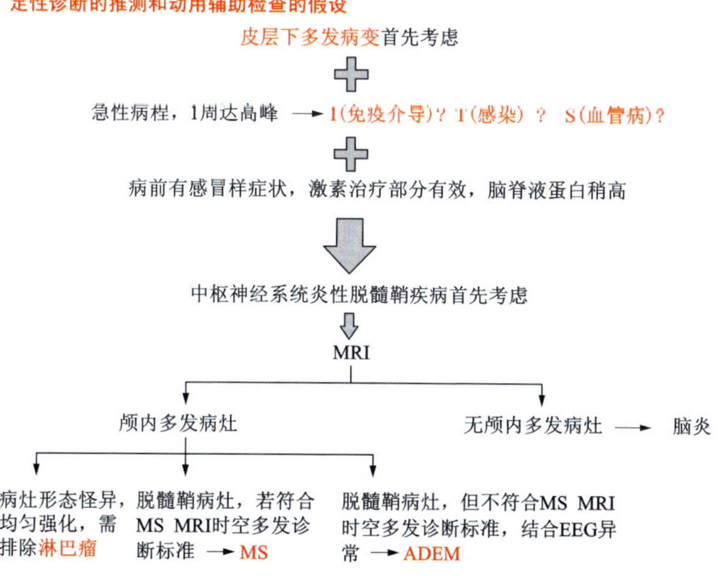


**图 63　定性诊断思路图**

患者入院后给予糖皮质激素冲击治疗，脑病症状明显缓解，出院后 3 个月随访，患者病情稳定并持续改善。

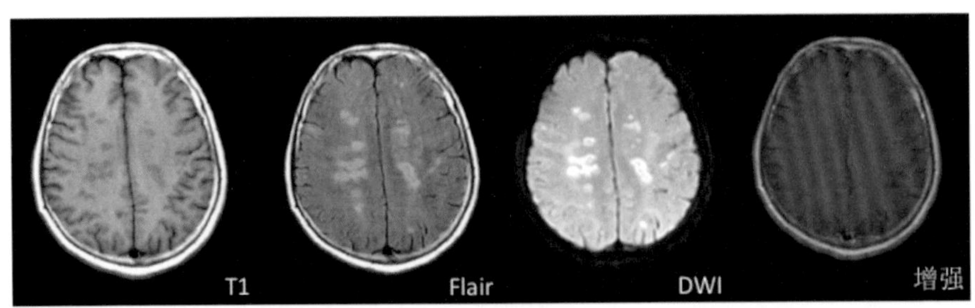


**图 64　患者头颅 MRI 影像**

注：双侧半卵圆区多发病灶，T1 低信号，Flair/DWI 高信号，无明显强化

**最终诊断：急性播散性脑脊髓炎（acute disseminated encephalomyelitis，ADEM）**

［病例的问题］

1. ADEM 主要由哪些因素诱发？

ADEM 多发生于免疫接种或病毒感染之后，然而高达 26% 患者发病前未发现诱发因素。相关疫苗包括乙肝疫苗、百日咳疫苗、白喉疫苗、麻疹疫苗、流行性腮腺炎疫苗、风疹疫苗、肺炎球菌疫苗、水痘疫苗、流感疫苗、日本脑炎疫苗、天花疫苗、脊髓灰质炎疫苗及人乳头瘤病毒疫苗。与 ADEM 相关的病毒感染常见于流感病毒、肠病毒、麻疹风疹病毒、腮腺炎病毒、水痘带状疱疹病毒、EB 病毒、巨细胞病毒、单纯疱疹病毒、甲肝病毒及柯萨奇病毒。而肺炎支原体、螺旋体、β 溶血性链球菌等诱发因素亦有报道。

2. ADEM 的临床特点是什么？

ADEM 是免疫介导的急性炎性脱髓鞘性多灶性中枢神经系统疾病。可发生于任何年龄，多见于儿童及青壮年，发病率每年 7/100 万人～64/1000 万人。常发生于病毒感染或免疫接种之后，有 64%～93% 的患者发病前曾有感染史，首发症状于感染后 2～4 周出现。冬春季多发，未见明显性别差异。

ADEM 病情常进展迅速，平均达峰时间 4.5 天。前驱症状包括发热、精神委靡、头痛、恶心呕吐，随后出现脑病及昏迷表现。儿童型常见症状为发热、头痛及癫痫。中枢神经系统症状包括脑病、共济失调、偏瘫、偏身感觉障碍、颅神经功能障碍、视觉障碍、抽搐及语言障碍。

以往认为 ADEM 不合并有周围神经病变，但也有研究表明，成人 ADEM 中有 44% 可累及周围神经系统，11%～16% 会出现呼吸衰竭。由此说明该病累及范围较广，故临床表现多样。

3. ADEM 的病理生理机制是什么？

ADEM 是血管周围的炎性脱髓鞘性自身免疫反应，发病机制仍未明确，可能与病毒感染或免疫接种有关，目前研究认为可能存在两种机制：①分子模拟假说，病原体与宿主细胞某些结构相似，存在相似抗原进而诱导 T 细胞活化引起自身免疫反应；②中枢神经系统感染诱发，病原体破坏血脑屏障，中枢神经系统的封闭抗原暴露，诱导 T 细胞活化继发自身免疫反应。高达 40% 的儿童型 ADEM 可检测到髓鞘 MOG 抗体，并且该抗体滴度在急性期增高，病情缓解期降低，而该抗体在儿童多发性硬化中持续存在。

有研究发现与狂犬疫苗接种相关的 ADEM 中可检测到高浓度抗髓鞘碱性蛋白（myelin basic protein，MBP）抗体，与链球菌感染相关的 ADEM 中可检测到抗基底神经节抗体。脑脊液中可有轻度淋巴细胞增多，轻 - 中度蛋白增高，发病初期可有寡克隆带一过性阳性。ADEM 患者脑脊液中可检测到某些细胞因子及趋化因子水平上调，进而激活巨噬细胞及小神经胶质细胞，如趋化因子 CCL17 及 CCL22，细胞因子 IL - 6、IL - 10 及 TNF - α 等（图 65）。

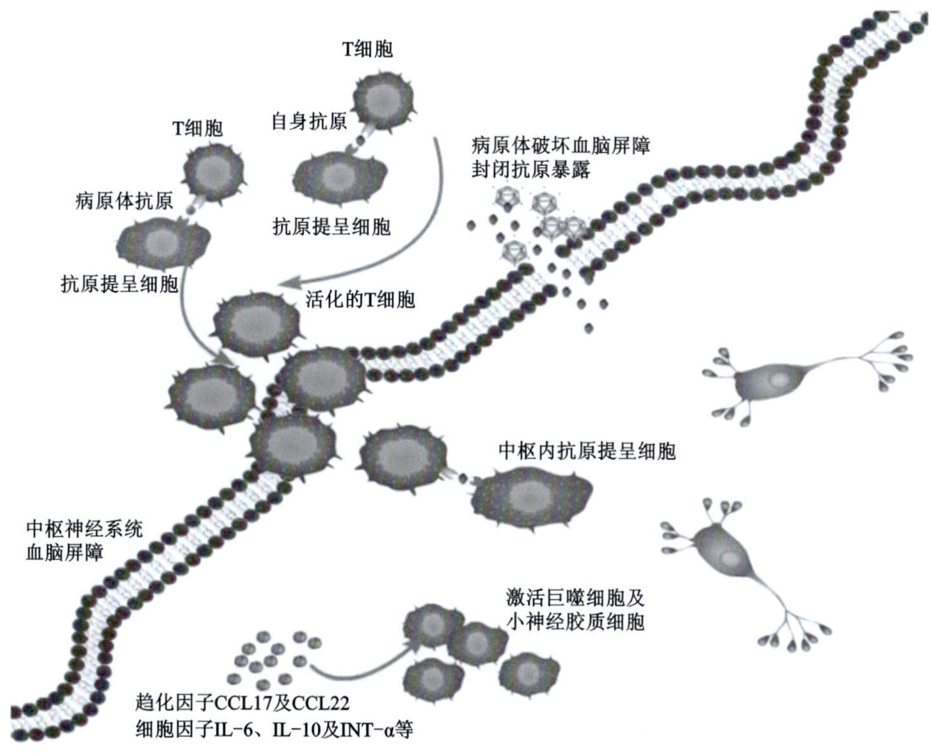


**图 65　ADEM 的病理生理机制**

4. ADEM 的诊断标准包括哪些？

由于缺乏特异性生物学指标，仅根据首次脱髓鞘临床事件而进行精确诊断仍较困难，目前诊断仍依赖于临床表现及影像学特点，国际儿童多发性硬化研究组(International Pediatric Multiple Sclerosis Study Group)于 2013 年更新的诊断标准：

(1)首次发生的多灶性炎性脱髓鞘性中枢神经系统疾病。

(2)脑病症状(行为异常或意识改变)，且脑病症状无法用发热、系统性疾病及痫性发作后状态解释。

(3)发病 3 个月及其后无新症状及新病灶。

(4)急性期(发病 3 个月内)头颅 MRI 存在异常信号。

(5)典型 MRI 影像表现为大的( >1 ~2 cm)、弥散的、边界不清的、多位于脑白质的病灶，灰质(丘脑或基底节)可受累。T2WI 和 FLAIR 呈高信号，T1WI 可呈较低信号。

重复的 MRI 随访对于确诊 ADEM 很有必要，建议在第一次病灶转阴后 5 年内至少做2 次 MRI 复查。若患者无脑病表现，而临床首次发作可归为临床孤立综合征。ADEM 组织病理学特点，静脉周围脱髓鞘伴血管周围轻度炎性反应仍是诊断金标准。

ADEM 按病程特点以往可分为单相性、复发型及多相性，多表现为单相性。依据新修订的标准已删除复发型 ADEM，而多相性 ADEM 是指 2 次 ADEM 事件发作间隔 3 个月(包括脑病及多灶性病变，症状体征及影像学有新发病灶)，后续无再发相应事件。

5. ADME 的鉴别诊断包括哪些？

许多炎性或非炎性疾病与 ADEM 均可有相似的临床及影像学表现，如 MRI 表现为较大局限的肿瘤样病灶需与颅内恶性肿瘤、血管炎及脑脓肿鉴别；累及双侧丘脑需考虑与乙型脑炎、颅内深静脉血栓形成、高钠血症、脑桥外髓鞘溶解症或急性坏死性脑病等鉴别；进行性脑白质病灶需考虑与遗传性脑白质营养不良、进行性多灶性白质脑病、亚急性硬化性全脑炎、线粒体脑病、中枢神经系统肿瘤及维生素 $B_{12}$ 缺乏等鉴别；反复中枢神经系统脱髓鞘需与多发性硬化、视神经脊髓炎谱系病、系统性红斑狼疮、白塞病或干燥综合征等鉴别。

6. ADEM 的治疗方法有哪些？

目前关于 ADEM 的药物治疗仍缺乏多中心随机对照临床试验，临床以糖皮质激素为一线治疗方法(Ⅲ级证据)，一项回顾性研究分析得到静脉应用甲泼尼龙效果优于地塞米松，国外推荐剂量甲泼尼龙 20 ~ 30 mg/(kg · d)最大剂量 1 g，静脉滴注 3 ~5 天，随后改为 1 ~2 mg/(kg · d)口服 1 ~2 周，6 周内逐渐减量至停药。逐渐减量疗程少于 3 周可能会增加复发风险。对于糖皮质激素治疗反应较差者可行免疫球蛋白或血浆置换治疗。

免疫球蛋白国外推荐剂量为总剂量 2 g/kg，分 2 ~ 5 天静脉滴注。颅内出血严重颅高压者可行去骨瓣减压术。目前暂无证据可支持其他免疫调节性药物可被用于儿童型 ADEM 治疗，但有研究报道环磷酰胺对糖皮质激素治疗反应较差的成年人 ADEM 患者有效，使用剂量为 500 ~ 1000 mg/m$^2$，一次性静脉滴注或分别于治疗第 1、2、4、6 天和 8 天时分次静脉滴注（图 66）。

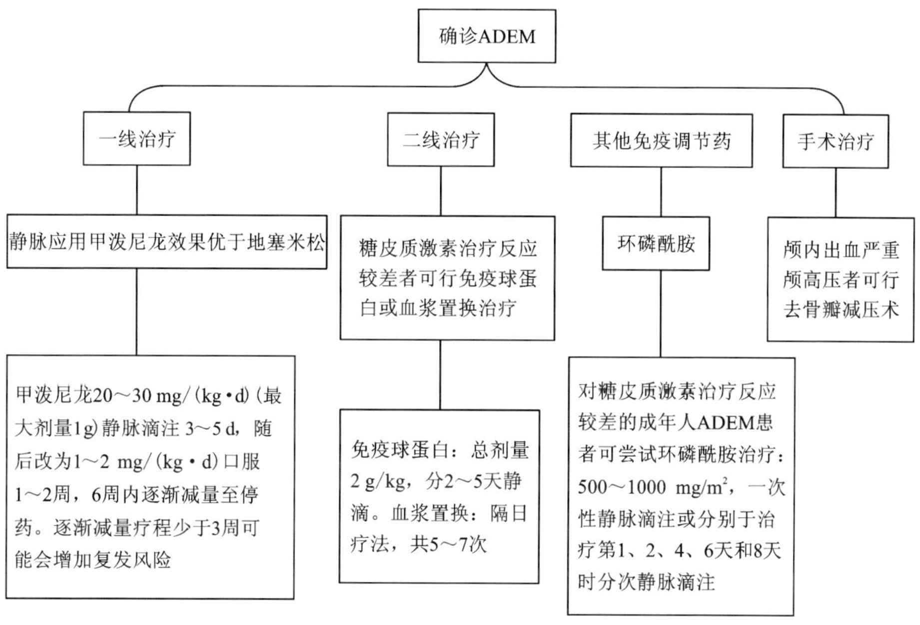


**图 66　ADEM 的治疗流程**

7. ADEM 预后如何？

ADEM 总体预后良好，Dale 研究团队发现 ADEM 复发者平均激素治疗时间为 3.17 周，未复发者为 6.3 周，故建议激素治疗时间≥6 周。关于儿童 ADEM 的研究表明，完全康复率可达 57% ~94%，完全康复平均时间为 1 ~6 个月。遗留功能缺损症状常见为运动障碍（共济失调、轻偏瘫）、视力损害、认知和行为异常及癫痫等。

（敬思思）

# 参考文献

[1] Gray MP, Gorelick MH. Acute disseminated encephalomyelitis. Pediatric emergency care, 2016, 32: 395-400.

[2] Koelman DL, Mateen FJ. Acute disseminated encephalomyelitis: Current controversies in diagnosis and outcome. Journal of neurology, 2015, 262: 2013-2024.

[3] Tenembaum SN. Acute disseminated encephalomyelitis. Handbook of clinical neurology, 2013, 112: 1253-1262.

[4] Pohl D, Tenembaum S. Treatment of acute disseminated encephalomyelitis. Current treatment options in neurology, 2012, 14: 264-275.

# 15. 呈“运动员样体格”伴肌肉僵硬不适的男性患者

[病史摘要]

患者，男，24 岁，感觉四肢肌肉僵硬不适 10 余年。自述每次上楼或跑步、起动时均感肌肉僵硬，轻微活动后可减轻僵硬感。诉长期维持一种姿势后，肌肉僵硬明显，如久站等候公共汽车到站时，无法迈步跨上汽车；或久坐使用电脑后，无法马上站立。冬天及夏天差别不大。期间不伴肉跳，无四肢乏力、手足麻木，无明显肌肉萎缩。出生史正常。体育课中跑步经常不及格，但其他项目可达标。文化课成绩中等。既往否认长期用药史或饮酒史。家族中无类似患者，父母非近亲婚配。

[神经科体格检查]

呈“运动员样”体格（图 67）。四肢肌容积明显增大，用力或叩击后可见“肌球”。四肢肌力 5 级，肌张力正常，腱反射（＋＋），病理征阴性。针刺觉及音叉震动觉、位置觉检查均正常，共济检查无异常。

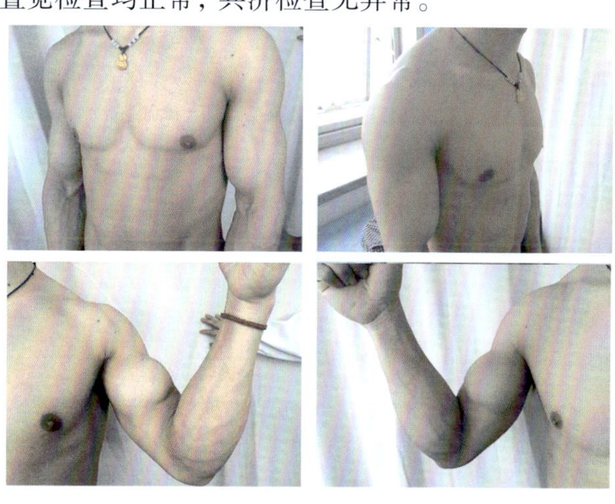

**图 67**　患者外观呈“运动员样”体格

[定位诊断思路]

临床定位诊断思路分析见图68。

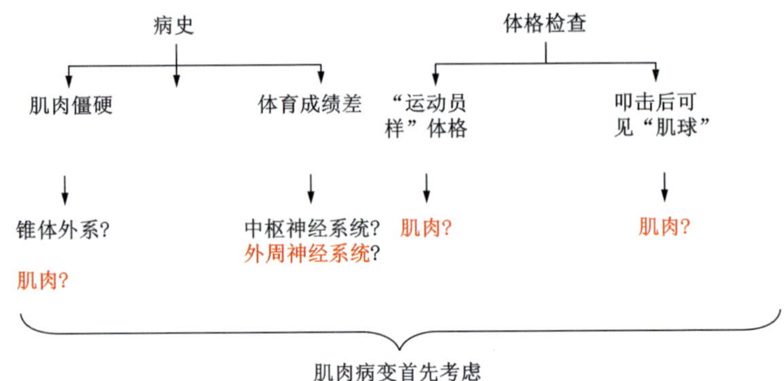


**图68　定位诊断思路图**

[定性诊断与鉴别诊断]

定性诊断与鉴别诊断思路形成、需动用的辅助检查以及结果预测见图69。

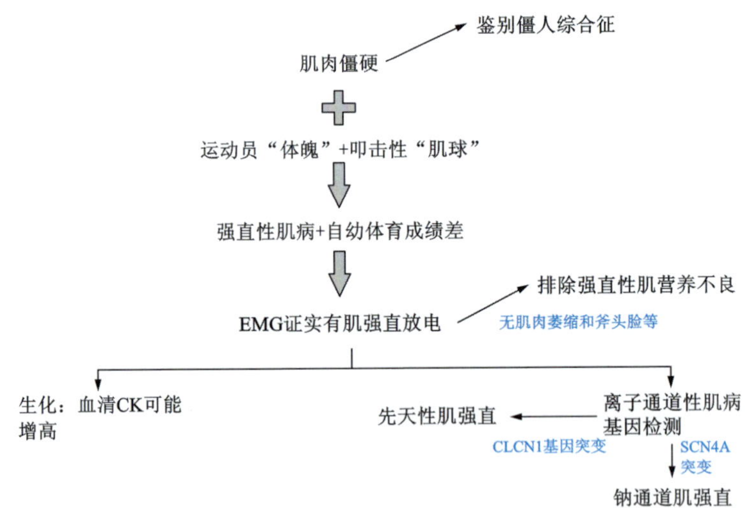


**图69　定性诊断思路图**

患者查血清CK：1217 U/L(正常值20～174 U/L)，乳酸脱氢酶(lactate dehydrogenase，LDH)：227 U/L(正常值109～245 U/L)。神经传导速度测定：

下肢周围神经运动及感觉传导均正常。针极肌电图可见所检肌群（三角肌、肱二头肌、桡侧腕屈肌、第一指骨间肌、股内肌、腓内肌、胫前肌）均见肌强直电位，其中三角肌见不规则波，个别 MUP 偏窄。考虑伴广泛肌强直而无明显肌源性损害的先天遗传性疾病。采集外周血后行离子通道病基因的靶向二代测序并经靶向一代测序验证结果：SCN4A（NM_000334） exon9 c. G1333A p. V445M.（已知基因突变，见图 70）。

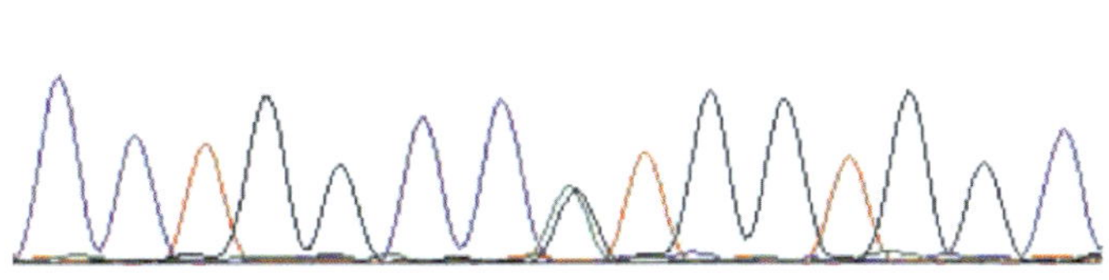


**图 70　SCN4A 基因突变 exon9 c. G1333A p. V445M**

**最终诊断：钠通道肌强直（SCN4A 基因突变所致）**

［病例的问题］

1. 肌肉僵硬不适需考虑哪些神经系统问题？

肌肉僵硬不适是非特异的主观感觉，可以出现于器质性疾病或躯体化障碍疾病。但若观察到患者的肌肉颤动或叩击后出现“肌球”，则需要特别重视除外器质性疾病。若肌肉僵硬不适还伴发其他主诉，如行走姿势异常或肌张力增高等，则需要结合临床症状及查体进行定位诊断，区分是否存在锥体外系和/或锥体系损害。

若肌肉僵硬是唯一主诉，查体后定位于下运动神经元通路，则要根据是否伴有肌无力、肌颤搐的形式以及肌电图改变来综合考虑。另外，在一些内环境紊乱如电解质异常、激素水平异常，或毒物/药物中毒的患者中，肌肉僵硬也很常见，需及时进行辅助检查早期鉴别。

2. 表现为“运动员样体格”的神经系统疾病有哪些？

最常见的是先天性肌强直（CLCN1 基因突变所致，分为显性遗传 Thomsen 型和隐性遗传 Becker 型）及钠通道肌强直（SCN4A 基因突变所致，显性遗传）[1-2]。

3. SCN4A 基因突变可以引起哪些临床表型？

SCN4A 基因编码钠离子通道亚型 Nav1.4，呈常染色体显性遗传（图 71）。

现在已知的表型有以肌强直为主要表现的：钠通道肌强直（以往称为先天性副肌强直及钾恶化性肌强直）；以发作性无力为主要表现的：低钾性及正钾性周期性麻痹。但肌强直和肌无力有时会合并存在于同一个患者上，所以SCN4A基因突变的临床表型是连续的一个谱系，很难完全区别究竟是哪一类，只能说表型以“肌强直”为主或“周期性麻痹”为主。

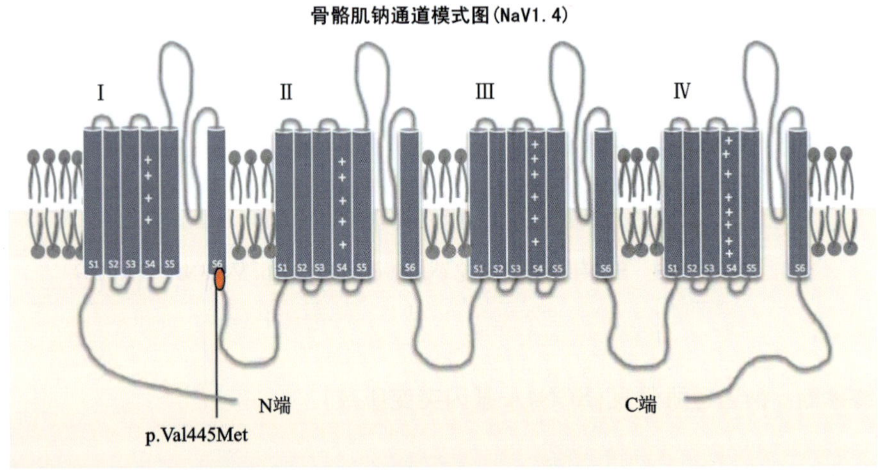


**图71　钠离子通道亚型Nav1.4**

4. 为什么持续肌强直可以引起肌酶升高？

持续的肌肉收缩可能引起骨骼肌肌细胞膜的破坏，血清CK会有所升高。即使对于正常人，如运动员，肌酶升高也很常见。但肌酶升高若比较明显，通常需要警惕存在骨骼肌原发疾病。

5. 肌强直电位（myotonic discharges）和肌颤搐电位（myokymic potential）有哪些区别，好发于哪类疾病？

肌强直电位是最具特征性的一种电位，其波幅由高到低、发放频率由快到慢，声音类似“俯冲的轰炸机”。将针电极插入肌肉、移动针电极、叩击肌肉或轻收缩被检肌可引出该电位。为肌细胞膜兴奋性增高所致（图72A），多见于伴肌强直的肌肉疾病，如先天性肌强直、强直性肌营养不良等，也可见于周期性麻痹（SCN4A基因突变所致）、炎性肌病、糖原累积症2型。

肌颤搐电位在电生理上表现为一个或数个动作电位节律性或非节律性发放为特征，发放频率为2～60 Hz，肌电图表现为二联、三联或多联发放，为轴索兴奋性增高所致（图72B），常见于获得性神经性肌强直、放射性臂丛神经病、脱髓鞘性周围神经病和肌萎缩侧索硬化等。

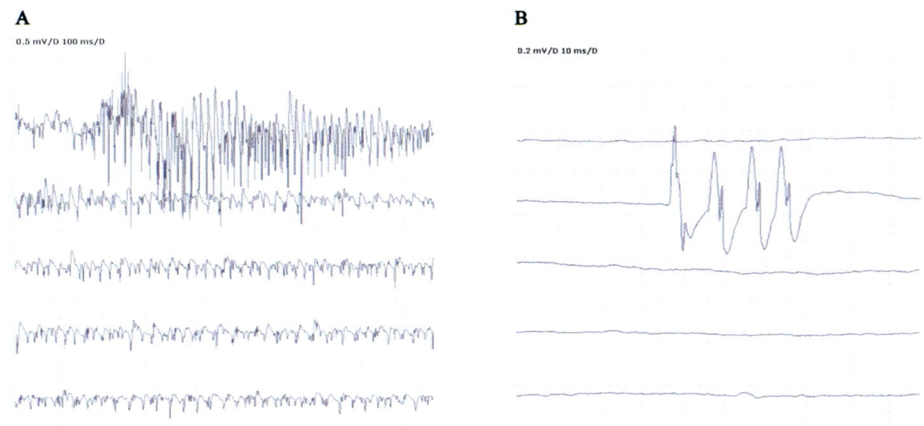


**图 72　肌电图**

A. 肌强直电位；B. 肌颤搐电位

6. 该患者是否需要药物干预？

如果不影响日常生活，钠通道肌强直可不予以治疗。本患者肌肉僵硬不适感较明显，可以口服美西律(mexiletine)50～100 mg，每日 3 次。美西律是一种非选择性电压门控钠离子通道阻滞药，可通过钠通道的慢失活从而减少肌肉细胞的强直收缩。大多患者口服后僵硬感有所减轻。

另外，2015 年 Ann Neurology 发表的一篇研究文章表明：离体试验提示有效的药物还有 lacosamide 和 ranolazine，尽管在先天性肌强直小鼠模型上使用后发现 lacosamide 存在明显的不良反应，但仍是未来值得期待的治疗肌强直的药物。

（罗苏珊）

## 参考文献

[1] Statland JM, Barohn RJ. Muscle channelopathies: the nondystrophicmyotonias and periodic paralyses. Continuum(MinneapMinn). 2013, 19(6 Muscle Disease): 1598－1614.

[2] Burge JA, Hanna MG. Novel insights into the pathomechanisms of skeletal muscle channelopathies. CurrNeurolNeurosci Rep, 2012, 12(1): 62－69.

[3] Brunklaus A, Ellis R, Reavey E, et al. Genotype phenotype associations across the voltage－gated sodium channel family. J Med Genet, 2014, 51(10): 650－658.

[4] Brancaccio P, Maffulli N, Limongelli FM. Creatine kinase monitoring in sport medicine. Br Med Bull, 2007, 81 -82: 209 -230.

[5] Novak KR, Norman J, Mitchell JR, Pinter MJ, Rich MM. Sodium channel slow inactivation as a therapeutic target for myotoniacongenita. Ann Neurol, 2015: 77(2): 320 -32.

# 16. 右侧肢体动作迟缓伴僵硬感的中年男性

［病史摘要］

患者，男，55岁，公司职员，进行性右侧肢体动作迟缓、僵硬感2年余。初为右下肢动作不灵活、行走拖步，僵硬感；半年后出现右上肢动作笨拙，僵硬，无震颤。左侧肢体无明显不适主诉。无跌倒主诉。病史中无嗅觉减退主诉；睡眠中梦多，讲梦话，有将梦中情境表现出来的情况；生病后有抑郁焦虑情绪；便秘4年余，小便无异常，阳痿3年。既往史无特殊；否认除草剂、杀虫剂接触史；否认有遗传病家族史。

［神经科体格检查］

卧位血压120/84 mmHg，立位血压108/78 mmHg。神志清楚，精神尚好，查体合作。定向力、记忆力和计算力未见明显异常。“面具”脸，言语语调低、清晰，对答切题。眼球各向活动尚可，其余颅神经检查未见异常体征。四肢肌力5级，腱反射（＋＋），右肢肌张力铅管样升高。右手手指捏合、握拳、旋转动作迟缓，右脚动作迟缓，左肢动作尚可；行走时右手连带动作减少；后拉试验如不扶持可能摔倒。肌震颤（－）。感觉及共济无异常。病理体征未引出。

［定位诊断思路］

临床定位诊断思路分析见图73。

［定性诊断与鉴别诊断］

定性诊断与鉴别诊断思路形成见图74。

患者入院后选择的辅助检查：

Sniffin Sticks嗅觉测试：嗅觉减退。头颅MRI平扫，未见明显异常。多巴胺转运体正电子发射计算机断层组合显像（dopamine transporter positron emission tomography computer tomography，DAT－PET－CT）：显示双侧壳核、尾状核11C－CFT摄取下降，以左侧下降明显（图75A）。氟脱氧葡萄糖正电子放射计算机断层组合显像（fludeoxyglucose positron emission tomography computer

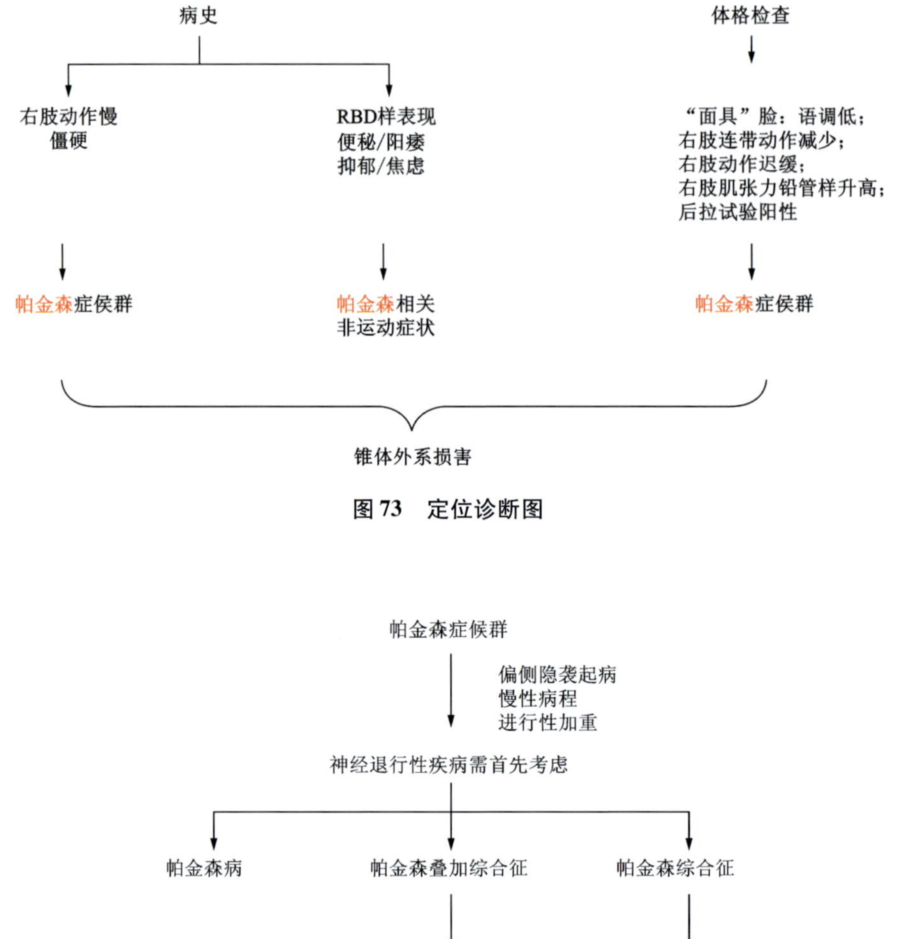


图 73　定位诊断图

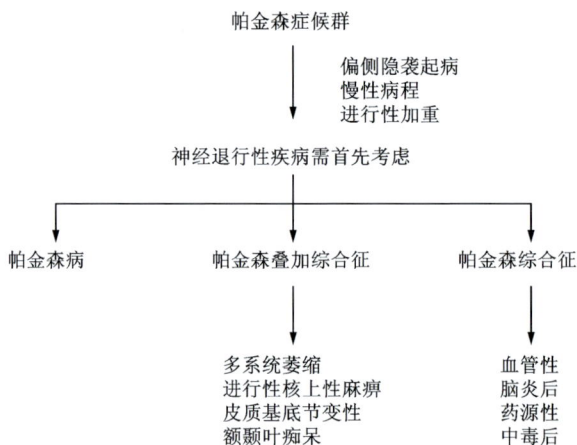

图 74　定性诊断图

tomography，FDG－PET－CT）：显示基底节高代谢，小脑低代谢（图 75B）。

依据帕金森病（Parkinson′s disease，PD）UK 脑库诊断标准，患者具有少动、肌肉强直等症状；无排除指标；具有 3 项支持指标，具体包括单侧起病，逐渐进展，发病后持续的不对称性受累等。多巴胺转运体正电子发射型计算机断层显像（positron emission tomography－dopamine transporter，PET－DAT）也证实了

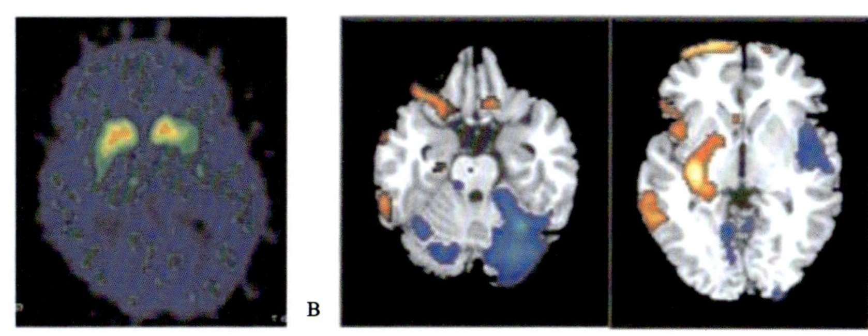

**图 75　患者的 DAT－PET－CT 和 FDG－PET/CT 影像**

A. 多巴胺转运体(Dopamine Transporter, DAT)；B. 氟脱氧葡萄糖(flourodeoxyglucose, FDG)

左侧多巴胺转运体(dopamine transporter, DAT)明显摄取下降，故首先考虑帕金森病。

随后给予患者卡左双多巴控释片 200 mg/50 mg，2 片，每日 2 次，1 周后卡左双多巴控释片调整为 1/2 片，每日 3 次。治疗后患者自觉少动、强直症状明显改善，医生评估后认为症状轻微改善。

治疗半年后，患者因夜间睡眠呼吸暂停，至五官科行喉镜检查(局麻)。检查结束后出现吸气性呼吸困难，喉喘鸣，发生意识丧失，持续约 2 小时，予 BiPAP 无创呼吸机辅助通气后，症状改善。治疗一年后出现反复小便失禁与尿潴留，予留置导尿。予左旋多巴/复方苄丝肼 200 mg/50 mg(复方苄丝肼)1/2 片每日 3 次＋息宁 1/2 片每日 3 次后，患者的帕金森氏病综合评分量表(unified Parkinson's disease rating scale, UPDRS)Ⅲ评分仍进行性加重，提示左旋多巴治疗无效。

**最终诊断：多系统萎缩－帕金森型(multiple system atrophy with parkinsonism, MSA－P)**

［病例的问题］

1. 根据国际运动障碍协会最新的《帕金森病诊断标准(2015 年版)》，该患者的首次诊断和最终诊断为什么不同?

PD 的早期诊断一直是个难题，既往的 UK 脑库标准可以在疾病晚期大大提高诊断率，但对早期诊断来说，价值有限。据此，国际运动障碍协会(MDS)于 2015 年发表了新版的《帕金森病临床诊断标准》，以期更好的指导帕金森的临床诊断和临床研究。据此标准，本患者的首次诊断思路如下：

(1)患者具有动作迟缓+肌肉强直，具备帕金森症候群(Parkinsonism)。

(2)病史，查体及辅助检查中未见绝对排除。

(3)未见警示项(red flag)。

(4)具有1项支持项：嗅觉减退，少于临床确诊标准中至少2条支持项的要求。

因此，临床首次拟诊断为PD，需要临床访视以最终诊断。

随访后，患者的诊断思路如下：①患者具有帕金森症候群；②绝对排除项：应用大剂量左旋多巴治疗效果不佳；③警示项：白天、夜间吸气时喘鸣，病程5年内出现严重的尿残留和尿失禁；④具有1项支持项：嗅觉减退，并不足以抵消该患者中的2条警示项。无法诊断为帕金森病。

患者最终诊断为MSA-P的诊断思路包括：①患者30岁后起病，散发，进行性加重；②病程中出现自主神经功能障碍，表现为尿失禁和阳痿；③具有对左旋多巴治疗反应不佳的帕金森症候群(动作迟缓+肌肉强直)。

2. 国际运动障碍协会《帕金森病临床诊断标准(2015年版)》与既往的帕金森病UK脑库诊断标准相比有哪特点?

与UK脑库诊断标准相比，MDS 2015年版的PD临床诊断在以下几个方面作了更新：①新标准更多地关注非运动症状在疾病诊断中的价值，而且作出了更加具体的描述；②新标准对相关症状进行了分层，根据症状对疾病的诊断价值、设置排除项、警示项等。如锥体束征阳性在UK脑库诊断标准中是排除项，而在新一版诊断标准中是警示项，可以被支持项对冲抵消；③新标准引入客观辅助检查作为支持项，如嗅觉检测，心脏交感显像间位碘代苄胍(meta iodobenayl guanidine, MIBG)等，更多客观、可靠的生物学标志物的出现值得期待。

3. 非运动症状在PD诊断和鉴别诊断中有何价值?

PD是最常见的运动障碍性疾病之一，但PD的非运动症状仍值得关注。PD常见的非运动症状包括：①嗅觉减退；②便秘；③抑郁、焦虑、幻觉等神经心理改变；④不同程度的认知损害：PD轻度认知功能损害(parkinson's disease mild cognitive impairment, PD-MCI)，PD痴呆(parkinson's disease dementia, PDD)等；⑤睡眠障碍，如日间睡眠过多、失眠、快动眼(rapid eye movement, REM)、睡眠期行为障碍(rapid sleep behavior disorder, RBD)；⑥自主神经功能障碍，如直立性低血压、尿急、尿频、尿失禁等。

正确的识别非运动症状，在PD诊断和鉴别诊断中受到越来越多的关注。在UK脑库诊断标准中，非运动症状的价值并未充分体现，仅在步骤二排除标准中提及：早期即有严重的自主神经受累应当排除，以除外多系统萎缩(multiple system atrophy，MSA)；早期即有严重的痴呆，伴记忆力，语言和行为障碍应当排除，以除外弥漫路易小体痴呆(dementia with lewy bodies，DLB)。

而在2015年版的《帕金森病临床诊断标准》对非运动症状作了更详细具体的描述，如在警示项中提出：病程5年内出现严重的自主神经功能障碍(包括直立性低血压、严重的尿残留或尿失禁)；病程5年以上仍然无任何PD常见的非运动症状(RBD，便秘，日间尿急，嗅觉减退，抑郁/焦虑/幻觉等精神障碍)；以及在本例中非常重要的不自主呼吸功能障碍，白天、夜间吸气时喘鸣等。虽然关于非运动症状的描述主要出现在警示项中，这与之前的诊断标准相比仍然具有积极的意义。

需要强调的是，非运动症状在MSA－P的诊断和鉴别诊断中同样具有非常重要的作用，如尿失禁、阳痿等自主神经功能障碍在诊断中的决定性作用，以及喉喘鸣等在诊断中的重要支持作用。而PD中常见的嗅觉减退、RBD、便秘等非运动症状在MSA中也常见，这或许是由于他们都是α－突触核蛋白病的表现，而该患者在早期也表现出了各种非运动症状，需要正确解读。

4. 是否有更多的客观指标有助于PD及相关运动障碍疾病的诊断？

通常而言，客观检测指标并非是PD诊断所必需的，但有时会对诊断和鉴别诊断产生积极的价值。MDS 2015年版《帕金森病临床诊断标准》纳入了嗅觉测定(嗅觉减退)和心脏交感功能(MIBG显像)检测(心脏交感显像下降)作为支持PD诊断的支持标准。纳入标准至少有三项研究(每项研究至少60例参与者)采用该检测指标，且该方法诊断PD的敏感性和特异性均大于80%。而在MSA诊断标准中，小脑低代谢则被作为是支持诊断的证据。

随着神经影像技术的不断发展和进步，神经影像技术或许能为帕金森病的诊断，特别是早期诊断提供依据。在结构显像方面，头颅MRI－SWI显像“燕尾征”的消失提示”黑质小体”的消失，对于PD的诊断具有提示价值，也有助于PD与MSA的鉴别。

在功能显像方面，多巴胺能显像已被纳入到PD的诊断，其中DAT显像正常被认为是PD的排除诊断标准，但对鉴别PD和MSA的能力有限。代谢显像，特别是代谢网络显像在PD诊断中的价值正在逐步被认识，PD和MSA具有各自不同的代谢模式(图76)，或许能为疾病的诊断和鉴别诊断提供更多的线索。本患者初期的FDG显像即有提示双侧基底节高代谢而小脑低代谢，也佐证了上述观点，当然还需要进一步增加样本进行前瞻性研究。

5. 如何判断患者对左旋多巴的治疗反应？

明确、显著的左旋多巴治疗反应是支持PD诊断的重要支持项之一，大剂

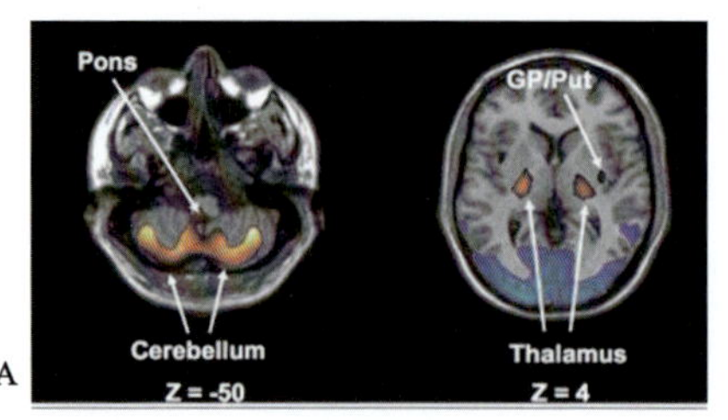


A

PDRP，PD related Pattern

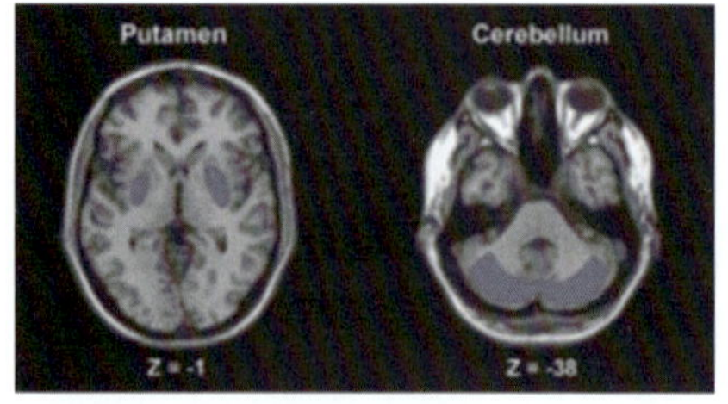


B

MSARP，MSA related Pattern

**图 76　PD 和多系统萎缩的代谢模式显像**

A. PD 疾病模式，表现为小脑高代谢，基底节高代谢；B. 多系统萎缩疾病模式，表现为小脑低代谢，基底节低代谢

量左旋多巴治疗无效是 PD 的绝对排除项。新的诊断标准对左旋多巴治疗反应的描述包括：

（1）使用足够剂量的左旋多巴（≥600 mg/d）。

（2）可以根据患者或可靠照料者的明确汇报判断药物治疗有无反应。

（3）可以根据客观的评估判断药物治疗效果，如 UPDRS Ⅲ评分改善≤3 分可认为治疗反应性不佳。

（4）这种治疗反应性评估适用于中度、重度的帕金森症候群。

这种具体的描述将有助于医生/研究者判读患者的左旋多巴治疗反应。

（刘丰韬）

## 参考文献

[1] Postuma RB, Berg D, Stern M, et al. MDS clinical diagnostic criteria for Parkinson's disease. MovDisord, 2015, 30(12): 1591 - 1601.

[2] Gilman S, Wenning GK, Low PA, et al. Second consensus statement on the diagnosis of multiple system atrophy. Neurology, 2008, 71(9): 670 - 676.

[3] Schwarz ST, Afzal M, Morgan PS, et al. The "swallow tail" appearance of the healthy nigrosome - a new accurate test of Parkinson's disease: a case-control and retrospective cross-sectional MRI study at 3T. PloS one, 2014, 9(4): e93814.

[4] Wu P, Wang J, Peng S, et al. Metabolic brain network in the Chinese patients with Parkinson's disease based on 18F - FDG PET imaging. Parkinsonism RelatDisord, 2013, 19(6): 622 - 627.

# 17. 进行性四肢无力的青年女性

［病史摘要］

患者，女，24 岁，右利手，进行性双下肢无力 4 年，双上肢无力 1 年。患者于 4 年前无明显诱因下出现双下肢无力，表现为上楼梯困难，需手拉扶手。症状进行性加重，1 年前出现走平地费力，下蹲起立不能。同时出现双上肢无力，表现为平举不能，梳头费力，但能正常持筷、握笔写字。当时外院查 CK > 20000 U/L，行肌肉活检示“股四头肌炎症伴出血”，予“泼尼松”60 mg，每日 1 次口服，并应用环磷酰胺等治疗，患者自诉症状略有好转，但仍存在爬楼、双手上举费力。

半年前“泼尼松”减量至 40 mg，每日 1 次口服，患者症状再次加重。病程中无发热、肌肉酸痛、肢体麻木、肉跳等症状。2 年前诊断为“甲亢”，外院予“同位素”治疗后存在“继发性甲减”，目前无临床症状。父母为近亲结婚。

［神经科体格检查］

库欣面容，颅神经检查无异常，抬头肌力 3 级；左上肢三角肌肌力 4 级，右三角肌力 4 级 -；右肱二头肌力 4 级，左 3 级；左肱三头肌力 5 级 -，右 4 级；双上肢远端肌力 3 级，双下肢髂腰肌肌力 3 级，股四头肌肌力 4 级，踝背屈肌力 4 级，跖屈肌力 4 级，跖肌远端肌力 4 级，双侧腱反射（+）对称，双侧病理征阴性，皮肤感觉和共济尚好。无翼状肩，双侧腓肠肌萎缩明显（图 77），踮足不能。

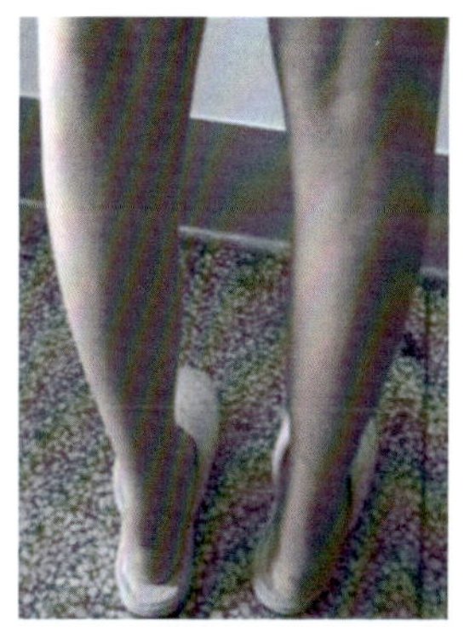

图 77　患者双侧腓肠肌萎缩外观

［定位诊断思路］

临床定位诊断思路分析见图 78。

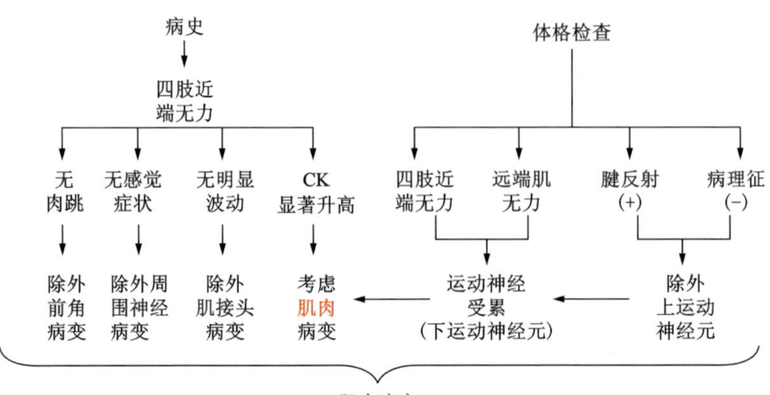


**图 78　定位诊断思路图**

［定性诊断与鉴别诊断］

定性诊断与鉴别诊断思路形成见图 79。

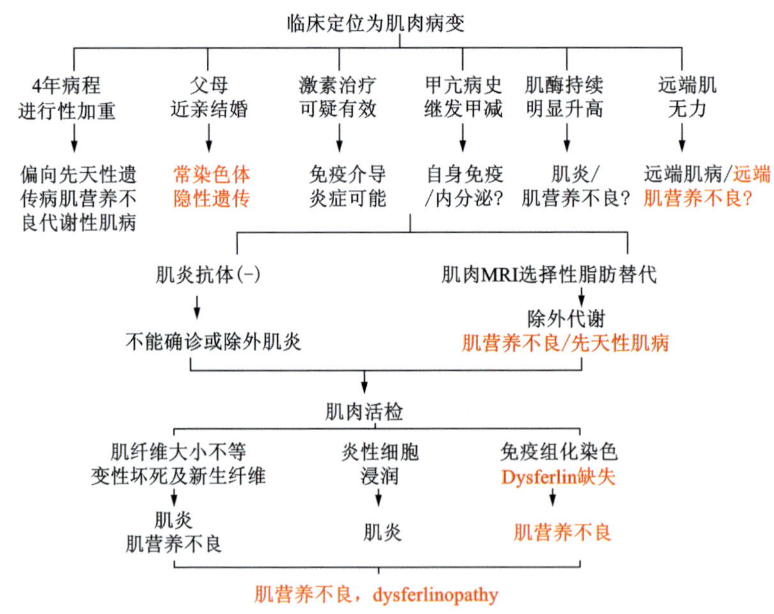


**图 79　定性诊断思路图**

患者入院后查血清 CK 5605 U/L，进一步行双下肢肌肉 MRI + STIR 检查

(图 80)，可见小腿比目鱼肌和腓肠肌明显脂肪变；胫前肌肌肉病理切片提示 dysferlin 蛋白缺失(图 81)。

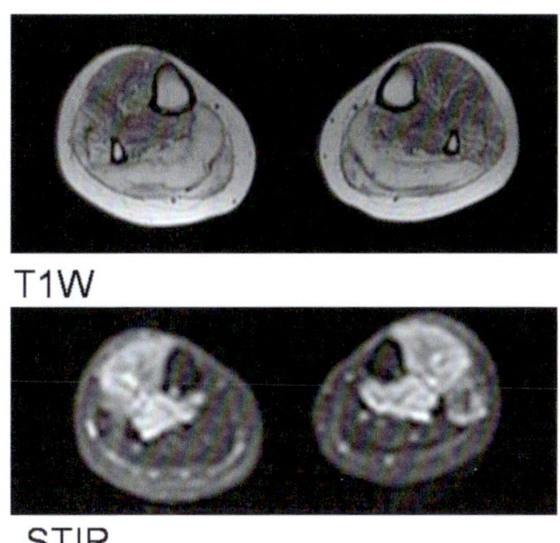


**图 80　患者双下肢肌肉 MRI + STIR 影像**

小腿比目鱼肌和腓肠肌明显脂肪变

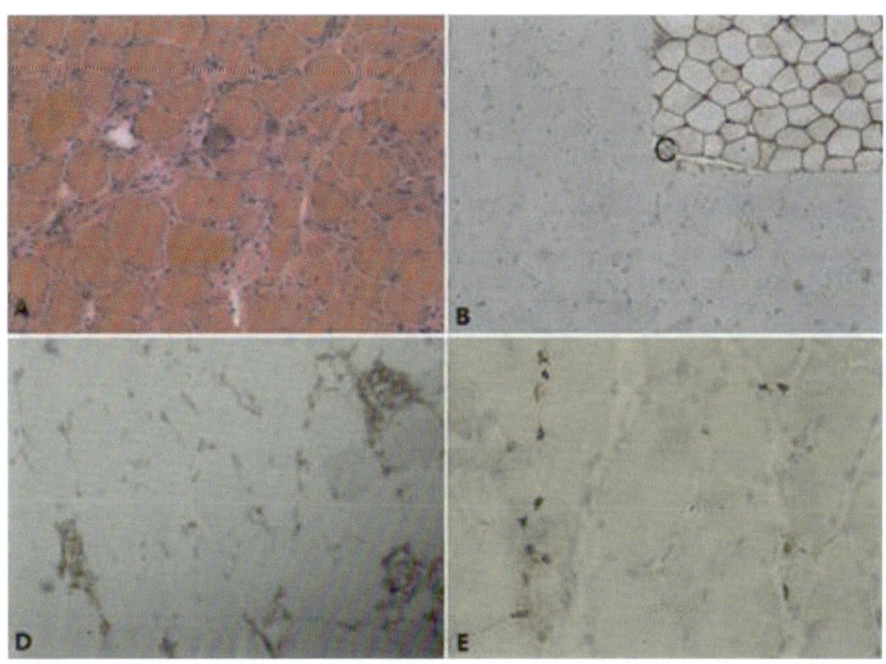


**图 81　胫前肌病理切片图示**

A. HE 染色；B. 患者免疫组化染色 dysferlin 蛋白缺失；C. 正常对照 dysferlin 表达正常；D. CD4 + T 淋巴细胞；E. CD8 + T 淋巴细胞

基于上述分析，父母近亲结婚 + 查 CK 5605 U/L + 肌电图提示肌源性损害 + 下肢远端踮足不能 + MRI 提示小腿后部肌群明显脂肪变 + 肌肉活检免疫组化染色示 dysferlin 蛋白缺失，考虑 dysferlin 异常所致的肢带型肌营养不良 2B。

在前述临床分析的指导下，进一步 DYSF 基因测序示存在纯合移码突变 c. 2204_2205del(p. His735ProfsX18)。

**最终诊断：肢带型肌营养不良 2B(limb girdle muscular dystrophy type 2B, LGMD2B) - DYSF 基因突变**

[病例的问题]

1. 哪些肌营养不良可在肌肉病理上出现炎性细胞浸润？

炎性细胞浸润往往是炎性肌病的病理改变，根据 2014 年 ENMC 协作会议，多肌炎的病理诊断标准为需除外肌营养不良后病理结果应符合：①肌束膜内 T 细胞包围或浸润非坏死肌纤维；②肌束膜内 CD8 + T 淋巴细胞浸润(不一定要见到其浸润非坏死肌纤维)，MHC 广泛表达上调。

然而，有不少类型的肌营养不良可伴有炎性细胞浸润，包括杜氏肌营养不良(duchenne muscular dystrophy, DMD)早期可伴有不同程度的炎性细胞浸润；40% ~80% 的 FSHD 患者病理上可出现炎性细胞浸润，以 CD4 + T 淋巴细胞和 CD20 + B 淋巴细胞为主，而 CD8 + T 淋巴细胞罕见；在 dysferlin 肌病中，活跃的炎性反应是其病理特点之一，主要为吞噬细胞和 CD4 + T 淋巴细胞，而 CD8 + T 淋巴细胞较为罕见；部分 LMNA 基因突变所致的先天性肌营养不良也可伴有大量炎性细胞的浸润；英国和中国台湾学者也先后报道了 FKRP 基因突变所致的 LGMD2I 可表现为激素反应良好的炎性肌病。

该患者亦存在炎性细胞浸润，但以 CD4 + T 淋巴细胞为主，结合患者的父母近亲结婚和远端肌受累，很容易想到遗传性肌营养不良。

因此，对于病理上表现为炎性肌病的患者，一定要详细询问病史和体格检查，同时进一步对炎性细胞进行分型以排除上述诊断。

2. 肌肉 MRI 在肌营养不良和肌炎鉴别中的作用？

一方面，肌肉 MRI 可以为选择合适的活检部位提供依据，另一方面，其对肌肉疾病的鉴别诊断有重要意义。炎性肌病在 MRI 上主要表现为肌群和肌间筋膜的炎性水肿，STIR 相上呈网格状或斑片状高信号，而 T1 相无明显选择性脂肪替代；肌营养不良则以 T1 相上大小腿肌的选择性脂肪替代为主，而 STIR 相肌组织水肿缺乏规律性。

不同肌群脂肪变的模式也有助于进一步的分型。例如，在 LGMD 中，

dysferlin 肌病大腿前后肌群随机受累，小腿呈“三明治样”改变，而 LGMD 2A 则以大腿以后群肌、内侧肌群受累明显；小腿主要以腓肠肌、比目鱼肌受累为主(图 82)。

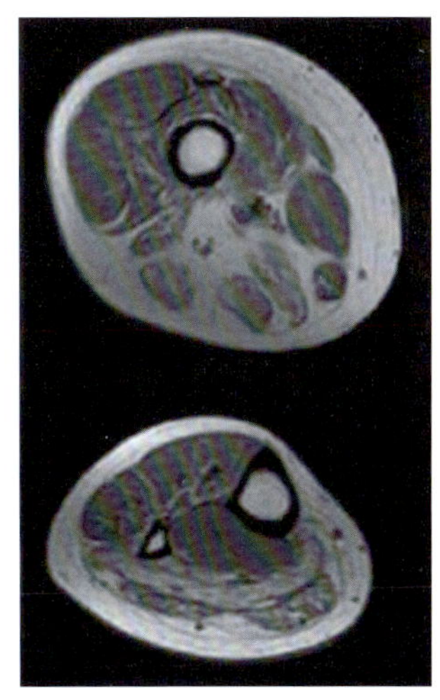

图 82　LGMD 2A 肌群脂肪变

3. dysferlin 蛋白的功能是什么?

dysferlin 蛋白的相对分子质量约 230000 KD，包括羧基端的跨膜疏水区和氨基端的 6 个 C2 结构域。该蛋白主要在骨骼肌和心肌的胞膜和胞浆内表达，其功能与肌细胞膜的修复有关。当肌纤维出现损伤时，dysferlin 蛋白可在钙内流的作用下，引导细胞内含有膜结构的囊泡向细胞膜移动，并发挥膜补丁的作用，起到肌细胞修复作用(图 83)。DYSF 基因突变可使 dysferlin 蛋白功能丧失，从而使受损的肌细胞膜因无法有效修复而导致肌细胞的变性或坏死。

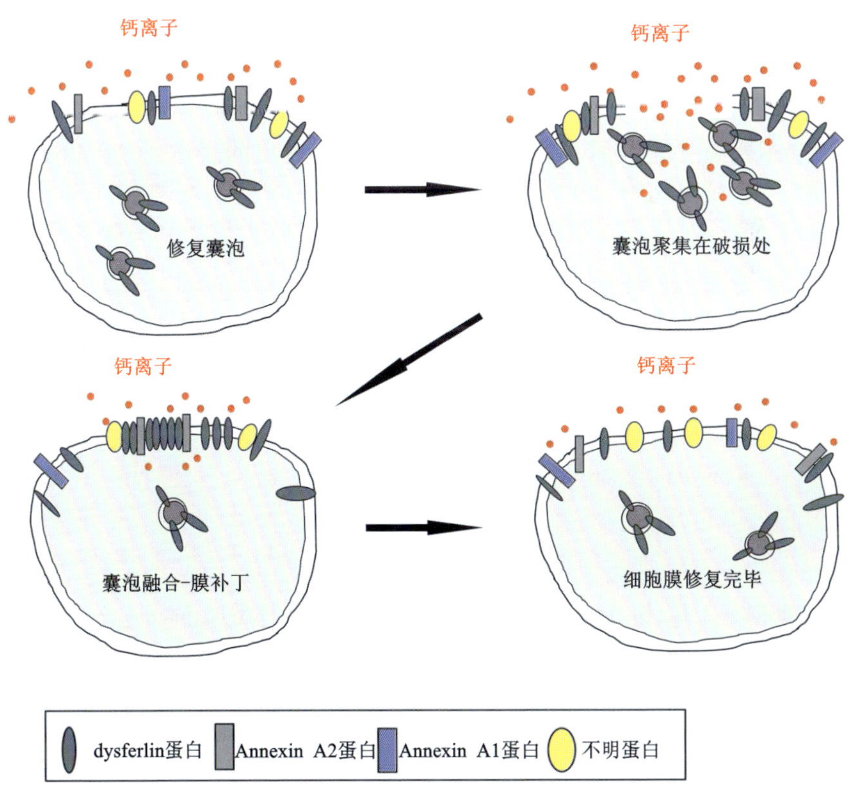


图 83　dysferlin 蛋白的功能

4. dysferlin 肌病的临床特征？

dysferlin 肌病可表现为近端肌受累为主的 LGMD2B、小腿后群肌受累为主的 Miyoshi 肌病和小腿前群肌受累的下肢远端前群肌病（distal anterior compartment myopathy，DACM）；部分患者甚至可表现为无症状高 CK 血症。需要指出的是，dyferlin 肌病的临床表现是一个连续的疾病谱，有时临床并不能截然区分，但须注意其核心症状是不同程度的远端肌受累和肌酶显著升高。

5. 如何诊断 dysferlin 肌病？

dysferlin 肌病的诊断包括 3 个层面：临床诊断、蛋白诊断和分子诊断。临床核心症状为不同程度的远端肌受累和 CK 显著升高；蛋白诊断主要依靠肌肉病理切片的 dysferlin 免疫组化染色，对部分确实需要明确的患者可进一步行肌肉组织的 dysferlin 蛋白免疫印迹。文献认为 dysferlin 蛋白表达量为正常 20% 以下时，基本上可确定为原发 dyferlin 肌病。当然，最终的确诊需要通过基因诊断。在所有基因突变位点中，51% 为点突变所致的错义突变和无义突变；32% 为插入突变或缺失突变，其中大多为移码突变；17% 为内含子突变位点；甚至部分为大片段缺失和重复。因此，在进行基因诊断时应当选取合适的技术平台和分析技术。

6. dysferlin 肌病的治疗方向如何？

和大多数遗传性疾病一样，dysferlin 肌病目前无法根治。尽管在细胞模型中，地塞米松可促进其肌小管的融合和 dysferlin 蛋白的表达，但在 2013 年的 RCT 研究中，抗炎药物 deflazacot 并不能改善 dysferlin 肌病患者肌力，同时患者在停药后，乏力和萎缩有明显的加重。病毒载体介导的 mini 基因或全长基因导入、外显子跳跃、干细胞移植及 CRISPR/Cas9 介导的基因编码等仍处于实验室阶段。目前治疗主要为经验性使用增加肌肉能量代谢的对症支持治疗，如辅酶 Q10、一水肌酸、维生素 E 等。对于 dysferlin 患者并不建议剧烈运动，推荐进行向心性收缩的运动。

（奚剑英）

## 参考文献

[1] De Bleecker J L, De Paepe B, Aronica E, et al. 205th ENMC International Workshop: Pathology diagnosis of idiopathic inflammatory myopathies part II 28 - 30 March 2014, Naarden, The Netherlands. Neuromuscular disorders: NMD, 2015, 25, 268 - 272.

[2] Lovitt S, Moore S L, Marden F A. The use of MRI in the evaluation of myopathy. Clinical neurophysiology: official journal of the International Federation of Clinical Neurophysiology,

2006, 117, 486 -495.

[3] Bansal D, Campbell K P. Dysferlin and the plasma membrane repair in muscular dystrophy. Trends in cell biology, 2004, 14, 206 -213.

[4] Nguyen K, Bassez G, Krahn M, et al. Phenotypic study in 40 patients with dysferlin gene mutations: high frequency of atypical phenotypes. Archives of neurology, 2007, 64, 1176 -1182.

[5] Cacciottolo M, Numitone G, Aurino S, et al. Muscular dystrophy with marked Dysferlin deficiency is consistently caused by primary dysferlin gene mutations. European journal of human genetics: EJHG, 2011, 19, 974 -980.

[6] Blandin G, Beroud C, Labelle V, et al. UMD - DYSF, a novel locus specific database for the compilation and interactive analysis of mutations in the dysferlin gene. Human mutation, 2012, 33, E2317 -2331.

[7] Belanto JJ, Diaz-Perez SV, Magyar CE, et al. Dexamethasone induces dysferlin in myoblasts and enhances their myogenic differentiation. Neuromuscular disorders: NMD, 2010, 20, 111 -121.

[8] Walter M C, Reilich P, Thiele S, et al. Treatment of dysferlinopathy with deflazacort: a double-blind, placebo-controlled clinical trial. Orphanet journal of rare diseases, 2013, 8, 26.

# 18. 伸舌左偏 1 年的中年女性

［病史摘要］

患者，女，38 岁，发现进食咀嚼搅拌稍困难伴伸舌左偏 1 年。患者 1 年前开始无明显诱因出现伸舌左偏，讲话欠清，偶有饮水呛咳，症状缓慢加重。患者无四肢乏力，否认外伤史，否认局部放疗史。

［神经科体格检查］

神志清，伸舌左偏，讲话声音有嘶哑，左侧舌肌萎缩，悬雍垂略偏右。左侧耸肩稍差（图 84 箭头所示），左侧胸锁乳突肌容积减少（图 84）。四肢肌力 5 级，双侧腱反射（＋＋），双侧病理征未引出，感觉共济检查无异常。

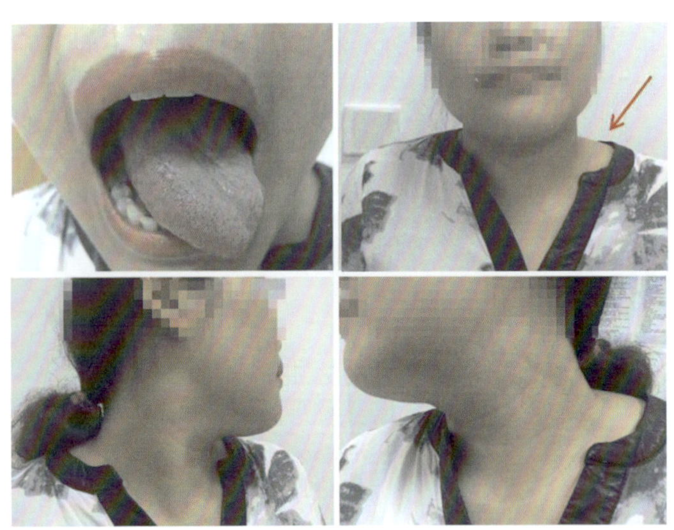

**图 84　患者体格检查外观所示**

伸舌左偏，左侧舌肌萎缩、左侧耸肩稍差（红色箭头所示），左侧胸锁乳突肌容积减少

［定位诊断思路］

临床定位诊断思路分析见图 85。

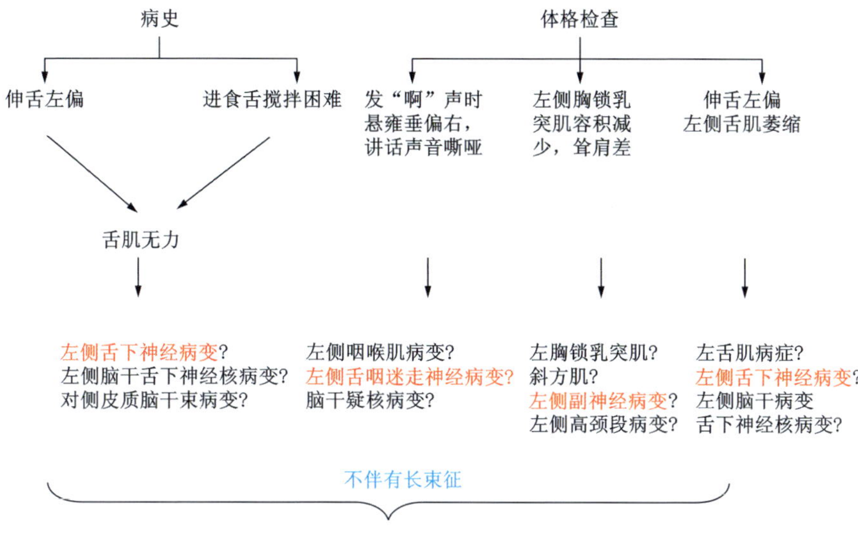


左侧第Ⅸ、第Ⅹ、第Ⅺ、第Ⅻ对颅神经受损
考虑左侧颈静脉孔和舌下神经管附近病变

**图 85　定位诊断思路图**

［定性诊断与鉴别诊断］

定性诊断与鉴别诊断思路形成见图 86。

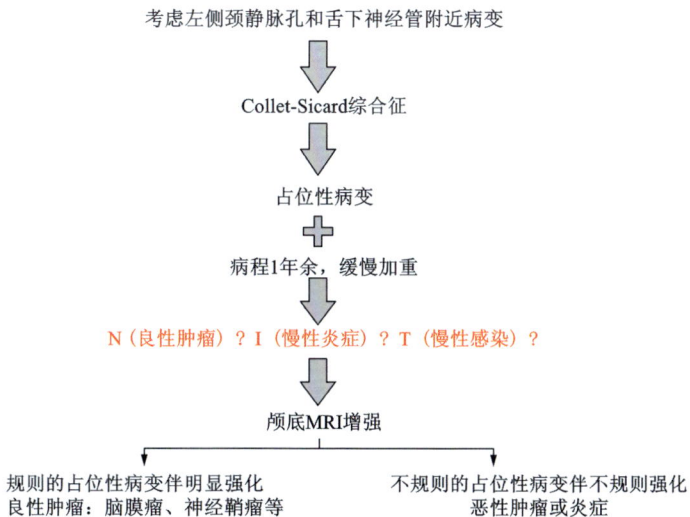

考虑左侧颈静脉孔和舌下神经管附近病变

↓

Collet-Sicard综合征

↓

占位性病变

＋

病程1年余，缓慢加重

↓

N（良性肿瘤）？I（慢性炎症）？T（慢性感染）？

↓

颅底MRI增强

规则的占位性病变伴明显强化
良性肿瘤：脑膜瘤、神经鞘瘤等

不规则的占位性病变伴不规则强化
恶性肿瘤或炎症

**图 86　定性诊断思路图**

本患者行颈静脉孔区磁共振平扫＋增强：提示左颈静脉孔区类圆形结节影，大小约 12 mm×11 mm×20 mm，结节边缘光滑，信号均匀，增强后结节明显均匀强化（图 87 箭头所示），考虑神经源性病变，舌下神经鞘瘤。

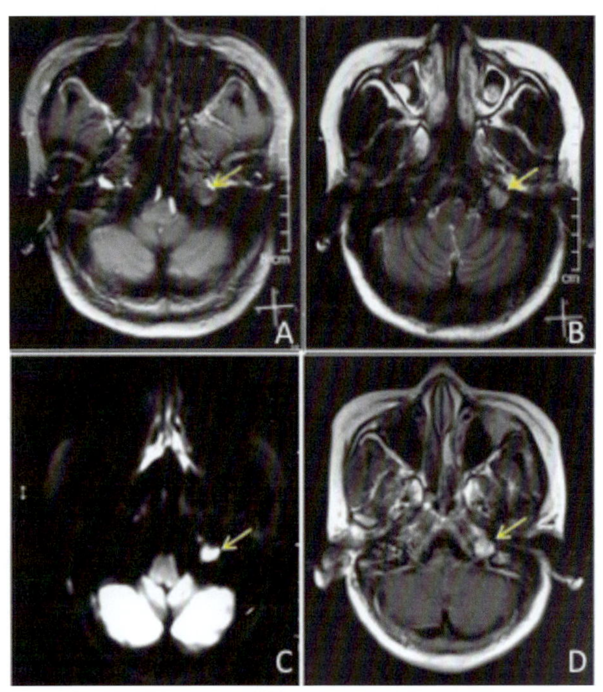


**图 87　颈静脉孔区磁共振平扫＋增强影像**

A. T1 信号影像；B. T2 信号影像；C. DWI 信号影像；D. 增强信号影像

**最终诊断：枕骨髁－颈静脉孔连接部综合征（collet－Sicard syndrome，CSS），舌下神经鞘瘤**

［**病例的问题**］

1. 多颅神经损害的定位诊断思路是什么？

本患者是典型的后组多颅神经损害，其定性诊断有赖于准确的定位诊断。多颅神经损害定位诊断的思路主要包括：发现颅神经受损的症状和体征→通过解剖学知识将症状和体征归纳到对应的颅神经→用颅底的一些孔裂在空间上统一负责任的多颅神经。

我们可以从颅底由前往后的孔裂来记忆颅神经的走形（图 88）：分别是视神经管（视神经）、眶上裂（动眼神经、滑车神经、三叉神经第 1 支和外展神经）、圆孔（三叉神经第 2 支）、卵圆孔（三叉神经第 3 支）、破裂孔（颈动脉及交感链）、颞骨岩尖（三叉半月神经节）、内耳门（位听神经和面神经）、颈静脉孔（Vernet 综合征：舌咽、迷走神经和副神经）和舌下神经管（舌下神经）。

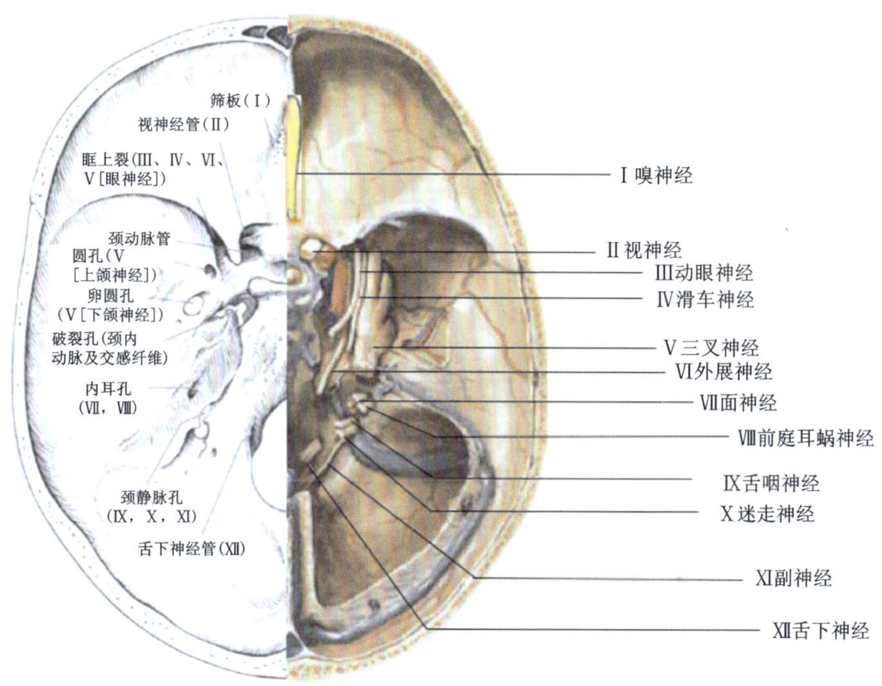


**图 88　颅底孔裂及 12 对颅神经**

颈静脉孔附近通过的颅神经比较多，还有两个较重要的综合征与之有关：后破裂髁 CSS：舌咽、迷走神经、副神经和舌下神经，腮腺后间隙 Villaret 综合征：舌咽、迷走神经、副神经、舌下神经和眼交感神经。

2. 什么是 CSS？

CSS 被定义为第Ⅸ、第Ⅹ、第Ⅺ、第Ⅻ对颅神经的单侧损害，由 Collet 于 1915 年首先在一名参加第一次世界大战的士兵中发现并描述，随后 Sicard 对此综合征作了补充说明。此综合征不太常见，可由颈静脉孔附近的肿瘤、炎症、外伤和医源性损伤等多种原因所致。

3. 颈静脉孔附近的综合征有哪些?

颈静脉孔附近的综合征究竟有哪些?可参考表11归纳的内容。值得注意的是,这些综合征只具有空间概念而非时空概念,也就是根据颅神经受累的数量来决定综合征的名称,但随着病变发展,不同综合征之间可以转换,譬如患者可在不同的时间由Vernet综合征转化为CSS(疾病在空间上的发展,影响了更多的颅神经),而当患者出现Horner征,则从CSS转化为Villaret综合征。

**表11 颈静脉孔附近的综合征**

| 名称 | 受累颅神经 |
| --- | --- |
| Collet－sicard综合征 | Ⅸ,Ⅹ,Ⅺ,Ⅻ |
| Villaret综合征 | Ⅸ,Ⅹ,Ⅺ,Ⅻ,交感链 |
| Vernet综合征 | Ⅸ,Ⅹ,Ⅺ |
| Jackson综合征 | Ⅹ,Ⅺ,Ⅻ |
| Schmidt综合征 | Ⅹ,Ⅺ |
| Tapia综合征 | Ⅹ,Ⅻ |

4. CSS的病因有哪些?

1915—2012年,Pubmed文献上仅报道了51例CSS,从病因而言,凡是颈静脉孔附近的占位性病变均有可能导致CSS。

一篇文献对这51例患者进行了病因总结,颅底转移瘤12例(前列腺癌6例、乳腺癌2例、宫颈癌1例、肾脏透明细胞癌1例、播散性腺癌1例、大肠癌1例),颅内原发肿瘤3例(1例舌下神经鞘瘤、2例颈静脉球瘤),颅外肿瘤5例(多发性骨髓瘤2例、血管外皮细胞瘤2例、颈部纤维肉瘤1例),外伤10例(颅底骨折7例、第1颈椎(C1)骨折2例、产科创伤1例),血管病变13例(颈内动脉夹层6例、颈内静脉血栓形成4例、颈内动脉瘤2例、颈内动脉发育不良1例),医源性创伤6例(脑血管造影4例、心血管手术1例、牙槽神经冷冻治疗1例),炎性病变2例(结节性动脉炎1例、骨髓炎1例)。

5. 颈静脉孔附近肿瘤病变的影像学鉴别诊断如何?

鉴于引起CSS的大多为颈静脉孔附近的肿瘤,如何在就诊早期从影像学上为其性质进行初步判定非常重要,可以进一步指导后续的处理。几种主要肿瘤的鉴别要点见表12。

表 12　颈静脉孔附近肿瘤病变的影像学鉴别诊断

| 肿瘤 | CT | MRI |
|---|---|---|
| 颈静脉球瘤 | 骨质脱失；渗透破坏颈静脉孔的边缘 | T1 有“盐 - 胡椒”现象（图 89A）；T2 有流空；增强后有脱失现象 |
| 颅底转移瘤 | 溶骨性破坏（图 89B）；可有钙化 | 增强明显 |
| 反应性肌纤维母细胞瘤 | 骨质破坏；可有钙化 | T1 等信号；T2 低信号；增强后明显强化 |
| 神经鞘瘤 | 颈静脉孔扩大 | T1 等信号；T2 高信号；增强后明显强化 |
| 脑膜瘤 | 骨质和颈静脉孔结构保留，但形态可不规则 | 双尾征；增强后均匀强化 |
| 软骨肉瘤 | 骨质破坏；肿瘤钙化 | T1 低信号；T2 高信号，有信号空白区域（图 89C） |

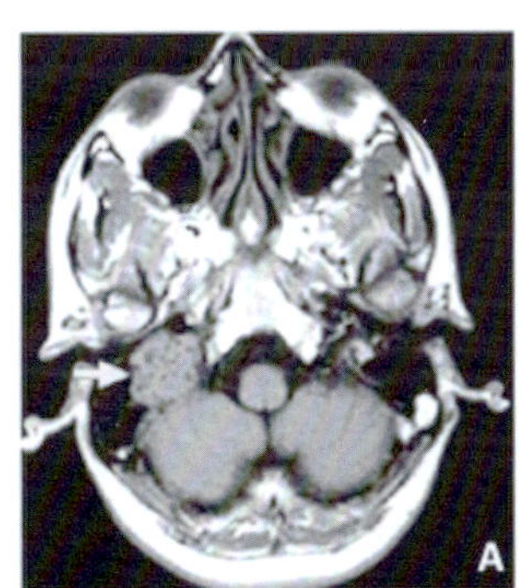

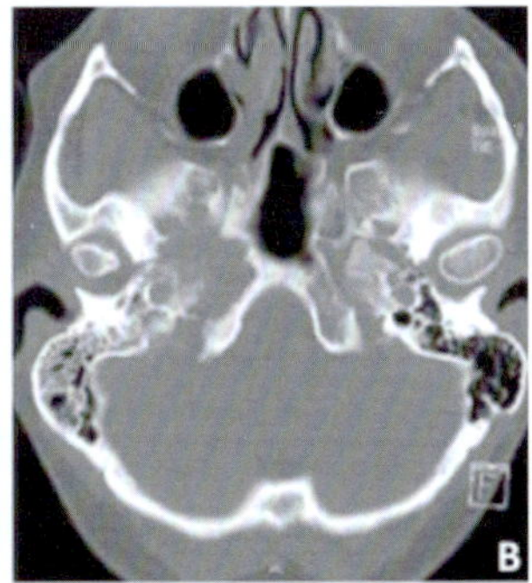

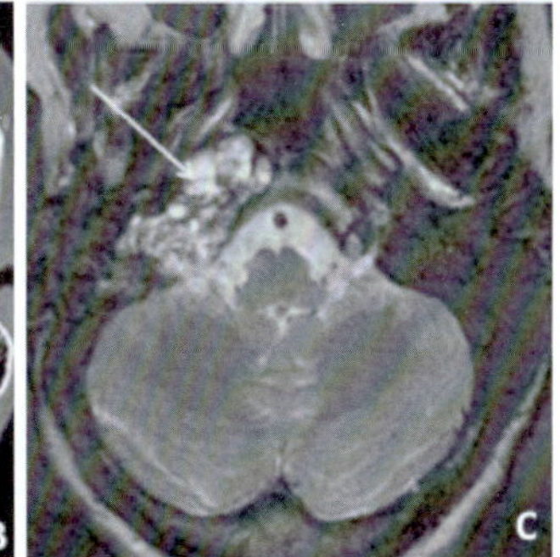


图 89　颈静脉附近三种肿瘤的 MRI、CT 影像

A. 颈静脉球瘤 头颅 MRI T1 “盐 - 胡椒”现象（箭头所示）；B. 颅底转移瘤 头颅 CT 溶骨性破坏；C. 软骨肉瘤，头颅 MRI T2 信号空白（黄色箭头所示）

（宋　捷　赵重波）

# 参考文献

[1] Gutierrez Rios R, Castrillo Sanz A, Gil Polo C, et al. Collet – Sicard syndrome. Neurologia, 2015, 30(2): 130 – 132.

[2] Lowenheim H, Koerbel A, Ebner FH, et al. Differentiating imaging findings in primary and secondary tumors of the jugular foramen. Neurosurgical review, 2006; 29 (1): 1 – 11; discussion 2 – 3.

# 19. 进行性肢体麻木、无力的中年男性

［病史摘要］

患者，男，42 岁，进行性肢体麻木 8 个月，肢体无力 4 个月。初为双足麻木，走路踩棉花感，此后陆续出现双小腿、双膝、双手麻木感和烧灼感，夜间明显；4 个月前出现双下肢无力，行走不稳，需拄杖行走；1 个月前双下肢无力加重，无法行走，双手活动不灵活。既往史无特殊，父母已故，否认有遗传病家族史。

内科查体：全身淋巴结未及肿大，心肺阴性，肝脾肋下未触及，双踝以下可见凹陷性水肿。

［神经科体格检查］

神志清楚，言语清晰，对答切题，定向力、记忆力和计算力正常，颅神经检查未见异常体征。颈软，双下肢肌肉萎缩，以远端明显，双上肢近端肌力 5 级－，远端肌力 4 级，双下肢近端肌力 4 级－，背屈、跖屈肌力 0 级，四肢腱反射未引出，双侧病理征阴性，双肘及双膝以下音叉振动觉、针刺觉减退。

［定位诊断思路］

临床定位诊断思路分析见图 90。

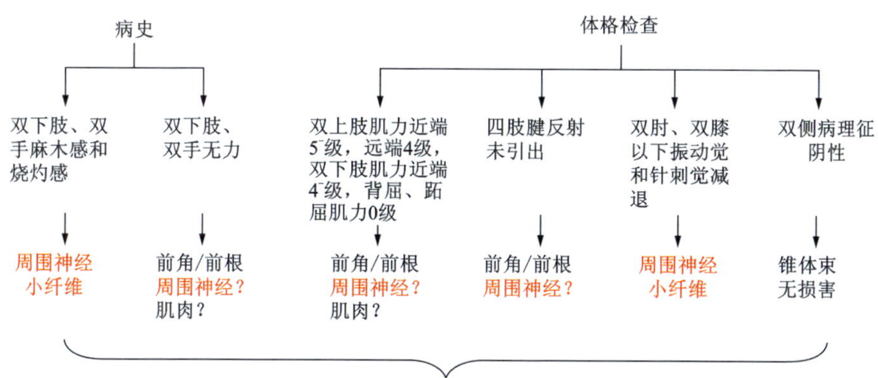


图 90　定位诊断图

患者入院后，做运动传导肌电图、感觉传导肌电图和针极肌电图检查（图91～93），其检查结合分析如下：

| 运动传导 | 潜伏期（ms） | | 波幅（mV） | | 速度（m/s） | | F波出现率 | |
|---|---|---|---|---|---|---|---|---|
| | 左 | 右 | 左 | 右 | 左 | 右 | 左 | 右 |
| 正中神经 | | | | | | | | |
| 腕－APB | 4.6（44%↑） | 4.4（37%↑） | 3.1（81%↓） | 2.2（86%↓） | | | | |
| 肘－腕 | 7.9 | 13.3 | 2.9（↓↓） | 0.6（↓↓） | 34.8（45%↓） | 26.0（59%↓） | | |
| 腋－肘 | 14.5 | 21.6 | 2.0（↓↓） | 0.3（↓↓） | 25.6（↓↓） | 23.0（↓↓） | | |
| F波 | | | | | | | 0% | 60% |
| 尺神经 | | | | | | | | |
| 腕－ADB | 3.2（37%↑） | 3.1（32%↑） | 5.3（60%↓） | 4.8（63%↓） | | | | |
| 肘下－腕 | 11.0 | 12.2 | 5.1（↓↓） | 4.3（↓↓） | 26.9（56%↓） | 23.0（62%↓） | | |
| 肘上－肘下 | 13.5 | 14.7 | 5.1（↓↓） | 3.7（↓↓） | 34.0（↓↓） | 40.9（↓↓） | | |
| 腋－肘上 | 21.8 | 24.9 | 4.7（↓↓） | 3.4（↓↓） | 20.5（↓↓） | 16.7（↓↓） | | |
| F波 | | | | | | | 65% | 0% |
| 腓总神经 | | | | | | | | |
| 踝－EDB | 未引出 | 未引出 | 未引出 | 未引出 | | | | |
| 胫神经 | | | | | | | | |
| 踝－AHB | 未引出 | 未引出 | 未引出 | 未引出 | | | | |

**图91　肌电图（运动传导）**

| 感觉传导 | 潜伏期（ms） | | 波幅（uV） | | 速度（m/s） | |
|---|---|---|---|---|---|---|
| | 左 | 右 | 左 | 右 | 左 | 右 |
| 正中神经 | | | | | | |
| 指1－腕 | 3.3 | 3.5 | 1.3（95%↓） | 1.2（96%↓） | 35.4（37%↓） | 34.3（39%↓） |
| 指3－腕 | 4.3 | 4.2 | 3.1（75%↓） | 2.8（79%↓） | 37.8（33%↓） | 42.9（28%↓） |
| 尺神经 | | | | | | |
| 指5－腕 | 3.5 | 3.6 | 3.7（79%↓） | 3.5（81%↓） | 37.7（31%↓） | 32.1（43%↓） |
| 腓总神经 | | | | | | |
| 踝－小头下 | 未引出 | 未引出 | 未引出 | 未引出 | | |
| 胫神经 | | | | | | |
| 趾1－内踝 | 未引出 | 未引出 | 未引出 | 未引出 | | |

**图92　肌电图（感觉传导）**

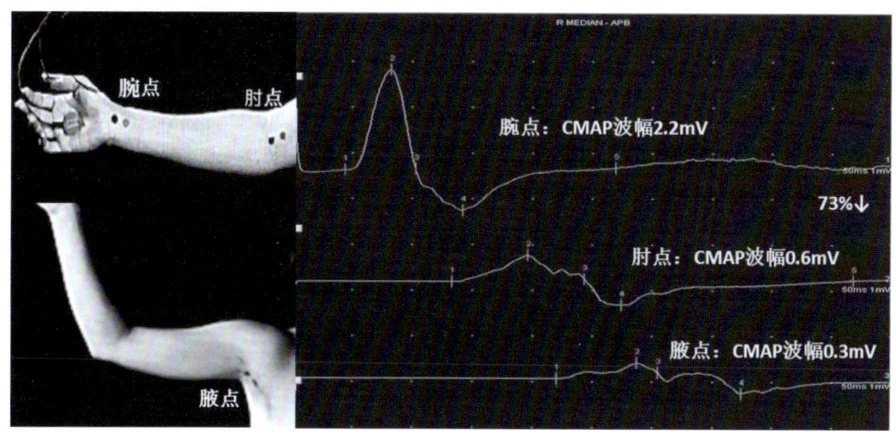


**图 93　针极肌电图**

肌电图结果分析：神经传导测定见双腓总神经和胫神经运动、感觉传导测定波形均未引出，针极肌电图双侧胫前肌大量自发电位，提示双腓总神经和胫神经重度轴索损害；双正中神经和尺神经 CMAP 波幅和 SNAP 波幅均明显降低（ <70% 正常值下限），针极肌电图双侧小指展肌大量自发电位，提示双正中神经、尺神经轴索损害，同时双正中神经和尺神经运动传导速度明显降低（ <70% 正常值下限），右正中神经腋到肘节段可见传导阻滞伴波形离散，提示脱髓鞘病变；左正中神经、右尺神经 F 波未引出，右正中神经和左尺神经 F 波出现率降低，提示神经根损害。

综上，肌电图检查提示多发性神经根神经病，感觉、运动纤维均受累，轴索损害合并脱髓鞘病变，双下肢损害更明显。肌电图结果与基于症状体征的定位诊断一致。

**［定性诊断与鉴别诊断］**

定性诊断推测与鉴别诊断思路形成见图 94。

进一步行血免疫固定电泳检出 IgG λ 型 M 蛋白，血雌二醇 64. 3 pg/mL（↑），睾酮 198. 6 ng/dL，自身免疫抗体阴性，血 GM1 抗体阴性；脑脊液细胞数正常，蛋白 1. 15 g/L；腹部彩色 B 超示脾稍增大；腹部 CT 示腹膜后多个大小不等淋巴结；全身骨显像示右髂前上嵴放射性核素摄取增高；骨髓活检示粒细胞系与红细胞系比例基本正常，可见成熟中性粒细胞及成熟浆细胞，巨核细胞可见。右髂骨肿物活检病理符合浆细胞骨髓瘤。

根据多发性神经根神经病、IgGλ 型 M 蛋白、右髂骨浆细胞骨髓瘤、脏器肿

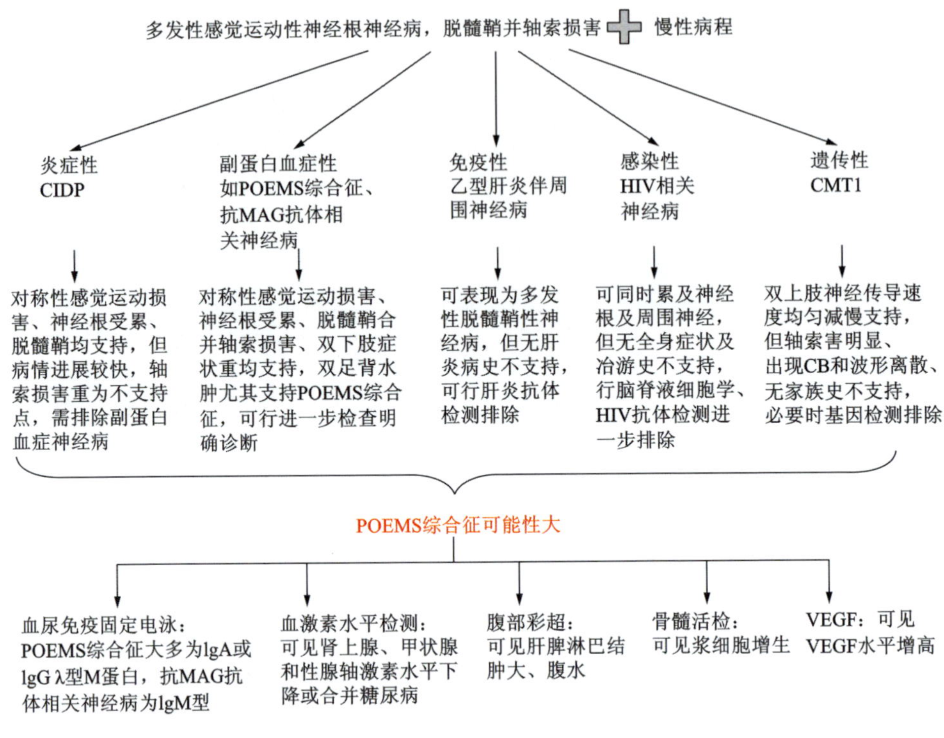
多发性感觉运动性神经根神经病，脱髓鞘并轴索损害 慢性病程
炎症性
CIDP
副蛋白血症性
如POEMS综合征、抗MAG抗体相关神经病
免疫性
乙型肝炎伴周围神经病
感染性
HIV相关神经病
遗传性
CMT1
对称性感觉运动损害、神经根受累、脱髓鞘均支持，但病情进展较快，轴索损害重为不支持点，需排除副蛋白血症神经病
对称性感觉运动损害、神经根受累、脱髓鞘合并轴索损害、双下肢症状重均支持，双足背水肿尤其支持POEMS综合征，可行进一步检查明确诊断
可表现为多发性脱髓鞘性神经病，但无肝炎病史不支持，可行肝炎抗体检测排除
可同时累及神经根及周围神经，但无全身症状及冶游史不支持，行脑脊液细胞学、HIV抗体检测进一步排除
双上肢神经传导速度均匀减慢支持，但轴索害明显、出现CB和波形离散、无家族史不支持，必要时基因检测排除
POEMS综合征可能性大
血尿免疫固定电泳：POEMS综合征大多为lgA或lgG λ型M蛋白，抗MAG抗体相关神经病为lgM型
血激素水平检测：可见肾上腺、甲状腺和性腺轴激素水平下降或合并糖尿病
腹部彩超：可见肝脾淋巴结肿大、腹水
骨髓活检：可见浆细胞增生
VEGF：可见VEGF水平增高

**图 94　定性诊断思路图**

大（脾大和淋巴结肿大）、血管外容量超负荷（双下肢水肿），以及内分泌改变（血睾酮水平降低、雌二醇水平升高），确诊为 POEMS 综合征。给予马法兰 + 地塞米松治疗后肢体无力有所改善。

**最终诊断：POEMS 综合征**

［病例的问题］

1. POEMS 综合征如何诊断？

POEMS 综合征是一种多系统损害的疾病，这个术语中包括了多发性神经根神经病（polyradiculoneuropathy）、脏器肿大（organomegaly）、内分泌疾病（endocrinopathy）、单克隆浆细胞病（monoclonal plasma cell disorder）和皮肤改变（skin changes），然而诊断 POEMS 综合征并不需要患者全部具备这些特征。目前使用的诊断标准是 Dispenzieri A 提出的诊断标准，该标准包括了强制性主要标准、其他主要标准和次要标准。确诊 POEMS 综合征须满足 2 条强制性主要标准，至少 1 条其他主要标准，以及至少 1 条次要标准(表 13)。

**表 13　POEMS 综合征诊断标准**

| | |
|---|---|
| 强制性主要标准 | 1. 多发性神经病(经典表现为脱髓鞘性神经病) |
| | 2. 单克隆浆细胞增殖性病变(几乎都是 λ 轻链) |
| 其他主要标准<br>(需满足 1 条) | 3. Castleman 病[a] |
| | 4. 硬化性骨病 |
| | 5. 血管内皮生长因子(VEGF)水平升高 |
| 次要标准 | 6. 脏器肿大(肝、脾大或者淋巴结肿大) |
| | 7. 血管外容量超负荷(水肿、胸水或腹水) |
| | 8. 内分泌病变(肾上腺、甲状腺[b]、垂体、性腺、甲状旁腺和胰腺) |
| | 9. 皮肤改变(色素沉着、多毛症、肾小球样血管瘤、多血症、肢端发绀、潮红和白指甲) |
| | 10. 视乳头水肿 |
| | 11. 血小板/红细胞增多症[c] |
| 其他症状和体征 | 杵状指(趾)，体重减轻，多汗症，肺动脉高压/限制性肺疾病，血栓性体质，腹泻，维生素 $B_{12}$ 水平下降 |

注：a. POEMS 综合征有一种变异型 Castleman 病，该病不是克隆性浆细胞疾病，因此未在表中列出，应分开考虑；b. 由于糖尿病和甲状腺疾病患病率高，仅此诊断不足以满足这条次要标准；c. 约 50% 患者可藉骨髓像特征与典型的意义未明的单克隆丙球病(MGUS)或骨髓瘤区分开来。贫血和/或血小板减少在 POEMS 综合征并不常见，除非合并 Castleman 病。

2019 年 Suichi 等在《JNNP》杂志上提出 POEMS 综合征的简化诊断标准，包括 3 条强制性主要标准和 4 条次要标准，确诊 POEMS 综合征需要满足全部 3 条强制性主要标准和至少 2 条次要标准。具体如下(表 14)：

**表 14　POEMS 综合征的简化诊断标准**

| 主要/次要标准 | 诊断标准 |
|---|---|
| 强制性主要标准 | 1. 多发性神经病(典型表现为脱髓鞘性神经病)<br>2. 单克隆浆细胞增殖性病变(几乎都是 λ 轻链)<br>3. 血 VEGF 水平升高 |

**续表 14**

| 主要/次要标准 | 诊断标准 |
|---|---|
| 次要标准 | 4. 血管外容量超负荷<br>5. 皮肤改变<br>6. 脏器肿大<br>7. 硬化性骨病 |

研究发现 Suichi 等的简化诊断标准和 Dispenzieri A 的诊断标准的诊断敏感性和特异性都是 100%。

2. POEMS 综合征患者周围神经病的神经电生理特征是什么?

典型的 POEMS 综合征全身多系统损害明显，诊断不难，然而有半数患者以周围神经病起病而其他系统受累表现不明显，易误诊为其他周围神经病，如本患者极易被误诊为 CIDP。筛查 M 蛋白及识别 POEMS 综合征周围神经病的电生理特征有助于早期识别该病，进而行详细的检查以确诊。

POEMS 综合征的周围神经病是亚急性、进展性、感觉运动性多发性神经根神经病，脱髓鞘和轴索损害混合存在，其电生理特征如下：①神经传导速度均匀性减慢；②传导阻滞和波形离散少见；③双下肢轴索损害较上肢更明显，相当部分患者下肢神经传导可引不出波形；④末端潜伏期指数(terminal latency index，TLI)升高。TLI = 远端刺激点到记录点的距离(mm)/[末端运动潜伏期(ms)×运动传导速度(m/s)]。该指数用来比较运动神经中间段和远端节段的潜伏期，研究表明 TLI 有助于 POEMS 综合征和 CIDP 的鉴别，由于 CIDP 主要累及神经近端和末端，而 POEMS 综合征主要累及神经干，因而 POEMS 综合征 TLI 指数较 CIDP 更高。

3. 提示脱髓鞘神经病的电生理特征有哪些?

脱髓鞘神经病的主要电生理指标包括运动神经远端潜伏期(distal motor latency，DML)延长，运动神经传导速度(motor nerve conduction velocity，MCV)减慢，F 波异常(传导速度下降、潜伏期延长、F 波出现率下降)，运动神经传导阻滞，异常波形离散。由于脱髓鞘性周围神经病的的电生理诊断标准多达 15 种，不同诊断方法对于诊断某一神经存在脱髓鞘需要几个电生理指标异常，以及某个电生理指标的异常符合脱髓鞘的标准均存在一定程度的差异。一般而言，临床上可采用以下标准进行判断：运动神经 DML 或 F 波潜伏期 >125% 正常值上限(upper limits of normal，ULN)，运动神经 MCV 或者 F 波传导速度 <70% 正常值下限(lower limits of normal，LLN)，存在可能或肯定传导阻滞(即近

端刺激 CMAP 波幅/远端刺激 CMAP 波幅 <30% 或 50% )，存在异常波形离散 ( 近端刺激 CMAP 负相波时限/远端刺激 CMAP 负相波时限 >130% )，满足以上任一条件即应考虑脱髓鞘病变。

4. 疑诊 POEMS 综合征的患者需行哪些必要的检查，这些检查的目的是什么?

由于 POEMS 综合征可以累及周围神经、血液、皮肤、骨骼以及腹腔脏器等全身多个系统，对于疑诊 POEMS 综合征的患者应行必要的检查以评估相关的系统是否受累，建议的检查项目及其目的如表 15 所示。

**表 15　POEMS 综合征评估、检查项目及目的**

| 检查项目 | 目的 |
|---|---|
| 全血细胞计数 | 明确是否存在贫血、血小板/红细胞增多症 |
| 血蛋白电泳和免疫固定电泳 | 明确是否存在 M 蛋白，通常为 IgA 或 IgG λ 型 |
| 24 小时尿蛋白定量、尿蛋白电泳和免疫固定电泳 | 明确是否存在 M 蛋白，通常为 IgA 或 IgG λ 型 |
| 血轻链定量测定 | 大多数浆细胞病血 κ 和 λ 游离轻链水平可升高，尤其是恶性度高者，如多发性骨髓瘤 |
| 血睾酮，雌二醇，空腹血糖，糖化血红蛋白，甲状腺功能，TSH，甲状旁腺激素，促乳素，血清皮质醇，促黄体激素，卵泡刺激素，促肾上腺皮质激素 | 检测肾上腺、甲状腺、垂体、性腺、甲状旁腺激素和血糖，明确是否存在内分泌疾病 |
| 血管内皮生长因子(VEGF) | 诊断的主要标准之一 |
| 神经电生理检查<br>(包括神经传导测定和肌电图) | 明确是否存在周围神经病，是否对称性，是轴索性或者脱髓鞘性神经病，是否存在传导阻滞，是否存在活动性失神经的表现 |
| 骨髓活检 + 滚式细胞检测 | 明确是否浆细胞增殖性病变，是否为多发性骨髓瘤或淋巴瘤 |
| 肺功能检测 | 检测肺通气功能，明确是否存在限制性肺疾病 |
| 超声心动图 | 检测右心室收缩压和肺动脉压力，明确有无肺动脉高压 |
| 放射性骨显像 | 检测是否存在溶骨性病变、硬化性骨病，以及病理性骨折 |

续表 15

| 检查项目 | 目的 |
| --- | --- |
| 全身 CT 扫描 | 明确是否存在脏器肿大和血管外容量超负荷，如淋巴结肿大、肝脾肿大、胸水和腹水 |
| PET 扫描 | 可发现淋巴瘤或其他恶性肿瘤浸润的淋巴结、淋巴结外组织和骨髓，但注意可能出现假阳性和假阴性 |
| 脑脊液检查 | POEMS 综合征患者细胞数正常，蛋白升高 |
| 神经活检 | 神经活检不是必需的检查，但对于症状不典型患者，或者怀疑肿瘤浸润、副蛋白性血管炎，或者淀粉样变性应行神经活检 |
| 皮肤活检 | 怀疑小纤维神经病时可行皮肤活检 |

5. POEMS 综合征周围神经病的发病机制是什么？

POEMS 综合征周围神经病的发病机制尚未完全明确，目前多认为血管内皮生长因子(vascular endothelial growth factor，VEGF)的过度生成是该病的主要致病因素。基于动物模型的研究发现 VEGF 可以增加微血管的通透性，引起神经内膜水肿。由于微血管通透性的增加，血中的神经毒性成分，如补体和凝血酶，可能进一步损害神经。也有人认为 VEGF 可能通过异常激活血管内皮细胞，直接或者间接引起血管内皮损害，从而导致周围神经的损害。

6. POEMS 综合征目前主要的治疗方法是什么？

目前 POEMS 综合征最主要的治疗是针对单克隆浆细胞病的治疗，治疗方案的选择主要根据浆细胞浸润的程度，治疗流程见图 95。

简言之，对于髂嵴骨髓活检未发现浆细胞增殖的孤立或 2 个骨骼病灶的 POEMS 综合征患者，首选放射治疗，部分患者甚至可治愈；对于髂嵴骨髓活检发现浆细胞增殖的患者，即便浆细胞数量很少，单纯放射治疗也无法达到治愈，应在放射治疗基础上加用系统治疗，可选用皮质类固醇、美法仑 + 地塞米松、环磷酰胺 + 地塞米松、来那度胺 + 地塞米松，或自体干细胞移植等治疗。

7. POEMS 综合征的预后如何？

美国梅奥诊所对 291 例 POEMS 综合征患者的长期随访表明 5 年和 10 年总生存率分别为 79% 和 62%；年轻、血清白蛋白≥3.2g/dL 且通过治疗获得完全血液学缓解的患者预后更好。北京协和医院对 362 例 POEMS 综合征患者的随访研究表明 3 年、5 年和 10 年总生存率分别为 87.7%、84.1% 和 77.0%；≥50

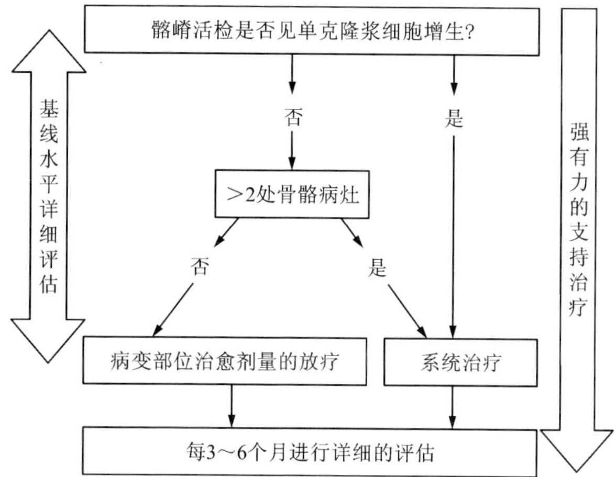


**图 95 POEMS 综合征治疗流程图**

岁、肺动脉高压、胸腔积液和估计肾小球滤过率 $<30\ mL/(min\cdot 1.73\ m^2)$ 的患者总生存率较低。

（邹漳钰）

## 参考文献


[1] Dispenzieri A. POEMS syndrome: update on diagnosis, risk-stratification, and management. Am J Hematol, 2015, 90: 951-962.

[2] Nasu S, Misawa S, Sekiguchi Y, et al. Differentneurological and physiological profiles in POEMS syndrome and chronicinflammatory demyelinating polyneuropathy. J Neurol Neurosurg Psychiatry, 2012, 83: 476-479.

[3] Mauermann ML, Sorenson EJ, Dispenzieri A, et al. Uniform demyelination and more severe axonal loss distinguish POEMS syndrome from CIDP. J Neurol Neurosurg Psychiatry, 2012, 83: 480-486.

[4] Liu M, Zou Z, Guan Y, et al. Motor nerve conduction study and muscle strength in newly diagnosed POEMS syndrome. Muscle Nerve, 2015, 51: 19-23.

[5] Kourelis TV, Buadi FK, Kumar SK, et al. Long-term outcome of patients with POEMS syndrome: An update of the Mayo Clinic experience. Am J Hematol, 2016, 91: 585-589.

[6] Wang C, Huang XF, Cai QQ, et al. Prognostic study for overall survival in patients with newly diagnosed POEMS syndrome. Leukemia, 2017, 31(1): 100-106.

[7] Suichi T, Misawa S, Sato Y, et al. Proposal of new clinical diagnostic criteria for POEMS syndrome. J Neurol Neurosurg Psychiatry. 2019, 90(2): 133-137.

# 20. 突发右侧肢体舞动的患者

［病史摘要］

患者，男，71 岁，突发右侧肢体不自主舞动 3 天就诊。患者于 3 天前的凌晨3 点突发右侧肢体不自主运动，表现为大幅度不自主地舞动，自己不能控制，因反复磕碰床栏致右侧肢体软组织损伤，入睡后不自主舞动消失，清醒后又重新出现。既往有慢性支气管炎伴肺气肿 10 余年，高血压史 5 年，不规则服用降压药物。

［神经科体格检查］

神志清楚，口齿欠清，对答切题，右侧肢体不自主舞蹈样伴投掷动作（视频 9），左侧肢体肌力 5 级，腱反射（ + + ）；右侧肢体腱反射检查不可靠（因肢体舞动，不能放松），双侧病理征未引出。

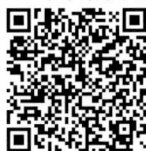

视频9

［定位诊断思路］

临床定位诊断思路分析见图 96。

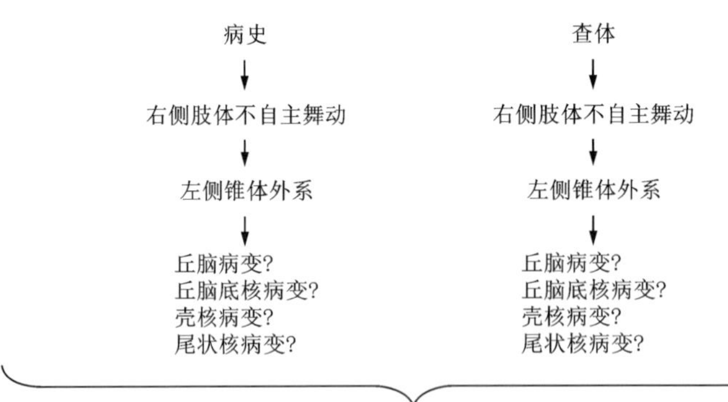


图 96　定位诊断思路图

［**定性诊断与鉴别诊断**］

定性诊断与鉴别诊断思路形成见图 97。

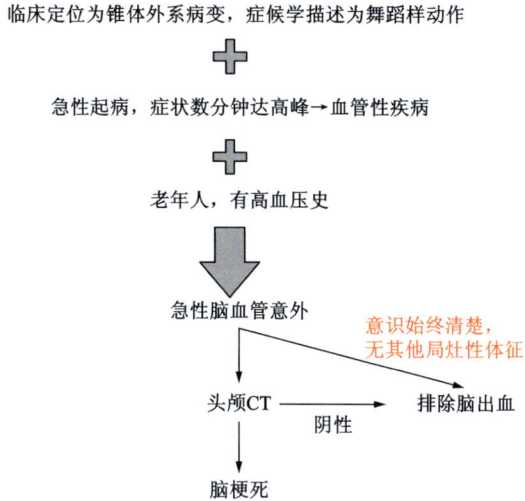

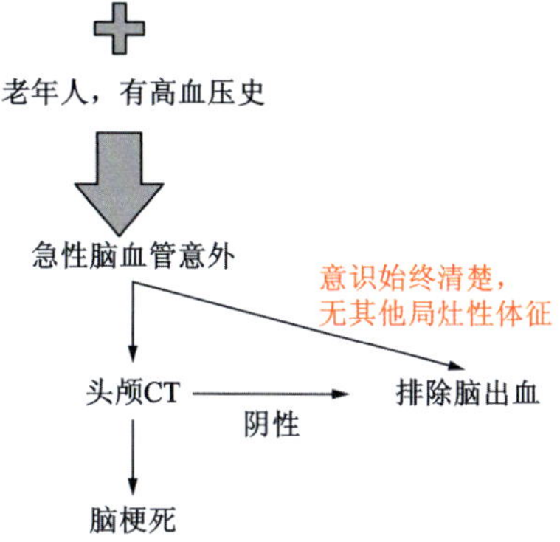


**图 97　定性诊断思路图**

患者发病后 4 天行头颅 CT 检查，提示左侧基底节区低信号；头颅 MRI 提示左侧长 T1 信号，长 T2 信号，DWI 明显受限（图 98），双侧颈总动脉分叉处硬性斑块形成，双下肢动脉血管中膜增厚，壁上多发硬性斑块形成。结合患者老年 + 高血压 + 起病急骤 + 舞蹈样动作 + 头颅 CT、MRI 所见 + 动脉硬化伴斑块，诊断为脑梗死，TOAST 分型Ⅲ型，小动脉闭塞性卒中，责任血管为左侧丘脑膝状体动脉。

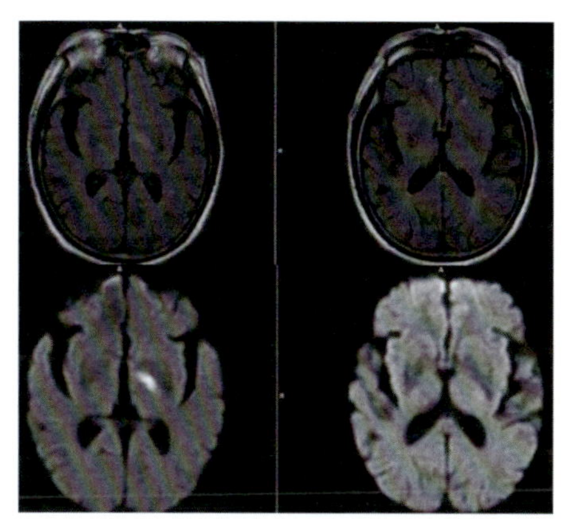

**图 98　患者头颅 MRI 影像**

上排为 T2 信号；下排为 DWI 信号

**最终诊断：脑梗死，TOAST Ⅲ型**

［病例的问题］

1. 舞蹈样动作的定位诊断如何？

舞蹈样动作是一种不自主动作，表现为无规律的、快速突发的一过性动作，可影响全身，但以远端肢体受累最为常见，就像“跳霹雳舞”一样，比较容易识别。舞蹈样动作经常和投掷样动作一起出现，投掷样动作主要累及近端肢体，是舞蹈样动作的一种严重极端的状态。其解剖学定位于对侧壳核、尾状核、底侧丘脑或丘脑，可参见模式图（图99）。其中像本例一样的由丘脑病变所致对侧舞蹈症报道较为少见。

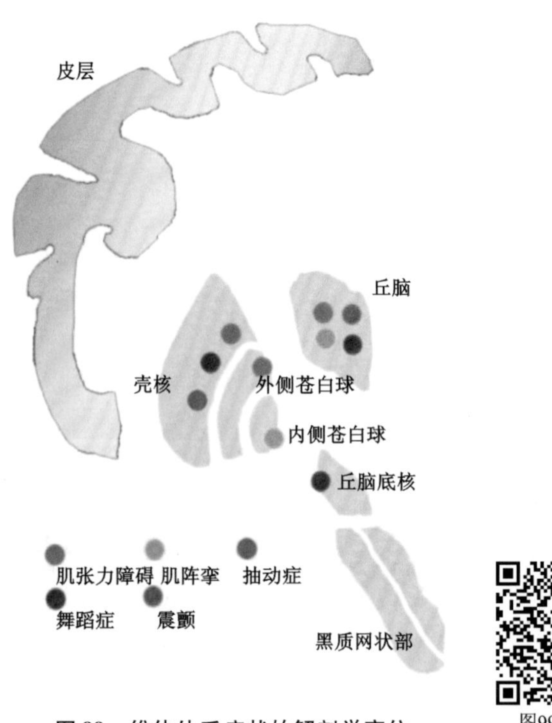

图99彩色图

**图99　锥体外系症状的解剖学定位**

2. 丘脑的血供是否较为复杂？

比起一般脑区，丘脑的血供确实复杂。为了简化理解，可以把丘脑划分为前部、后部、内侧部和外侧部（图100～101），前部主要由极动脉（也称为丘脑结节动脉，起源自后交通动脉）供血，内侧部主要由丘脑穿通动脉（起源自大脑后动脉）供血，外侧部主要由丘脑膝状体动脉（起源自大脑后动脉）供血，后部主要由脉络膜后动脉（起源自大脑后动脉）供血。如果嫌记忆麻烦，也可简化为“节前内穿外洗（膝）后后”。该患者病变在左侧丘脑外侧，为左侧丘脑膝状体动脉梗死所致。

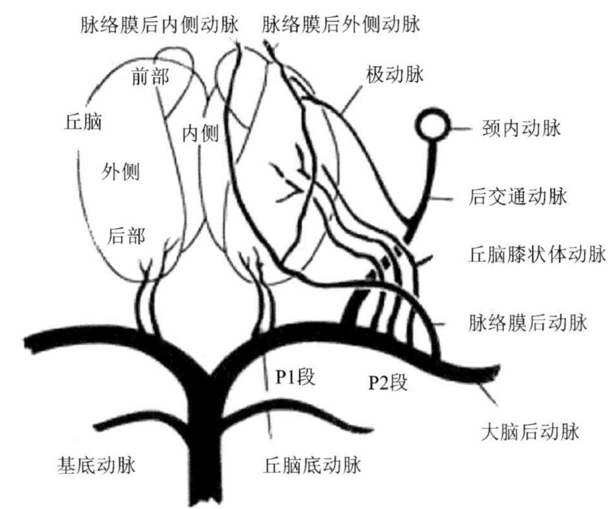


**图 100　丘脑的血供**

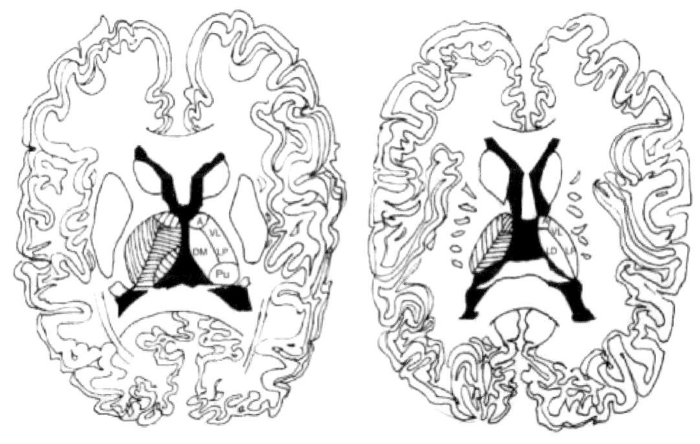


A　丘脑前核
VL　丘脑腹核
LP　丘脑外侧后核
DM 丘脑内侧核
LD　丘脑外侧背核
Pu　丘脑枕

Thalamogeniculate branches　丘脑膝状体动脉
Thalamoperforating branches　丘脑穿通动脉
Posterior chorodial arteries　脉络膜后动脉
Tuberothalamic artery　丘脑结节动脉

**图 101　丘脑的血供和核团**

3. 卒中后会出现哪些不自主运动?

卒中后可出现多种锥体外系症状，包括舞蹈症、肌张力障碍、肢体抖动(limb shaking)、肌阵挛－肌张力障碍、刻板动作、扑翼样震颤、震颤、偏侧静坐不能、构音障碍－手不随意运动等。舞蹈症和投掷症常合并出现，提示两种症状有相同的解剖学基础，主要与丘脑底核有关。根据 Lausanne 和 Ecuador 卒中登记系统的统计数据，各种锥体外系症状的发生率见表 16。

**表 16　卒中登记系统各种锥体外系症状**

| 锥体外系症状 | Lausanne 卒中登记系统(%) | Ecuador 卒中登记系统(%) |
|---|---|---|
| 舞蹈症 | 38 | 36 |
| 肌张力障碍 | 17 | 29 |
| 肢体抖动(limb shaking) | 10 | |
| 肌阵挛－肌张力障碍 | 10 | |
| 刻板动作 | 7 | |
| 扑翼样震颤 | 7 | |
| 震颤 | 3 | 25 |
| 偏侧静坐不能 | 3 | |
| 构音障碍－手不随意运动 | 2 | |

4. 如何了解基底节和丘脑皮质回路?

基底节是皮质和丘脑的中继站，包括四个深部灰质团块：①壳核，是基底节的传入门户，接收来自于皮质的纤维传入；②苍白球的内侧部和黑质网状结构，是基底节的传出端，接受壳核的纤维投射；③苍白球外侧部和丘脑底核是间接通路的中继核；④腹侧丘脑接收来自基底节传出端的纤维，然后再投射到皮质。以上四种核团构成回路，以调节运动的精确性和协调性(图 102)。

基底节核团接受皮质的传入并通过丘脑传出到脊髓和小脑，基底节区的联络分为直接通路和间接通路两类，直接通路以 γ－氨基丁酸(γ－aminobutyric acid，GABA)作为神经递质发挥功能，从壳核接收信息然后投射至传出端。当阶段性的兴奋性传入激活从纹状体到苍白球的直接通路，苍白球的紧张性激活神经元被抑制，并最终激活丘脑皮质的驱动。

相反，从壳核起源的间接通路通过网络投射到传出端，直接影响苍白球外侧部和丘脑底核。间接通路在纹状体和苍白球外侧部之间、苍白球外侧部和内

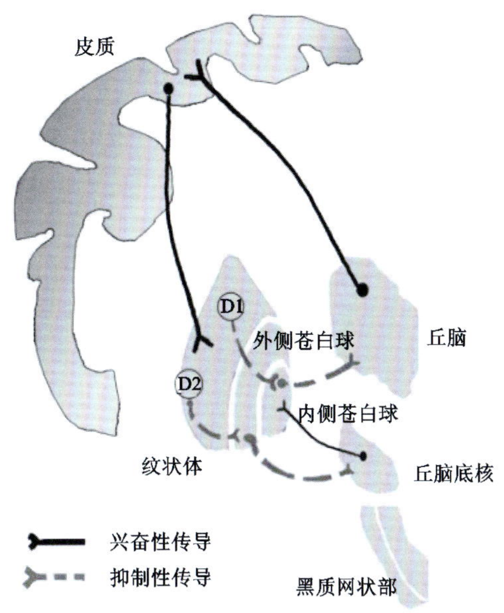


**图 102　基底节和丘脑皮质回路**

囊之间以及苍白球外侧部和丘脑底核之间有多重联络。间接通路可增强抑制丘脑皮质的驱动，起到平衡抑制作用。简言之，在基底节和丘脑之间，直接通路提供正反馈，间接通路提供负反馈。

5. 卒中后产生不自主运动的机制是什么?

卒中后产生不自主运动与基底节特定核团受累有关，但凡对丘脑的抑制减弱，就有可能出现不自主运动。丘脑底核受累可减少基底节传出的兴奋，从而减少对丘脑的抑制。纹状体病变可以阻断 GABA 向苍白球外侧部的传输，从而抑制丘脑底核，由此失去对苍白球内侧部的控制，从而解除对丘脑传出的抑制。同理，苍白球中纹状体抑制作用神经元的减少，可以强化丘脑底核的抑制，由此解除从基底节向丘脑传出的抑制。卒中后常见不自主运动的相关核团见表 17。

表 17　不自主运动相关核团

| 不自主运动 | 受累基底节核团 |
| --- | --- |
| 舞蹈/投掷 | 壳核、丘脑底核、尾状核、丘脑 |
| 肌张力障碍 | 壳核、丘脑(后外侧核) |
| 震颤 | 丘脑(后核) |
| 扑翼样震颤 | 丘脑(腹外侧核、腹后外侧核) |

如果觉得理解困难，我们就再简化一下，不自主活动 = 丘脑皮质驱动加强 = 丘脑受到的抑制减弱/苍白球内侧部的抑制作用减弱/丘脑底核的兴奋作用减弱/苍白球外侧部的抑制作用减弱。

6. 各种不自主运动在卒中后出现的时间窗有差别么？

有差别！舞蹈症、投掷症、肌阵挛、扑翼样震颤起病较快，其中舞蹈症和投掷症在卒中后很快出现，平均 4.3 d，震颤和肌张力障碍出现时间较长，肌张力障碍平均出现时间为 9.5 个月，震颤出现时间范围为 1 个月至 4 年。

7. 卒中后舞蹈症如何治疗？

卒中后舞蹈症的治疗缺乏循证医学的证据，一般可应用抗精神病药物(经典的药物有氟哌啶醇、氟奋乃静；非经典的药物有：奥氮平、喹硫平、氯氮平)、多巴胺耗竭药(丁苯那嗪、利血平)、GABA 激动药(氯硝西泮、丙戊酸)、抗癫痫药物(左乙拉西坦、拉莫三嗪)。根据病情严重程度可考虑单用药物或联合用药。对于药物治疗效果不佳的舞蹈症(多由丘脑底核病变所致)，可考虑手术或深部电刺激治疗。

8. 卒中后舞蹈症的预后如何？

总体而言预后良好，有文献报道约 54% 的基底节梗死所致舞蹈症完全缓解，但丘脑底核病变所致的舞蹈症则较难控制。

(赵重波)

## 参考文献

[1] Park J. Movement Disorders Following Cerebrovascular Lesion in the Basal Ganglia Circuit. Journal of movement disorders, 2016, 9(2): 71 – 79.

[2] Kwon DY. Movement Disorders Following Cerebrovascular Lesions: Etiology, Treatment Options and Prognosis. Journal of movement disorders, 2016, 9(2): 63 – 70.

# 21. 进行性四肢无力、言语含糊的老年男性

[病史摘要]

患者，男，70 岁，进行性肢体无力半年，言语含糊 1 个月。初为双下肢无力，蹲下后站起费力，上楼困难，渐出现双上肢举高费力，双手活动不灵活，尚可自行走。1 个月前出现言语含糊，吞咽困难，觉口干。无晨轻暮重，无肉跳，无肢体麻木、疼痛。吸烟史 50 余年，每日需吸烟半盒左右，父母已故，否认有遗传病家族史。

[神经科体格检查]

神志清楚，言语清晰，对答切题，定向力、记忆力和计算力正常，舌肌无萎缩，无纤颤，其余颅神经未见异常体征，颈软，四肢肌肉无明显萎缩，无肌肉颤动，双上肢近端肌力 4 级，远端肌力 5 级 -；双下肢近端肌力 4 级 -，远端肌力 5 级 -；疲劳试验阳性，四肢腱反射消失，双侧病理征阴性，双侧肢体感觉对称正常。

[定位诊断思路]

临床定位诊断思路分析见图 103。

患者入院经各项检查，其神经科主要辅助检查结果分析如下。

(1)神经传导测定结果见图 104。

(2)针极肌电图结果见图 105。

运动 10 秒后，右尺神经 CMAP 波幅升高 230% 见图 106A；重复神经电刺激右尺神经、腋神经低频刺激波幅递减，波幅下降 18%，见图 106B；右尺神经高频刺激波幅递增，波幅递增 115%，见图 106C。

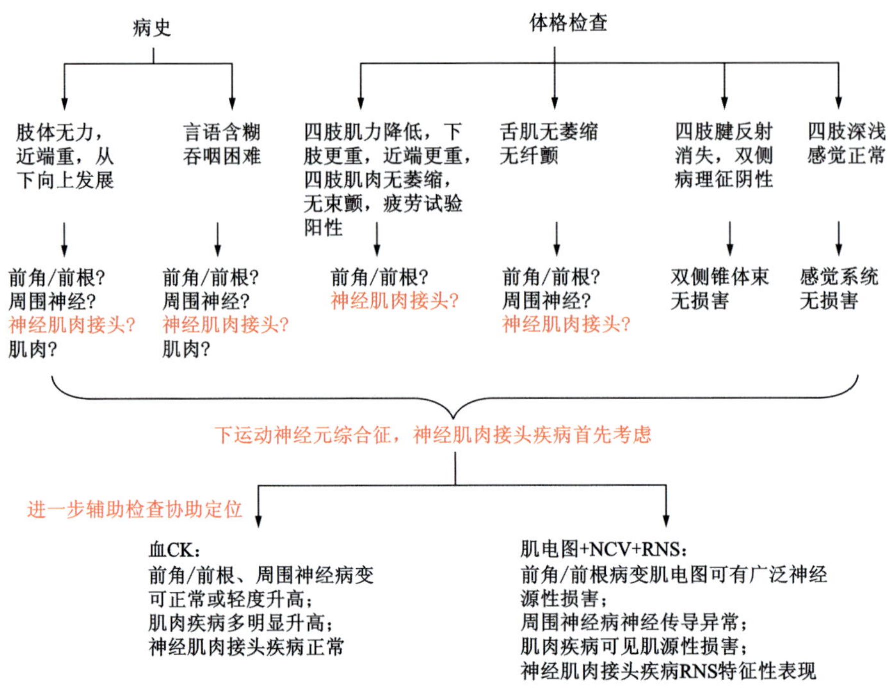


**图 103　定位诊断思路图**

| 运动传导 | 潜伏期(ms) | | 波幅(mV) | | 速度(m/s) | | F 波出现率 | |
|---|---|---|---|---|---|---|---|---|
| | 左 | 右 | 左 | 右 | 左 | 右 | 左 | 右 |
| 正中神经 | | | | | | | | |
| 腕 - APB | 3.8 | 3.9 | 0.8(↓↓) | 0.9(↓↓) | | | | |
| 肘 - 腕 | 10.3 | 10.5 | 0.8(↓↓) | 0.7(↓↓) | 47.8 | 47.1 | | |
| 尺神经 | | | | | | | | |
| 腕 - ADB | 2.8 | 2.7 | 1.5(↓↓) | 1.3(↓↓) | | | | |
| 肘下 - 腕 | 8.8 | 8.6 | 1.4(↓↓) | 1.3(↓↓) | 49.1 | 49.9 | | |
| F 波 | | | | | | | 75% | 80% |
| 腓总神经 | | | | | | | | |
| 踝 - EDB | 3.6 | 3.7 | 0.6(↓↓) | 0.5(↓↓) | | | | |
| 胫神经 | | | | | | | | |
| 踝 - AHB | 5.0 | 4.9 | 0.4(↓↓) | 0.4(↓↓) | | | | |

| 感觉传导 | 潜伏期(ms) | | 波幅(uV) | | 速度(m/s) | |
|---|---|---|---|---|---|---|
| | 左 | 右 | 左 | 右 | 左 | 右 |
| 正中神经 | | | | | | |
| 指 1 - 腕 | 2.5 | 2.6 | 17.2 | 18.1 | 48.0 | 46.2 |
| 指 3 - 腕 | 3.3 | 3.2 | 10.3 | 10.7 | 48.5 | 50.0 |
| 尺神经 | | | | | | |
| 指 5 - 腕 | 2.8 | 2.7 | 7.9 | 8.1 | 50.0 | 51.8 |
| 胫神经 | | | | | | |
| 趾 1 - 内踝 | 5.0 | 4.9 | 1.7 | 1.8 | 35.8 | 36.5 |

**图 104　神经传导测定结果**

| 肌肉 | 自发电位 | | 波幅(uV) | 时限(ms) | 多相波 | 募集相 |
|---|---|---|---|---|---|---|
| | 正锐 | 纤颤 | | | | |
| 右伸指总肌 | - | - | 716(20% ↑) | 10.9(11% ↓) | 47% | 干扰 1.0 mV |
| 右三角肌 | - | - | 573(41% ↑) | 9.0(28% ↓) | 32% | 干扰 2.0 mV |
| 左股内侧肌 | - | - | 521(10% ↑) | 8.6(36% ↓) | 10% | 干扰 2.0 mV |
| 右胫前肌 | - | - | 592(19% ↑) | 10.3(31% ↓) | 45% | 干扰 1.8 mV |

**图 105　针极肌电图测试结果**

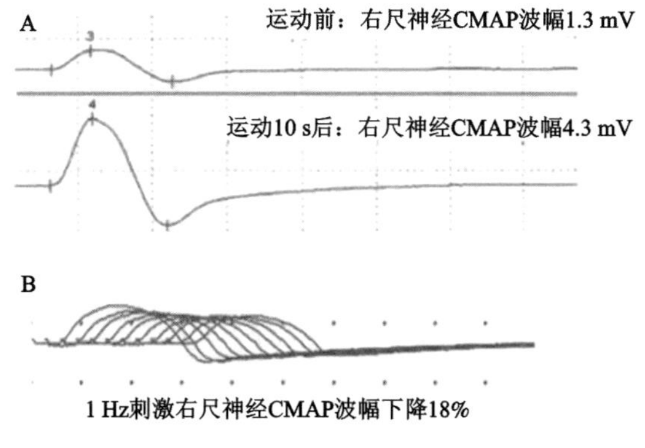


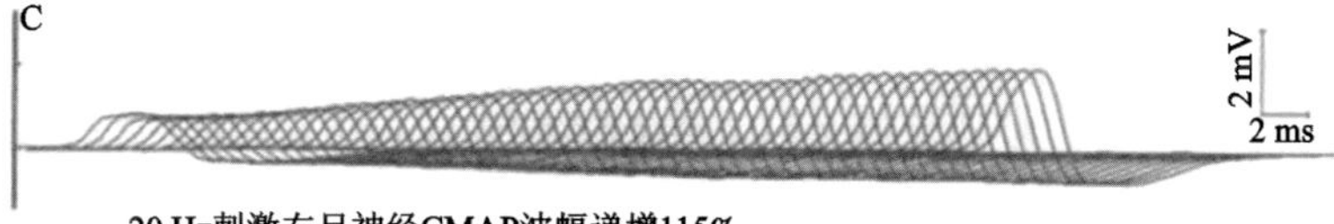


**图 106　电刺激右尺神经后其波幅情况**

肌电图结果分析：

神经传导测定见上肢、下肢运动神经 CMAP 波幅明显降低，传导速度正常，感觉传导测定正常，提示运动轴索损害可能；针极肌电图示右三角肌、左股内侧肌、右胫前肌运动单位动作电位(motor unitaction potential，MUAP)时限缩短，波幅低，募集呈病理干扰相，提示肌源性损害；RNS 见右小指展肌低频刺激波幅降低，20 Hz 高频刺激波幅递增 115%，提示突触前膜病变。

RNS 特征性的高频刺激波幅递增提示突触前膜病变，尽管神经传导提示运动轴索损害可能，针极肌电图提示肌源性损害，但神经肌肉接头病变时由于神经肌肉接头传导障碍可出现神经传导 CMAP 波幅降低和“肌病样”MUAP，故而综合神经传导、针极肌电图和 RNS 的结果，考虑神经肌肉接头突触前膜病变可能性大。

[**定性诊断与鉴别诊断**]

定性诊断与鉴别诊断思路形成见图 107。

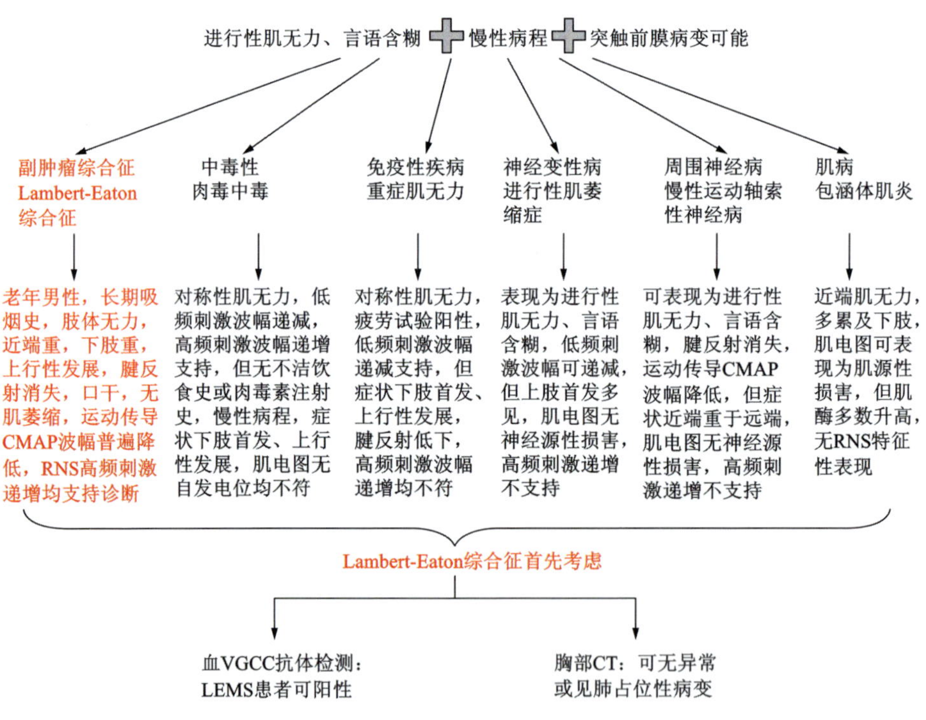


**图 107　定性诊断思路图**

患者胸部 CT 示左下肺占位性病变，行纤维支气管镜下活检示左肺小细胞肺癌。转胸外科行左肺癌切除术+淋巴结清扫术，术后行规范化化疗，患者肢体无力症状减轻。该患者未行P/Q型电压门控钙通道(voltage-gated calcium channels，VGCC)抗体检测。

**最终诊断：(1)Lambert-Eaton myasthenic 综合征(Lambert-Eaton myasthenic syndrome，LEMS；(2)左肺小细胞肺癌(small cell carcinoma of lung，SCLC)**

[病例的问题]

1. LEMS诊断标准是什么？

LEMS诊断标准见表18。

**表18 LEMS的诊断标准**

| LEMS诊断标准 |
| --- |
| 临床表现 |
| 近端肌无力 |
| 自主神经功能障碍 |
| 腱反射减低 |
| VGCC抗体阳性 |
| 重复神经电刺激异常 |
| CMAP波幅降低 |
| 低频刺激(1~5 Hz)CMAP波幅下降>10% |
| 大力自主收缩或高频刺激后CMAP波幅增高>100% |

临床表现是LEMS诊断的必要条件，核心症状是近端肌无力，最常见和最早出现的是双下肢近端肌无力，患者肌肉易疲劳、波动性肌无力，腱反射减低，运动后肌力和腱反射可改善，自主神经功能障碍以口干、男性勃起功能障碍和便秘常见。典型的临床表现加上VGCC抗体阳性，或者重复神经电刺激(repeating nerve stimulation，RNS)异常即可诊断。

由于多数患者没有条件行VGCC抗体检测，所以重复神经电刺激对于LEMS的诊断至关重要。LEMS患者最特征性电生理表现是RNS高频刺激后CMAP波幅递增，关于诊断LEMS的递增标准存在不同观点，一般认为高频刺激增幅100%以上对诊断LEMS有特异性，但其敏感性可能下降。2005年Oh等的研究发现以增幅60%作为LEMS诊断标准，敏感性可达97%，特异性99%

(主要在于排除重症肌无力);此外,VGCC 阳性 LEMS 高频刺激增幅在 100%以上,而 VGCC 阴性 LEMS 则在 60%以上,故可以考虑用高频刺激后波幅递增 60%作为 LEMS 诊断的标准。

高频刺激敏感性高,但高频刺激较痛苦,有些患者难以接受,因此,目前国外多推荐使用运动后低频刺激检查替代高频刺激,但其灵敏度略低于高频刺激。研究表明,运动易化对诊断 LEMS 敏感性为 84% ~96%,特异性可达 100%。总之,对于临床上以下肢近端肌无力为主,检查腱反射低下,神经传导速度(nerve conduction velocity,NCV)检查提示 CMAP 波幅降低的患者,均建议行 RNS 检查。

2. RNS 低频刺激波幅递减的疾病有哪些?

RNS 低频刺激 CMAP 波幅递减是神经肌肉接头疾病,如重症肌无力(MG)和 LEMS 的特征性电生理表现,然而并不仅仅见于神经肌肉接头疾病。RNS 低频刺激波幅递减还可见于出现严重失神经支配的疾病,如运动神经元病。从理论上来说,只要某种疾病存在明显的失神经支配和神经再支配的病理生理过程,由于失神经支配的肌纤维发生神经再支配,必然形成新的神经肌肉接头,这些新生的神经肌肉接头不成熟,功能不稳定,RNS 低频刺激时即可出现波幅递减的现象。

此外,某些肌病,如肌强直症和代谢性肌病,也可出现 RNS 低频刺激递减,推测与肌纤维的生理特性有关,但具体的机制尚不明确。因此,不能单纯根据 RNS 低频递减来诊断神经肌肉接头疾病,而应该结合病史、神经系统体征,以及神经传导测定和针极肌电图的结果来判读 RNS 的结果。

3. LEMS 的发病机制是什么?

已发现诸多证实 LEMS 是自身免疫性疾病的证据:85% ~90% LEMS 患者血清 P/Q 型 VGCC 抗体阳性;LEMS 母亲可将抗体传给产下的婴儿,使新生儿出现一过性的无力;将 LEMS 患者的抗体转给小鼠会出现 LEMS 的临床表型;P/Q 型 VGCC Cacnala 基因突变的小鼠可出现 LEMS 的神经电生理特征;使用免疫调节治疗可明显改善 LEMS 患者的症状。

VGCC 不仅存在于神经肌肉接头的突触前膜,也存在于 SCLC 细胞表面。SCLC 诱发患者体内产生 VGCC 抗体,由于交叉免疫反应,这些抗体攻击 SCLC 细胞的同时也攻击神经肌肉接头突触前膜,使钙内流减少,抑制突触前膜神经末梢乙酰胆碱(ACh)量子释放,使神经肌肉接头安全因素下降,出现传递阻滞,终板电位减小,未能达到肌细胞膜去极化阈值,不能产生肌纤维动作电位,肌纤维不能收缩,出现相应的临床表现(图 108)。

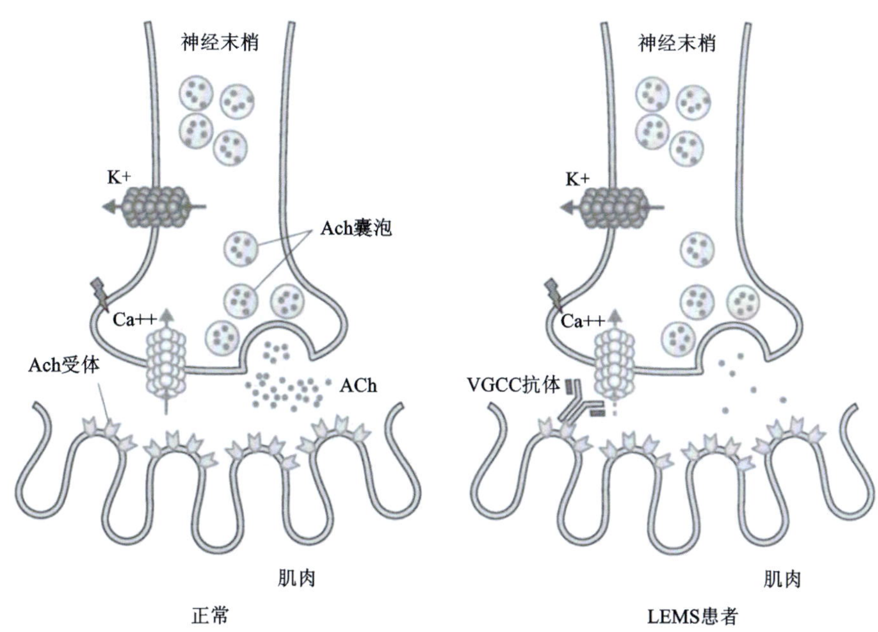


**图 108　LEMS 的发病机制**

4. 诊断 LEMS 后进行肿瘤筛查的策略是什么？

患者被诊断 LEMS 往往比发现肿瘤更早，由于对肿瘤的治疗直接影响到 LEMS 患者的疗效和预后，因此，诊断 LEMS 后必须进行系统的检查和肿瘤的筛查。然而实际上只有 50% ~60% 的 LEMS 患者合并肿瘤（肿瘤性 LEMS，T－LEMS），其中绝大多数合并 SCLC，少数为前列腺癌、白血病、淋巴瘤等肿瘤；而还有 40% ~50% LEMS 患者经过长期随访也未发现肿瘤（非肿瘤性 LEMS，NT－LEMS）。而且，有相当部分患者在诊断 LEMS 1 ~2 年后经过多次检查才确诊 SCLC。因此，在 LEMS 患者诊断时对其是否合并肿瘤进行比较准确的预测，有助于制定临床诊治方案和随诊策略。

目前，国外的指南推荐使用荷兰、英国 LEMS 肿瘤相关预测评分（DELTA－P）判断 LEMS 合并肿瘤的可能性。该评分将存在以下临床情况各记 1 分：球部症状（构音障碍、吞咽困难、饮水呛咳、颈肌无力等）；勃起功能障碍（男性患者）；体重下降≥5%；吸烟史；发病年龄≥50 岁；Karnofsky 功能状态评分 0 ~60 分（需要他人帮助生活才能自理）。DELTA－P 评分总分为 6 分，评分 0 ~1 分时存在 SCLC 的概率为 0 ~2.6%，基本可排除 T－LEMS，而评分 3 ~6 分时存在 SCLC 的概率为 83.9% ~100%。

临床上，可以按照以下流程图（图 109）对 LEMS 患者进行肿瘤筛查，如果确诊 LEMS 后 5 年内经过多次筛查仍未发现肿瘤，NT－LEMS 的可能性较大。

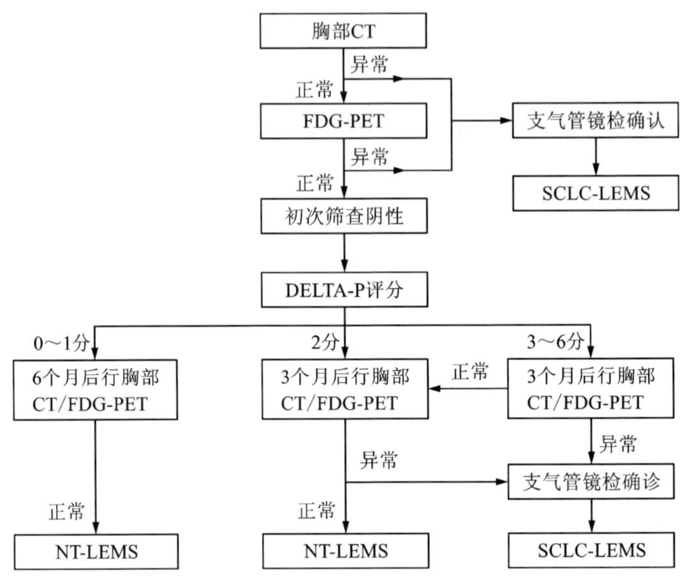


**图 109　LEMS 患者肿瘤筛查流程图**

5. LEMS 的治疗策略是什么？

以往对 LEMS 的诊治多注重筛查肿瘤及对肿瘤的治疗，但却忽视了对 LEMS 本身的治疗，实际上，半数以上的 NT－LEMS 患者通过对症和免疫治疗可达到完全缓解，预后较好。LEMS 的治疗策略可参照下面的流程图（图 110）。LEMS 患者可首选 3，4－二氨基吡啶（3，4－DAP）对症治疗，3，4－DAP 可通过阻断突触前膜的电压门控钾通道，延长突触前动作电位，增加 VGCC 的开放时间，还可直接作用于 VGCC 的 β 亚单位，增加钙内流从而促进 ACh 的释放。

有两项 3 期临床研究显示，与安慰剂相比，磷酸阿米吡啶治疗可以显著改善 LEMS 患者的重症肌无力评分和受试者整体印象评分，以及神经传导 CMAP 波幅。因此，2018 年美国 FDA 批准磷酸阿米吡啶（Findase）用于治疗 LEMS。如果无法使用 3，4－DAP，也可用吡啶斯的明对症治疗。如果 3，4－DAP 可有效控制 LEMS 的症状，无需再联用其他药物；如果症状持续存在，应考虑加用免疫抑制药，常用泼尼松联合硫唑嘌呤，也可选用环孢素、霉酚酸酯或利妥昔单抗；如果症状急性加重，可使用静脉滴注丙种球蛋白或血浆置换治疗。

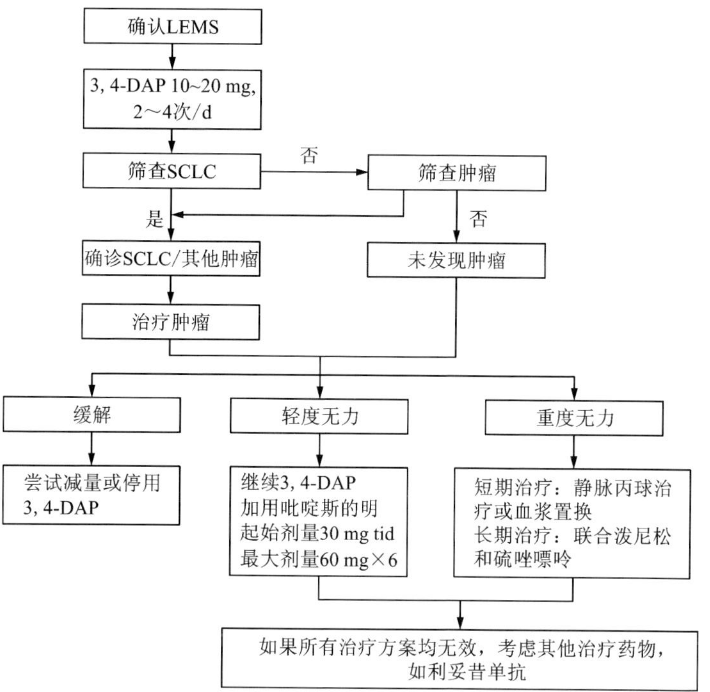


**图 110　LEMS 的治疗策略流程图**

对于 T - LEMS 的患者，治疗肿瘤是很重要的，手术切除 SCLC 通常可通过减少 VGCC 抗体的产生减轻自身免疫反应，使 LEMS 的症状明显改善；术后化疗的免疫抑制作用也有助于改善 LEMS 的症状。

（邹漳钰）

## 参考文献

[1] Titulaer MJ, Lang B, Verschuuren JJ. Lambert - Eaton myasthenic syndrome: from clinical characteristics to therapeutic strategies. Lancet Neurol, 2011, 10: 1098 - 1107.

[2] Skeie GO, Apostolski S, Evoli A, et al. Guidelines for treatment of autoimmune neuromuscular transmission disorders. Eur J Neurol, 2010, 17: 893 - 902.

[3] Oh SJ, Shcherbakova N, Kostera - Pruszczyk A, et al. Amifampridine phosphate (Firdapse ((R)) is effective and safe in a phase 3 clinical trial in LEMS. Muscle Nerve, 2016, 53: 717 - 725.

[4] Titulaer MJ, Maddison P, Sont JK, et al. Clinical Dutch – English Lambert – Eaton Myasthenic syndrome( LEMS) tumor association prediction score accurately predicts small – cell lung cancer in the LEMS. Journal of clinical oncology: official journal of the American Society of Clinical Oncology, 2011, 29: 902 –908.

[5] Oh SJ, Kurokawa K, Claussen GC, et al. Electrophysiological diagnostic criteria of Lambert – Eaton myasthenic syndrome. Muscle Nerve, 2005, 32: 515 –520.

# 22. 右上肢萎缩、无力的青年男性

［病史摘要］

患者，男，25岁，右上肢萎缩、无力2年。初为右手掌指肌萎缩，渐出现前臂肌肉萎缩，持物稍不稳，寒冷时无力加重，书写障碍，伴前臂肉跳。无肢体麻木，无肌痛，无吞咽困难、言语含糊。既往史无特殊，父母健在，否认有遗传病家族史。

［神经科体格检查］

神志清楚，言语清晰，对答切题，定向力、记忆力和计算力正常，颅神经未见阳性体征，颈软，双前臂、双手肌肉萎缩，右侧更重，以小指展肌和骨间肌明显（图111），余肢体肌肉未见明显萎缩，右上肢近端肌力5级，右手握力5级－，左上肢、双下肢肌力5级，四肢腱反射（++），双侧病理征阴性，双侧肢体感觉对称。

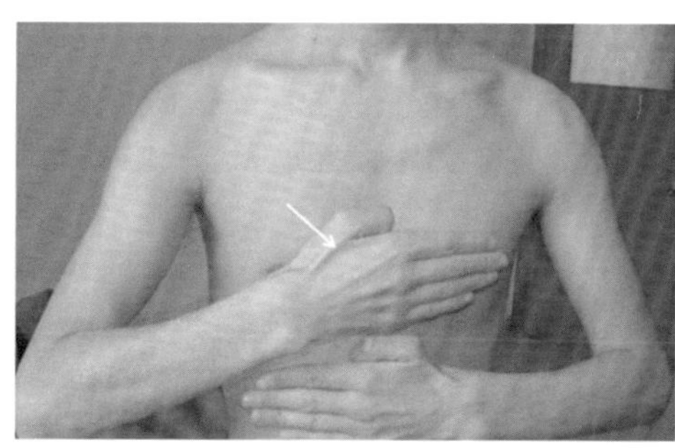
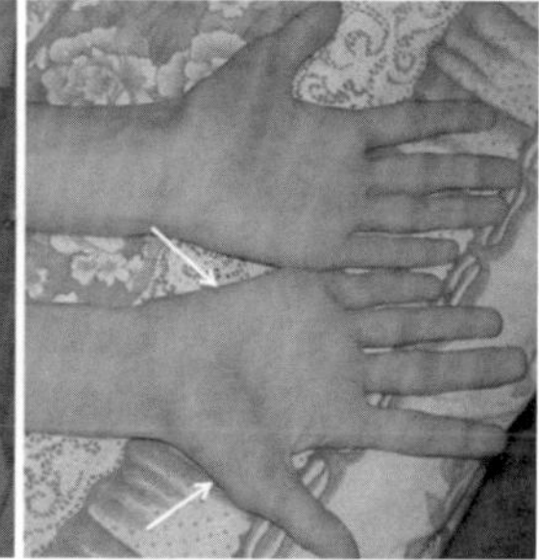

图111彩色图

**图111　右手肌肉萎缩**

［定位诊断思路］

临床定位诊断思路分析见图112。

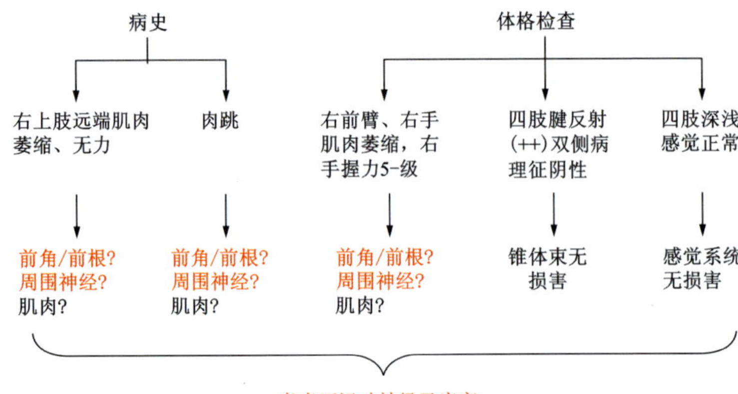
病史
体格检查
右上肢远端肌肉萎缩、无力
肉跳
右前臂、右手肌肉萎缩，右手握力5-级
四肢腱反射(++)双侧病理征阴性
四肢深浅感觉正常
前角/前根？周围神经？肌肉？
前角/前根？周围神经？肌肉？
前角/前根？周围神经？肌肉？
锥体束无损害
感觉系统无损害
考虑下运动神经元病变
肌无力分布不符合周围神经分布，无感觉症状
首先考虑颈髓前角细胞或者前根损害

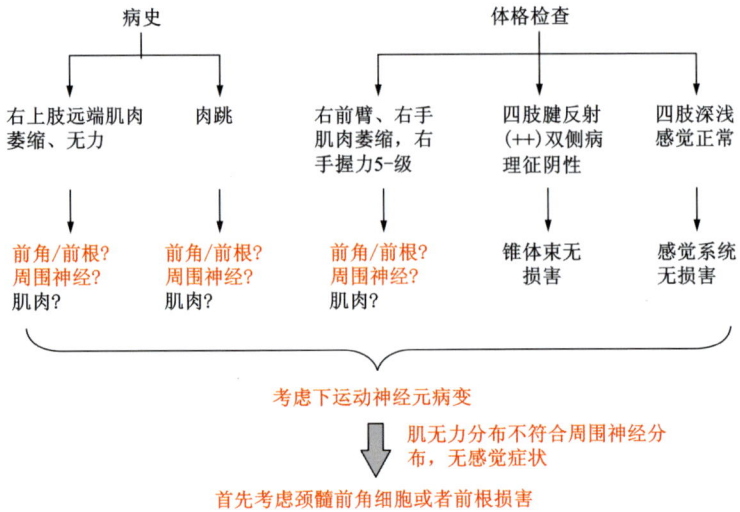

图 112　定位诊断思路图

［定性诊断与鉴别诊断］

定性诊断推测与鉴别诊断思路形成见图 113。

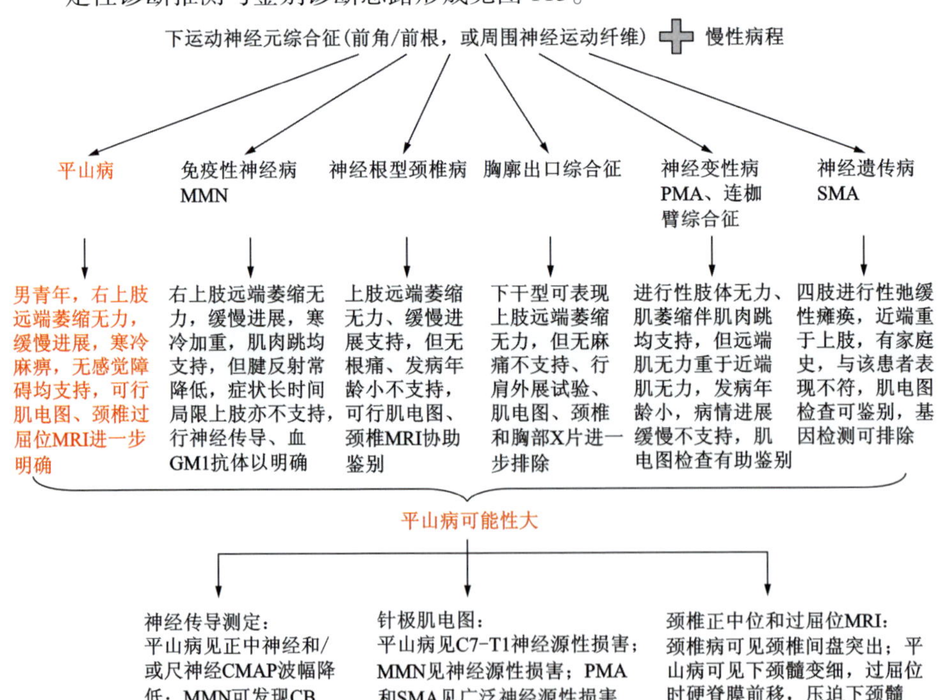
下运动神经元综合征(前角/前根，或周围神经运动纤维)
慢性病程
平山病
免疫性神经病MMN
神经根型颈椎病
胸廓出口综合征
神经变性病PMA、连枷臂综合征
神经遗传病SMA
男青年，右上肢远端萎缩无力，缓慢进展，寒冷麻痹，无感觉障碍均支持，可行肌电图、颈椎过屈位MRI进一步明确
右上肢远端萎缩无力，缓慢进展，寒冷加重，肌肉跳均支持，但腱反射常降低，症状长时间局限上肢亦不支持，行神经传导、血GM1抗体以明确
上肢远端萎缩无力、缓慢进展支持，但无根痛、发病年龄小不支持，可行肌电图、颈椎MRI协助鉴别
下干型可表现上肢远端萎缩无力，但无麻痛不支持、行肩外展试验、肌电图、颈椎和胸部X片进一步排除
进行性肢体无力、肌萎缩伴肌肉跳均支持，但远端肌无力重于近端肌无力，发病年龄小，病情进展缓慢不支持，肌电图检查有助鉴别
四肢进行性弛缓性瘫痪，近端重于上肢，有家庭史，与该患者表现不符，肌电图检查可鉴别，基因检测可排除
平山病可能性大
神经传导测定：平山病见正中神经和/或尺神经CMAP波幅降低；MMN可发现CB
针极肌电图：平山病见C7-T1神经源性损害；MMN见神经源性损害；PMA和SMA见广泛神经源性损害
颈椎正中位和过屈位MRI：颈椎病可见颈椎间盘突出；平山病可见下颈髓变细，过屈位时硬脊膜前移，压迫下颈髓

图 113　定性诊断思路图

患者入院经各项检查后，其神经科主要辅助检查结果分析如下。

（1）患者神经传导测定结果（图114）：

| | 潜伏期（ms） | 波幅（mV） | 速度（m/s） | 出现率 |
|---|---|---|---|---|
| 右正中神经 | | | | |
| 运动 腕 – APB | 3.1 | 9.9 | | |
| 肘 – 腕 | 5.9 | 9.7 | 50.6 | |
| 腋 – 肘 | 8.9 | 9.1 | 51.7 | |
| 感觉 指 1 – 腕 | 2.6 | 18 | 46.2 | |
| 指 3 – 腕 | 3.2 | 9.7 | 51.6 | |
| F 波 | | | 51.1 | 95% |
| 右尺神经 | | | | |
| 运动 腕 – ADB | 2.6 | 3.1（84% ↓） | | |
| 肘下 – 腕 | 5.0 | 3.1（82% ↓） | 61.2 | |
| 肘上 – 肘下 | 7.1 | 2.9（↓） | 53.4 | |
| 腋 – 肘上 | 8.7 | 2.5（↓） | 58.7 | |
| 感觉 指 5 – 腕 | 2.4 | 11 | 52.1 | |
| F 波 | | | 50.3 | 65%（↓） |
| 左尺神经 | | | | |
| 运动 腕 ADB | 2.0 | 10.9 | | |
| 肘下 – 腕 | 4.7 | 10.5 | 59.2 | |
| 肘上 – 肘下 | 6.8 | 10.4 | 54.6 | |
| 腋 – 肘上 | 8.5 | 10.1 | 59/8 | |
| 感觉 指 5 – 腕 | 2.3 | 13 | 52.9 | |

**图114 神经传导测定结果**

（2）针极肌电图结果（图115）：

| 肌肉 | 自发电位 | | 波幅（uV） | 时限（ms） | 多相波 | 募集相 |
|---|---|---|---|---|---|---|
| | 正锐 | 纤颤 | | | | |
| 右三角肌 | – | – | 509（77% ↑） | 11.7（11% ↑） | 8% | 混合 2.8 mV |
| 右伸指总肌 | – | – | 535（1% ↑） | 11.9（1% ↑） | 10% | 混合 2.1 mV |
| 右拇短展肌 | – | – | 855（258% ↑） | 13.0（41% ↑） | 40% | 混合 4.3 mV |
| 右小指展肌 | + + + | + | 2340（741% ↑） | 13.9（40% ↑） | 0 | 单纯 2.6 mV |
| 右胸锁乳突肌 | – | – | 834（106% ↑） | 9.4（3% ↑） | 5% | 干扰 3.0 mV |
| 左小指展肌 | – | – | 543（95% ↑） | 10.8（9% ↑） | 18% | 混合 4.0 mV |
| 右胫前肌 | – | – | 856（133% ↑） | 13.1（5% ↑） | 8% | 干扰 4.0 mV |

**图115 针极肌电图测试结果**

肌电图结果分析：神经传导测定见右尺神经 CMAP 波幅明显降低，F 波出现率降低，余上肢周围神经传导测定正常，提示右尺神经运动纤维或右 C8 前根或前角损害可能；针极肌电图可见右拇短展肌、小指展肌神经源性损害，右小指展肌还可见自发电位，提示右 C8 ~ T1 神经源性损害。综上，考虑右侧 C8 ~ T1 前角或前根病变可能性大。

进一步行颈椎 MRI，提示颈椎曲度异常，颈髓变细和受压表现(图 116)。

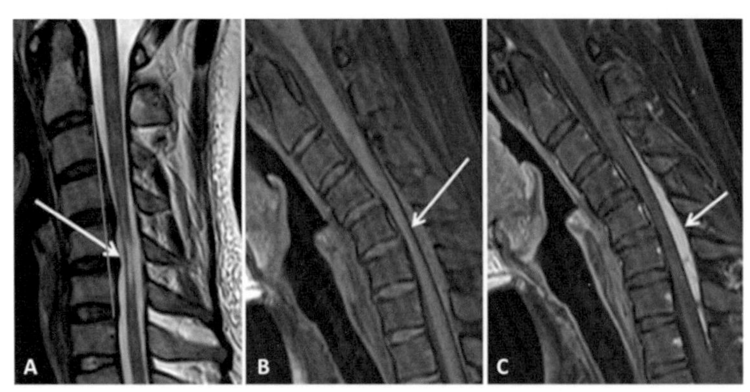


**图 116　颈椎 MRI 影像**

中立位 T2 加权颈椎曲度异常(正常人 C3 ~ C6 椎体不超过 C2 ~ C7 椎体的连线，图中 C3 ~ C6 椎体部分越过红线)，颈髓下段(C5 ~ C7)变细，脊髓内高信号(图 116A)；过屈位时 T1 加权脊髓下颈段(C5 ~ C7)椎管内背侧硬脊膜前移，硬膜外间隙增宽，脊髓受压变细(图 116B)，增强后增宽的硬膜外间隙呈明显的均匀强化(图 116C)。

根据患者青年起病，右前臂和右手部肌萎缩、无力，缓慢进展，寒冷麻痹症状加重；肌电图右侧 C8 ~ T1 前根或前角病变可能性大；颈椎 MRI 下颈髓变细，过屈时背侧硬脊膜前移压迫脊髓，诊断为平山病。予颈托治疗后症状有所改善，随访 2 年症状无进展。

**最终诊断：平山病(Hirayama disease，HD)**

[病例的问题]

1. HD 的临床表现是什么？

HD 也称青少年上肢远端肌萎缩，青少年发病，发病年龄多在 15 ~ 25 岁，男性明显多于女性。该病隐袭起病，表现为前臂及手部肌肉无力、萎缩，单侧上肢受累多见，也可双上肢不对称受累，极少数为双上肢对称受累。病变累及手部肌肉以小鱼际肌、骨间肌和大鱼际肌为主，累及前臂肌肉以伸肌及尺侧屈肌为主，肱桡肌受累相对较轻，呈“斜坡样萎缩”。半数以上患者有震颤和寒冷麻痹现象，相当部分患者因为冬季用冷水洗手出现肌无力而就诊。绝大多数患者无感觉症状和锥体束征。HD 是良性自限性病程，80%～90% 患者在发病 5 年内病情无进展。

2. 寒冷麻痹现象常见于哪些神经肌肉病，其发生机制是什么？

HD 一个很重要的特征是寒冷麻痹，肌无力在寒冷时明显加重，研究发现 61%～81% HD 患者有寒冷麻痹症状。然而，寒冷麻痹并不仅仅见于 HD，还有多种下运动神经元综合征，离子通道病，甚至 ALS 都可以出现寒冷麻痹的症状。一项多中心横断面研究通过对 60 例 MMN，60 例 CIDP，50 例 PMA，和 35 例慢性炎性脱髓鞘性多发性神经病（chroralc idiopathic axond polyneuropathy，CIAP）患者进行问卷调查，发现 83% MMN、80% CIDP、70% PMA 和 71% CIAP 患者存在寒冷麻痹。

Hirayama 等认为 HD 患者寒冷麻痹的机制是急性失神经后肌纤维发生神经再支配，肌细胞膜的传导阻滞所致。Franssen 等认为寒冷麻痹的发生机制可能是寒冷可降低酶的活性，导致细胞膜钠 - 钾泵或其他离子通道活性降低，引起轴突去极化所致；此外，寒冷也可以使肌纤维收缩单位间的 ATP 酶依赖性横桥形成缓慢，导致肌肉舒缩缓慢、无力。

3. HD 的神经电生理特征是什么？

HD 神经传导测定特点是感觉传导正常，患侧上肢运动传导正中神经和尺神经 CMAP 波幅降低，以尺神经降低更为明显，尺神经和正中神经 CMAP 波幅比（U/M∶CMAP）降低。多个电神经研究发现，多数 HD 患者 U/M∶CMAP < 0.6；与之相反，绝大多数 ALS 患者 U/M∶CMAP > 1.7，甚至 > 4.5（对应 ALS 患者临床的分裂手现象，即第 1 骨间肌和拇短展肌萎缩明显而小指展肌相对完好，如图 117 所示）。

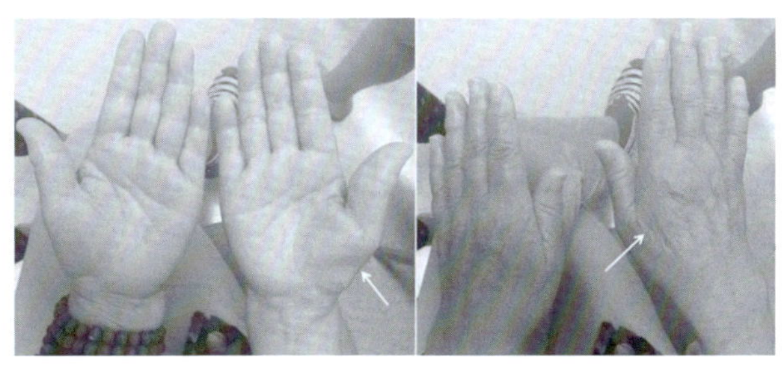

图117彩色图

**图 117　ALS 患者分裂手**

因此，U/M∶CMAP 有助于 HD 与 ALS 患者的鉴别。此外，RNS 低频刺激 HD 患者不出现波幅递减现象而相当部分 ALS 患者出现波幅递减现象也有助于二者鉴别。

HD 针电极肌电图特征主要以 C7 ~ T1 支配肌肉（主要是伸指总肌、拇短展肌、小指展肌、第 1 骨间肌和尺侧腕屈肌）神经源性损害为主，也可累及 C5 ~ C6 支配的肌肉（主要是肱二头肌和肱三头肌），在临床上没有症状的肢体也可出现亚临床改变。

肌电图表现包括自发电位即正锐波和纤颤电位，以及慢性神经源性损害，如运动单位电位时限增宽、波幅增高，大力收缩募集相呈单纯相。症状停止进展的患者自发电位罕见，以慢性神经源性损害为主要表现，因此自发电位可以作为判断病情进展的电生理指标。

4. HD 的影像特征是什么?

HD 的影像特征主要是基于 MRI 的影像特征，中立位和颈椎过屈位 MRI 有不同的影像特征。

中立位 MRI 扫描时可见颈椎曲度异常，颈髓下段（C7 ~ T1）变细，脊髓内 T2 高信号；轴位上可出现脊髓不对称性受压变扁，单侧/双侧脊髓前角 T2 高信号（蛇眼征），这是由于脊髓前角缺血或胶质细胞增生所致；此外，轴位上还可以见到背侧硬脊膜与邻近椎板的失连接现象（Loss of attachment，LOA）。正常情况下，从椎突关节至椎弓的联合处，分离应少于 1/3，若超过 1/3，称为 LOA 征象。中立位的影像特征中，以 LOA 对平山病最具诊断价值，诊断敏感性 93.5%，特异性 98%（图 118）。

颈椎过屈位（屈曲 350°）MRI 扫描是目前公认的诊断平山病的影像标准。平扫时可见特征性的脊髓下颈段（C4 ~ T1）椎管内背侧硬脊膜前移，硬膜外间隙增宽和脊髓受压征像，增宽的硬膜外间隙内呈等 T1、长 T2 信号，部分可见血管流空信号，考虑为淤血扩张的静脉丛，增强后增宽的硬膜外间隙呈明显的均匀强化。

5. HD 的发病机制是什么?

目前 HD 的确切发病机制尚不清楚，目前比较公认的是生长发育学说和脊髓动力学学说。生长发育学说认为，由于青少年骨性颈椎管与背侧硬脊膜之间的生长发育失平衡，颈部屈曲时紧张的硬脊膜后壁不能代偿增加的长度而前移压迫脊髓，这一学说可以解释为什么 HD 以生长发育期的男性青少年高发。反复屈颈或长期保持屈颈姿势，前移的硬脊膜导致下颈段脊髓前部的动脉血供受阻，由于脊髓前角运动神经元对缺血敏感，发生变性、坏死而出现症状。脊髓动力学学说较好地解释了硬脊膜前移之后相应脊髓节段所发生的病理生理

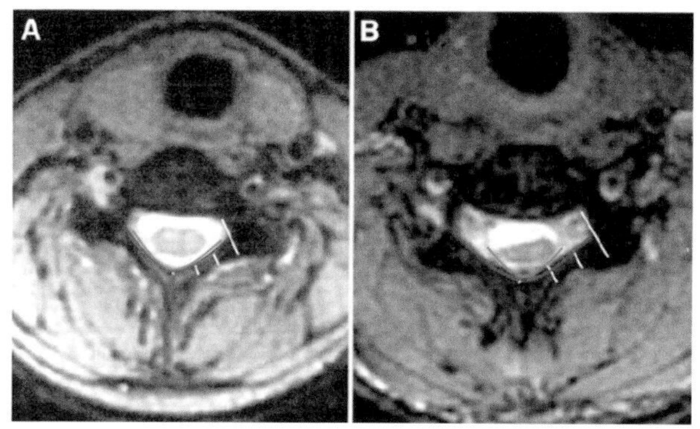


**图118　HD 颈椎 MRI 影像特征**

A. 正常情况下背侧硬脊膜（红色线条所示）应紧贴椎板内壁（蓝色线条所示）；
B. HD 患者背侧硬脊膜位置明显前移，与椎板分离，存在 LOA 征象

改变。

6. HD 的治疗方案是什么？

HD 的治疗包括保守治疗和手术治疗。由于 HD 是一种屈曲型颈髓病，故患者应尽量避免持续颈部屈曲，研究发现早期行颈托治疗可以阻止病情进展，还可改善肌肉萎缩和肌无力症状。有关 HD 患者是否需要行手术治疗存在争议，有些学者认为平山病是具有自限性的良性疾病，进展缓慢，多数患者在起病 5 年后即停止进展，而且手术治疗是否有效尚无定论，因此不建议手术治疗；但也有学者认为对于严重的患者，如脊髓明显萎缩者、病情进展迅速者，或颈托治疗后病情仍持续进展的患者，可以考虑行颈椎手术治疗。

（邹漳钰）

## 参考文献

[1] Chen CJ, Hsu HL, Tseng YC, et al. Hirayama flexion myelopathy: neutral – position MR imaging findings—importance of loss of attachment. Radiology, 2004, 231: 39 – 44.

[2] Franssen H, Gebbink TA, Wokke JH, et al. Is cold paresis related to axonal depolarization? J Peripher Nerv Syst, 2010, 15: 227 – 237.

[3] Tashiro K, Kikuchi S, Itoyama Y, et al. Nationwide survey of juvenile muscular atrophy of distal upper extremity (Hirayama disease) in Japan. Amyotroph Lateral Scler, 2006, 7: 38 – 45.

[4] Fang J, Liu MS, Guan YZ, et al. Pattern Differences of Small Hand Muscle Atrophy in

Amyotrophic Lateral Sclerosis and Mimic Disorders. Chinese medical journal, 2016, 129: 792 - 798.

[5] Zheng C, Zhu D, Lu F, et al. CMAP Decrement to Repetitive Nerve Stimulation between Hirayama Disease and Amyotrophic Lateral Sclerosis. Journal of clinical neurophysiology: official publication of the American Electroencephalographic Society 2016. 2016, 34 (2): 119 - 125.

[6] Zhou B, Chen L, Fan D, et al. Clinical features of Hirayama disease in mainland China. Amyotroph Lateral Scler, 2010, 11: 133 - 139.

[7] Lyu RK, Huang YC, Wu YR, et al. Electrophysiological features of Hirayama disease. Muscle Nerve, 2011, 44: 185 - 90.

# 23. 进行性行走不稳伴四肢麻木的女性

[病史摘要]

患者，女，57 岁，进行性四肢麻木无力 3 年余。麻木从指尖、脚尖逐渐上升至手肘、膝盖，2 年前出现脚踩棉花感，穿拖鞋易掉，口腔常发溃疡，1 个月前走路不稳加重，需人搀扶，麻木上升至剑突处。无大小便功能障碍，无腰腹部束带感。有偏素食史，否认长期饮酒史，否认家族史。

[神经科体格检查]

轻度贫血貌，神志清楚，查体合作，记忆力、计算力、定向力可。双瞳孔直径为 2.5 mm，对光反射正常，眼球各向活动佳，无眼震，其余颅神经检查无异常。双上肢肌力 5 -5 -5 -5 -级，双下肢肌力 4 -5 -5 -4 +级，双下肢伸肌张力略增高，双上肢腱反射对称( + + )，双下肢腱反射对称亢进( + + + )，双侧 Babinski、Chaddock 征阳性，双侧 Hoffmann 征阳性。T2 水平以下浅感觉减退，四肢长手套袜套样感觉减退，双下肢远端音叉振动觉减退，Romberg 征阳性。双侧指鼻、轮替、跟膝胫试验差。

[定位诊断思路]

临床定位诊断思路分析见图 119。

[定性诊断与鉴别诊断]

定性诊断与鉴别诊断思路形成见图 120。

本患者查血常规：红细胞计数 $2.75\times10^{12}$/L(参考值：$3.68\times10^{12}$ ~ $5.13\times10^{12}$/L)血红蛋白 107.00 g/L(参考值：113 ~ 151 g/L)，平均血细胞比容 114.90 FL(参考值：82 ~ 100 FL)，平均血红蛋白含量 38.90 Pg(参考值：27 ~ 34 Pg)；血清维生素 $B_{12}$ 22.14 pmol/L(参考值：148 ~ 738 pmol/L)；脊髓 MRI 提示颈胸段脊髓后部 T2 高信号，横断面呈倒“V”字形(图 121)；患者的肌电图感觉运动周围神经损害，主要累及轴索。患者在接受维生素 $B_{12}$ 肌内注射 6 周后症状得到明显改善。

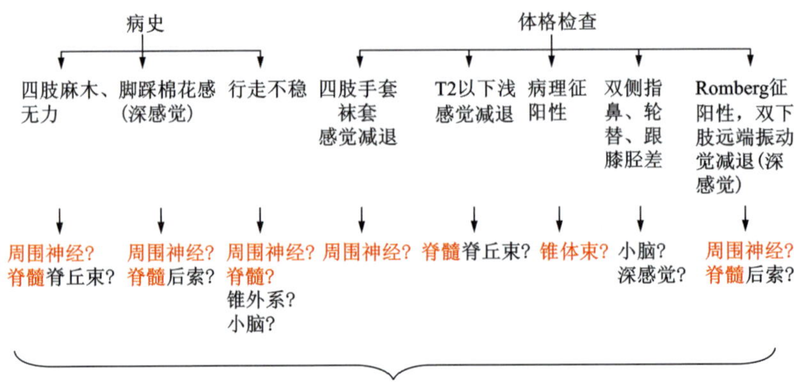
病史
体格检查
四肢麻木、无力
脚踩棉花感（深感觉）
行走不稳
四肢手套袜套感觉减退
T2以下浅感觉减退
病理征阳性
双侧指鼻、轮替、跟膝胫差
Romberg征阳性，双下肢远端振动觉减退(深感觉)
周围神经？脊髓脊丘束？
周围神经？脊髓后索？
周围神经？脊髓？锥外系？小脑？
周围神经？
脊髓脊丘束？
锥体束？
小脑？深感觉？
周围神经？脊髓后索？
脊髓和周围神经病变

图 119 定位诊断思路图

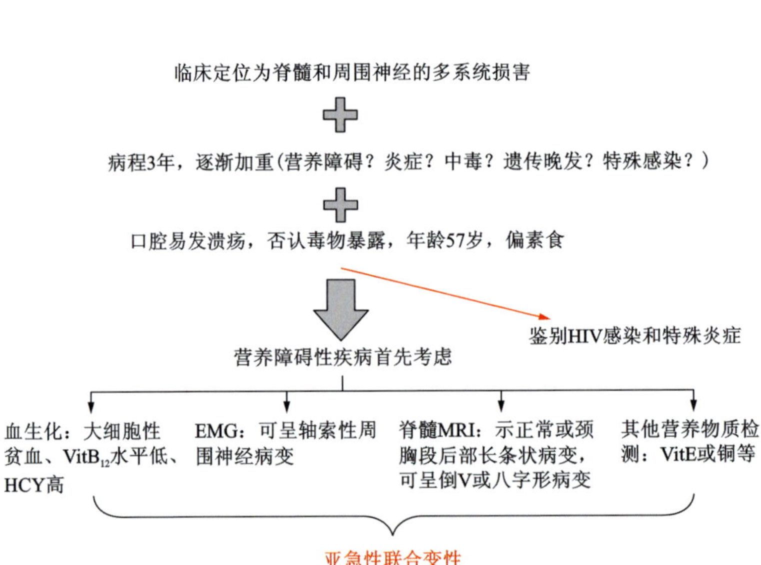
临床定位为脊髓和周围神经的多系统损害
病程3年，逐渐加重(营养障碍？炎症？中毒？遗传晚发？特殊感染？)
口腔易发溃疡，否认毒物暴露，年龄57岁，偏素食
鉴别HIV感染和特殊炎症
营养障碍性疾病首先考虑
血生化：大细胞性贫血、VitB12水平低、HCY高
EMG：可呈轴索性周围神经病变
脊髓MRI：示正常或颈胸段后部长条状病变，可呈倒V或八字形病变
其他营养物质检测：VitE或铜等
亚急性联合变性

图 120 定性诊断思路图

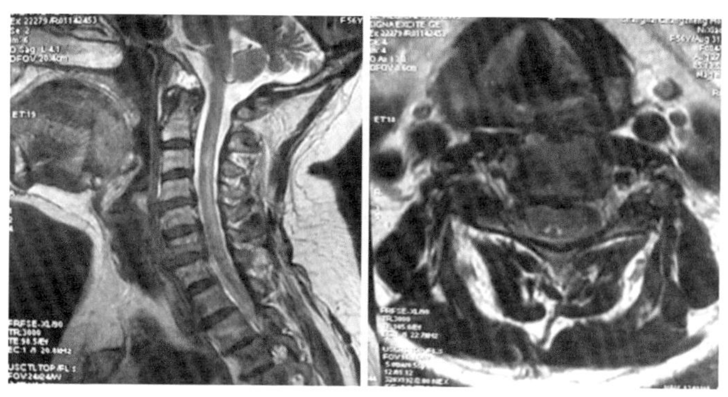

图 121　患者脊髓 MRI 影像

**最终诊断：亚急性联合变性（subacute combined degeneration，SCD）**

［病例的问题］

1. SCD 的常见病因有哪些？

SCD 是一个临床描述性诊断（病程：亚急性；受损结构：联合侧索和后索；变性：病理学改变），其病因众多，可分为先天遗传性和获得性。

先天遗传性：①维生素 $B_{12}$转运障碍，如转钴蛋白缺乏或功能障碍；②维生素 $B_{12}$需求增多，如 α 珠蛋白形成障碍性贫血；③细胞内钴胺素代谢障碍，如甲基丙二酸尿症和高胱氨酸尿症。

获得性：①维生素 $B_{12}$吸收障碍，如老年人胃酸缺乏、慢性酒精中毒、慢性萎缩性胃炎、胃肠切除术后、抗内因子抗体及抗胃壁细胞抗体的存在、乳糜泻、慢性胰脏功能不全、胃泌素瘤综合征、克罗恩病等；②维生素 $B_{12}$摄入不足，如素食者、抑郁症患者摄入减少；③维生素 $B_{12}$需求增多，如甲亢；④药物相关性，如秋水仙碱、新霉素、对氨基水杨酸；⑤其他，如麻醉中应用的一氧化二氮（$N_2O$）产生不可逆氧化反应。近年来，自行吸入 $N_2O$ 导致笑气中毒者也不少见。

2. SCD 的发病机制是什么？

1948 年，Hodgkin 等人证实了脊髓亚急性联合变性与维生素 $B_{12}$的缺乏有关。甲基钴胺素（甲基 Vit $B_{12}$）和 5’－脱氧腺苷钴胺素（Ado$B_{12}$）是维生素 $B_{12}$在人体内的两种活性物质，在中枢神经系统起着重要作用。

甲基钴胺素是甲基四氢叶酸－同型半胱氨酸甲基转移酶的辅助因子，能够使同型半胱氨酸(homocysteine, HCY)甲基化生成蛋氨酸，使四氢叶酸生成亚甲基四氢叶酸。蛋氨酸是S－腺苷甲硫氨酸的前体，作为甲基提供者，对卵磷脂和髓磷脂的甲基化起着重要的作用，蛋氨酸和S－腺苷甲硫氨酸的减少会导致脱髓鞘。

四氢叶酸是DNA合成的重要因素，四氢叶酸代谢通路的障碍会影响细胞的快速运转，包括前血细胞和产生髓鞘的少突胶质细胞。由于细胞核DNA合成下降，而胞浆中的RNA仍继续成熟，致核/浆比例倒置，细胞体积较大而核发育幼稚，引起巨幼细胞性贫血、胃酸缺乏和舌炎。

$AdoB_{12}$是甲基丙二酰辅酶A变位酶(MMCoAM)的辅助因子，能够使甲基丙二酰辅酶A转化为琥珀酰辅酶A(见图122)。$AdoB_{12}$－MMCoAM路径的障碍导致细胞内甲基丙二酸水平升高，后者影响正常脂肪酸合成或其本身误插入脂肪酸中，这种不正常的脂肪酸组成的髓鞘或髓鞘磷脂的甲基化障碍，合成的髓鞘较脆弱，会发生脱髓鞘及轴索变性，导致病变的发生。

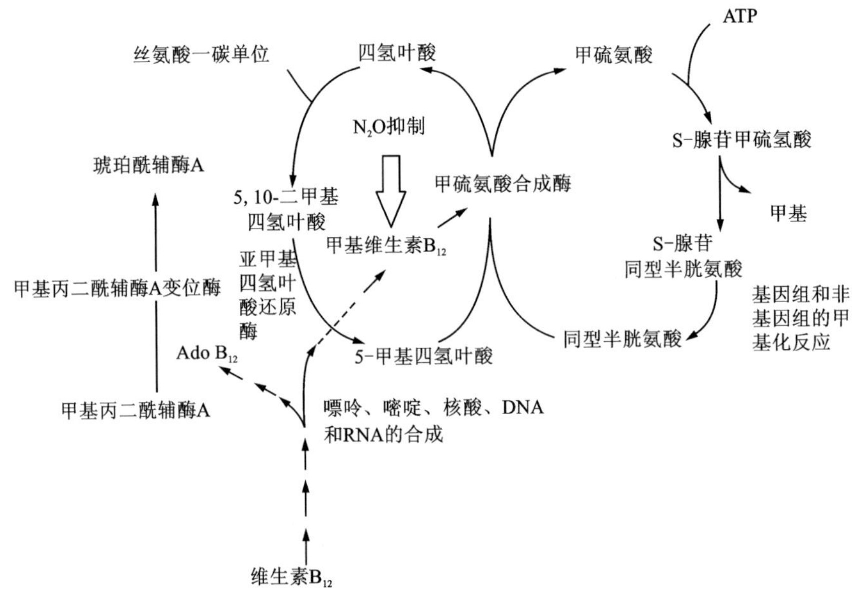


**图122　维生素$B_{12}$、叶酸、同型半胱氨酸代谢简图**

越来越多证据表明，不仅维生素$B_{12}$缺乏，且维生素$B_{12}$缺乏导致的细胞因子和生长因子的失平衡同样可导致SCD。在胃大部切除术后的兔动物模型中，维生素$B_{12}$的缺乏导致了脊髓和脑脊液中的肿瘤坏死因子(tumor necrosis factor, TNF－α)和可溶性CD40－sCD40二配体及神经生长因子(nerve growth factor,

NGF)增多，而髓鞘形成因子减少。

3. SCD 有哪些主要的临床表现?

亚急性联合变性的实质是维生素 $B_{12}$ 缺乏症，其临床特征主要包括以下几方面：①巨细胞性贫血，表现为面色口唇苍白，舌炎，关节色素沉着；②周围神经损害，表现为双下肢或四肢远端麻木无力，逐渐上升；③脊髓后索和侧索损害，表现为行走不稳，脚踩棉花感，痉挛性截瘫等；④颅神经损害，表现为视力下降，听力下降；⑤脑白质损害，表现为记忆力减退，痴呆及妄想，幻觉，抑郁等精神症状。其中最常见的神经系统症状为单纯感觉异常和麻木，另有神经检查正常而主诉感觉异常者。

4. SCD 会出现感觉平面吗?

按照教科书的讲法，感觉平面不是 SCD 的典型临床表现，甚至将感觉平面作为排除亚急性联合变性的临床征象之一。但在已有的病例报道和临床实践中，感觉平面并不少见。在 Li 等的研究中，6/23(26.09%)的 SCD 患者可出现胸、腰段感觉平面。推测其机制可能是脊髓侧索受损严重后病变从锥体束延伸到脊髓丘脑束，因此出现了感觉平面。所以，还是实践出真知，不能完全照搬教科书的说法。

5. 血清维生素 $B_{12}$ 正常是否能排除 SCD?

从哲学角度回答，肯定是不能的！从科学角度出发，则是因为：血清维生素 $B_{12}$ 随其结合蛋白量的改变而改变，即使血清中维生素 $B_{12}$ 水平正常，如果存在维生素 $B_{12}$ 的转运和代谢障碍，影响其依赖酶的活性，使细胞不能充分利用有活性的甲基维生素 $B_{12}$ 和腺苷维生素 $B_{12}$，仍可导致 SCD 的发生。故血清维生素 $B_{12}$ 水平并不能完全反映全身维生素 $B_{12}$ 的水平及组织对维生素 $B_{12}$ 的储备能力，有其局限性。

血清维生素 $B_{12}$ 缺乏时，维生素 $B_{12}$ 代谢过程中的两种物质，即 HCY 和甲基丙二酸在体内聚集增加。许多研究认为 HCY 和 MMA 在血液中聚集增加是功能性维生素 $B_{12}$ 缺乏的最敏感和特异的指标，在许多血清维生素 $B_{12}$ 正常的患者中出现二者浓度的增加。

6. MRI 在诊断 SCD 中有什么价值?

MRI 在 SCD 的诊断中是十分有价值的。有文献报道 MRI 在 SCD 中的阳性率大约为 52.8%，其中颈段约为 33.3%，胸段约为 19.4%。也有文献报道其敏感性较低，Krishan 等在 54 例 SCD 患者中仅发现 8 例有脊髓的 MRI 异常，敏感性仅为 14.8%。

典型的 MRI 表现是在脊髓后部的条形病灶，T2 呈高信号，横断面呈双侧对称，倒“V”字形、“八”字形或倒兔耳征，通常不伴有强化，曾有报道可见

DWI 上异常对称高信号。在治疗数月后，脊髓的病灶会在临床症状改善之前逐渐消散。MRI 对 SCD 的预后也有一定预见作用，Vasconcelos 等总结发现，MRI 节段小于 7、年龄小于 50 岁、无 Romberg 征、Babinski 征阳性、无皮层感觉异常症状的患者治愈率较高。

7. 脊髓 MRI 上的倒“V”字形征可见于哪些疾病?

遵循同像异病的规律，不用指望倒“V”字形征有绝对的特异性，目前文献报道的与 SCD 类似的倒“V”字形征疾病主要有：①艾滋病(acquired immune deficiency syndrome，AIDS)相关性脊髓病；②铜缺乏性脊髓病；③维生素 E 缺乏性脊髓病；其他的倒“V”字形征疾病欢迎读者继续补充……

8. SCD 的鉴别诊断主要有哪些?

颈椎病：包括脊髓型颈椎病、椎间盘突出、椎管狭窄等，临床症状上也可表现为类似症状；影像学可提示颈椎前屈减少、消失或反常，后纵韧带骨化，颈椎管狭窄，椎间盘突出，黄韧带肥厚等。因此应同时行血清维生素 $B_{12}$ 水平、血同型半胱氨酸、电生理及 MRI 检查排除 SCD。

多发性硬化：可有类似临床症状，脊髓 MRI 提示条状 T2WI 高信号，分布无对称趋势，脊髓无明显增粗，而活动期 Gd－DTPA 增强扫描可见强化，应用激素治疗有效，临床病史反复，脑脊液检查可提示鞘内 IgG 合成。

铜缺乏性脊髓病：可导致以脊髓受累为主的多种神经系统异常，类似于 SCD，脊髓 MRI 亦相似，需进一步检测血清铜、铜蓝蛋白的含量。

艾滋病相关脊髓病：可表现为慢性进展性脊髓病，累及后索、侧索，可见脊髓空泡样改变，患者的血液和脑脊液 HIV 抗体阳性可予以鉴别。

SCD 和其他营养障碍性脊髓病的鉴别诊断见表 19。

**表 19　营养障碍性脊髓病的鉴别诊断**

| | 常见病因 | 影像学 | 诊断 |
|---|---|---|---|
| 维生素 $B_{12}$ 缺乏症 | 摄入不足、萎缩性胃炎、肠道手术、恶性贫血、遗传因素 | 脊髓后索和侧索异常信号 | 血清维生素 $B_{12}$ <200 pg/mL |
| 铜缺乏症 | 摄入不足、营养不良、减肥手术、锌摄入过多 | 后索异常信号 | 血清和尿铜降低，铜蓝蛋白降低 |
| 叶酸缺乏症 | 摄入不足、营养不良、减肥手术 | 后索异常信号 | 合并明显的感觉性周围神经病 |
| 维生素 E 缺乏症 | 遗传因素、营养不良 | 脊髓小脑萎缩、后索高信号 | 血清 α 生育酚水平测定 |
| 一氧化二氮 | 暴露一氧化二氮 | 后索和侧索异常信号 | 血清维生素 $B_{12}$ 正常 |

9. 亚急性联合变性的治疗和预后如何？

神经系统症状可在接受维生素 $B_{12}$ 治疗 6 个月后缓慢改善，与病情程度和病程相关。维生素 $B_{12}$ 治疗可使病情发展停止。SCD 患者若能在 3 个月内早发现、早治疗，预后良好并可望完全恢复；病变较重者可能遗留不同程度的神经功能缺损，如不治疗，2 ~ 3 年后可逐渐加重，直至死亡。

（吴　慧）

## 参考文献


[1] Xiao CP, Ren CP, Cheng JL, et, al. Conventional MRI for diagnosis of subacute combined degeneration(SCD) of the spinal cord due tovitamin B – 12 deficiency. Asia Pac J ClinNutr, 2016, 25(1): 34 – 38.

[2] Gürsoy AE, Jsa MK, Yildiz GB, et al. Subacute Combined Degeneration of the Spinal Cord due to Different Etiologies and Improvement of MRI Findings . Case Rep Neurol Med, 2013, 2013: 159 – 649.

[3] Li J, Ren M, Dong A. A retrospective study of 23 cases with subacute combined degeneration. Int J Neurosci, 2016, 126(10): 872 – 877.

[4] Li J, Zhang L, Zhang Y, et al. Misdiagnosis of spinalsubacute combined degeneration in a patient with elevated serum B12concentration and sensory deficit level. Neurologicalsciences: official journal of the Italian Neurological Society and of the Italian Society of Clinical Neurophysiology, 2016, 37(9): 1577 – 1578.

[5] Jain KK, Malhotra HS, Garg RK, et al. Prevalence of MR imaging abnormalities in vitamin B12 deficiency patientspresenting with clinical features of subacute combined degeneration of the spinalcord. Journal of the neurologicalsciences, 2014; 342(1 – 2): 162 – 166.

# 24. 渐进性双下肢无力的青年男性

［病史摘要］

患者，男，31 岁，进行性右下肢无力 2 年，左下肢无力半年。患者于 2 年前开始发现右下肢乏力，跑步中断，休息后能缓解。症状缓慢加重，1 年前开始不能跑步及不能右下肢单脚跳，半年前开始觉左下肢无力，同时诉感觉减退，开车时不能感觉离合器深浅，有脚踩棉花感。患者自起病以来觉大小便费力，所花时间较以前延长。既往史无特殊，有一哥哥于十几岁时因医院检查“颅内大片异常信号”去世(诊断不详，“脑部肿瘤”?)，父母体健。

［神经科体格检查］

神志清楚，口齿清楚，对答切题，定向力、计算力正常，颅神经检查未见异常。颈软，双上肢肌力 5 级，双下肢肌力 5 级 -，上肢腱反射( + + )，肌张力正常，下肢膝反射( + + + )，踝阵挛( + )，肌张力明显增高，双侧 Babinski 征阳性。双上肢深浅感觉正常，双下肢振动觉及位置觉减退，右下肢略明显，双下肢长袜套样浅感觉减退。指鼻及轮替试验佳，跟膝胫试验欠准确，闭目难立征阳性。口唇色素沉着及乳晕颜色变黑(图 123)。

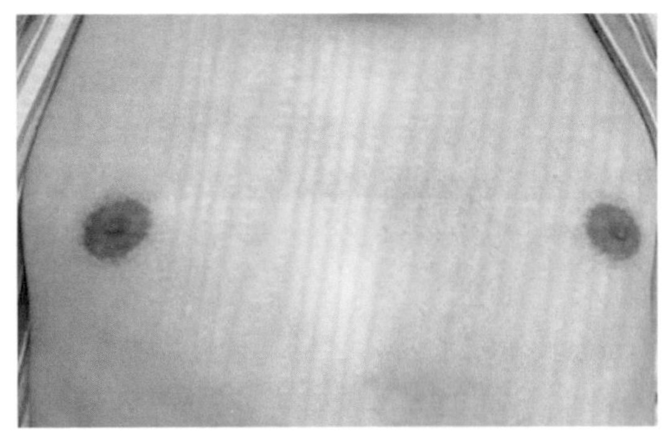

**图 123　乳晕颜色变黑**

[定位诊断思路]

临床定位诊断思路分析见图 124。

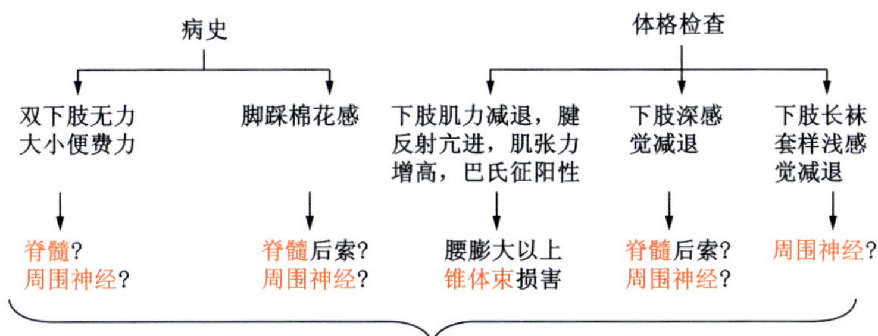


图 124　定位诊断思路图

[定性诊断与鉴别诊断]

定性诊断与鉴别诊断思路形成见图 125。

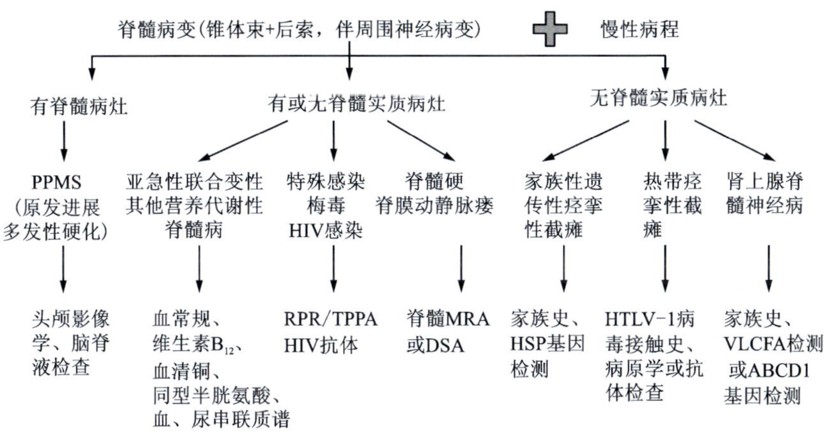


图 125　定性诊断思路图

进一步行 MRI 检查，头颅 MRI 未见明显异常，脊髓 MRI 提示脊髓轻度萎缩(蛛网膜下隙增宽)，未见明显实质异常信号(图 126)。肌电图提示轻度多发性周围神经损害，下肢运动神经髓鞘损害为主(图 127)。患者血清维生素 $B_{12}$ 和叶酸水平正常。梅毒，HIV 抗体阴性。

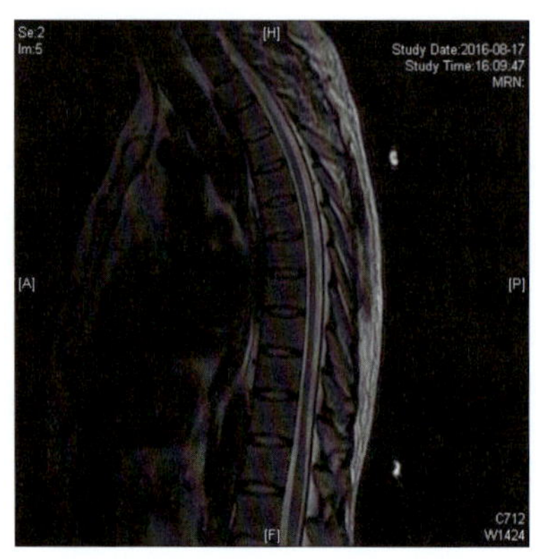


**图 126　患者脊髓 MRI 影像**

| 运动传导速度 | 潜伏期(ms) | 波幅(mV) | 距离(m/s) | 传导速度(m/s) | F 潜伏期(ms) |
|---|---|---|---|---|---|
| 正中神经　右 | | | | | |
| 腕 - APB | 3.71 | 8.9 | 62.0 | | 26.8 |
| 肘 - 腕 | 7.96 | 8.5 | 248 | 58.4 | |
| 腓总神经　右 | | | | | |
| 踝 - EDB | 3.71 | 5.9 | 60.0 | | 63.3 |
| 膝下 - 踝 | 13.1 | 5.7 | 321 | 34.2 | |
| 膝上 - 膝下 | 16.0 | 5.8 | 99.0 | 34.1 | |
| 胫神经　左 | | | | | |
| 踝 - AH | 4.19 | 10.5 | 63.0 | | 57.1 |
| 腘窝 - 踝 | 16.1 | 9.9 | 410 | 34.4 | |
| 胫神经　右 | | | | | |
| 踝 - AH | 4.39 | 10.5 | 41.0 | | 57.9 |
| 腘窝 - 踝 | 16.4 | 8.6 | 407 | 33.9 | |
| 尺神经　右 | | | | | |
| 腕 - ADM | 2.33 | 9.6 | 58.0 | | 27.6 |
| 肘下 - 腕 | 6.73 | 8.7 | 230 | 52.3 | |
| 肘上 - 肘下 | 8.58 | 7.8 | 110 | 59.5 | |

| 感觉传导速度 | | 潜伏期(ms) | 波幅(uV) | 距离(mm) | 传导速度(m/s) |
|---|---|---|---|---|---|
| 正中神经 | 右 | | | | |
| | 指Ⅲ－腕 | 2.35 | 25.4 | 132 | 56.2 |
| 腓浅神经 | 右 | | | | |
| | 踝－足背 | 2.42 | 20.0 | 115 | 47.5 |
| 腓肠神经 | 左 | | | | |
| | 小腿中－外踝 | 2.35 | 26.6 | 108 | 46.0 |
| 腓浅神经 | 右 | | | | |
| | 小腿中－外踝 | 2.98 | 25.9 | 112 | 40.2 |
| 尺神经 | 右 | | | | |
| | 指Ⅴ－腕 | 2.21 | 12.0 | 115 | 52.0 |

**图 127　患者肌电图测试结果**

对患者进行极长链脂肪酸测定，结果示二十二烷酸(C22)35.905 μM(25.45～74.51 μM)，二十四烷酸(C24)51.785 μM(20.85～61.50 μM)，二十六烷酸(C26)2.508 μM(0.22～0.74 μM)，C24/C22 比值 1.442(0.690～0.962)，C26/C22 比值 0.07(0.004～0.016)。在临床指导下，进一步行 ABCD1 基因检测，提示存在杂合子的错义突变，c.1817C＞T p.(Ser606Leu)，为已报道致病性突变。

**最终诊断：肾上腺脊髓神经病(adrenomyeloneuropathy，AMN)**

［病例的问题］

1. AMN 的临床表现如何？

AMN 于 1976 年首次报道，被认为是 X－连锁肾上腺脑白质营养不良(X－linked adrenal leukodystrophy，X－ALD)的变异型。AMN 多在 20 岁或以后起病，临床表现多样，首发症状局限于脊髓和周围神经，表现为逐渐进展的痉挛性截瘫、感觉性共济失调、括约肌功能障碍、下肢疼痛或乏力。周围神经受累的程度较轻，常被显著的脊髓症状掩盖。周围神经病的肌电图表现以轴索性多见，也可为脱髓鞘性。

70% 患者存在肾上腺皮质功能不全及其相应症——如全身皮肤变黑等，其他非特异性症状还包括头发稀少、早秃、体重下降等。一项回顾性研究发现，在 10 年以上的 AMN 患者中，约 20% 患者会出现颅内脱髓鞘病灶。脱髓鞘病灶可以表现为稳定的轻度认知功能受损，但一旦病情进入加速期伴有颅内病灶强化时，其预后与典型的脑型 X－ALD 一样差。女性携带者也可表现为 AMN，甚至有报道称 60 岁以上的女性携带者中，>50% 有 AMN 症状。本患者可见口唇色素沉着及乳晕颜色变黑，但皮质醇及促肾上腺皮质激素检查未见异常。

2. X－ALD 的流行病学及临床表现如何？

X－ALD 是最为常见的一种过氧化物酶体病，每 17000 例新生儿中有 1 例 X－ALD，不同人种没有显著差异。随着新生儿筛查的普及，患病率可能更高。患者的临床疾病谱从单纯的肾上腺皮质功能不全到致死性的脑白质营养不良，每个患者出现何种表型尚无法预测（表 20）。

**表 20　X－ALD 的临床表型**

| | 脑型（儿童型） | 脑型（青少年型） | 脑型（成人型） | 肾上腺脊髓神经病型 | | Addison 型 | 女性携带者 |
|---|---|---|---|---|---|---|---|
| | | | | 不伴脑病 | 伴脑病 | | |
| 比例（%） | 31～35 | 4～7 | 2～5 | 40～46 | 10 年以上的 AMN 中约 20% | 随年龄增长减少 | 未知 |
| 起病年龄（岁） | 2.5～10 | 10～21 | >21 | >18 | >18 | >2 | 高度异质性，绝大部分>40 岁 |
| 脊髓病变 | － | 可能为临床前期 | ＋或－ | ＋ | ＋ | － | ＋ |
| 头颅 MRI 上白质病变 | 广泛 | 广泛 | 广泛 | 脑干、脑桥和内囊皮质脊髓束的沃勒变性 | 顶枕叶、额叶或半卵圆中心 | － | 极罕见 |
| 行为异常或认知障碍 | ＋ | ＋ | ＋ | － | ＋ | － | 极罕见 |
| 周围神经病 | － | 罕见 | 可能有 | 感觉－运动，轴索为主，脱髓鞘少见 | 感觉－运动，轴索为主 | － | ＋或－ |

续表 20

| | 脑型（儿童型） | 脑型（青少年型） | 脑型（成人型） | 肾上腺脊髓神经病型 | | Addison 型 | 女性携带者 |
|---|---|---|---|---|---|---|---|
| | | | | 不伴脑病 | 伴脑病 | | |
| 内分泌系统 | 常伴 Addison 病 | 常伴 Addison 病 | 常伴 Addison 病 | 常伴 Addison 病和睾丸功能不全 | 常伴 Addison 病和睾丸功能不全 | Addison 病 | Addison 病罕见（<1%） |
| 进展 | 快 | 快 | 快 | 慢 | 快 | - | 慢 |

根据上述分析，可大胆推测患者的哥哥可能为青少年脑型 X - ALD。也说明了在同一个家族中，携带同样致病基因的兄弟可以在表型上出现较大的差别。

3. X - ALD 的发病机制如何？

X - ALD 由 ABCD1 基因突变所致，该基因定位于 Xq28，DNA 全长约 26 kb，编码 ABCD1 蛋白，又称 ALDP。现已有超过 800 个突变被发现，最常见的为错义突变和移码突变，其余包括无义突变、框内缺失或框内插入等。ALDP 为过氧化物酶体膜蛋白，参与将极长链脂肪酸辅酶 A 转运至过氧化物酶体内对极长链脂肪酸（very long chain flatty acid，VLCFA）进行代谢。X - ALD 以 VLCFA 的 β 氧化障碍为主要发病机制，ABCD1 基因突变时，血液中 VLCFA 水平增高，在中枢和外周髓鞘磷脂、肾上腺皮质和睾丸等处堆积，引起相应部位发生病理改变和功能障碍。

目前详细的分子机制和 VLCFA 堆积的生理效应仍不清楚。体外试验发现 VLCFA 的聚积毒性。VLCFA 极为疏水，它从生物膜解离的速度是长链脂肪酸（long-chain fatty acid，LCFA）的 1/10000，造成膜结构功能和稳定性的破坏。在体外培养的细胞中，过量的 VLCFA 造成肾上腺皮质细胞分泌氢化可的松减少，并造成星型胶质细胞和少突细胞的死亡。体内试验发现 VLCFA 造成氧化应激损伤小胶质细胞，造成细胞凋亡。同一个基因突变可以引起不同的表型，原因尚不明确，可能与修饰基因或者环境因子相关。

4. X - ALD 的诊断标准是什么？

血浆和组织中 VLCFA 异常增高是 AMN 的特征性改变，测定血液中 VLCFA 的含量是目前主要的诊断方法，检查内容包括二十二烷酸（C22）浓度、二十四烷酸（C24）浓度、二十六烷酸（C26）浓度、C24/C22 和 C26/C22 比值，尤以后三项为主要参考指标。当 C26 和 C24 浓度升高，C22 浓度降低，C26/C22 和 C24/C22 比值分别大于 0.04 和 1.2 时，有病理学意义。本患者 C26 浓度明显升高，C26/C22 比值 0.07，C24/C22 比值 1.442，对于男性患者而言，已足以诊断为 AMN，后续的基因检测证实了这一诊断。

而对于女性携带者，约 15% 的携带者血 VLCFA 水平可以正常，确诊需要基因检测。VLCFA 检测可以准确发现和诊断 X – ALD，包括无症状者。VLCFA 升高的水平与临床严重程度无关。异常增多的 VLCFA 可以沉积在羊水细胞和绒毛膜细胞中，因此羊水的 VLCFA 检测对产前诊断也有重要意义。

5. X – ALD 的治疗及预后如何？

目前，X – ALD 尚无特效的治疗方法。在饮食中限制长链和极长链脂肪酸摄入被认为是无效的，有研究报道服用洛伦佐油（Lorenzo's oil）后血液中 VLCFA 的水平能降低甚至正常，但能否延缓神经系统症状的进展尚有争议。

有学者提出通过骨髓或脐血干细胞移植重建酶活性，改善临床症状。

在部分儿童脑型或青少年脑型 ALD 患者骨髓移植已被证实能延缓或停止疾病的进展，因此主要适用于神经系统症状轻的患者，对于症状已严重的患者不推荐。有学者建议 3 ~ 12 岁的患者，有颅内脱髓鞘病灶者，每 3 个月做 1 次头颅 MRI 随访，无病灶者每 6 个月做 1 次头颅 MRI 随访，一旦出现病情活动尽早进行骨髓移植。AMN 尚无有效治疗办法。

其他治疗方法也在积极的研究中，如他汀类药物、血浆置换等，目前未被证实有明确疗效。值得注意的是，推荐患者每年进行内分泌系统的评估，一旦发现肾上腺皮质功能减退可以尽早开始替代治疗。不同个体的发病时间和临床类型有很大差别，但一旦出现活动性脑部脱髓鞘表现，则预后极差。

（陆　珺）

## 参考文献

[1] Bezman L, Moser HW. Incidence of X – linked adrenoleukodystrophy and the relative frequency of its phenotypes. Am J Med Genet, 1998, 76: 415 – 419.

[2] van Geel BM, Bezman L, et al. Evolution of phenotypes in adult male patients with X – linked adrenoleukodystrophy. Ann Neurol, 2001, 49: 186 – 194.

[3] Engelen M, Kemp S, et al. X – linked adrenoleukodystrophy (X – ALD): clinical presentationand guidelines for diadnosis, follow – up and management. Orphanet J Rare Dis, 2012, 7: 51.

[4] Shapiro E, Krivit W, et al. Long – term effect of bone – marrow transplantation for childhood – onset cerebral X – linked adrenoleukodystrophy. Lancet, 2000, 356: 713 – 718.

# 25. 四肢麻木的中年男性

［病史摘要］

患者，男，47 岁，四肢麻木 5 年。5 年前开始出现四肢麻木，以足底明显，无疼痛，无肢体无力，无活动障碍，可行走、游泳，无肉跳，无潮热、多汗。否认吸烟、酗酒史，父母健在，否认家族中有类似病史。

［神经科体格检查］

神志清楚，言语清晰，对答切题，定向力、记忆力和计算力正常，颅神经检查未见异常，颈软，四肢肌肉无明显萎缩，无明显高足弓，四肢肌力 5 级，四肢腱反射均未引出，双侧病理征阴性，四肢手套袜套样深浅感觉减退。

［定位诊断思路］

临床定位诊断思路分析见图 128。

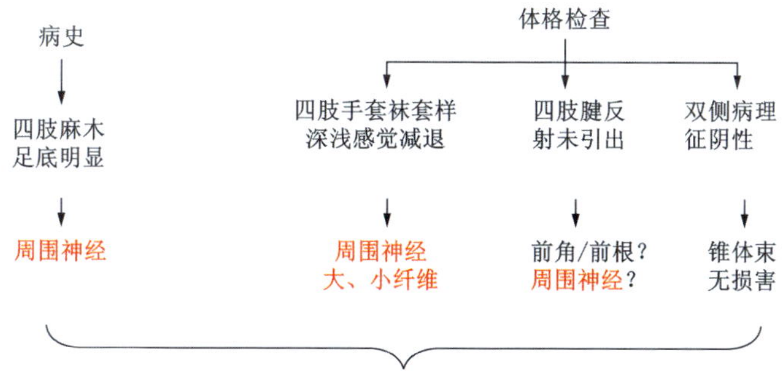


图 128　定位诊断思路图

［定性诊断与鉴别诊断］

定性诊断推测与鉴别诊断思路形成见图 129。

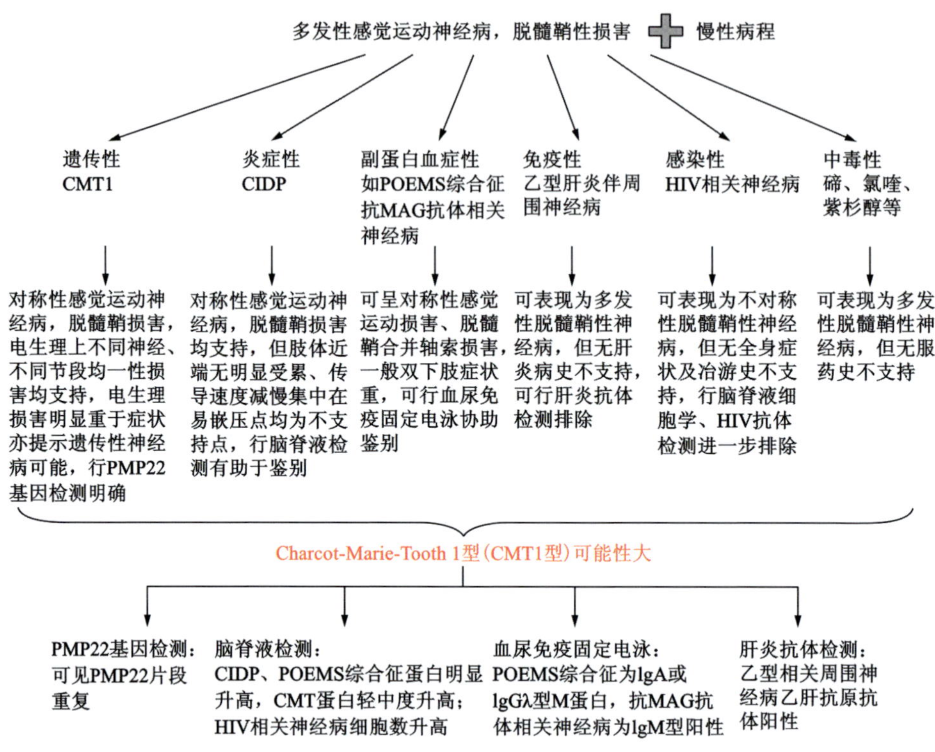
多发性感觉运动神经病，脱髓鞘性损害
慢性病程
遗传性
CMT1
炎症性
CIDP
副蛋白血症性
如POEMS综合征
抗MAG抗体相关神经病
免疫性
乙型肝炎伴周围神经病
感染性
HIV相关神经病
中毒性
砷、氯喹、紫杉醇等
对称性感觉运动神经病，脱髓鞘损害，电生理上不同神经、不同节段均一性损害均支持，电生理损害明显重于症状亦提示遗传性神经病可能，行PMP22基因检测明确
对称性感觉运动神经病，脱髓鞘损害均支持，但肢体近端无明显受累、传导速度减慢集中在易嵌压点均为不支持点，行脑脊液检测有助于鉴别
可呈对称性感觉运动损害、脱髓鞘合并轴索损害，一般双下肢症状重，可行血尿免疫固定电泳协助鉴别
可表现为多发性脱髓鞘性神经病，但无肝炎病史不支持，可行肝炎抗体检测排除
可表现为不对称性脱髓鞘性神经病，但无全身症状及冶游史不支持，行脑脊液细胞学、HIV抗体检测进一步排除
可表现为多发性脱髓鞘性神经病，但无服药史不支持
Charcot-Marie-Tooth 1型（CMT1型）可能性大
PMP22基因检测：可见PMP22片段重复
脑脊液检测：CIDP、POEMS综合征蛋白明显升高，CMT蛋白轻中度升高；HIV相关神经病细胞数升高
血尿免疫固定电泳：POEMS综合征为lgA或lgGλ型M蛋白，抗MAG抗体相关神经病为lgM型阳性
肝炎抗体检测：乙型相关周围神经病乙肝抗原抗体阳性

**图 129　定性诊断思路图**

神经传导测定结果（图 130）：

| 运动传导 | 潜伏期（ms） | | 波幅（mV） | | 速度（m/s） | | F 波潜伏期（ms） | | F 波出现率 | |
|---|---|---|---|---|---|---|---|---|---|---|
| | 左 | 右 | 左 | 右 | 左 | 右 | 左 | 右 | 左 | 右 |
| 正中神经 | | | | | | | | | | |
| 腕－APB | 12.2（270% ↑） | 11.9（260% ↑） | 5.5（67% ↓） | 5.0（70% ↓） | | | | | | |
| 肘－腕 | 23.8（↑↑） | 23.7（↑↑） | 5.2（62% ↓） | 4.1（68% ↓） | 18.2（70% ↓） | 17.5（71% ↓） | | | | |
| F 波 | | | | | | | 91.4（↑↑） | 88.6（↑↑） | 80% | 85% |
| 尺神经 | | | | | | | | | | |
| 腕－ADB | 10.3（340% ↑） | 8.4（259% ↑） | 5.4（70% ↓） | 5.3（71% ↓） | | | | | | |
| 肘下－腕 | 22.7（↑↑） | 20.6（↑↑） | 5.2（621% ↓） | 4.9（62% ↓） | 14.5（77% ↓） | 14.7（74% ↓） | | | | |
| 肘上－肘下 | 31.3（↑↑） | 29.4（↑↑） | 4.8（↓↓） | 4.6（↓↓） | 13.8（76% ↓） | 14.0（75% ↓） | | | | |

| 运动传导 | 潜伏期(ms) | | 波幅(mV) | | 速度(m/s) | | F 波潜伏期(ms) | | F 波出现率 | |
|---|---|---|---|---|---|---|---|---|---|---|
| | 左 | 右 | 左 | 右 | 左 | 右 | 左 | 右 | 左 | 右 |
| 腓总神经 | | | | | | | | | | |
| 踝 - EDB | 17.8 (465% ↑) | 17.2 (446% ↑) | 2.8 (51% ↓) | 2.5 (56% ↓) | | | | | | |
| 小头下 - 踝 | 38.9 (↑↑) | 40.7 (↑↑) | 2.2 (↓↓) | 2.0 (↓↓) | 15.2 (73% ↓) | 13.6 (76% ↓) | | | | |
| 小头上 - 下 | 43.8 (↑↑) | 46.2 (↑↑) | 1.7 (↓↓) | 1.6 (↓↓) | 16.3 (67% ↓) | 14.5 (71% ↓) | | | | |
| 胫神经 | | | | | | | | | | |
| 踝 - AHB | 21.0 (438% ↓) | 22.5 (476% ↓) | 3.7 (72% ↓) | 3.5 (73% ↓) | | | | | | |
| 腘 - 踝 | 42.9 (↑↑) | 43.6 (↑↑) | 3.4 (↓) | 3.1 (↓) | 15.8 (72% ↓) | 14.7 (74% ↓) | 137.9 (↑↑) | 132.7 (↑↑) | 90% | 90% |

| 感觉传导 | 潜伏期(ms) | | 波幅(uV) | | 速度(m/s) | |
|---|---|---|---|---|---|---|
| | 左 | 右 | 左 | 右 | 左 | 右 |
| 正中神经 | | | | | | |
| 指 3 - 腕 | 12.0(↑↑) | 11.8(↑↑) | 3.4(51% ↓) | 3.5(50% ↓) | 12.5(81% ↓) | 13.1(80% ↓) |
| 尺神经 | | | | | | |
| 指 5 - 腕 | 10.2(↑↑) | 9.9(↑↑) | 6.7(65% ↓) | 6.8(64% ↓) | 12.9(77% ↓) | 13.4(76% ↓) |
| 腓总神经 | | | | | | |
| 踝 - 小头下 | 20.2(↑↑) | 19.7(↑↑) | 0.4(65% ↓) | 0.5(64% ↓) | 15.8(72% ↓) | 16.3(71% ↓) |
| 胫神经 | | | | | | |
| 趾 1 - 内踝 | 12.5(↑↑) | 12.2(↑↑) | 0.4(64% ↓) | 0.4(64% ↓) | 12.8(71% ↓) | 13.1(70% ↓) |

**图 130　患者神经传导测定结果**

神经传导测定结果分析：

运动神经传导测定见双侧正中神经、尺神经、腓总神经和胫神经 DML 显著延长，CMAP 波幅中度降低，神经远端近端节段 MCV 均显著下降；双侧正中神经、双侧胫神经 F 波潜伏期明显延长；感觉神经传导测定见双侧正中神经、尺神经、腓总神经和胫神经 SNAP 波幅中度下降，感觉神经传导速度（sensory nerve conduction velocity，SCV）显著减慢。

综合上述结果，神经传导测定提示多发性对称性感觉运动神经病，脱髓鞘性损害为主。神经传导测定最特征的表现是上下肢周围神经对称性弥漫性损害，不同神经远端、近端不同节段传导速度呈均一性减慢，高度提示腓骨肌萎缩症 1 型（Charcot - Marie - Tooth 1，CMT1）。

基于临床和电生理结果考虑 CMT1 诊断，用多重连接探针扩增技术

(multiplex ligation - dependent probe amplification, MLPA)行 PMP22 基因检测发现片断重复。患者父母无明显肢体麻木无力主诉，基因检测发现父亲亦存在 PMP22 基因片断重复。

**最终诊断：Charcot - Marie - Tooth 1A 型(CMT1)**

［病例的问题］

1. 腓骨肌萎缩症(Charcot - Marie - Tooth，CMT)常见的临床表现是什么？

尽管 CMT 有多种类型，但主要的临床表现多为肢体远端无力、肌肉萎缩，下肢明显，腱反射减低或消失，儿童可有行走延迟、不能跑步等症状。下肢远端肌萎缩呈“倒立香槟酒瓶”状，或称“鹤腿”(图 131，非本患者)，如有上肢肌萎缩可出现“爪形手”，还可有骨骼畸形，如弓形足、锤状趾等。本患者无明显高弓足和锤状趾，如果没有电生理的进一步提示，临床上最初很难考虑为 CMT。多数患者感觉症状通常较轻微，但查体可有轻度到中度的深、浅感觉减退，以下肢明显，部分患者可有肢体疼痛。病情缓慢进展，通常不影响生存期。

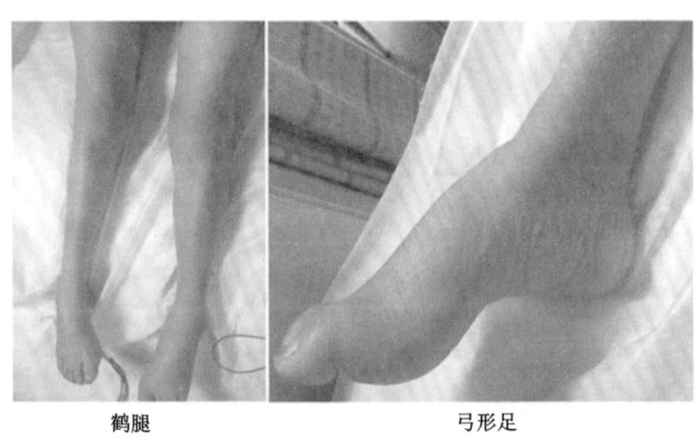

鹤腿　　弓形足

**图 131　CMT 患者下肢肌肉萎缩外观**

2. CMT 的电生理特征是什么？

神经电生理检查对 CMT 诊断和分型有重要的价值，根据运动传导速度不同，CMT 可以分为脱髓鞘型和轴索型两大类，正中神经 MCV < 38 m/s 为脱髓鞘型 CMT，正中神经 MCV > 38 m/s 为轴索型 CMT。

脱髓鞘型 CMT 主要包括 CMT1 和 CMT4，其电生理特征为周围神经弥漫性、均一性传导速度减慢，上肢、下肢不同神经及神经远端、近端不同节段的传导速度下降程度相对一致，传导速度甚至 < 10 m/s，末端运动潜伏期明显延

长，但传导阻滞和波形离散罕见。轴索型 CMT 主要为 CMT2，电生理特征为周围神经 CMAP 和 SNAP 波幅明显下降，甚至可能引不出波形。

3. 如何评估 CMT 患者神经病变的功能障碍程度？

CMT 患者神经病变的功能障碍程度可以采用腓骨肌萎缩症神经病变评分(charcot - Marie - Tooth neuropathy score，CMTNS)进行评估(表 21)，临床上可用 CMTNS 来动态监测病情的进展及药物的疗效。

**表 21　CMT 神经评分(CMTNS)**

| 参数 | 0 | 1 分 | 2 分 | 3 分 | 4 分 |
|---|---|---|---|---|---|
| 感觉症状 | 无 | 症状位于踝部以下 | 症状到达小腿远端 1/2 | 症状到达小腿近端 1/2 但位于膝以下 | 症状到达膝(髌骨)以上 |
| 运动症状(下肢) | 无 | 绊脚、足趾抓地、脚掌着地、需要特殊鞋垫 | 使用踝关节支架或稳定器(踝足矫形器)，足部手术 | 行走时需要使用拐杖或步行器 | 需要轮椅 |
| 运动症状(上肢) | 无 | 系钮扣稍困难 | 很难或无法系钮扣 | 无法使用刀叉切食物 | 近端肌无力(累及肘部及以上，影响活动) |
| 针刺觉(见图 132) | 正常 | 位于踝部以下部位减退 | 小腿远端 1/2 以下减退 | 感觉减退到小腿近端 1/2 但于膝以下 | 感觉减退到达膝(髌骨)以上 |
| 振动觉(见图 132) | 正常 | 大拇趾感觉减退 | 踝部感觉减退 | 膝部(胫骨结节)感觉减退 | 膝部(胫骨结节)感觉消失 |
| 肌力(下肢) | 正常 | 足背屈或跖屈肌力 4 级 +，4 级，或 4 级 - | 足背屈或跖屈肌力≤3 级 | 足背屈和跖屈肌力均≤3 级 | 近端无力 |
| 肌力(上肢) | 正常 | 手固有肌肌力 4 级 +，4 级，或 4 级 - | 手固有肌肌力≤3 级 | 腕伸肌肌力≤5 级 | 肘部以上肌无力 |
| 尺神经 CMAP | ≥6 mV | 4～5.9 mV | 2～3.9 mV | 0～1.9 mV | 波形未引出 |
| 正中神经 CMAP | ≥4 mV | 2.8～3.9 mV | 1.2～2.7 mV | 0.1～1.1 mV | 波形未引出 |
| 桡神经 SNAP(逆向法) | ≥15 uV | 10～14.9 uV | 5～9.9 uV | 1～4.9 uV | <1 uV |

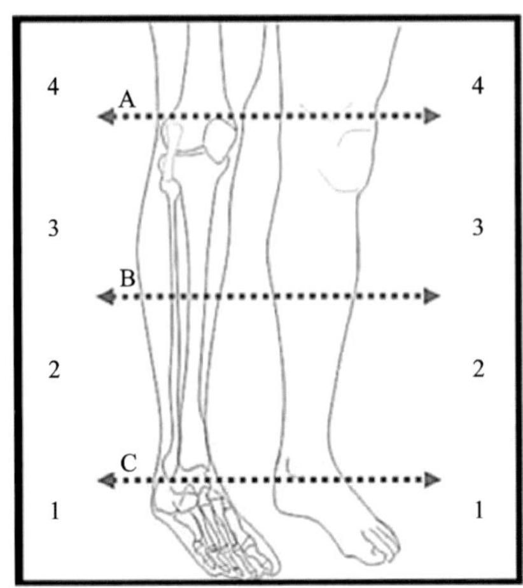


**图 132　感觉(针刺觉、振动觉)评估示意图**

4. 临床上如何确诊一位患者是遗传性神经病?

遗传性神经病很重要的一点就是确定家族史和遗传方式，对于有较多患病成员的大家系通过简单的询问即可确定，但如果遇上常染色体隐性遗传的小家系或者患者为领养时，就需要对患者及直系亲属进行更详细的病史询问和体格检查，并结合神经电生理检查。

遗传性神经病通常缓慢进展，发病年龄通常可追溯到儿童期、青少年期。仔细询问发育史有助于确认遗传病史，尤其是否有出生时关节挛缩、发育里程碑延缓、经常出现鞋子不合脚、体育课成绩差等。查体时注意是否存在弓形足、锤状趾、脊柱侧弯等骨骼畸形。

神经传导测定也有助于判断是否为遗传性神经病，尤其是遗传性脱髓鞘性神经病，周围神经弥漫性、均一性传导速度减慢为其特征性表现；此外神经电生理上周围神经损害的严重程度与患者神经功能缺损程度不成正比，也支持遗传性神经病。遗传性神经病患者神经电生理上周围神经传导速度可以显著下降，CMAP 和 SNAP 波幅可以明显下降，甚至引不出，但患者运动障碍却较轻，感觉症状也极轻微。

此外，对于父母、兄弟姐妹等直系亲属，即便其否认周围神经病病史，也无特殊主诉，仍应详细询问是否存在一过性/间歇性肢体无力、麻木，下蹲姿势异常、单腿跳费力等，检查是否存在弓形足、锤状趾、脊柱侧弯等畸形，必要时应行神经传导测定以明确是否存在周围神经损害，这些均有助于确定家族史和遗传方式。

5. 遗传性和炎症性脱髓鞘性神经病的主要区别有哪些?

遗传性和炎症性脱髓鞘性神经病的主要区别见表 22。

**表 22　遗传性和炎症性脱髓鞘性神经病的区别**

| 区别点 | 遗传性脱髓鞘性神经病 | 炎症性脱髓鞘性神经病 |
|---|---|---|
| 临床表现 | | |
| 　畸形特征 | 有(如弓形足、脊柱侧弯) | 无 |
| 　无力 | 肢体远端为主，近端少见，双侧对称 | 远端和近端均受累、双侧对称或不对称 |
| 　感觉症状 | 较轻 | 较重 |
| 　病情进展 | 进展缓慢 | 阶梯样、进展较快 |
| 电生理特征 | | |
| 　脱髓鞘表现 | 有 | 有 |
| 　运动传导减慢 | 不同神经、不同节段均匀减慢 | 不均一性减慢，不同神经、不同节段存在较大差异 |
| 　传导阻滞或波形离散 | 除易嵌压部位外少见 | 常见 |
| 脑脊液蛋白 | 正常或轻度升高(1 g/L) | 升高 |
| 影像学(MRI) | | |
| 　神经根/丛强化 | 无 | 有 |
| 病理特征 | | |
| 　炎性细胞浸润 | 无 | 有 |

6. CMT 的基因检测策略是什么?

随着基因检测技术的快速发展，高通量测序已经在临床上广泛应用，使我们可以同时检测数十个、数百个，甚至数千个基因，而不需要再对每个基因进行逐一检测。然而基因检测时并非同时检测越多基因越好，因为检测基因数目多，覆盖深度可能降低，导致假阴性结果，而且检测所得的海量数据也增加分析的难度。目前临床上对 CMT 的基因检测多采用基于电生理和临床表型的靶向基因测序策略(图 133)。

7. 如何判断新发现的基因突变是否为致病突变?

由于高通量测序可同时检测几十个甚至数百个基因，因此可能检测出多个

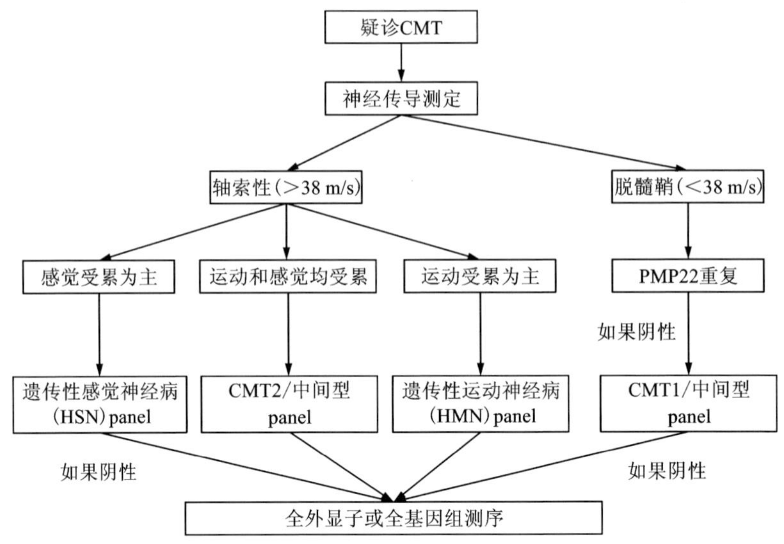


**图 133　CMT 的基因检测策略**

基因的多个变异，如何行生物信息学分析对已知致病基因发现的变异进行解读是临床医生面临的新挑战。临床上通常可以通过以下几种方法来判断一个基因变异是否为致病突变。

(1)确定患者的临床特征与该基因已知的表型是否一致；

(2)行家系验证，确定家系中是否存在突变与表型共分离现象；

(3)使用预测软件如(SIFT、Polyphen)等预测该基因变异是否具有致病性；

(4)确定突变的氨基酸位点在不同物种间是否具有保守性；

(5)在单核苷酸多态性公共数据库中查找该基因变异是否被收录；

(6)构建该突变的细胞模型或动物模型进行验证。

8. CMT 的主要神经病理特征是什么？什么情况下 CMT 患者需要做神经活检？

CMT 的神经病理特征取决于 CMT 的不同类型：CMT1 主要为慢性脱髓鞘性神经病的病理改变，表现为有髓纤维密度减低，以大中直径纤维为主，可见再生纤维，可见“洋葱球样”改变；CMT2 以慢性轴索性神经病为主要病理改变，表现为轴索丢失和再生；CMTX 可见脱髓鞘和轴索丢失并存。

得益于基因诊断技术的发展，多数 CMT 患者在神经电生理检查和临床表型分析基础上行基因检测已能确诊，因此疑诊 CMT 的患者无须常规行神经活检。但对于一些经过靶向基因检测仍未能诊断的患者，可行神经活检，为进一步检查提供线索。总体来说，神经活检对诊断本类疾病价值有限。

对于疑诊 CMT1 的患者，如果基因检测未能诊断，而神经活检见到炎性细胞浸润，则应诊断炎症性脱髓鞘性神经病而予免疫调节治疗。如果见到刚果红染色阳性物质沉积在神经内膜小血管周围，则提示家族性淀粉样神经病的诊断，应行 TTR 基因检测。

（邹漳钰）

## 参考文献


[1] Vallat JM, Mathis S, Funalot B. The various Charcot-Marie-Tooth diseases. CurrOpinNeurol, 2013, 26: 473 - 480.

[2] Rossor AM, Evans MR, Reilly MM. A practical approach to the genetic neuropathies. Practical neurology, 2015, 15: 187 - 198.

[3] Rajabally YA, Adams D, Latour P, et al. Hereditary and inflammatory neuropathies: a review of reported associations, mimics and misdiagnoses. J Neurol Neurosurg Psychiatry, 2016, 87: 1051 - 1060.

[4] Murphy SM, Herrmann DN, McDermott MP, et al. Reliability of the CMT neuropathy score (second version) in Charcot-Marie-Tooth disease. J Peripher Nerv Syst, 2011, 16: 191 - 198.

# 26. 以头晕、肢体发麻起病 2 年的废品回收女工

［病史摘要］

患者，女，44 岁，持续性头晕 20 余月，肢体麻木伴无力 10 个月，发热及大小便失禁 1 个月。既往体健，否认家族史。从事废品回收 10 年。

［神经科体格检查］

神志清楚，语利，颈软，颅神经检查无异常。双上肢肌力 5 级，双下肢 3 级，双下肢腱反射（+++），双侧掌颌反射（+），双侧 Babinski 征阳性，第 2 胸椎（T2）平面以下深浅感觉减退。快复、轮替差。

［定位诊断思路］

定位诊断与鉴别诊断思路形成见图 134。

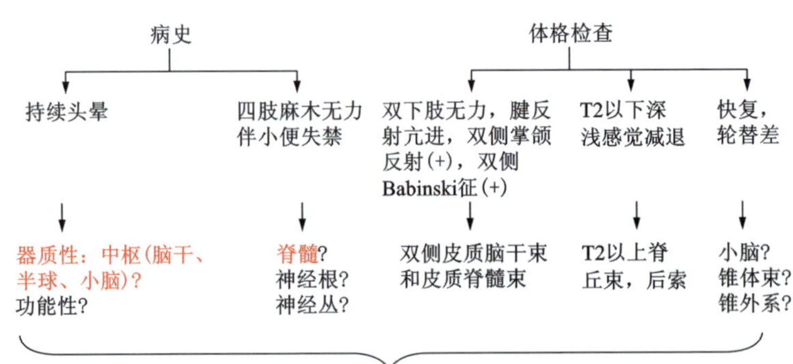


图 134　定位诊断思路图

［定性诊断与鉴别诊断］

定性诊断推测与鉴别诊断思路形成见图 135。

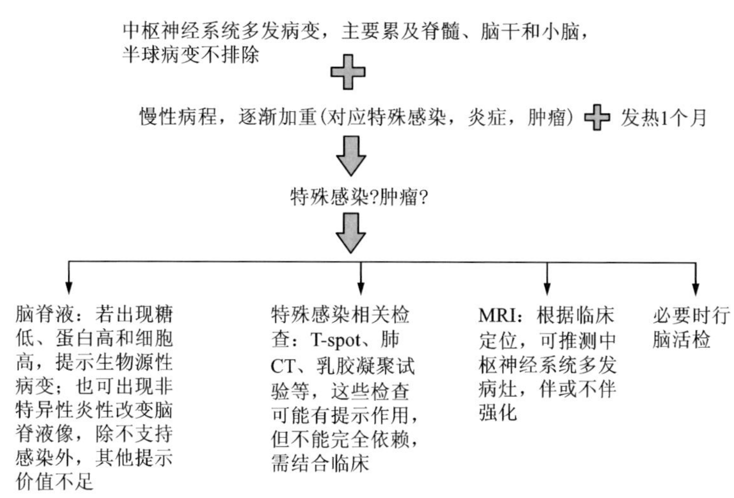

中枢神经系统多发病变，主要累及脊髓、脑干和小脑，
半球病变不排除
慢性病程，逐渐加重(对应特殊感染，炎症，肿瘤)
发热1个月
特殊感染?肿瘤?
脑脊液：若出现糖低、蛋白高和细胞高，提示生物源性病变；也可出现非特异性炎性改变脑脊液像，除不支持感染外，其他提示价值不足
特殊感染相关检查：T-spot、肺CT、乳胶凝聚试验等，这些检查可能有提示作用，但不能完全依赖，需结合临床
MRI：根据临床定位，可推测中枢神经系统多发病灶，伴或不伴强化
必要时行脑活检


**图 135　定性诊断思路图**

患者在一年内多次头颅 MRI 检查，发现颅内病灶逐渐增多，在外院行脑穿刺活检，提示为“炎症”，予以激素治疗，但总体效果不佳。此次就诊后复查头颅 MRI 以及脊髓 MRI 可见多发病灶，病灶周围轻度至中度水肿，病灶呈形态不规则强化(图 136)。查血 T-spot 阳性，肺 CT 未见明显异常。脑脊液糖正常，细胞数不高，蛋白稍高，如果遵循结核播散的诊断思路，脑脊液像与影像学上的脑脊髓“播散”改变不相吻合。此外，外院的第一次病理仅提示为炎症，并未描述干酪样坏死及肉芽肿样改变，故还是高度拟诊肿瘤(淋巴瘤)，动员患者再次做脑穿刺活检。

脑穿刺术活检脑组织病理 HE 染色可见大量淋巴细胞浸润，核深染伴有核异型(图 137)；CD20 可见强阳性(图 138)；MIB 增殖指数明显增高(图 139)，故病理上确诊为弥漫大 B 细胞淋巴瘤。

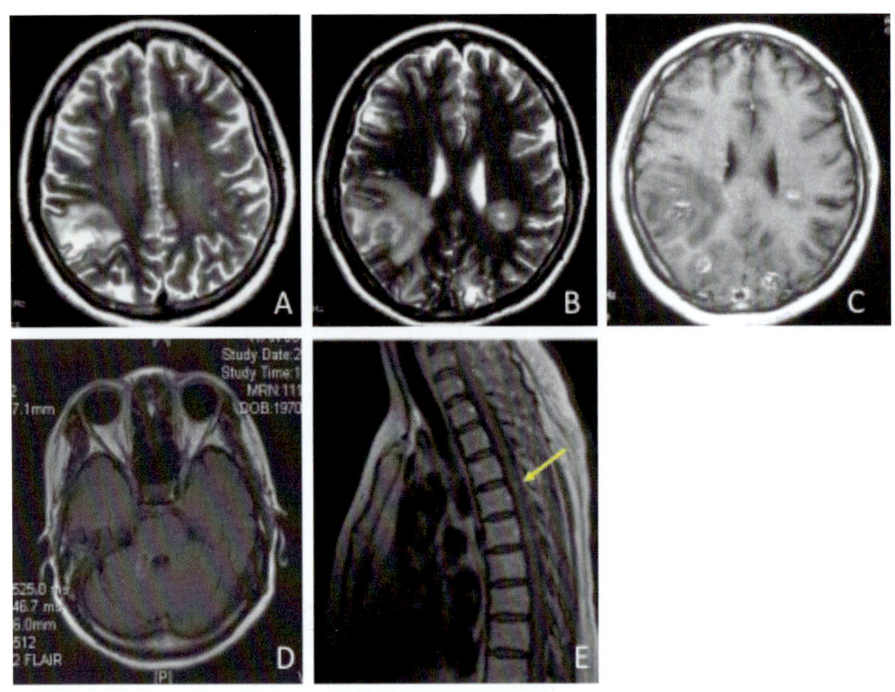


**图 136　患者 MRI 影像**

A、B. 头颅 T2 加权；C. 头颅增强；D. 头颅 Flair；E. 颈椎 MRI 增强

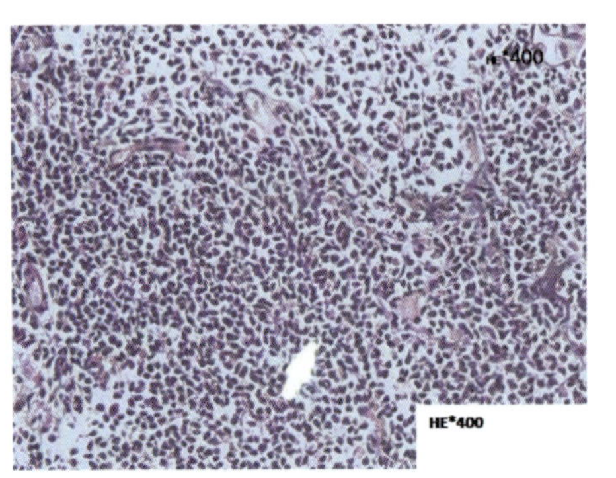


**图 137　患者脑组织 HE 染色后病理切片图**

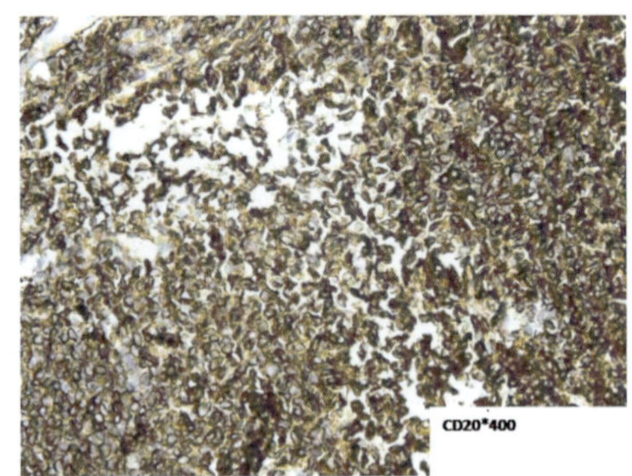


**图 138　患者脑组织病理切片 CD20 图**

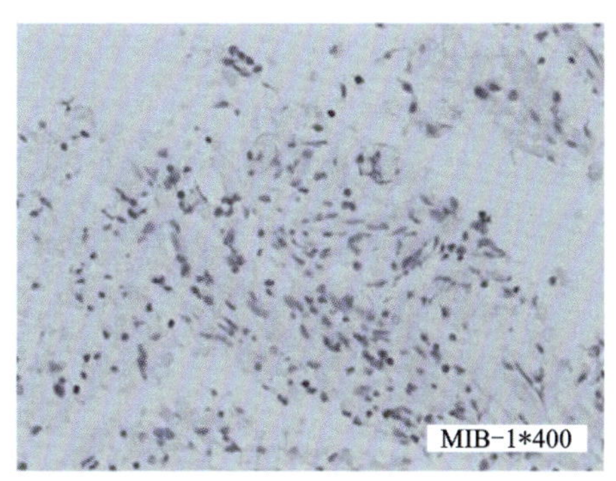


图 139　患者脑组织病理切片 MIB 增殖指数图

**最终诊断：原发性中枢神经系统淋巴瘤（primary central nervous system lymphoma，PCNSL，弥漫大 B 细胞型）**

［病例的问题］

1. T－spot 阳性对于判断结核的价值

T－spot 原理是当结核分枝杆菌致敏的 T 细胞，再次受到结核相关抗原刺激后，活化的效应 T 细胞能够产生 γ 干扰素，通过 ELISPOT 技术检测产生 γ 干扰素的单个 T 细胞的 ESAT－6 和 CFP10 抗原。这两个抗原与卡介苗（BCG）菌株和绝大多数非结核分枝杆菌都不存在交叉反应，因此，该检查具有特异性（80.9%）和敏感性（83.0%）高的特点，能够快速发现潜在结核感染，受卡介苗预防接种影响小。T－spot 结果阳性提示活动性结核病，既往感染或潜伏感染状态。可以看出，T－spot 结果对于判断结核而言并非“金标准”。

2. PCNSL 的临床表现

PCNSL 最常累及的器官包括脑、脊髓、眼和软脑膜。脑实质受累表现为肢体无力，感觉障碍，共济失调等；脊髓受累表现为节段性脊髓症状；眼部表现为无痛性视觉丧失和/或玻璃体“漂浮物”；软脑膜受累表现为脑脊液蛋白和淋巴细胞增多。从神经系统而言，去记忆 PCNSL 的临床表现价值不大，因为肿瘤细胞长在哪里就会出现相应的临床表现。

3. PCNSL 的影像学表现

PCNSL 呈多中心性生长，肿瘤细胞浸润至血管周围呈“袖套样”改变。所以，在影像学上表现为 T1WI 等低信号，FLAIR 高信号。MRI 增强表现为血脑屏障破坏的中心区域均质强化，而周围浸润水肿，DWI 为等或稍高信号，灌注成像(perfusion weighted imaging, PWI)为微血管通透性增加。MRS 对于诊断 PCNSL 有很好的提示作用，可见脂质峰增高，Cho/Cr 比例明显升高，NAA 峰中度降低。高脂质峰在无坏死的胶质瘤中很少见，但需要与胶质母细胞瘤相鉴别。正电子发射计算机断层成像(positron emission tomography, PET)是 PCNSL 早期诊断以及治疗后评估的有效方法。PCNSL 病灶 PET 表现为高代谢，氟脱氧葡萄糖(FDG)摄取增多，较之高级别胶质瘤和其他恶性脑肿瘤，其代谢更高(表 23，图 140)。

**表 23　PCNSL 的影像学表现**

| 影像学技术 | 特点 |
| --- | --- |
| CT | 病灶可有高密度 |
| DWI | 病灶弥散受限明显 |
| ADC | 病灶呈低信号 |
| PWI | 病灶灌注下降 |
| MRS | 脂质峰增高，Cho/Cr 增高 |
| FDG - PET | FDG 高摄取 |
| 蛋氨酸 - PET | 蛋氨酸高摄取 |

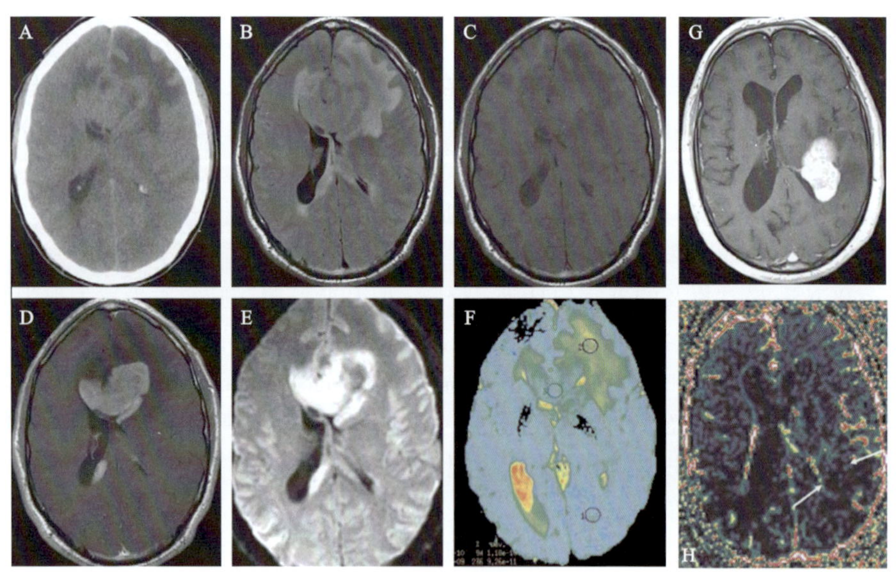


**图 140　PCNSL 的影像学表现**

A. CT；B. Flair；C. T1W；D. 增强；E. DWI；F. ADC；G. 右上 A 图增强；H. 右下 E 图对应 PWI

4. PCNSL 的分型

PCNSL 按细胞起源分为 B 细胞淋巴瘤、T 细胞淋巴瘤和 NK 细胞淋巴瘤。其中以 B 细胞淋巴瘤居多（约 90%），在这类分型中，临床又以弥漫大 B 细胞型最多见。

5. PCNSL 的治疗及预后

PCNSL 病程短、进展快、预后差，具有高度致死性。未经治疗患者的中位生存期一般仅为 3 个月。该病具有弥漫性、浸润性的特点，单纯手术效果欠佳，术后复发进展快。大剂量甲氨蝶呤（MTX）和阿糖胞苷是首选的治疗方法。全脑放射治疗（whole brain radio therapy，WBRT）对于 PCNSL 病灶有控制作用，但并不延长生存期。利妥昔单抗（美罗华）是一种人鼠嵌合的 CD20 单克隆抗体，对于弥漫大 B 细胞淋巴瘤有很好的疗效，但其通过血脑屏障有限，建议鞘内注射。

6. 脑活检结果的评估

我们现在常用的脑活检方法分为穿刺活检和开颅切取组织活检。前者因为创伤性小、恢复快，目前被临床广泛应用。但是，穿刺脑活检结果的准确性取决于以下几点：①穿刺部位，也就是我们常说的“一针见红”，是否真正取到了病变组织，还只是周围组织；②病理解读，由于穿刺活检组织量少，要在极少量组织里找到线索，并能作出判断是非常困难的，因此对于病理医生要求相应比较高。

另外，千万不要忘记临床随访的重要性，就好像该患者，即便活检结果是炎症，但随着病情发展，离炎症的诊断越来越远，我们就要重新评估。当然，并不是推荐“凡怀疑，皆活检”，尤其要谨慎做第 2 次脑穿刺活检对患者造成的伤害。

（林　洁）

## 参考文献

[1] Simsek H, Alpar S, Ucar N, et al. Comparison of tuberculin skin testing and T-SPOT. TB for diagnosis of latent and active tuberculosis. Jpn J Infect Dis, 2010, 63(2): 99-102.

[2] Haldorsen IS, Espelanda AE, Larssonc EM. Central Nervous system lymphoma: characteristic findings on traditional and advanced imaging. Am J of Neuroradiol, 2011, 32: 984-992.

[3] Norbert Schmitz. Treatment of primary CNS lymphoma. Blood, 2015, 125: 1360-1361.

[4] Nayak L, Batchelor TT. Recent advances in treatment of primary central nervous system lymphoma. Curr Treat Options Oncol, 2013, 14(4): 539-552.

# 27. 突发右足下垂的青年男性

［病史摘要］

患者，男，38 岁，突发右足下垂 1 天。1 天前“翘二郎腿”看球赛后突发右足下垂，足尖不能抬起，尚可自行行走，无肢体麻木、疼痛，无肉跳，症状持续未缓解。否认吸烟史，父母健在，否认家族中有类似病史。

［神经科体格检查］

神志清楚，言语清晰，对答切题，定向力、记忆力和计算力正常，颅神经检查未见异常体征，颈软，四肢肌肉无明显萎缩，无高弓足，右下肢跨阈步态，右足背屈、内翻肌力 3 级，右足跖屈、外翻，髋外展肌力 5 级，余四肢肌肉肌力 5 级，双上肢腱反射（＋＋），双下肢腱反射（＋），双侧病理征阴性，双手腕以下针刺觉减退。

［定位诊断思路］

临床定位诊断思路分析见图 141。

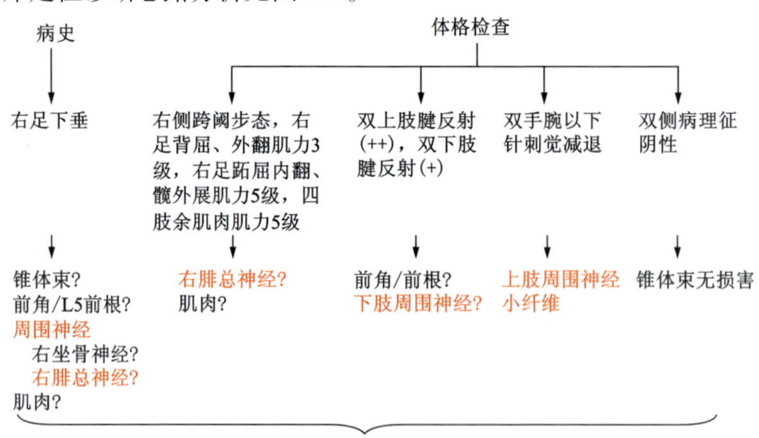


图 141　定位诊断思路图

## [定性诊断与鉴别诊断]

定性诊断推测与鉴别诊断思路形成见图 142。

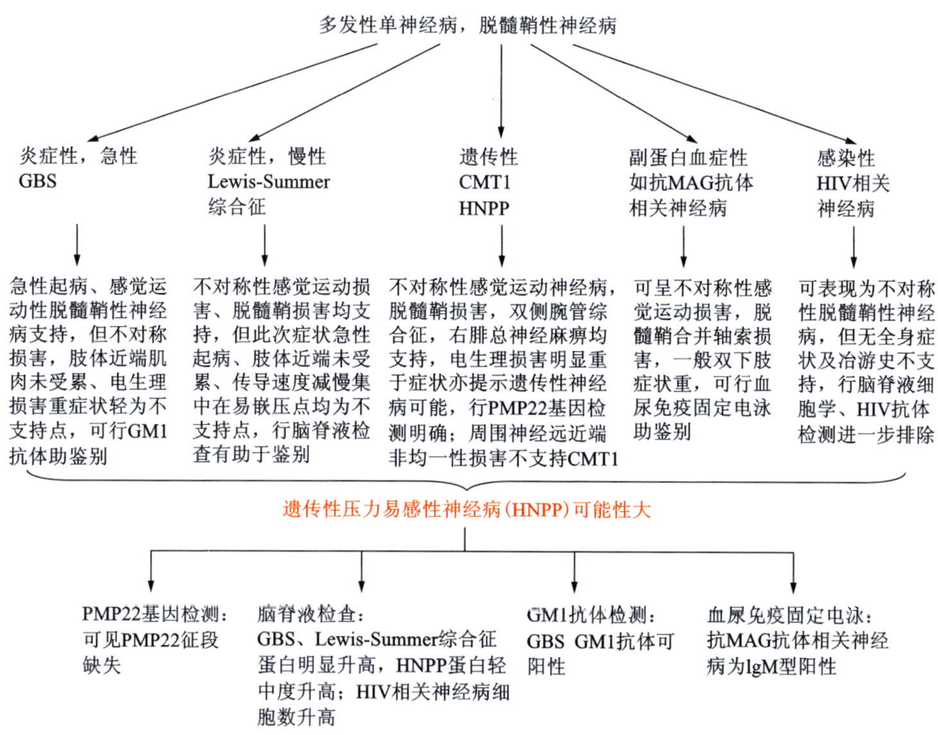
多发性单神经病，脱髓鞘性神经病
炎症性，急性
GBS
炎症性，慢性
Lewis-Summer
综合征
遗传性
CMT1
HNPP
副蛋白血症性
如抗MAG抗体
相关神经病
感染性
HIV相关
神经病
急性起病、感觉运动性脱髓鞘性神经病支持，但不对称损害，肢体近端肌肉未受累、电生理损害重症状轻为不支持点，可行GM1抗体助鉴别
不对称性感觉运动损害、脱髓鞘损害均支持，但此次症状急性起病、肢体近端未受累、传导速度减慢集中在易嵌压点均为不支持点，行脑脊液检查有助于鉴别
不对称性感觉运动神经病，脱髓鞘损害，双侧腕管综合征，右腓总神经麻痹均支持，电生理损害明显重于症状亦提示遗传性神经病可能，行PMP22基因检测明确；周围神经远近端非均一性损害不支持CMT1
可呈不对称性感觉运动损害，脱髓鞘合并轴索损害，一般双下肢症状重，可行血尿免疫固定电泳助鉴别
可表现为不对称性脱髓鞘性神经病，但无全身症状及冶游史不支持，行脑脊液细胞学、HIV抗体检测进一步排除
遗传性压力易感性神经病(HNPP)可能性大
PMP22基因检测：
可见PMP22征段缺失
脑脊液检查：
GBS、Lewis-Summer综合征蛋白明显升高，HNPP蛋白轻中度升高；HIV相关神经病细胞数升高
GM1抗体检测：
GBS GM1抗体可阳性
血尿免疫固定电泳：
抗MAG抗体相关神经病为IgM型阳性

**图 142　定性诊断思路图**

神经传导测定结果(图 143)：

| 运动传导 | 潜伏期(ms) | | 波幅(mV) | | 速度(m/s) | | F 波出现率 | |
|---|---|---|---|---|---|---|---|---|
| | 左 | 右 | 左 | 右 | 左 | 右 | 左 | 右 |
| 正中神经 | | | | | | | | |
| 腕 – APB | 6.8 (112% ↑) | 6.0 (87% ↑) | 5.1 (73% ↓) | 6.2 (67% ↓) | | | | |
| 肘 – 腕 | 15.3(↑↑) | 17.3(↑↑) | 4.9(↓) | 6.1(↓↓) | 34.8 (45% ↓) | 26.0 (59% ↓) | | |
| 腋 – 肘 | 14.5 | 21.6 | 2.0(↓↓) | 0.3(↓↓) | 25.6(↓↓) | 23.0(↓↓) | | |
| F 波 | | | | | | | 90% | 95% |

| 运动传导 | 潜伏期(ms) | | 波幅(mV) | | 速度(m/s) | | F 波出现率 | |
|---|---|---|---|---|---|---|---|---|
| | 左 | 右 | 左 | 右 | 左 | 右 | 左 | 右 |
| 尺神经 | | | | | | | | |
| 腕 - ADB | 3.2 (28%↑) | 3.1 (24%↑) | 8.3 | 7.8 | | | | |
| 肘下 - 腕 | 9.2 | 9.1 | 7.1 | 7.3 | 50.6 | 48.9 | | |
| 肘上 - 肘下 | 12.7 | 13.4 | 7.2 | 3.5(↓↓) | 30.8(↓↓) | 26.9(↓↓) | | |
| 腓总神经 | | | | | | | | |
| 踝 - EDB | 6.5 (106%↑) | 7.3 (131%↑) | 4.8 | 4.5 | | | | |
| 小头下 - 踝 | 13.4(↑↑) | 17.4(↑↑) | 4.7 | 4.3 | 46.2 | 31.6 (39%↓) | | |
| 小头上 - 下 | | | 4.3 | 2.1(↓↓) | 45.3 | 29.6(↓↓) | | |
| 胫神经 | | | | | | | | |
| 踝 - AHB | 4.9 | 4.8 | 5.6 | 5.9 | | | | |

| 感觉传导 | 潜伏期(ms) | | 波幅(uV) | | 速度(m/s) | |
|---|---|---|---|---|---|---|
| | 左 | 右 | 左 | 右 | 左 | 右 |
| 正中神经 | | | | | | |
| 指 1 - 腕 | 3.2 | 3.5 | 6.9(57%↓) | 6.3(61%↓) | 36.4(43%↓) | 32.3(50%↓) |
| 指 3 - 腕 | 4.0 | 3.6 | 6.7(65%↓) | 5.9(69%↓) | 37.8(43%↓) | 42.9(35%↓) |
| 尺神经 | | | | | | |
| 指 5 - 腕 | 3.5 | 3.6 | 4.7(60%↓) | 3.5(70%↓) | 37.7(34%↓) | 32.1(44%↓) |
| 腓总神经 | | | | | | |
| 踝 - 小头下 | 5.2 | 4.9 | 1.1 | 0.8 | 42.8(27%↓) | 40.5(31%↓) |
| 胫神经 | | | | | | |
| 趾 1 - 内踝 | 5.2 | 4.9 | 1.7 | 1.8 | 30.8(30%↓) | 36.5 |

**图 143　患者神经传导测定结果**

神经传导测定结果分析：

运动神经传导测定见右侧腓总神经 DML 明显延长，右腓总神经小头上下节段 MCV 明显下降，右腓总神经腓骨小头上下见传导阻滞，提示右腓总神经麻痹，与患者右足下垂、右侧跨阈步态的表现一致。

此外，还可见双侧正中神经明显延长，CMAP 波幅下降，提示双侧腕管综合征；双侧正中神经肘腕节段 MCV 明显下降提示双侧正中神经脱髓鞘损害；

双侧尺神经 DML 轻度延长，双尺神经肘上下节段 MCV 明显减慢，右尺神经肘上下节段可见传导阻滞，左腓总神经 DML 明显延长，提示双尺神经和左腓总神经脱髓鞘性病变；感觉传导测定双侧尺神经和正中神经 SNAP 波幅明显下降，SCV 减慢，双侧腓总神经和左侧胫神经 SCV 减慢，提示双侧尺神经、正中神经、腓总神经和左侧胫神经感觉纤维损害。

综合上述结果，神经传导测定提示不对称性感觉运动神经病，以脱髓鞘性损害为主。

基于临床和电生理结果考虑遗传性神经病可能性大，详细追问病史。患者诉平素有时感双手麻木，尤以剧烈运动后明显；患者哥哥亦诉偶感肢体麻木，因不影响日常生活未引起重视。患者哥哥行神经传导测定亦提示不对称性感觉运动神经病、脱髓鞘损害。进一步 MLPA 方法行 PMP22 基因检测发现兄弟俩人 PMP22 基因均存在 17p11.2 片断缺失。患者父母无明显肢体麻木和无力主诉，拒绝行基因检测。患者未行脑脊液检查及 GM1 抗体检测，经口服 B 族维生素等治疗 1 个月后右足下垂完全恢复。

**最终诊断：遗传性压力易感性神经病（hereditary neuropathy with liability to pressure palsies，HNPP）**

［病例的问题］

1. 足下垂的鉴别诊断有哪些？

自锥体束、脊髓前角、L5 神经根、腰骶丛、坐骨神经、腓总神经至胫前肌整条运动通路的任意损害均可引起足下垂，其鉴别诊断见表 24。

**表 24　足下垂鉴别诊断一览表**

| 病变部位 | 代表性疾病 | 受累肌肉 | 临床表现 | 肌电图特征 |
|---|---|---|---|---|
| 锥体束/脊髓前角 | 肌萎缩侧索硬化 | 脑干、脊髓颈段、胸段和腰骶段支配肌肉 | 除足下垂外，还有广泛肌肉无力、萎缩、肌束震颤，腱反射增强，病理征阳性，无感觉障碍 | 广泛神经源性损害，急性失神经和慢性神经源性损害并存。 |

**续表 24**

| 病变部位 | 代表性疾病 | 受累肌肉 | 临床表现 | 肌电图特征 |
|---|---|---|---|---|
| L5 神经根 | 腰椎间盘突出症 | 腰椎椎旁肌、臀肌、胫前肌、拇趾伸肌、趾伸肌、腓骨短肌和腓骨长肌 | 髋部外展(臀肌)无力，足、趾背屈，足外翻无力；大腿和小腿外侧、足背和第 1 ~ 3 趾疼痛和感觉丧失 | 神经传导大致正常，F 反应潜伏期可延长，L5 支配肌肉神经源性损害，但腓肠肌和股直肌正常。 |
| 腰骶丛 | 腰骶丛病 | L5 ~ S2 支配的肌肉，以腓神经支配肌肉受累最明显 | 腰骶丛支配的下肢肌肉无力，其中腓神经支配的肌肉症状最明显，下肢感觉异常 | 股神经、腓总神经、胫后神经 CMAP 波幅降低，F 反应出现率可降低或潜伏期延长，隐神经、腓肠神经、腓浅神经感觉传导异常，针极肌电图腰段椎旁肌正常，坐骨神经、股神经、闭孔神经、臀神经支配肌肉神经源性损害。 |
| 坐骨神经 | 髋关节后脱位、臀部肌注药物 | 股二头肌短头，胫前肌、腓肠肌、拇趾伸肌、趾伸肌和腓骨长肌 | 足、趾背屈，足外翻无力，有时跖屈无力及膝关节屈曲无力；跟腱反射减弱或缺失；大腿和小腿后侧疼痛，小腿外侧、足背和足底感觉减退。 | 腓总神经、胫后神经 CMAP 波幅降低，F 反应出现率可降低或潜伏期延长，腓浅神经、腓肠神经感觉传导异常，针极肌电图股二头肌短头及腓神经和胫神经支配肌肉神经源性损害，但股神经和臀神经支配的肌肉正常。 |
| 腓总神经/腓深神经 | 腓总神经麻痹 | 胫前肌、拇趾伸肌、趾伸肌、腓骨短肌和腓骨长肌(仅腓深神经损害时此肌肉不受累) | 足、趾背屈，足外翻无力；腓总神经损害时小腿前外侧和足背感觉丧失，腓深神经损害时仅第一趾蹼感觉丧失 | 腓神经 CMAP 波幅降低或消失，腓骨小头上下可见传导阻滞，腓总神经损害时腓浅神经感觉传导异常，腓神经支配肌肉针极肌电图呈神经源性损害。 |
| 胫前肌 | 远端型肌病 | 四肢远端肌肉对称性受累 | 对称性肌肉无力、萎缩 | 神经传导测定正常，肌源性损害肌电图表现。 |

2. HNPP 的临床表现是什么？

HNPP 经典的表现为反复发作性、无痛性单神经病或多发单神经病。通常青少年发病，在受到轻微牵拉、压迫后急性或亚急性起病，出现受累神经支配区域的肌无力和麻木，感觉症状几乎均为非疼痛性感觉障碍。

神经损害常发生在易受压的部位，腓总神经腓骨小头嵌压导致足下垂，正中神经腕管嵌压导致大鱼际肌无力和萎缩、拇指和示指感觉减退，尺神经尺神经沟处嵌压导致小鱼际肌和第一骨间肌无力和萎缩、手尺侧半感觉减退，桡神经和臂丛神经也容易受损导致垂腕。

急性期查体可见受累神经支配区域的肌力减退和(或)感觉障碍，以及腱反射减退。症状和体征多于数天到数月内完全消失，少数可遗留部分神经功能缺损。可有高弓足、脊柱侧弯等畸形。

HNPP 的临床表型存在较大的异质性，除复发性单神经病/多发单神经病外，还可表现为单侧臂丛神经病、类吉兰－巴雷综合征、CMT 样多发性神经病、慢性感觉性多发性神经病、慢性感觉运动性多发性神经病等不典型症状。有些患者可仅表现为活动后肢体轻微麻木感，甚至无任何症状，但神经电生理检查可见明显的周围神经损害。

3. HNPP 的电生理特征是什么？

HNPP 电生理特点为弥漫性、广泛性、非对称性运动和感觉神经潜伏期延长，传导速度减慢(一般 >40 m/s)，甚至在无临床症状的肢体或无症状的基因突变携带者也可有传导速度减慢，但不同神经、不同节段传导速度减慢是不均匀的，以易嵌压部位减慢最为明显(可低于 40 m/s)，这一点可与 CMT1 鉴别，后者表现为不同神经、不同节段传导速度均匀减慢。

目前尚无公认的 HNPP 的电生理诊断标准。2000 年，Dubourg O 等在其诊疗中心提出 HNPP 的电生理诊断标准：双侧正中神经 DML 延长，伴双侧正中神经掌至腕感觉神经传导速度(sensory nerve conduction velocity，SNCV)降低；至少一侧腓总神经 DML 延长或 MCV 减慢；尺神经肘部的 MCV 通常减慢；下肢 MCV 中度减慢；SNCV 减慢，尤其上肢明显。Luigetti M 等提出如果脱髓鞘性神经病患者存在腕管综合征，并且存在另一条神经运动传导异常(尺神经 DML 延长、尺神经肘段 MCV 减慢、腓总神经 MCV 减慢)，以及一条非易嵌压神经(腓肠神经或桡神经)SNCV 减慢，应疑诊 HNPP。该诊疗中心在 20 年内使用该标准疑诊为 HNPP 的患者有 70% 通过基因检测得到确诊。

由于 HNPP 的临床表型异质性较大，临床上极易误诊为腕管综合征、肘管综合征、吉兰－巴雷综合征、CIDP 等获得性脱髓鞘性神经病，甚至有些患者因发现嵌压性神经病行不必要的手术治疗，但 HNPP 特征性的电生理表现常有助于提示该诊断，且通过基因检测加以确诊。

4. PMP22 相关疾病包括哪些，其发病机制是什么？

PMP22 基因相关疾病包括以下几种疾病：PMP22 基因 17p11.2 片断重复导致的 CMT1A，PMP22 基因片断缺失导致的 HNPP，以及 PMP22 基因点突变导致的 CMT1E。

PMP22 基因编码的 PMP22 蛋白是一种质膜整合糖蛋白，主要表达于致密髓鞘，它大约占周围神经髓鞘蛋白总量的 2% ~5%。PMP22 主要作用是维持髓鞘结构的完整性和髓鞘的稳定。尽管目前 PMP22 基因相关神经病的发病机制尚未明确，但研究表明 PMP22 基因是剂量敏感的。

PMP22 基因缺失可致 PMP22 蛋白表达下降，免疫电镜技术证实 HNPP 患者神经髓鞘中 PMP22 蛋白减少。PMP22 缺失小鼠会形成“腊肠样”神经纤维，PMP22 片断缺失导致的 HNPP 患者神经活检也可见这种腊肠样神经纤维，这种“腊肠样”的神经纤维功能不稳定，易于变性。PMP22 基因片断重复可造成 PMP22 蛋白表达增加，免疫电镜技术证实 CMT1A 患者神经髓鞘中 PMP22 蛋白含量增加，过度表达 PMP22 的动物表现为脱髓鞘或髓鞘发育不全。

PMP22 基因点突变可使转录过早结束或基因剪接异常，编码变异的 PMP22 蛋白，造成 PMP22 蛋白功能缺失，变异的 PMP22 蛋白可形成蛋白质聚积体，这些变异蛋白质聚积体还可阻断正常 PMP22 蛋白向细胞膜的运输。此外，PMP22 蛋白还可与 $P_0$ 蛋白相互作用，因此 PMP22/$P_0$ 比例异常也可导致髓鞘不稳定。

5. HNPP 的治疗策略是什么？预后如何？

HNPP 目前尚无特效治疗方法，主要是对症治疗和康复治疗。腕夹板可以减轻腕管综合征，踝足矫形器可以改善足下垂。患者还应注意避免可能引起神经压迫的情况，包括过多饮酒、用肘撑头、跷二郎腿、长时间下蹲、盘膝而坐等，手术中应注意肢体位置的摆放。

肘和踝关节保护垫可以预防神经受压和损伤。个案报道，对于急性嵌压性神经病的 HNPP 患者给予激素治疗可以促进神经功能的快速恢复。对于神经嵌压导致肢体进行性无力，或者严重持续的感觉障碍症状，经治疗无明显改善，可考虑行腕管减压术等手术。

HNPP 神经嵌压患者约 50% 可在数天至数周内完全恢复而不留后遗症，其他患者遗留后遗症者多数较轻微，只有少数神经受到长时间压迫的患者会遗留比较严重的症状。后遗症可能随着单神经病或多发性单神经病的反复发生而增加，但一般不会严重影响日常生活，也不会影响生存期。

（邹漳钰）

# 参考文献

[1] Dubourg O, Mouton P, Brice A, et al. Guidelines for diagnosis of hereditary neuropathy with liability to pressure palsies. Neuromuscul Disord, 2000, 10: 206 – 208.

[2] Luigetti M, Del Grande A, Conte A, et al. Clinical, neurophysiological and pathological findings of HNPP patients with 17p12 deletion: a single – centre experience. J Neurol Sci, 2014, 341: 46 – 50.

[3] de Oliveira AP, Pereira RC, Onofre PT, et al. Clinical and neurophysiological features of the hereditary neuropathy with liability to pressure palsy due to the 17p11.2deletion. Arquivos de neuro – psiquiatria, 2016, 74: 99 – 105.

[4] Stevens F, Weerkamp NJ, Cals JW. Foot drop. BMJ (Clinical research ed), 2015, 350: h1736.

[5] Jerath NU, Shy ME. Hereditary motor and sensory neuropathies: Understanding molecular pathogenesis could lead to future treatment strategies. BiochimBiophysActa, 2015, 1852: 667 – 678.

# 28. 慢性进行性智能减退伴突发加重的老年男性

［病史摘要］

患者，男，78 岁，记忆力减退伴性格改变 3 年，加重 2 个月余。患者 3 年前出现易忘记近事，性格从乐观开朗变得沉默多疑，2 个月前出现不能叫出家人名字，不记得隔天事情和家庭住址，不爱说话，病情明显加重。无肢体无力，意识丧失等表现。50 年前有胃大部切除病史，否认贫血史、头痛史及风湿免疫病史，否认毒物接触史。

［神经科体格检查］

神志清楚，言语尚流利，不能理解复杂语言，左右手指不能分辨，画图不能，计算力减退，复杂任务执行不能，远、近记忆力减退严重。查体不配合，四肢肌力尚好，肌张力不高，腱反射活跃，深、浅感觉正常，病理征未引出。

［定位诊断思路］

临床定位诊断思路分析见图 144。

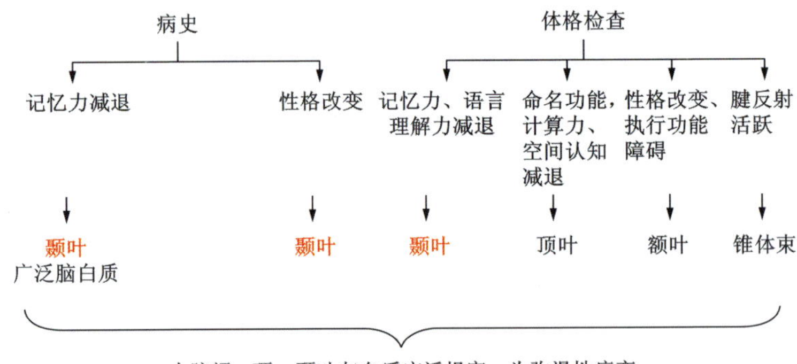


图 144　定位诊断思路图

外院头颅 MRI 提示脑白质广泛病变，如图 145 所示。

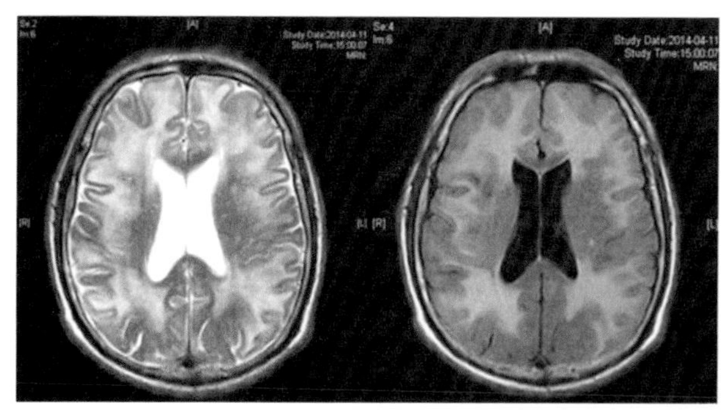

**图 145　患者外院头颅 MRI 影像**

左图 T2；右图 Flair

**［定性诊断与鉴别诊断］**

定性诊断与鉴别诊断思路形成见图 146。

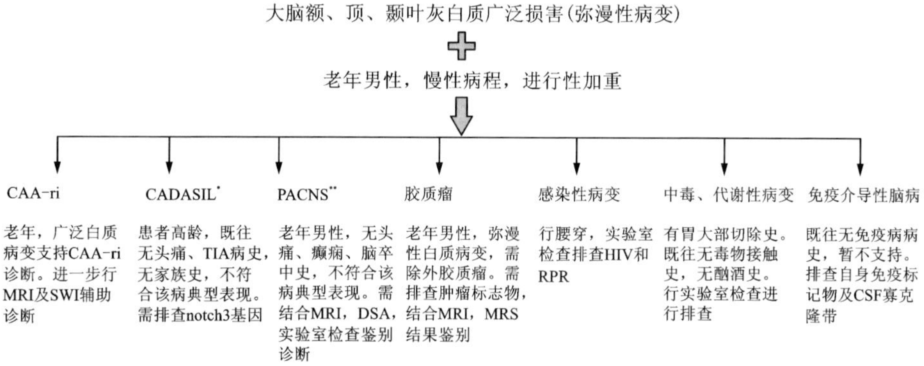

大脑额、顶、颞叶灰白质广泛损害(弥漫性病变)
老年男性，慢性病程，进行性加重
CAA-ri
老年，广泛白质病变支持CAA-ri诊断。进一步行MRI及SWI辅助诊断
CADASIL*
患者高龄，既往无头痛、TIA病史，无家族史，不符合该病典型表现。需排查notch3基因
PACNS**
老年男性，无头痛、癫痫、脑卒中史，不符合该病典型表现。需结合MRI，DSA，实验室检查鉴别诊断
胶质瘤
老年男性，弥漫性白质病变，需除外胶质瘤。需排查肿瘤标志物，结合MRI，MRS结果鉴别
感染性病变
行腰穿，实验室检查排查HIV和RPR
中毒、代谢性病变
有胃大部切除史。既往无毒物接触史，无酗酒史。行实验室检查进行排查
免疫介导性脑病
既往无免疫病病史，暂不支持。排查自身免疫标记物及CSF寡克隆带


**图 146　定性诊断思路图**

本患者行腰穿查脑脊液压力 130 $mmH_2O$，脑脊液糖和氯正常，蛋白 1210 mg/L，寡克隆带( + )，脱落细胞( - )。复查头颅磁共振示双侧额、顶、颞、枕叶白质见对称异常信号，T1W 呈低信号，T2W 及 FLAIR 呈高信号。磁敏感加权成像( susceptibility weighted imaging，SWI)提示双侧大脑半球灰白交接弥漫微出血灶(图 147)。DWI、MRV 及 MRS 未见明显异常。血常规，肝肾功能、电解质，HIV、RPR、TPPA，自身免疫全套，维生素 $B_1$、维生素 $B_{12}$、叶酸，Notch3 均正常。本患者经过大剂量激素冲击治疗后认知功能有部分改善。

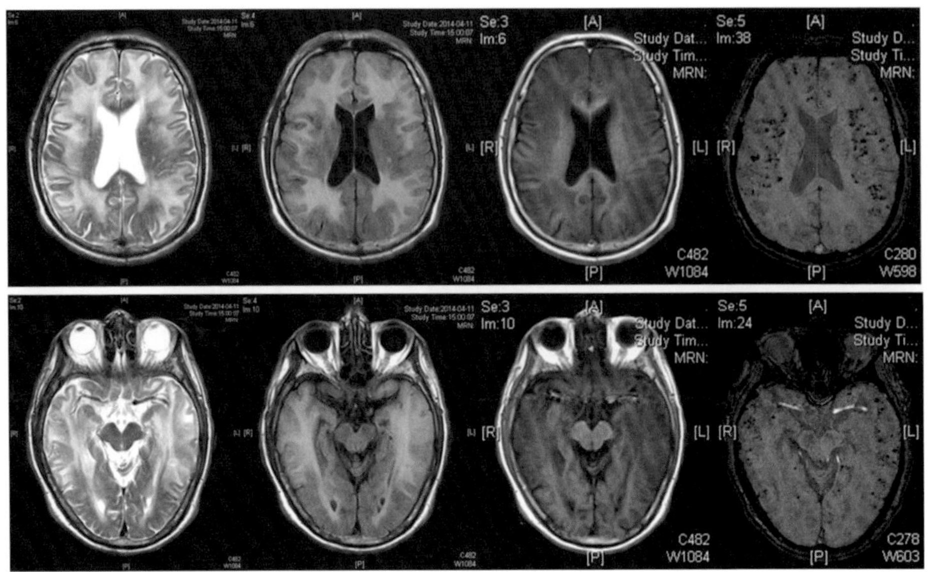

**图 147　患者头颅 MRI 影像**

从左至右依次为 T2，Flair，T1，SWI

**最终诊断：脑淀粉样血管病相关炎症（cerebral amyloid angiopathy – related inflammation，CAA – ri）**

［病例的问题］

1. 什么是脑淀粉样血管病（cerebral amyloid angiopathy，CAA）？

CAA 是一类以淀粉样蛋白沉积于皮质和软脑膜中小血管管壁为特征的脑血管病。既往报道，在 CAA 患者中共发现 7 种淀粉样蛋白，其中 β 淀粉样蛋白（amyloid β – protein，Aβ）最为常见。CAA 好发于老年人，以痴呆、高级神经功能受损、反复或多发的脑出血为主要表现，目前被认为是老年人自发性脑出血的主要病因。CAA 的诊断多依赖于影像学上特征性的颅内出血（intracranial hemorrhage，ICH）和微出血（cerebral microbleed，CMB），枕叶受累最常见，确诊须有病理支持。

最新的诊断标准是 2010 年发表于《Neurology》上的改良 Boston 标准，相比于经典 Boston 标准强调了影像学上表面铁沉积（superficialsiderosis，SS）对 CAA 的诊断意义。研究认为，CAA 患者反复出现的原发性蛛网膜下隙出血

(subarachnoid hemorrhage, SAH)可能是引起表面铁沉积的原因(表25)。

**表25 CAA诊断标准(*Neurology*, 2010)**

| | 经典Boston标准 | 改良Boston标准 |
|---|---|---|
| 确诊CAA | 全面尸检示：<br>脑叶、皮质或皮质下出血；<br>严重CAA伴有血管病；<br>无提示其他诊断的病变 | 未修改 |
| 很可能CAA有病理支持 | 临床资料和病理组织(清除的血肿或皮质活检)示：<br>脑叶，皮质或皮质下出血；<br>样本有一定程度CAA改变；<br>无提示其他诊断的病变 | 未修改 |
| 很可能CAA | 临床资料和MRI/CT示：<br>局限于脑叶，皮质或皮质下的多发出血(可能有小脑出血)；<br>≥55岁<br>排除其他原因引起的出血 | 临床资料和MRI/CT示：<br>局限于脑叶，皮质或皮质下的多发出血(可能有小脑出血)/单个脑叶，皮质或皮质下出血及局灶或播散的表面铁沉积；<br>≥55岁<br>排除其他原因引起的出血或表面铁沉积 |
| 可能CAA | 临床资料和MRI/CT示：<br>单个脑叶，皮质或皮质下出血；<br>≥55岁<br>排除其他原因引起的出血 | 临床资料和MRI/CT示：<br>单个脑叶，皮质或皮质下出血/局灶或播散的表面铁沉积；<br>≥55岁<br>排除其他原因引起的出血或表面铁沉积 |

本患者为老年男性，SWI上可见典型的皮质和皮质下的微出血灶，符合CAA的诊断。此外该患者MRI示双侧大脑弥漫的白质病变，病情在最近2个月内迅速加重，使用激素治疗后部分改善，提示在CAA的基础上伴有血管炎。

2. 什么是CAA-ri?

CAA-ri是CAA的一种疾病亚型，以快速进行性的认知减退、癫痫、头痛、T2上白质高信号和病理上CAA相关的血管炎症为主要特征。其诊断主要基于临床资料与影像学检查，确诊需要病理支持。同时，根据病理又可将CAA-ri

分为两个亚型：一类是炎症性 CAA(inflammatory CAA，ICAA)，血管周围套状炎症浸润合并淀粉样沉积；另一类是 Aβ 相关性血管炎(amyloid - β - related angiitis，ABRA)，跨壁或壁内的炎性浸润合并淀粉沉积。

CAA - ri 的诊断标准和放射学诊断标准分别见表 26、表 27。

**表 26 CAA - ri 诊断标准(*J Neurol Neurosurg Psychiatry*，2011)**

很可能 CAA - ri
满足以下 1 ~ 6：
①急性或亚急性发病
②≥40 岁
③至少有其中一个临床症状：头痛，精神状态或行为改变，局灶性神经系统体征及癫痫
④MRI 示 T2 或 FLAIR 上斑片状或融合成片的高信号：
  a. 多为非对称性
  b. 伴或不伴有占位效应
  c. 伴或不伴有软脑膜或脑实质的增强
⑤SWI 上有预先存在 CAA 的证据：
  a. 多发性皮质和皮质下出血或微出血
  b. 伴或不伴有近期或既往脑叶出血
⑥排除肿瘤，感染或其他病因
确诊 CAA - ri
上述① ~ ⑥加组织病理学验证
①血管周围、跨壁和/或壁内的炎症
②皮质和软脑膜受累部位血管淀粉样沉积

表 27　CAA－ri 临床放射学诊断标准（*JAMA Neurology*，2016）

| |
|---|
| 很可能 CAA－ri |
| ①≥40 岁 |
| ②至少有其中一项临床症状：头痛、意识减退、行为改变或局灶性神经系统体征和癫痫；表现不直接于急性颅内出血导致 |
| ③MRI 示单个或多个脑白质病变（皮质，皮质下或深部）：非对称性，快速扩展到皮质下白质；非对称性病灶不是因为既往颅内出血 |
| ④至少一个皮质或皮质下出血病灶：脑大出血，脑微出血或皮质表面铁沉积 |
| ⑤排除肿瘤，感染或其他病因 |
| 可能 CAA－ri |
| ①≥40 岁 |
| ②至少有其中一项临床症状：头痛，意识减退，行为改变，或局灶性神经系统体征和癫痫；表现不直接由急性颅内出血导致 |
| ③MRI 示快速扩展到皮质下白质的脑白质病变 |
| ④至少一个皮质或皮质下出血病灶：脑大出血，脑微出血或皮质表面铁沉积 |
| ⑤排除肿瘤，感染或其他病因 |

本患者未行脑活检，但基于临床及放射学资料符合 CAA－ri 的诊断。

3. CAA 和 CAA－ri 的治疗、预后和转归如何？

目前还没有专门针对 CAA 的特效治疗手段。针对颅内出血的患者可行外科手术进行血肿清除，但依然面临较高的复发率和病死率。既往报道中 60% ~ 83.3% 的 CAA－ri 患者对免疫抑制药治疗有反应，对大剂量糖皮质激素或环磷酰胺有效也可作为支持 CAA－ri 诊断的依据。目前还未形成系统的免疫抑制治疗方案，但研究推荐短时程大剂量的糖皮质激素治疗，可依据情况合用免疫抑制药，如环磷酰胺和硫唑嘌呤等。若随访发现糖皮质激素治疗 3 周后患者无明显缓解，则须考虑做脑活检进一步辅助诊治。

CAA 患者常见反复发作的脑出血，病程上可进行性加重，严重可致残疾甚至死亡。一个 70 人的 CAA－ri 随访队列（随访时间 3 天至 13 年）示 33% 的患者死亡，48% 的患者无临床症状或仅轻度失能。

4. CAA 的发病机制是什么？

目前关于其发病机制的探讨还不全面。研究发现，β－分泌酶 1（β－site APP－cleaving enzyme 1，βACE1）是前体蛋白 APP 被切割形成 Aβ 途径上的首个起作用的酶及限速酶，CAA 患者的血管壁上原位的 βACE1 表达上调可能是导致血管壁淀粉样沉积的原因。同时患者血管内皮细胞，平滑肌细胞和周细胞存在变性，其软脑膜组织中紧密连接蛋白水平下调，解释了 CAA 患者血脑屏障破坏及颅内出血的表现。然而 Aβ 沉积与血管和血脑屏障结构的损害之间具体的分子机制还不明晰，有待进一步探索。

5. CAA 的危险因素有哪些？

CAA 的危险因素归纳于表 28。

**表 28　CAA 的危险因素**

| | |
|---|---|
| 一般因素 | 老年<br>阿尔茨海默病 |
| 遗传因素 | 遗传型 CAA：Aβ 前体蛋白（Aβ – protein precursor）基因<br>早老蛋白（presenilin）基因<br>散发型 CAA：ApoE 基因——ε2 与出血，ε4 与淀粉样血管病 |
| 非遗传因素 | 溶栓，抗凝和抗血小板治疗<br>高血压<br>轻度脑外伤<br>抗淀粉样蛋白治疗 |

（闫　翀）

## 参考文献

[1] Linn J, Halpin A, Demaerel P, et al. Prevalence of superficial siderosis in patients with cerebral amyloidangiopathy. Neurology, 2010, 74(17): 1346 – 1350.

[2] Kong K C, Anderson N E, Hutchinson D, et al. Cerebral amyloid angiopathy related inflammation: threecase reports and a review. Journal of Neurology Neurosurgery & Psychiatry, 2011, 82(1): 20 – 26.

[3] Auriel E, Charidimou A, Gurol ME, et al. Validation of Clinicoradiological Criteria for the Diagnosis ofCerebral Amyloid Angiopathy – Related Inflammation. Stroke, 2016, 73(2): 97.

[4] Yamada M. Cerebral amyloidangiopathy: emerging concepts. Journal of Stroke, 2015, 17(1): 17 – 30.

[5] Cheng X, He P, Yao H, et al. Occludin deficiency with BACE1 elevation in cerebral amyloid angiopathy. Neurology, 2014, 82(19): 1707 – 1715.

# 29. 进行性行走不稳的中年男性

［病史摘要］

患者，男，43 岁，以进行性行走不稳伴四肢麻木 2 个月就诊。2 个月前无明显诱因出现左侧肢体无力、不灵活，后出现行走不稳，家人描述呈现“醉酒样”步态，近来诉四肢均无力，讲话速度较前变慢，无视物成双、视力减退，无饮水呛咳，无恶心、呕吐，无大小便障碍等表现。病程中无发热，也无口腔或外生殖器溃疡，体重无下降，胃纳尚好。否认特殊疾病史和特殊药物、毒物暴露史，否认相关家族史。

［神经科体格检查］

神志清楚，智能佳，构音欠清，语速稍慢，双侧眼睑无下垂，右眼外展受限，其余眼球运动好，有水平性眼震和垂直性眼震，其余颅神经检查阴性。抬头肌力 5 级，左侧肢体肌力 4 级 +，右侧肢体肌力 5 级 -，双上肢和下肢腱反射亢进，双侧踝阵挛阳性，双侧病理征阳性。双下肢远端音叉振动觉减退。双上肢指鼻试验差，双上肢快复 - 轮替动作欠佳，双下肢踝膝胫试验欠佳，宽基步态，走一字步困难。

［定位诊断思路］

临床定位诊断思路分析见图 148。

［定性诊断与鉴别诊断］

定性诊断推测与鉴别诊断思路形成见图 149。

基于前面对定位诊断的考量，首先需要进行影像学检查予以证实定位诊断的思路分析，并为定性诊断提供线索。患者行头颅 MRI + 增强提示脑干和小脑多发异常信号，T1W 呈等或低，T2W、FLAIR 和 DWI 均呈高信号，强化后呈现多发点状或线状强化，犹如“胡椒粉”一般（图 150）。与此同时，患者 ANA、ENA、ANCA、血沉、CRP 等检查均为阴性；腰椎穿刺脑脊液压力 160 mm $H_2O$，蛋白 998 mg/L，WBC 10/HP，糖 3.15 mmol/L。

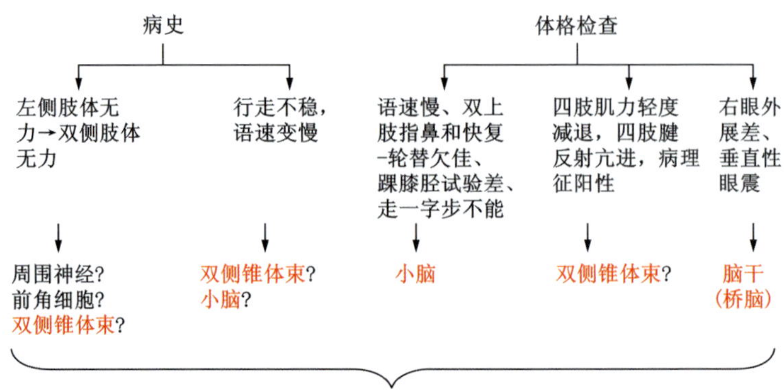


行走不稳，语速变慢
语速慢、双上肢指鼻和快复-轮替欠佳、踝膝胫试验差、走一字步不能
四肢肌力轻度减退，四肢腱反射亢进，病理征阳性
右眼外展差、垂直性眼震
周围神经？前角细胞？双侧锥体束？
双侧锥体束？小脑？

**图 148　定位诊断思路图**

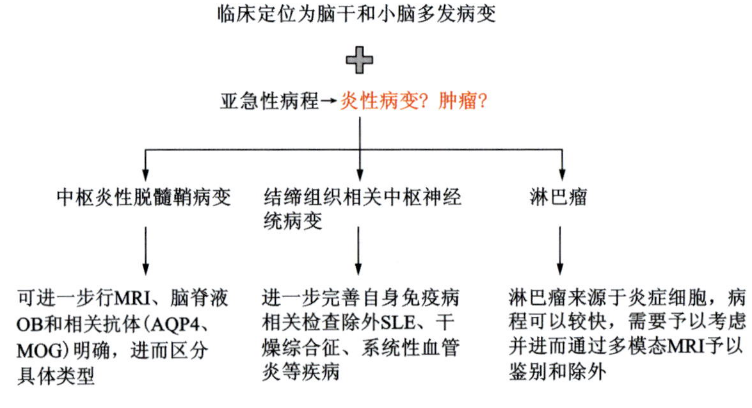

临床定位为脑干和小脑多发病变
亚急性病程→炎性病变？肿瘤？
中枢炎性脱髓鞘病变
结缔组织相关中枢神经统病变
淋巴瘤
可进一步行MRI、脑脊液OB和相关抗体(AQP4、MOG)明确，进而区分具体类型
进一步完善自身免疫病相关检查除外SLE、干燥综合征、系统性血管炎等疾病
淋巴瘤来源于炎症细胞，病程可以较快，需要予以考虑并进而通过多模态MRI予以鉴别和除外


**图 149　定性诊断思路图**

根据 MRI 增强提示的信息，由于有脑干和小脑“胡椒粉”样强化，不支持目前已知的炎性脱髓鞘系列，可以修正前面的定性假设，而应该更改为类固醇激素反应性慢性淋巴细胞性炎症伴脑桥血管周围强化（chronic lymphocytic inflammation with pontineperivascular enhancement responsive to steroid，CLIPPERS）。随即给予大剂量甲泼尼龙冲击递减疗法，患者症状迅速缓解，2 周后复查头颅 MRI 提示病灶明显消散（图 151）。

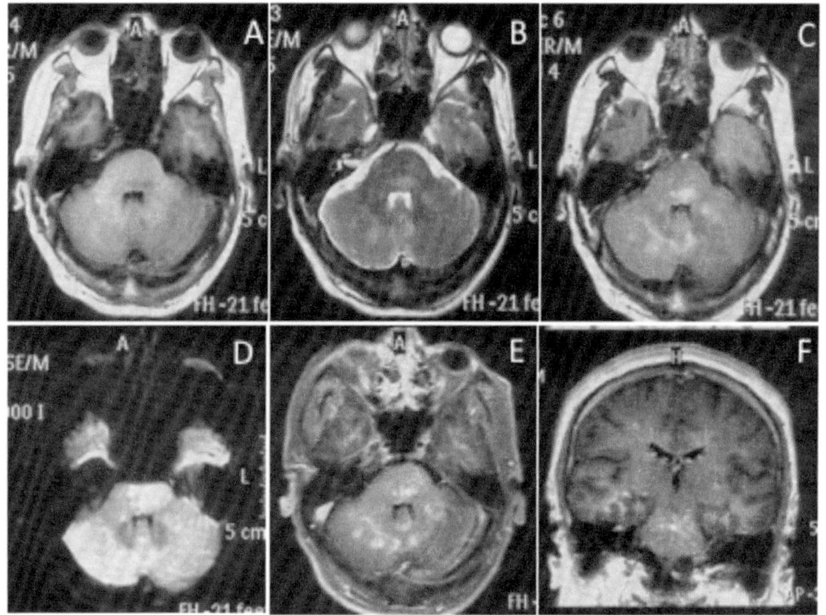

图 150　患者治疗前头颅 MRI 影像

A. T1；B. T2；C. Flair；D. DWI；E、F. 增强

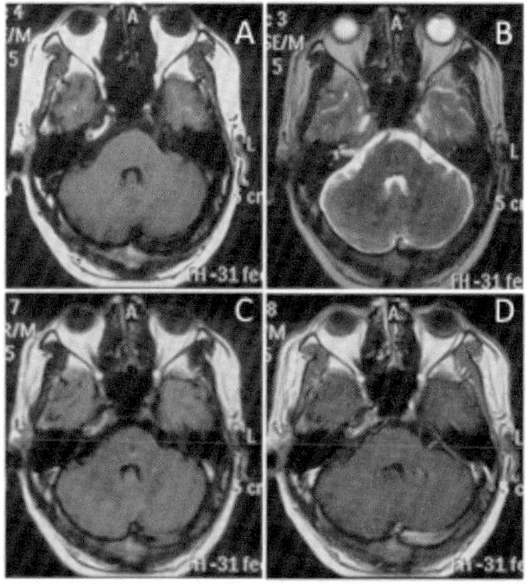

图 151　患者治疗后头颅 MRI 影像

A. T1；B. T2；C. Flair；D. 增强

## 最终诊断：CLIPPERS

[病例的问题]

1. 什么是 CLIPPERS?

CLIPPERS 是一种以血管周围淋巴细胞浸润为特征的中枢神经系统慢性炎症性疾病，病变可累及脑桥、中脑、小脑、大脑半球和脊髓，并对类固醇激素治疗有显著反应。2010 年，由 Pittock 等首次报道，目前国内外报道患者 70 余例。

其实，CLIPPERS 并不是什么高大上的诊断，注意分解它的名称，实际是病程（慢性 C）+病理（淋巴细胞炎症 LI）+病变部位（桥脑 P）+影像（血管周围强化 PE）+治疗反应（类固醇激素 S）的一个“拼盘”，是一种极致的描述性诊断，虽然具体机制不清楚，但通过“医学黑箱”的逻辑，免疫抑制药治疗有效，可以帮助到很多的该病患者。

2. CLIPPERS 只累及中枢神经系统吗?

俗话说“透过现象看本质”，了解病理生理是洞见一切临床表象的不二法门！CLIPPERS 的病理实质是血管周围有大量淋巴细胞浸润，以 CD3 + T 淋巴细胞为主，偶可见少量 B 淋巴细胞和巨噬细胞，是一种淋巴细胞血管炎。既然如此，推而广之就应该是有小血管就可能有类似问题，不仅是中枢神经系统，其他脏器也有可能。就好像 CLIPPERS 最早仅限于桥脑的“胡椒粉”样强化，后来小脑、大脑半球和脊髓相继发现类似影像学特点（图 152）。甚至有患者表现为长节段脊髓的病变（图 153），如果不做增强，难晓其中乾坤！

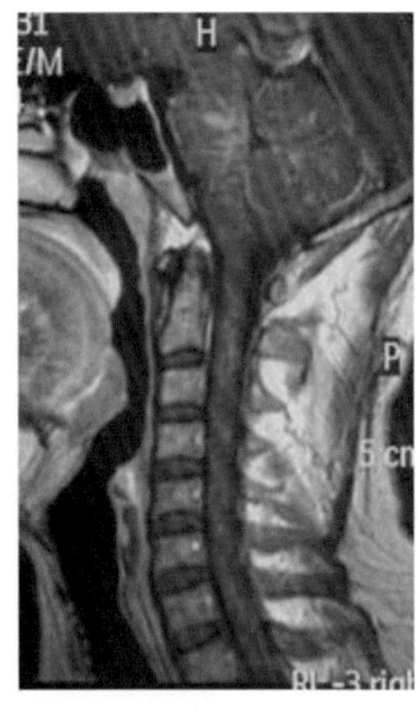


**图 152　CLIPPERS 颈髓 MRI 增强影像**

近来有报道，CLIPPERS 也可以合并中枢之外的病变，如肺和皮肤等。我们曾报道了 1 例伴有肺部病变的 CLIPPERS 患者（图 154）。

3. CLIPPERS 的主要临床表现如何?

CLIPPERS 和多发性硬化一样，其临床表现基本是“所损即所见”，病变在

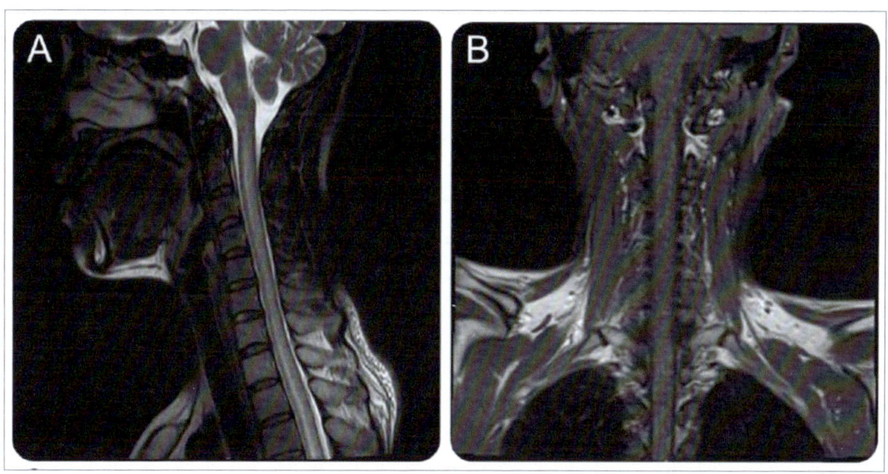


**图 153　CLIPPER 颈髓 MRI 影像**

A. T2；B. 增强

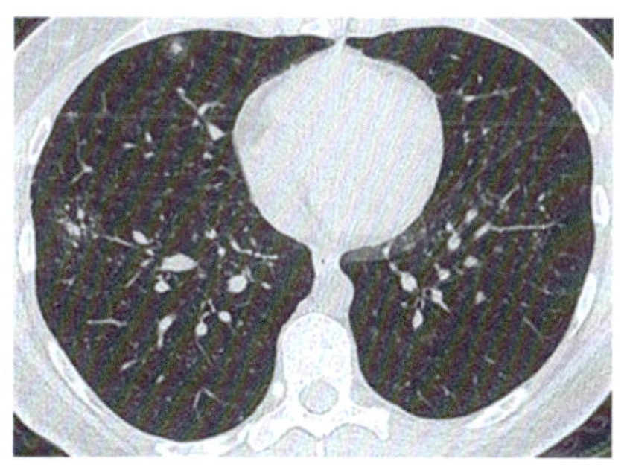

**图 154　1 例 CLIPPERS 患者伴有肺部病变的 CT 影像**

哪里就会产生相应的临床表现。根据检索得到的国内外 72 例 CLIPPERS 患者报道，CLIPPERS 发病年龄 5 ~ 86 岁，平均发病年龄 48 岁，男女发病比例为 1.54∶1。

72 例患者的主要临床特点如下：共济失调（48 例）、构音障碍（36 例）、复视（30 例）、头晕（18 例）、面部麻木（15 例）。由于疾病累及部位不同及进展不一，临床上还表现有感觉异常（24 例），吞咽困难（13 例），面瘫（11 例），肌力减退（10 例），假球性麻痹（7 例），意识障碍（5 例），尿潴留（4 例），癫痫（3 例），神经源性膀胱（2 例），听力异常（2 例）等。

72 例患者的主要体征：主要表现为第Ⅴ，Ⅵ，Ⅶ对颅神经、眼球凝视中枢、内侧纵束、小脑和内囊等部位受累及的体征。常见的有眼球震颤、眼球运动障碍，病理征(+)，指鼻试验、跟膝胫试验欠稳准，步态异常等。

总之，CLIPPERS 的临床症状和体征依然是以脑干小脑功能障碍为主。

4. CLIPPERS 的主要诊断线索是什么？

由于前人已将 CLIPPERS 的影像学和病理做了关联研究，因此，我们诊断本病并不需要做活检，只要根据影像学特点判断即可。从患者的头颅 MRI 影像上可见累及脑干、小脑、双侧大脑半球、脊髓等部位的多发点线状病灶，呈“胡椒粉”样，T2WI 和 FLAIR 上呈高信号，增强后病灶有明显强化。根据以上影像学特点，同时排除其他疾病，即可诊断。

排除其他疾病说起来容易，其实是非常复杂的。所谓中枢神经系统多发点线状病灶，增强后病灶明显增强在文献中可对应于以下情况：①CLIPPERS；②淋巴瘤细胞浸润；③副肿瘤性小血管炎；④淋巴瘤前哨病变；⑤免疫重建炎性综合征；⑥巨噬细胞激活综合征；等等。总之，广义而言，淋巴细胞增殖病变就有可能出现“胡椒粉”样强化，而其中有些概念可能是重叠的。

5. CLIPPERS 是否完全属于良性可控性疾病？

我们目前对于 CLIPPERS 所知甚少，有观点认为它可能是原发性中枢神经系统淋巴瘤的“前哨”病变，可能会发生转化，体现了“炎症和肿瘤在一线之间”。

Taieb 等报道了 1 例 CLIPPERS 患者治疗 2 年后查出 PCNSL，该患者初次发病时活检显示 CD4+淋巴细胞浸润，向实质扩展，病灶周围轴索肿胀，B 细胞(-)。接受泼尼松和硫唑嘌呤治疗后 2 年内 2 次复发，再次活检发现坏死组织中央有大量坏死性 B 细胞。这可能由于初次发病时患者体内有效的免疫反应抑制了 B 细胞的克隆增生，而随后糖皮质激素和免疫抑制药的使用促进了 PCNSL 的发展，再次活检时出现大量恶变 B 细胞浸润。

文献还报道了在其他患者中出现类似上述的 CLIPPERS 和 PCNSL 可疑转化过程。无独有偶，反过来在文献中还可以找到外周 T 细胞淋巴瘤经治疗完全缓解后出现了 CLIPPERS 的报道，提示两者之间有互相转化的潜在可能。

因此，我们在诊断该病后应该给予患者充分告知并密切随访，以便尽早发现向 PCNSL 转化的线索并给予合适治疗。甚至有学者提出，CLIPPERS 应该是一个随访诊断，只有在长期随访中排除了淋巴瘤的转化，方可诊断！

6. 目前治疗 CLIPPERS 的方法有哪些？

目前 CLIPPERS 患者的治疗均依赖于类固醇激素。大部分患者接受泼尼龙静脉注射冲击治疗后改为口服泼尼松并缓慢减量。文献中部分患者合用硫唑嘌呤、甲氨蝶呤、环磷酰胺和吗替麦考酚酯等免疫抑制药辅助糖皮质激素的减量，有3例患者接受美罗华治疗，另各有1例患者使用羟氯喹和皮下注射IFNβ－1α用于病情的控制。系统科学的疗效比较还尚未进行，但有病例分析指出长疗程的免疫抑制治疗是有效的。

7. CLIPPERS会复发吗?

由于大部分病例报告缺乏随访信息，因此难以统计出确切的复发率。目前报告存在复发的患者有36例，有研究表明，CLIPPERS复发控制不佳可能导致长期残疾。因此，长期使用免疫抑制药维持治疗成为必需，同时要监测是否真会向PCNSL转化。

（闫　翀　赵重波）

## 参考文献


[1] 闫翀.类固醇激素反应性慢性淋巴细胞性炎症伴脑桥血管周围强化症伴肺间质性病变一例.中华神经科杂志，2016，49(9)：724－726.

[2] Taieb G，Labauge P. CLIPPERSfeatures before，during and after lymphoma. Journalof the neurological sciences，2016，366：251－252.

[3] Nakamura R，Ueno Y，Ando J，et al. Clinical and radiological CLIPPERS features aftercomplete remission of peripheral T－cell lymphoma，not otherwise specified. Journal of the neurological sciences，2016，364：6－8.

[4] ZhangYX，Hu HT，Ding XY，et al. CLIPPERS with diffuse white matter andlongitudinally extensive spinal cord involvement. Neurology，2016；86(1)：103－105.

# 30. 快速进行性痴呆的中老年女性

[病史摘要]

患者，女，63岁，家庭妇女。进行性智能减退、精神行为异常1个月余。1个月前家人发现患者记忆力明显下降，不记得早餐吃什么，不能认出自己睡的床，不认识回家的路，伴视物模糊，行走不稳。有时幻视、幻听，胡言乱语，伴双上肢不自主抖动，症状进行性加重。出现晚上乱跑，起来做饭等异常行为。病程中无发热。既往体健。不偏食。否认毒物接触史，否认手术史和输血史。

[神经科体格检查]

视频10

神志清楚，查体不能完全配合，记忆力、计算力、理解力下降，计算错误，如“100 －7 ＝97”，执行功能减退，颅神经检查无异常。四肢肌张力稍高，肌力5级，双侧腱反射稍高，双侧Babinski征阳性。双侧肢体痛觉、触觉对侧存在，指鼻及跟膝胫试验不能配合。见双上肢肌阵挛（视频10）。

[定位诊断思路]

临床定位诊断思路分析见图155。

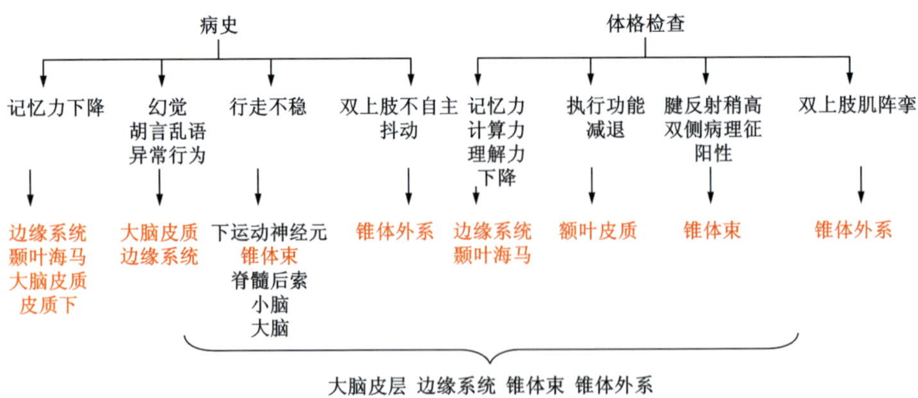


图155　定位诊断思路图

[定性诊断与鉴别诊断]

定性诊断与鉴别诊断思路形成见图 156。

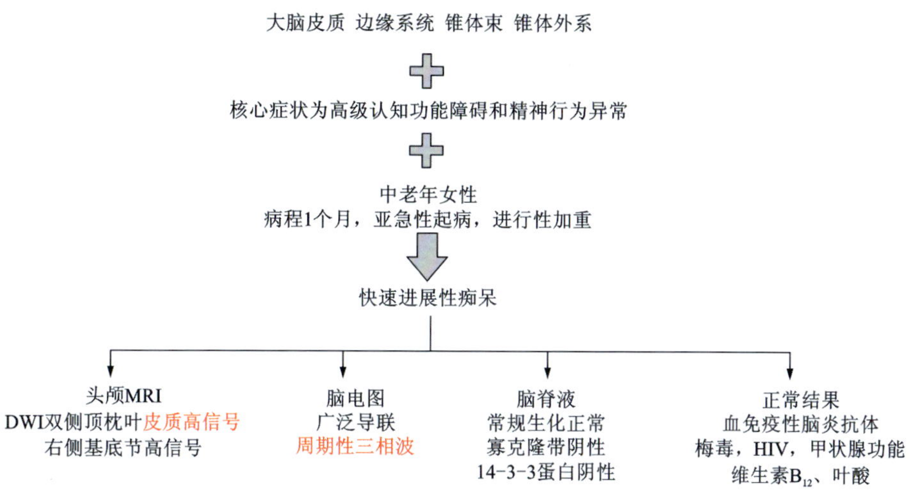


**图 156 定性诊断思路图**

该患者表现为快速进展性痴呆(rapidlyprogressive dementia, RPD)，需要排除"VITAMINS"系列疾病[脑血管病(vascular, V)、感染(infectious, I)、中毒/代谢(toxic - metabolic, T)、自身免疫性脑炎(autoimmune, A)、肿瘤(metastasis, M)、医源性(iatrogentic, I)、神经系统变性病(neurodegenerative, N)、系统性疾病/癫痫(systemic/seizures, S)]。

患者无中毒、无代谢性疾病、未用药以及系统性疾病病史。通过辅助检查进一步排除脑血管病、特殊感染(梅毒或艾滋病)等。头颅 MRI 提示皮质"绸带"征(图 157)；脑电图提示周期性三相波(图 158)，结合较为特异的"肌阵挛"征象，临床诊断"克雅病"。给予丙种球蛋白(0.4 mg/kg)5 天疗程，以及大剂量激素冲击治疗后，患者病情仍进行性加重，出现缄默状态。病程上不支持自身免疫脑炎。

**最终诊断：拟诊散发型克雅病(Creutzfeldt - Jakob disease, CJD)**

[病例的问题]

1. 什么是 CJD？什么是朊蛋白(Prion protein, PrPc)？朊蛋白病有哪些？

CJD 是由 PrPc 这一特殊病原体引起的，是一类少见的、致死性、亚急性中

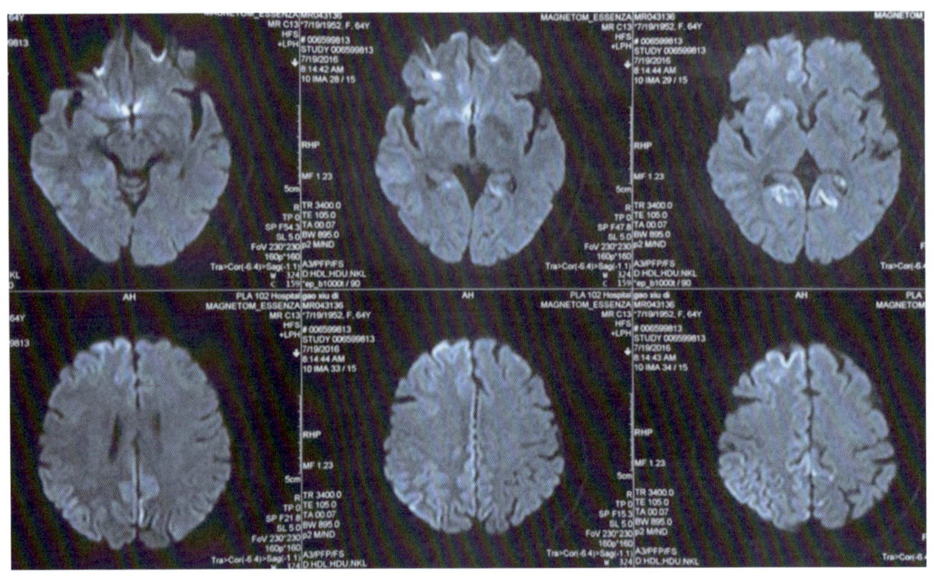


**图 157　患者头颅 MRI 影像**

磁共振弥散加权成像(MRI DWI)显示皮质"绸带"征

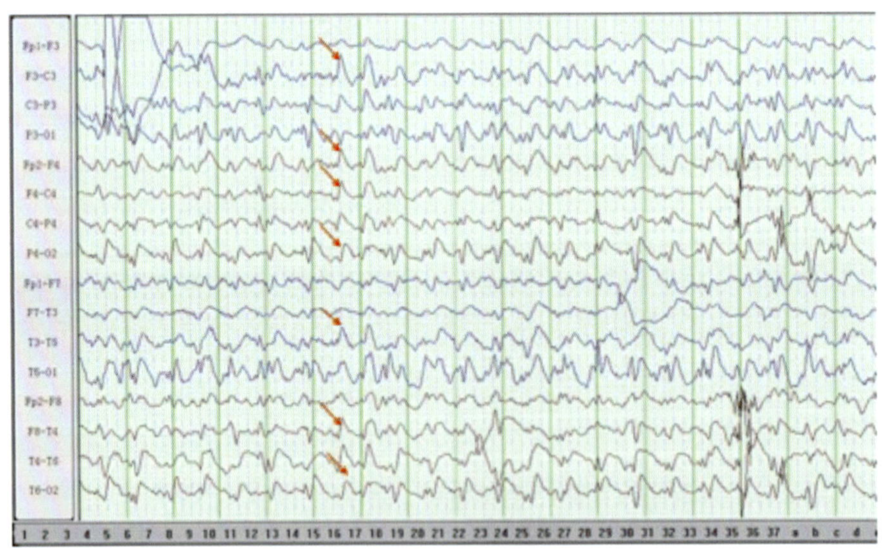


**图 158　患者脑电图**

广泛导联可见周期性三相波(红色箭头所示)

枢神经系统退行性疾病。

朊蛋白(PrPc)为一种不含核酸的蛋白粒子，由位于第 20 号染色体上的朊蛋白基因(PRionN Protein，PRNP)编码，共有 253 个氨基酸组成。正常的 PrPc 在神经元和神经胶质细胞中高度表达，为富含 α 螺旋的可溶性细胞膜糖蛋白，能被蛋白酶降解。其生理功能未明确。可能与突触信号传导及铜离子转运有关。

PrPsc 是 PrPc 的异常异构体，两者的氨基酸序列完全相同，由于空间结构不同，PrPsc 富含 β 片层结构，不可溶解且不能被蛋白酶降解，易在细胞内形成淀粉样沉淀。由于朊蛋白基因 PRNP 突变、老年、应激、紫外线或者某些药物可导致 PrPc 空间构象的改变。PrPsc 既有遗传性，又有传染性。与 PrPc 结合后，可以诱导结构改变，复制出病理蛋白(图 159)。

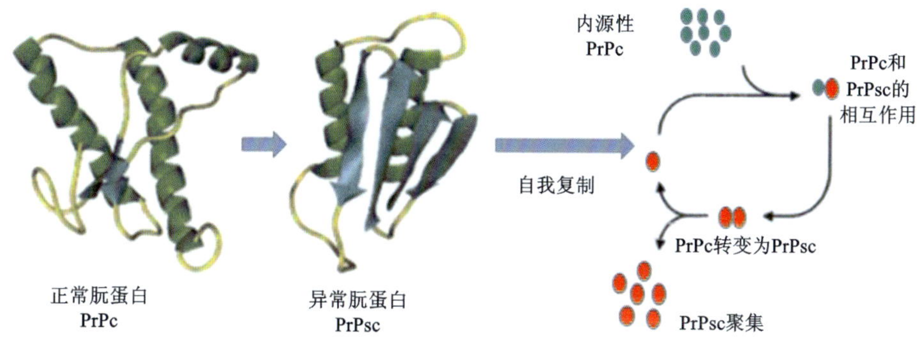


**图 159　朊蛋白的自我复制过程**

朊蛋白从正常结构 PrPc(绿色圆点标识)自我复制成为病理蛋白 PrPsc(红色圆点标识)

朊蛋白病(prion disease)，又称作传染性海绵状脑病(transmis siblespongiformencephalopathies，TSE)具有潜伏期长、病死率高、愈后差的特点。包括人朊蛋白病，以及其他哺乳动物感染，如疯牛病、羊痒病、鹿慢性萎缩症等。人朊蛋白病包括 CJD、家族性致死性失眠症(FFI)、Gerstmann-Sträussler-Scheinker(GSS)综合征，Kuru 病，变异型蛋白酶敏感朊蛋白病(VPSPr)和朊蛋白相关脑淀粉样血管病(PrP－CAA)。

2. CJD 的流行病学有哪些？传播途径是什么？

CJD 全球流行，年发病率为 1/100 万人～2/10 万人。根据发病原因，CJD 可分为散发型(sCJD)、家族遗传型(fCJD 或 gCJD)、医源型(iCJD)和变异型(vCJD)等。其中，90% 为 sCJD，其次为 gCJD(9%)，iCJD 和 vCJD 发病率最低(1%)。除散发型，其他三型在不同国家间差异很大。

gCJD 是由 PRNP 基因的多种突变引起，包括点突变、插入突变及删除突变，呈常染色体显性遗传的特点。iCJD 为医疗诊治过程中使用朊蛋白污染的药物、器材或医疗器械等而获得。常见的感染途径有器官移植(角膜、脊髓、硬脑膜、肝脏)，垂体来源激素(生长激素、促性腺激素)的应用，输血及血制品等。vCJD 于 1996 年首次在英国报道，由于食入 TSE 病牛肉而感染，还可通过输血传播。

3. CJD 的临床表现是怎样的?

CJD 又称为皮质－纹状体－脊髓变性。临床主要表现为皮质功能损害、小脑功能障碍、脊髓前角损害、锥体外系和锥体束损害等症状及体征。四种不同类型的表现如表 29 所示。

**表 29　CJD 不同类型的临床表现**

| 类型 | 发病年龄 | 流行特征 | 临床特点 |
|---|---|---|---|
| sCJD | 老年 | 散发 | 早期(非特异)：<br>乏力、易疲劳、注意力不集中、记忆减退、易激动等<br>中期(痴呆－痉挛期)：<br>痴呆——记忆障碍，失语、失认；<br>性格改变；2/3 患者出现肌阵挛<br>大脑皮质、锥体外系、锥体束及小脑受损的症状交替或相继在此期出现；<br>晚期：出现尿失禁，无动性缄默或去皮质强直 |
| gCJD | 年龄较早 | 遗传 | 意识障碍、记忆力下降、共济失调和肌阵挛<br>精神症状：妄想、幻觉<br>其他神经症状，如局灶或全身虚弱、僵硬、运动迟缓、震颤、舞蹈症、癫痫样发作、视力障碍和异手综合征等 |
| iCJD | 年龄较早 | 有感染来源 | 硬脑膜移植相关的 iCJD 临床表现与 sCJD 相似<br>生长激素相关的 iCJD 表现为进行性发展的小脑综合征。 |
| vCJD | 年龄较早 | 散发 | 行为或精神异常，感觉异常，最后进展至共济失调及痴呆。 |

4. 什么是皮质“绸带征”？哪些疾病可出现这一征象？

皮质“绸带征”是影像学上形象的表达，指沿皮质沟回走行的带状高信号。CT 影像可表现为脑回状高密度，沿脑表面曲线状走行。T1 序列上有时皮质沟回呈线状高信号，在 DWI 和 FLAIR 上也呈高信号。

皮层绸带征又称作皮质层状坏死（cortical laminar necrosis，CLN），为一个或多个脑皮质层的局灶性或弥漫性坏死。见于多种原因造成中枢神经系统氧和（或）糖的摄取障碍及脑能量代谢异常。如缺血缺氧性脑病、渗透压脑病、狼疮脑病、CJD、低血糖脑病、线粒体脑病伴高乳酸血症和卒中样发作（mitochondrial encephalomy-opathy with lactic acidemia and strokelike episodes，MELAS）、杨桃中毒、脑梗死、癫痫持续状态、低血糖以及自身免疫性脑炎等引起。

5. 各种辅助检查在 CJD 诊断中的价值如何？

CJD 的辅助检查主要有病理、脑电图、脑脊液及影像学检查。病理检查为诊断的金标准，但临床应用并不广泛。因此，其他辅助检查对临床诊断显得尤为重要，其中脑电图、影像学为无创性检查，影像学检查更为敏感，而脑脊液检查特异性较高。CJD 患者的脑电图、脑脊液及影像学检查表现如表 30 所示。

**表 30　各种辅助检查在 CJD 患者中的应用**

| | 特征表现 | 灵敏度 | 特异度 |
|---|---|---|---|
| 脑电图 | 慢波背景上出现周期性发作波（periodic sharp wave complex，PSW），可表现为尖波、棘波、双相尖波、尖慢或棘慢综合波、慢波或三相波等<br>CJD 发病早期，脑电图的基本节律解体，背景脑波不断慢化，之后，在慢波背景上出现周期性发作波，不久周期性发作波渐渐消失，慢波背景更加严重，这三个阶段存在的时间因病程的长短而异 | 对早期诊断不敏感 | 病程中晚期（8～12 周）才会出现典型改变 |
| 头颅 MRI | 常规头颅 MRI：除脑萎缩外，一般无其他异常发现<br>DWI 和 FLAIR 检查对 CJD 早期诊断具有重要价值，较常规 MRI 检查敏感<br>在 sCJD 患者 DWI 检查早期特异性地表现为皮层绸带征和（或）双侧基底核区的异常高信号。sCJD 常以顶枕灰质异常为主，gCJD 以尾核为主，vCJD 以丘脑枕异常为主 | 在 sCJD 诊断中 92.3%～100% | 在 sCJD 诊断中 93.80% |
| 脑脊液 14－3－3 蛋白 | 升高 | 灵敏度和特异度均较差，急性脑损伤也可升高 | |

6. CJD 的诊断标准是怎样的？

根据不同的临床类型来设定诊断标准。诊断可分为：确诊（有病理依据），拟诊和可疑（表 31）。

**表 31　CJD 的诊断标准**

<table>
<tr><th></th><th>sCJD</th><th>gCJD</th><th>iCJD</th><th>vCJD</th></tr>
<tr><td>确诊</td><td>尸检或脑组织活检具有典型/标准的神经病理学改变，和（或）免疫细胞化学和（或）Western 印迹法确定为 PrPsc，和（或）存在瘙痒病相关纤维。</td><td>具有本病特异的 PRPN 突变和（或）一级亲属中具有确诊或临床诊断的 gCJD 患者。</td><td rowspan="3">在 sCJD 诊断的基础上具有：①接受由人脑提取的垂体激素治疗的患者出现进行性小脑综合征；②确定的暴露危险，如曾行硬脑膜移植、角膜移植等手术</td><td>进行性神经精神障碍大脑和小脑广泛的空泡样变及“花瓣样”的 PrP 斑块沉积</td></tr>
<tr><td>拟诊</td><td>临床表现进行性痴呆，在病程中出现典型的脑电图改变，和（或）脑脊液 14－3－3 蛋白阳性，临床病程 <2 年。以及无动性缄默外还具有以下临床表现之一：①肌阵挛；②视觉或小脑症状；③锥体和（或）锥体外系症状</td><td></td><td>（1）病史：①进行性神经精神障碍；②病程≥6 个月；③常规检查排除其他疾病；④无医源性接触史<br>（2）神经精神表现：①早期精神症状（抑郁、焦虑、情感淡漠、退缩、妄想）；②持续性疼痛或感觉异常；③共济失调；④肌阵挛、舞蹈症、肌张力紊乱；⑤痴呆<br>（3）辅助检测：①脑电图无典型的 sCJD 波型，或未进行脑电图检测；②MRI质子密度相出现双侧丘脑后结节部高信号<br>（4）扁桃体活检阳性：具有（1）、（2）中的任意 4 项，和（3）或（1）和（4）者</td></tr>
<tr><td>可疑</td><td>具有进行性痴呆，临床病程 <2 年。以及至少具有以下 4 种临床表现中的 2 种：①肌阵挛；②视觉或小脑症状；③锥体和（或）锥体外系症状；④无动性缄默</td><td></td><td>具有（1）和（2）中的任意 4 项，和（3）①者为疑似病例</td></tr>
</table>

7. 除了病理诊断，目前有什么生物标记能帮助明确诊断吗？

CJD 的主要病理特征为神经细胞脱失、星形胶质细胞增生、海绵状变性，脑活检发现海绵状变性和 PrPsc 可确诊。

近期最新进展：通过扩增技术检测 PrPsc，这一技术称作 real-timequaking-induced conversion（RT－QuIC），在脑脊液或者嗅球黏膜中检测 PrPsc。对两者诊断的灵敏度分别为 96% 和 97%，特异度都达到 100%。

8. CJD 的治疗

CJD 无特效疗法，主要是对症支持治疗及加强护理。根据临床症状给予抗惊厥药、抗肌阵挛药、抗精神病药物等；此外需要加强营养支持。

患者一经诊断，应向疾病控制中心报告，并对患者进行隔离，对其使用过的生活用品和医疗用品进行销毁，以防医源性感染。患者的分泌物、尿液、粪便及病房不需特殊消毒处理，污染有患者血液或其他组织的物品可用 2% 游离氯的 NaClO 或 2 mol/L 氢氧化钠（NaOH）表面覆盖浸泡 1～2 小时进行处理。医务人员应尽量避免直接接触患者的血液和脑脊液，一旦暴露应立即用大量清水冲洗；日常接触患者最好带手套，但无需呼吸道防护。对于 CJD 密切接触者无需进行隔离或临床观察。

由于变异型克雅病（vCJD）可通过血液传播，故对 vCJD 引起血源传播的途径应进行严格管理。严格筛选献血者，加强献血记录追查，以及对血制品进行恰当处理。

（王　蓓）

## 参考文献

[1] Paterson RW, Takada LT, Geschwind MD. Diagnosis andtreatment of rapidly progressive dementias. Neurol Clin Pract, 2012, 2(3): 187－200.

[2] 王珍燕，卢洪洲. 克雅病诊治. 中国感染与化疗杂志，2013，13(5)：400－404.

[3] Lee J, Hyeon JW, Kim SY, et al. Review: Laboratory diagnosis and surveillance of Creutzfeldt-Jakob disease. J Med Virol, 2015, 87(1): 175－186.

[4] Vitali P, Maccagnano E, Caverzasi E, et al. Diffusion－weighted MRI hyperintensity patternsdifferentiate CJD from other rapid dementias. Neurology, 2011, 17, 76 (20): 1711－1719

[5] ZanussoG, Monaco S, Pocchiari M, et al. Advanced tests for early and accurate diagnosis of Creutzfeldt－Jakob disease. NatRev Neurol, 2016, 12(6): 325－333.

# 31. 四肢麻木疼痛行走不稳的老年男性

[病史摘要]

患者，男，77 岁，退休，四肢麻木疼痛不适，行走不稳 3 个月。亚急性起病，进行性加重。诉不能握笔，不能持筷；四肢末端麻木疼痛不适。痛难忍，影响睡眠。行走不稳，步基宽，有脚踩在鹅卵石上感觉。无肌肉萎缩，无肉跳，无大小便障碍。2014 年 4 月(2 年前)曾出现右侧颈部肿块，穿刺提示“神经内分泌癌”，两次 PET - CT 检查未提示明显病灶，之后颈部肿块自行消退。2015 年(1 年前)诊断为“糖尿病”，口服“阿卡波糖片”，血糖控制可。否认有重金属接触史。否认家族史。

[神经科体格检查]

神志清楚，颅神经检查无异常。四肢肌张力正常，双上肢肌力近端 5 级，远端 5 级 -，双下肢近端肌力 5 级 -、远端肌力 4 级 +，四肢腱反射( - )。手套袜套样浅感觉，位置觉减退。假性手足徐动征。感觉性共济失调步态，Romberg 征( + )。双下肢病理征( - )。

[定位诊断思路]

临床定位诊断思路分析见图 160。

[定性诊断与鉴别诊断]

患者入院后通过肌电图检查进一步明确受累范围及纤维类型(图 161)。

定性诊断与鉴别诊断思路形成见图 162。

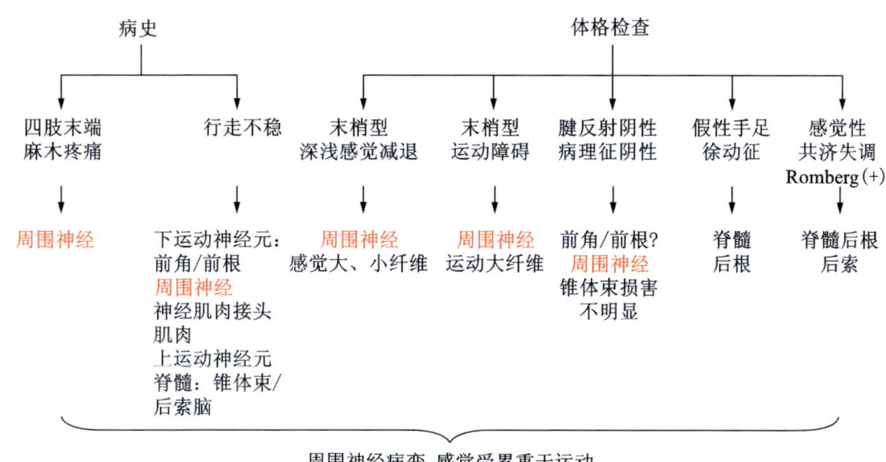


**图 160 定位诊断思路图**

感觉传导速度

| 运动传导 | 潜伏期<br>ms | 波幅<br>mV | 距离<br>mm | 传导速度<br>m/s |
|---|---|---|---|---|
| 正中神经 右 | | | | |
| 指Ⅲ－腕 | NP | — | | |
| 腓浅神经 右 | | | | |
| 踝－足背 | NP | — | | |
| 桡神经 右 | | | | |
| EPL 肌腱－腕 | NP | — | | |
| 腓肠神经 左 | | | | |
| 小腿中－外踝 | NP | — | | |
| 尺神经 右 | | | | |
| 指Ⅴ－腕 | NP | — | | |

H 反射

| 左　胫神经　H 反射 | | | |
|---|---|---|---|
| | M－潜伏期<br>ms | H－潜伏期<br>ms | H/M 波幅 |
| 膝－腓肠肌 | 3.9 | NP | — |

| 右　胫神经　H 反射 | | | |
|---|---|---|---|
| | M－潜伏期<br>ms | H－潜伏期<br>ms | H/M 波幅 |
| 膝－腓肠肌 | 3.9 | NP | — |

**图 161　患者感觉传导和胫神经 H 反射测试结果**

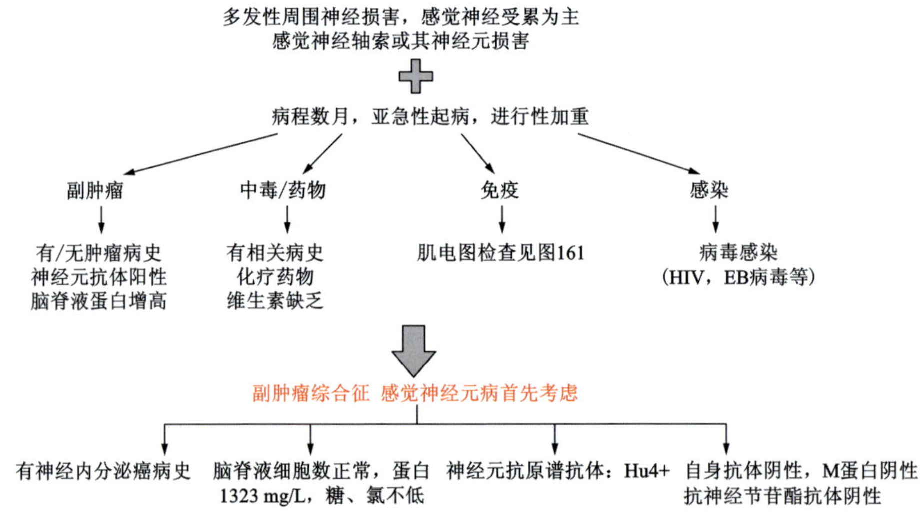


**图 162　定性诊断思路图**

神经传导测定结果分析：部分运动神经传导 CMAP 波幅略降低，被检感觉神经未引出，胫神经 H 发射未引出。提示多发性周围神经损害，感觉神经受累为主，感觉神经轴索或其神经元损害皆应考虑。与临床查体提示的周围神经病变及感觉神经受累重于运动神经损害相符。

该患者临床表现为感觉性共济失调和神经病理性疼痛，结合辅助检查，临床诊断为副肿瘤综合征，感觉神经元病。患者未再复查 PET－CT。给予丙种球蛋白和激素治疗，加巴喷丁和度洛西汀改善神经病理性疼痛，对病情有一定程度的改善。

**最终诊断：副肿瘤性感觉神经元病（paraneoplastic sensory neuron disease，PSND）**

［病例的问题］

1. 什么是感觉神经元病？

既然有运动神经元病，也存在感觉神经元病（sensory neuron disease，SND or sensoryncuronopathy，SNN or ganglionopathy）。它是一组疾病，以侵犯脊髓背根神经节（dorsal root ganglion，DRG）为特征，由肿瘤、免疫异常、中毒、药物、感染、遗传等多种病因引起。

背根神经节为假单极脊神经节细胞，胞体直径 20 ~ 100 μm，呈 T 形分支，分出周围突和中枢突。累及其轴索时，由近端向远端发展。按照神经传导性质不同，DRG 可分为两大类：大而浅的细胞，主要发出 Aβ 和 Aδ 纤维，传导本体感觉和触觉；小而深的细胞，占 60% ~70%，发出 C 纤维，为无髓纤维，传导温度觉和痛觉。

2. SND 的临床表现是什么？

SND 较少见。多为亚急性起病，或者隐袭起病，进行性加重。

SND 临床特征为感觉减退或缺失。起初多为非对称性分布，伴有感觉性共济失调，一般无肌力障碍。通常上肢重于下肢，具有非长度依赖性的特点。深浅感觉均可受累，上肢先受累，再向躯体、面部发展，最后出现步态异常和共济失调。

根据受累背根神经节的不同，临床表现不同。累及大感觉神经元，表现为感觉性共济失调，本体感觉障碍。累及小到中度感觉神经元，表现为阳性感觉症状，如疼痛，烧灼感，神经病理性疼痛和感觉过敏。自主神经受累则表现为直立性低血压，性功能障碍，胃肠道症状，假性肠梗阻或强直瞳孔等。

体征上可出现腱反射消失以及深浅感觉障碍，假性手足徐动，感觉性共济失调，Romberg 征阳性。

不同病因所导致的 SND 其特征，其中以特发性 SND 最为多见，占 50%，其次为 PSND。神经症状可为首发症状，早于原发肿瘤。推荐使用 PET - CT 筛查肿瘤。在副肿瘤或免疫介导感觉神经元病中，易累及自主神经和周围运动神经轴索，还可累及其他系统，表现出原发肿瘤或基础疾病的症状和体征。中毒性感觉神经病，包括化疗药物、维生素以及重金属等，症状严重程度与药物蓄积剂量有关，深感觉障碍出现早，四肢腱反射消失，以跟腱反射消失最早。而特发性、遗传性 SND 多表现为慢性病程，可长达数十年之久。

3. SND 的神经电生理特征是什么？在电生理上如何与感觉神经轴索损害鉴别？

感觉神经传导速度明显减慢，波幅显著下降，比如，正中神经和尺神经 SNAP 波幅低于腓肠神经，上肢重于下肢，呈非长度依赖性，广泛性下降或消失，运动神经传导速度、幅度正常或轻度减慢。H 反射消失，体感诱发电位和痛觉诱发电位可有异常，提示背根神经节周围支或中央支的受损。有研究指出尺神经感觉 - 运动电位幅度比值 <0.71，可用于区别其他多发神经病。定量感觉检查（quantitative sensory testing，QST）提示有温痛阈的异常。

感觉神经轴索损害符合长度依赖性特点。SNAP 波幅下降，远端重于近端。腓肠神经 SNAP 波幅低于正中神经和尺神经。体感诱发电位和痛觉诱发电位提示周围支受损。

当 SND 进展到一定程度，SNAP 无法引出时，电生理无法进一步鉴别感觉神经元和感觉神经轴索损害，借助皮肤活检，有助于进一步诊断。

4. SND 有影像学异常吗？

由于背根神经节中央支受累，SND 可出现影像学异常。通过脊髓磁共振来评估大感觉神经元中枢投射变性的程度。各种病因所致 SND 的脊髓后索可在 T2 加权像上出现高信号，增强无强化，尤其以颈段脊髓异常更为明显。Bao 等研究应用 MRI 序列多回波合并成像和快速反转恢复序列显示后根神经节和后柱高信号，脊髓前后径及颈 7 神经根直径减小，可用于早期诊断。

5. SND 的诊断标准是什么？

2009 年，由 Camdessanche 等根据病例 - 对照回顾分析提出将感觉神经元病的诊断标准分为两个部分。A 部分为临床和神经电生理检查要点，共分为 5 个要点，2，3，4 三项要点合计分值为 6.5 分，体现了该病非长度依赖性的特征。B 部分包括颈椎 MRI 检查，该诊断标准的灵敏度为 90.3%，特异度为 85.2%（表 32）。

6. SND 的发病机制是什么？

背根神经节周围血管内皮细胞间的紧密连接松散或缺如，为血 - 神经屏障薄弱处，易遭受有害因子的损害。抗体、炎症因子和毒素等容易通过该薄弱处到达背根神经节。但 SND 的具体发病机制仍不明确。对于 PSND 而言，肿瘤细胞与宿主神经元存在共同交叉抗原而导致产生自身抗体，自身抗体可以通过体液免疫或细胞免疫发挥效应，最终造成宿主神经系统的损伤。对于免疫性 SND 而言，T 淋巴细胞介导的免疫反应和炎性细胞因子，如 TNF - α 在发病中起到重要作用。中毒性 SND 则和药物在背根神经节内蓄积，诱发细胞凋亡，形成神经毒性有关。

**表 32　SND 的诊断标准**

| A. 对于一个临床表现为纯感觉神经疾病的患者，当以下评分 >6.5，初步考虑为 SND 的诊断 | 是 | 分值 |
| --- | --- | --- |
| 1. 起病时或病情完全进展时上肢或下肢感觉性共济失调 | □ | +3.1 |
| 2. 起病时或病情完全进展时出现非对称性分布的感觉缺乏 | □ | +1.7 |
| 3. 病情完全进展时感觉缺失不局限于下肢 | □ | +2.0 |
| 4. 至少 1 个 SAP 消失或 3 个 SAP < 上肢正常 SAP 下限值的 30%，不能被神经嵌压征所解释 | □ | +2.8 |
| 5. 下肢少于 2 条神经出现运动神经传导异常 | □ | +3.1 |
| | 总分______ | |
| B. 当以上评分 >6.5，且符合下述特点时，着重考虑为 SND 的诊断 | | |
| 1. 神经肌电图结果未排除 SND | | |
| 2. 且患者有以下情况之一：① 5 年内神经元抗体阳性或癌症；②顺铂治疗；③干燥综合征 | | |
| 3. 或者 MRI 在脊髓后柱显示高信号 | | |

注：SAP sensory action potentials 感觉动作电位

7. 神经元抗体在诊断 PSND 中的价值如何？

神经元抗体目前主要包括 6 种：Hu、Ri、Yo、Ma2/Ta、Amphiphysin 和 CV2。PSNDS 是副肿瘤综合征之一，其他还包括副肿瘤性小脑变性，副肿瘤性边缘叶脑炎，副肿瘤性脑脊髓炎、副肿瘤性斜视性眼阵挛肌阵挛、副肿瘤性僵人综合征等。

抗 Hu 抗体，又称为抗神经元核抗体 1 型，最为常见。其靶抗原存在于神经细胞核、神经内分泌细胞、小细胞肺癌和神经母细胞瘤中。常见于小细胞肺癌伴发感觉神经元病和脑脊髓炎中。研究表明，抗 Hu 抗体对于 PSND 的诊断灵敏度高达 82%，特异度高达 99%。但其滴度与肿瘤的预后没有相关性。

抗 Ri 抗体又称为抗神经元核抗体 2 型，其靶抗原局限在中枢神经系统神经细胞核中表达，见于乳腺癌、小细胞肺癌伴发斜视性眼阵挛肌阵挛。

抗 Yo 抗体，又称为抗浦肯野细胞抗体 1 型，抗原在小脑浦肯野细胞中表达，常见于妇科肿瘤、乳腺癌伴发小脑变性。

抗 Ma2/Ta 抗体，抗原存在于神经元细胞核和细胞质中，最常见于睾丸癌伴发脑炎。

抗 Amphiphysin 抗体主要识别神经元突触囊泡，可在僵人综合征患者中检测出。可见于乳腺癌，小细胞肺癌。

抗 CV2 抗体，又称为抗 CRMP5 抗体，抗原是 CRMP5 蛋白（collapsing response mediator protein5），存在于脑白质中的少突胶质细胞，对应的副肿瘤综合征包括边缘叶脑炎，脑脊髓炎等。可见于小细胞肺癌，胸腺瘤中。

总之，神经元抗体、副肿瘤综合征、肿瘤三者之间均为“一对多”的关系（表 33）。

**表 33　神经元抗体、副肿瘤综合征、肿瘤三者关系简表**

| 神经元抗体 | 副肿瘤综合征 | 最常见肿瘤 |
|---|---|---|
| 抗 Hu 抗体 | 感觉神经元病，脑脊髓炎 | 小细胞肺癌，成神经细胞癌 |
| 抗 Ri 抗体 | 斜视性眼阵挛肌阵挛综合征 | 乳腺癌，小细胞肺癌 |
| 抗 Yo 抗体 | 小脑变性 | 妇科肿瘤，乳腺癌 |
| 抗 Ma2/Ta 抗体 | 脑干炎，边缘性脑炎 | 睾丸癌 |
| 抗 Amphiphysin 抗体 | 僵人综合征 | 乳腺癌，小细胞肺癌 |
| 抗 CV2 抗体 | 边缘性脑炎 | 小细胞肺癌，胸腺瘤 |

8. 什么是神经内分泌肿瘤？

神经内分泌肿瘤是起源于神经内分泌细胞的肿瘤。神经内分泌细胞遍布全身各处，因此神经内分泌肿瘤可以发生在体内任何部位，但最常见的是胃、肠、胰腺等消化系统神经内分泌肿瘤，约占所有神经内分泌肿瘤的 2/3。其最重要的肿瘤标志物为嗜铬蛋白 A（ChromograninA，CgA），可用于诊断和随访。

根据病理，神经内分泌肿瘤可分为神经内分泌瘤、神经内分泌癌、混合性神经内分泌癌。所有的神经内分泌肿瘤都是潜在恶性的，治疗手段包括手术（根治或姑息治疗）以及药物治疗。预后与肿瘤的大小、发病部位、分级和分期有关，分化好的神经内分泌癌生存期 3～20 年，分化差的神经内分泌癌生存期 10 个月左右。

9. SND 的预后怎么样？

SND 的治疗基于不同的病因，总体预后欠佳。对于副肿瘤相关的感觉神经元病，发现潜在的肿瘤，并给予相应处理，可在一定程度上改善症状。副肿瘤或自身免疫相关的SND，可试用激素，免疫球蛋白和免疫抑制药，部分患者可一定程度缓解；对维生素相关的SND，可减少维生素 $B_6$ 的摄入，并补充维生素E；对化疗药物相关的SND，可根据情况停用化疗药物，并应用神经营养药物；对遗传性SND，目前尚无有效的治疗。

（王　蓓）

## 参考文献

[1] Sghirlanzoni A, Pareyson D, Lauria G. Sensory neuron diseases. Lancet Neurol. 2005, 4(6): 349－361.

[2] Camdessanché JP, Jousserand G, Ferraud K, et al. Camdessanché JP. Thepattern and diagnostic criteria of sensory neuronopathy: a case－control study. Brain, Jul; 2009, 132(Pt 7): 1723－1733.

[3] Antoine JC, Varvat FR, Maisonobe T, et al. French CIDP study group. Testingthe validity of a set of diagnostic criteria for sensory neuronopathies: afrancophone collaborative study. JNeurol, 2014, 261(11): 2093－2100.

[4] 徐迎胜，张朔，樊东升. 感觉神经元病的临床和神经电生理研究[J]. 中华医学志，2013，93(13): 992－994.

[5] 卢如意，章殷希，丁美萍. 感觉神经元病的临床诊治研究进展[J]. 中国临床神经科学，2015,(2): 217－221.

[6] Oberg K, Castellano D. Current knowledge on diagnosis and staging of neuroendocrine tumors. Cancer Metastasis Rev, 2011, 30(1): 3－7.

# 32. 精神异常伴肢体抽搐的青年男性

［病史摘要］

患者，男，32 岁，因“精神行为异常 6 年，伴智能减退，肢体抽搐 2 个月”入院。患者 6 年前因工作不顺出现情绪低落，寡言少语，对生活失去兴趣，无正常工作，4 年前患者出现性格改变，精神行为异常，自我感觉良好，自吹自擂，无缘由请客吃饭，购物消费不计成本，患者就诊于精神科，考虑为“双相障碍”可能，口服“奥氮平”“氟西汀”“氯硝西泮”等药物后症状稍有好转，但精神状况仍不稳定，无法正常工作。2 月个前患者开始出现肢体抽搐，主要表现为头部和上肢向一侧抽动，无意识障碍，无大小便失禁，持续 1 ~2 分钟后可自行缓解，每天最多可发作 3 ~4 次。伴记忆力减退、计算力下降，无法与人正常交流，说话逻辑性下降，生活不能自理。发病过程中无肢体无力、感觉异常；无发热、头痛、肢体震颤、行走不稳。否认家族史，否认毒物接触史，否认不良嗜好。

［神经科体格检查］

神志清楚，反应迟钝，构音清楚，言语尚流利，语言理解能力差，对答不切题，定时、定向障碍。记忆力、计算力减退，任务执行功能下降，画图不能，MMSE10 分。左侧瞳孔直径 3mm，右侧瞳孔 2mm，瞳孔边缘不规则，双侧瞳孔对光反射消失，调节反射正常。眼球位置居中，眼球各向活动尚好，无眼震；其余颅神经检查无异常。颈软，双侧肢体肌力 5 级，四肢腱反射（＋＋）对称，双侧 Babinski 征阴性。行走步态正常，Romberg 征阴性，脑膜刺激征阴性。

［定位诊断思路］

临床定位诊断思路分析见图 163。

为了验证对定位诊断的推测，首选检查项目应该是头颅 MRI，以明确脑部的结构性损害是否符合临床推测，抑或可进一步提供亚临床病变的支持。头颅 MRI 提示脑萎缩伴脑室扩大和脑白质多发异常信号，T2W、FLAIR 呈高信号，

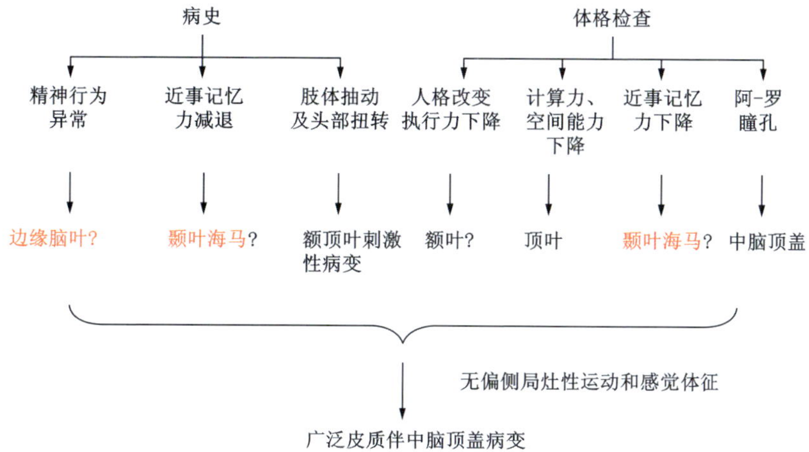


**图 163　定位诊断思路图**

DWI 受限不明显(图 164)。结合临床症状 + 影像结果，患者的定位诊断为皮质、中脑和脑白质多发病变。

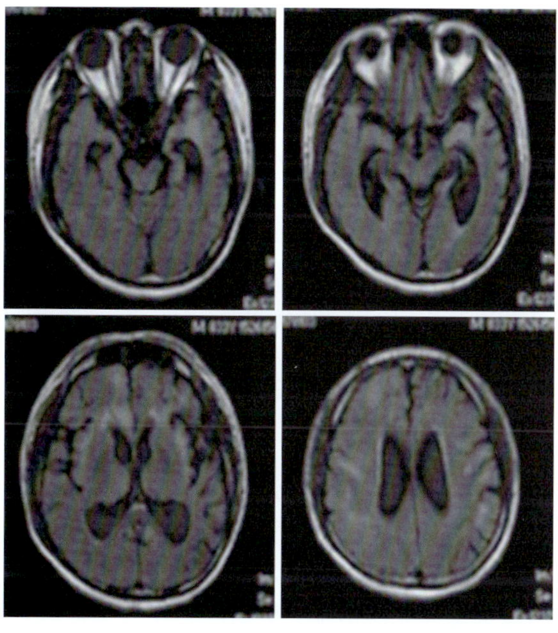

**图 164　患者头颅 MRI 影像**

[定性诊断与鉴别诊断]

定性诊断与鉴别诊断思路形成见图 165。

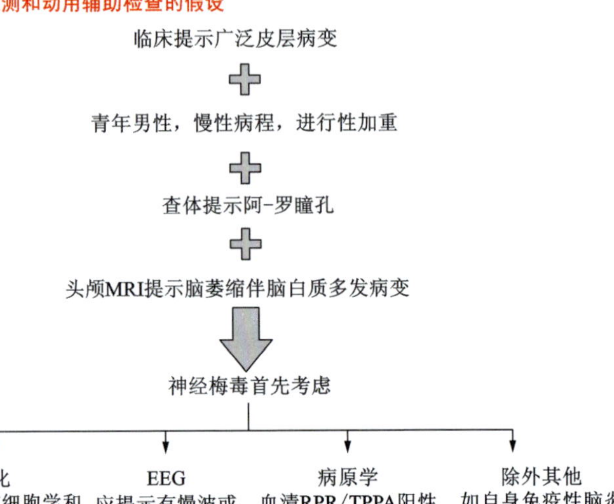


**图 165　定性诊断思路图**

患者血常规、肝肾功能、电解质、叶酸、维生素 $B_{12}$、甲状腺功能、自身抗体均正常。副肿瘤抗体阴性；脑脊液：葡萄糖 3.51 mmol/L，蛋白 695 mg/L，细胞数 $3\times10^6$/L；自身免疫脑炎抗体阴性；脑脊液 IgG 合成指数显著升高(4.56)，脑脊液可见多条 IgG 寡克隆条带；脑脊液 RPR(＋＋＋＋)强阳性反应，脑脊液 TP 抗体阳性。血清未见寡克隆区带。血清 RPR(＋＋＋＋)属强阳性反应(1∶64)，血清 TP 抗体阳性；脑电图提示广泛慢波，伴尖波。

**最终诊断：神经梅毒**

[病例的问题]

1. 神经梅毒为什么被称作“伟大的模仿者”(great imitator)？

神经梅毒可发生在梅毒感染后的任何时期，而绝非三期梅毒的特征性表现。在梅毒感染早期，超过 20% 的无症状患者的脑脊液中可发现梅毒螺旋体。如果机体无法将梅毒螺旋体完全清除，早期可表现为无症状性神经梅毒，后期会逐步进展为症状性神经梅毒。早期病灶可局限在神经系统间质结构，表现为脑脊膜炎、梅毒性血管炎；疾病后期梅毒螺旋体逐步侵入神经系统实质结构，表现为梅毒相关性脑炎、脊髓炎。

由于梅毒螺旋体侵袭力极强，几乎可以侵犯神经系统的任何结构，因此神经梅毒的症状学极为复杂，可表现为脑血管病、脑脊膜炎、脑脊髓炎、神经系统占位性病变，以及各种类型的周围神经病(表34)。梅毒螺旋体的致病机制即包括病菌本身的侵袭作用，又包括病菌诱发的自身免疫反应，以及病灶本身的占位效应，这导致神经梅毒的病程演变的复杂多变，可以累及血管结构超急性起病，也可表现为缓慢进展的慢性病程，可在短期内急性进行性加重。神经梅毒临床表现复杂，病情演变特点多样，常以各种不同的面目出现在各类疾病的鉴别诊断中，不愧为“伟大的模仿者”。

**表34　神经梅毒的临床表现**

| 临床类型 | 临床综合征 | 鉴别诊断 |
|---|---|---|
| 脑血管型 | 短暂性脑缺血发作 | 动脉粥样硬化，结核性血管炎，病毒性血管炎，免疫相关性血管炎 |
| | 缺血性卒中 | |
| | 出血性卒中 | |
| 脑脊膜炎型 | 脑膜炎 | 结核性脑膜炎，病毒性脑膜炎，真菌性脑膜炎 |
| | 精神行为异常 | |
| | 认知功能障碍 | 精神分裂症，抑郁症，狂躁症 |
| 脑炎型 | 头晕头痛 | CJD，病毒性脑炎，自身免疫性脑炎 |
| | 癫痫 | |
| | 帕金森综合征 | 锥体外系疾病 |
| | 小脑性共济失调 | |
| 脊髓炎型 | 脊髓痨 | 亚急性联合变性 |
| 树胶肿 | 颅内树胶肿 | 颅内肿瘤，脑脓肿，脊髓肿瘤 |
| | 脊髓树胶肿 | |
| 周围神经型 | 动眼神经麻痹 | 动脉瘤，糖尿病动眼神经麻痹 |
| | 多数单神经病 | 血管炎性周围神经病 |
| | 急性多发性神经病 | 吉兰－巴雷综合征 |
| | 慢性多发性神经病 | CIDP |

2. 神经梅毒是如何成为"伟大的模仿者"的?

螺旋体是一种介于细胞和原虫的单细胞生物，呈细长的螺旋状，具有精细的运动结构，与运动和趋化功能相关的基因占整个基因组的6%，远高于普通细菌，因此具有很强的活动和侵袭能力，梅毒螺旋体几乎可以入侵到神经系统的任何部位。螺旋体侵入神经系统后可通过多种机制逃避免疫系统的清除，分泌唾液酸酶，降解组织周围的唾液酸，使病灶难以局限，导致螺旋体不断蔓延播散；形成生物膜，逃避免疫细胞的攻击；不断变换表达不同的细胞表面脂蛋白导致抗原转换，逃避体液免疫的攻击。

除了螺旋体本身的侵袭作用，其诱发的免疫和炎症反应也是组织损伤的重要原因。螺旋体细胞表面的脂蛋白有很强的抗原性，可诱发严重的免疫反应和炎症反应，这可导致病情在短时间内进行性加重。免疫反应常可导致继发的神经组织损伤，多数神经梅毒患者都有轻度到中度的脑萎缩。梅毒螺旋体破坏后释放的蛋白可独立的诱发免疫反应，即使在螺旋体清除后，仍可持续诱导慢性炎症反应。

B 淋巴细胞和 T 淋巴细胞共同参与介导了梅毒相关的的免疫反应（图166），体液免疫在其中发挥着主要作用。神经梅毒患者的脑脊液中常可发现寡克隆区带和鞘内合成，此外脑脊液中 B 淋巴细胞趋化因子，如 CXCL13 也常升高。梅毒螺旋体侵袭力强，可导致广泛的神经结构损伤，加之其发病机制复杂，病情演变特点多样，是使其成为"伟大的模仿者"的主要原因。

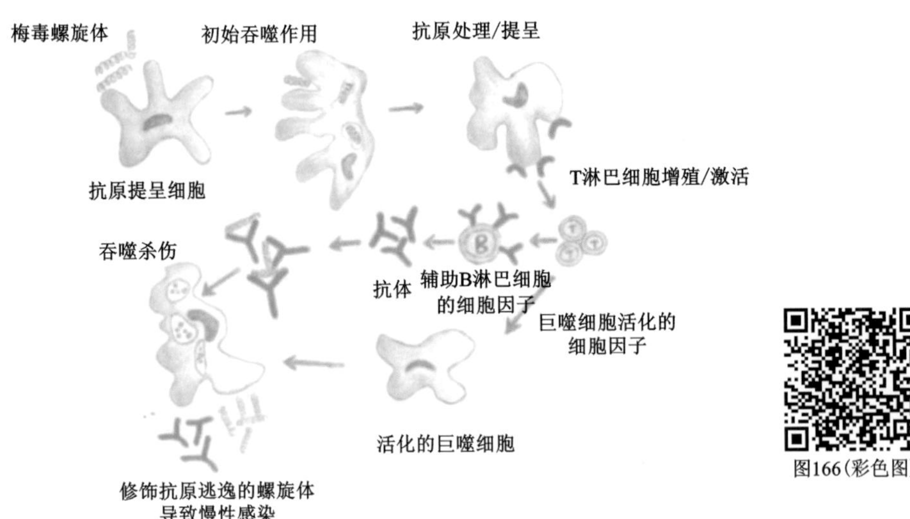


图 166　梅毒的免疫机制

3. 何为阿－罗瞳孔？

阿－罗瞳孔又称瞳孔对光调节反射分离（light－near dissociation），指双侧瞳孔对光反射消失，而调节反射正常，同时可伴有双侧瞳孔缩小，不等大，边缘不规则。

目前认为阿－罗瞳孔的病变位置在双侧的中脑顶盖前核，顶盖前核是对光反射的中继站，双侧顶盖前核的损伤会导致双侧瞳孔的直接和间接对光反射均消失。而调节反射的中继站位于双侧枕叶皮层的视觉中枢，因此顶盖前核病变不会导致调节反射异常。

在前青霉素时代，阿－罗瞳孔一度被认为是神经梅毒的特有体征，甚至被称作"妓女的瞳孔"（prostitute' spupil）。但近年来发现阿－罗瞳孔可出现在多种疾病中，如多发性硬化，wernicke 脑病，神经结节病，糖尿病等。阿－罗瞳孔虽非神经梅毒的特有体征，但仍对其诊断有重要提示意义。

4. 神经梅毒的影像学有哪些特点？

呈现明显的"同病异像"！约 2/3 的神经梅毒患者 MRI 表现阴性。不同临床表型的神经梅毒患者影像学表现不同，脑实质型患者以弥漫性脑萎缩最为常见，部分患者表现为额叶和颞叶的局灶性萎缩，脑萎缩与神经细胞的坏死丢失有关，是患者认知功能损害的主要原因之一；其次是双侧颞叶和额叶底部 T2/flair 上高信号，常被误诊为单疱脑炎，自身免疫性脑炎，但前者常因脑萎缩而伴有侧脑室前角增宽，后两者早期以侧脑室前脚肿胀多见，颞叶和额叶病变与患者精神症状相关；此外还可表现为多发的白质和胼胝体的异常信号，正如该患者所呈现的影像学表现一样。

局灶或多发的脑梗死是脑膜血管型最常见的影像学表现；梅毒螺旋体易侵犯大动脉和中动脉，导致动脉炎发生，可表现为血管壁的强化；慢性脑膜炎可导致脑膜增厚，分泌物增多和淋巴细胞浸润，在影像学上可表现为局灶或弥漫的脑膜强化。以胸髓为主的长节段异常信号是脊髓型最常见的影像学表现，部分患者病灶会局限在后索，少数患者可发现脊髓表面的结节状强化灶。

5. 神经梅毒诊断标准是什么？

诊断神经梅毒没有金标准，需要结合临床表现、血清学特点和脑脊液特点综合判断。2015 年，Christina M. Marra 在《*Neurology Continuum*》发表的一篇综述中推荐如下诊断标准，可供参考：

（1）无症状神经梅毒

血清 TPPA 阳性＋脑脊液性病研究实验室试验（venereal disease research laboratory，VDRL）阳性；

如果 VDRL 阴性，则需要满足脑脊液 TPPA 阳性和以下任何一项：

①非 HIV 感染者：脑脊液白细胞 >5/μL 或脑脊液蛋白 >45 mg/dl。

②HIV 感染者如果外周血 CD4 + 细胞 <200/μL，血浆 HIV RNA 阴性，且在接受抗病毒治疗须满足：脑脊液白细胞 >5/μL。

③HIV 感染者如果外周血 CD4 + 细胞 >200/μL 或血浆 HIV RNA 阳性 或接受抗病毒治疗须满足：CSF – FTA – ABS（fluorescent treponemal antibodyabsorption）阳性，并且脑脊液白细胞 >20/μL。

（2）症状性神经梅毒

血清 TPPA 阳性 + 神经梅毒的症状和体征 + 脑脊液 VDRL 阳性或脑脊液白细胞 >5/μL 或脑脊液蛋白 >45 mg/dl

6. 神经梅毒的治疗和预后如何？

梅毒螺旋体一旦侵入机体，在早期即可出现在患者的脑脊液中，梅毒螺旋体在抗生素的作用下可停止复制进入休眠状态，经历漫长的潜伏状态后重新进入细胞周期导致发病，因此即使早期及时给予足量的青霉素治疗，仍无法完全预防远期神经梅毒的发生。

神经梅毒一经确诊，青霉素仍然是一线治疗的抗生素，建议每天给予青霉素 1800 ~ 2400 万单位静脉滴注，连续治疗 10 ~ 14 天；或肌内注射普鲁卡因青霉素（每天 2.4 百万单位）并联合口服丙磺舒（500 mg，每天 4 次）治疗 10 ~ 14 天。

对青霉素过敏的患者可考虑静脉注射头孢曲松（每天 2 g，连续治疗 10 ~ 14 天）；对无法接受青霉素和头孢曲松治疗的患者可考虑口服多西环素（200 mg，每天 2 次，连续治疗 28 天）替代。脑脊液白细胞、脑脊液 RPR 一般在治疗后 4 个月恢复正常或明显下降。脑脊液蛋白恢复最慢，在其他指标恢复正常后蛋白仍可持续增高，因此一般不用脑脊液蛋白来判断治疗效果。

建议在治疗后 3 个月、6 个月、12 个月复查脑脊液，如果治疗后 6 个月脑脊液中的细胞指数没有达到正常，或治疗 1 年后脑脊液 RPR 没有下降 4 倍（如果起始滴度为 1:2，RPR 须为阴性），建议重新治疗。不同临床表型的神经梅毒预后不同，单纯脑膜炎性患者可完全恢复正常，血管炎型患者常会遗留一定程度的脑血管病后遗症，麻痹性痴呆和脊髓痨，虽经积极治疗仍会引起不同程度的认知功能障碍和感觉性共济失调而导致残疾。

（段山山）

# 参考文献

[1] Thompson HS, Kardon RH. The argyllrobertson pupil. Journal ofneuro – ophthalmology, 2006, 26: 134 – 138.

[2] Marra CM. Neurosyphilis. Continuum, 2015, 21: 1714 – 1728.

[3] Drago F, Javor S, Parodi A. Neurosyphilis: From infection toautoinflammation? International journal of STD & AIDS, 2016, 27: 327 – 328.

[4] Nagappa M, Sinha S, Taly AB, et al. Neurosyphilis: Mri features and their phenotypic correlation in a cohort of 35patients from a tertiary care university hospital. Neuroradiology, 2013, 55: 379 – 388.

[5] Berndtson K. Review of evidence for immune evasion and persistentinfection in lyme disease. International journal of general medicine, 2013, 6: 291 – 306.

[6] Moulton CD, Koychev I. The effect of penicillin therapy oncognitive outcomes in neurosyphilis: A systematic review of the literature. General hospital psychiatry, 2015, 37: 49 – 52.

# 33. 肢体麻木、行走不稳的中年女性

[病史摘要]

患者，女，36 岁，肢体麻木、行走不稳 6 个月。6 个月前开始出现肢体麻木，行走不稳，走路踩棉花感，无肢体无力，无肢体疼痛，无视物旋转，无吞咽困难、饮水呛咳，患病后未诊治，症状逐渐加重。既往史无特殊，无特殊用药史，父母健在，否认有遗传病家族史。

[神经科体格检查]

神志清楚，言语清晰，对答切题，定向力、记忆力和计算力正常，颅神经检查未见异常体征，颈软，四肢肌肉未见明显萎缩，四肢肌力 5 级，四肢腱反射未引出，双侧病理征阴性，阔基步态，双侧肢体长袜套和手套针刺觉减退，双肘及双膝以下音叉振动觉和位置觉减退，Romberg 征阳性，双侧指鼻试验及跟膝胫试验阴性。

[定位诊断思路]

临床定位诊断思路分析见图 167。

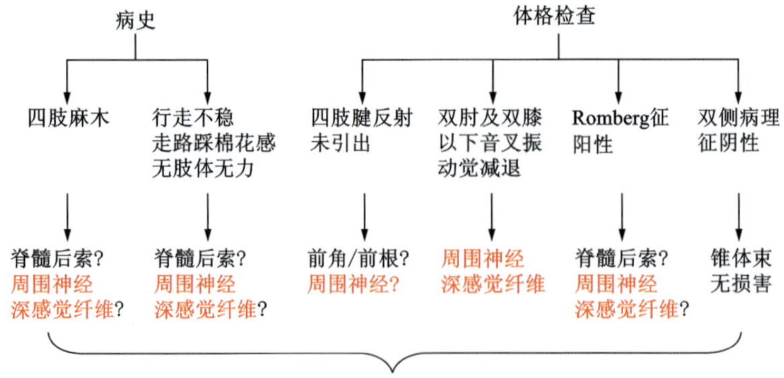


图 167　定位诊断思路图

患者入院通过肌电图检查，其神经传导测定结果(图 168)分析如下。

| 运动传导 | 潜伏期(ms) | | 波幅(mV) | | 速度(m/s) | | F 波出现率 | |
|---|---|---|---|---|---|---|---|---|
| | 左 | 右 | 左 | 右 | 左 | 右 | 左 | 右 |
| 正中神经 | | | | | | | | |
| 腕 - APB | 3.7 | 3.6 | 9.1 | 9.2 | | | | |
| 肘 - 腕 | 7.3 | 7.4 | 8.9 | 9.1 | 56.8 | 51.0 | | |
| F 波 | | | | | | | 100% | 95% |
| 尺神经 | | | | | | | | |
| 腕 - ADB | 2.7 | 2.6 | 8.3 | 8.8 | | | | |
| 肘下 - 腕 | 6.3 | 6.4 | 8.1 | 8.3 | 63.6 | 61.9 | | |
| 腓总神经 | | | | | | | | |
| 踝 - EDB | 4.1 | 3.4 | 5.8 | 5.5 | | | | |
| 小头下 - 踝 | 10.2 | 10.0 | 5.7 | 5.3 | 50.2 | 46.8 | | |
| 胫神经 | | | | | | | | |
| 踝 - AHB | 4.1 | 4.0 | 5.6 | 5.9 | | | 100% | 100% |

| 感觉传导 | 潜伏期(ms) | | 波幅(uV) | | 速度(m/s) | |
|---|---|---|---|---|---|---|
| | 左 | 右 | 左 | 右 | 左 | 右 |
| 正中神经 | | | | | | |
| 腕 - 指 3 | 未引出 | 未引出 | 未引出 | 未引出 | 未引出 | 未引出 |
| 尺神经 | | | | | | |
| 腕 - 指 5 | 未引出 | 未引出 | 未引出 | 未引出 | 未引出 | 未引出 |
| 腓浅神经 | | | | | | |
| 小腿外 - 足背 | 2.4 | 2.3 | 1.1(82% ↓) | 1.5(75% ↓) | 45.8 | 47.8 |
| 排肠神经 | | | | | | |
| 小腿外下 - 外踝 | 2.7 | 2.6 | 1.7(72% ↓) | 1.8(70% ↓) | 42.3 | 43.9 |

**图 168　患者神经传导测定结果**

针极肌电图双侧小指展肌、拇短展肌、胫前肌未见神经源性或肌源性损害。

肌电图结果分析：运动传导测定上下肢周围 CMAP 波幅正常，传导速度正常；感觉传导测定见双正中神经、尺神经 SNAP 均未引出，双腓浅神经、腓肠神经 SNAP 波幅明显降低，传导速度大致正常；针极肌电图所检肌肉未见神经源性损害或肌源性损害。综上，肌电图检查提示感觉神经元病或多发性感觉轴索性神经病的可能。由于上肢周围神经感觉损害重于下肢周围神经，不符合长度依赖性神经病的特征，且周围神经感觉传导速度正常，考虑 SND 可能性大。

［**定性诊断与鉴别诊断**］

定性诊断与鉴别诊断思路形成见图 169。

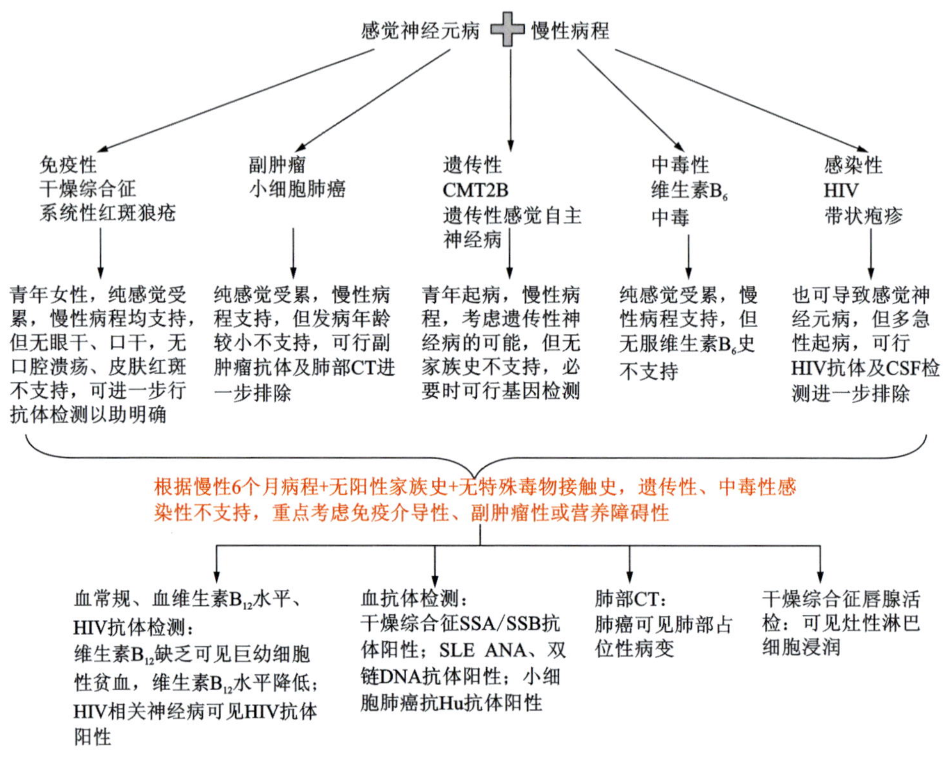


**图 169　定性诊断思路图**

该患者血抗 SSA 抗体（＋＋），进一步行唇腺活检示小唾液腺灶性淋巴细胞浸润。诊断干燥综合征合并 SND，给予免疫球蛋白治疗后行走不稳改善。

**最终诊断：干燥综合征合并 SND**

［**病例的问题**］

1. SND 的鉴别诊断主要有哪些？

SND 的鉴别诊断可参考表 35。

表 35　SND 病因的鉴别诊断

| 类型 | 起病方式 | 病因 |
|---|---|---|
| 副肿瘤 | 亚急性—慢性 | 小细胞肺癌、支气管癌、乳腺癌、卵巢癌、霍奇金淋巴瘤、移行细胞膀胱癌、前列腺癌、恶性混合米勒氏肿瘤、神经内分泌肿瘤、肉瘤 |
| 免疫介导 | 亚急性—慢性 | 干燥综合征、系统性红斑狼疮、免疫性肝炎、乳糜泻 |
| 感染性 | 亚急性 | HIV、EB 病毒、带状疱疹病毒、HTLV-1 |
| 中毒性 | 亚急性—慢性 | 吡哆醇、顺铂、卡铂、奥沙利铂 |
| 遗传性 | 慢性 | 遗传性感觉自主神经病(hereditary sensory and autonomic neuropathy, HSAN)、CMT2B、感觉性共济失调性神经病伴构音障碍及眼肌麻痹(sensory ataxia neuropathy with dysarthria and ophthalmoplegia, SANDO)、伴神经病变和前庭反射消失的小脑性共济失调综合征(cerebellar ataxia with neuropathy and vestibular areflexia syndrome, CANVAS)、Friedreich 共济失调、POLG 突变相关疾病 |
| 特发性 | 慢性 | 不明 |

2. SND 的诊断流程是什么?

根据获得性 SND 的鉴别诊断疾病谱，SND 的诊断可以参照图 170 所示的流程进行。

3. 干燥综合征的诊断标准是什么?

干燥综合征是一种主要侵犯泪腺及唾液腺等外分泌腺，并以淋巴细胞高度浸润为特征，累及多个系统的慢性自身免疫性疾病。干燥综合征的诊断标准众多，目前使用较多的是 2016 年美国风湿病学会(American College of Rheumatology, ACR)提出的诊断标准。以往的诊断标准将干燥综合征分为原发性和继发性两种，原发性干燥综合征指不合并另一种已经明确诊断的结缔组织病，而继发性干燥综合征指继发于另一种已明确诊断的结缔组织病，如系统性红斑狼疮、类风湿关节炎、系统性硬化病、多发性肌炎及皮肌炎等的干燥综合征。但 2012 年的 ACR 诊断标准已建议不再使用“原发性干燥综合征”和“继发性干燥综合征”这两个概念。因为已证实许多疾病都有自身免疫机制的参与，没有必要严格区分某一种自身免疫病是否继发于另一种自身免疫疾病，因此无须再区分原发性和继发性干燥综合征，所有符合干燥综合征诊断标准的患者统

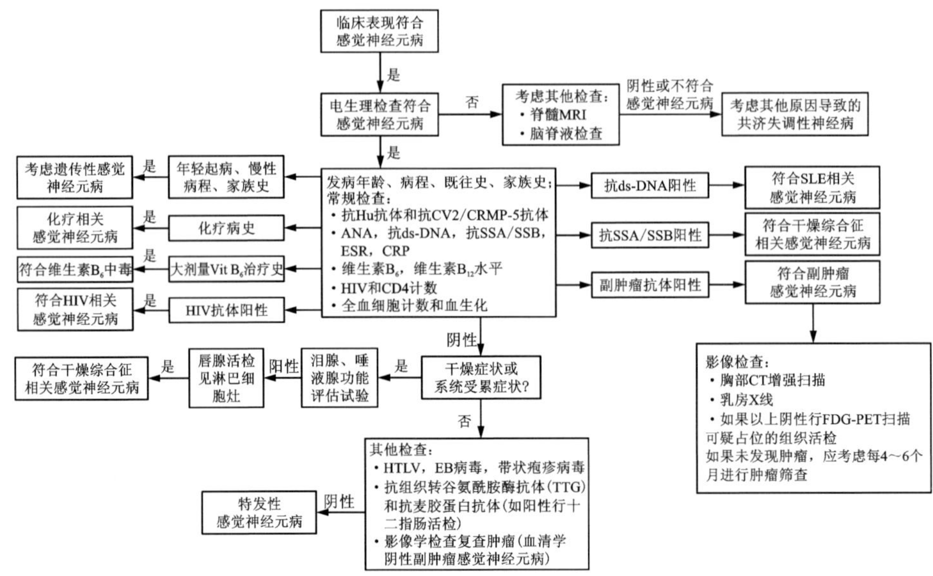


**图 170　感觉神经元病的诊断流程**

称为干燥综合征，同时，对并存的其他自身免疫病也作出相应诊断即可。2016 年美国风湿病学会与欧洲风湿病联盟推出的干燥综合征分类新标准见表 36 所示。

**表 36　2016 年美国风湿病学会与欧洲风湿病联盟推出的干燥综合征分类新标准**

| 条目 | 得分 |
|---|---|
| 唇腺病理示淋巴细胞灶≥1 个/4 $mm^2$ | 3 |
| 抗 SSA/Ro 抗体阳性 | 3 |
| 角膜染色：Ocular Stain Score≥5 分或 van Bijsterveld 评分≥4 分 | 1 |
| Schirmer 试验≤5 mm/5 min | 1 |
| 自然唾液流率≤0.1 mL/min | 1 |

根据该标准的定义，当患者得分≥4，则将之归类为干燥综合征。

该分类标准的改进主要体现在以下两方面：①对每条分类条目进行打分，给予不同的权重；②血清中抗 SSB/La 抗体不再作为干燥综合征的分类条目。

入选标准：至少有眼干或口干症状其一的患者，即下列至少一项阳性：

①每日感到不能忍受的眼干，持续3个月以上；

②眼中反复砂砾感；

③每日需用人工泪液至少3次；

④每日感到口干，持续3个月以上；

⑤吞咽干性食物时需频繁饮水帮助。

4. 没有口干、眼干症状能诊断干燥综合征吗？

干燥综合征主要累及外分泌腺体，因此其主要表现是黏膜干燥（口干、眼干）和腮腺肿大。有相当部分患者无明显口干、眼干等症状或症状轻微常被漏诊，这部分患者称为隐匿性干燥综合征，小于40岁的患者常表现为隐匿性干燥综合征。2015年，欧洲抗风湿病联盟在原发性干燥综合征早期诊断建议中对隐匿性干燥综合征的主要表现和诊断策略进行了详细地阐述。

隐匿性干燥综合征的主要表现为系统受累，包括关节炎、皮肤紫癜/溃疡、环形红斑、间质性肺疾病、肺动脉高压、雷诺现象、肾小管间质性肾炎、肾小球肾炎、间质性膀胱炎、周围神经病变、感觉神经节病变、小纤维神经病变、颅脑神经受累、脑白质病变、视神经脊髓炎、无菌性脑膜炎、自身免疫性先天性心脏传导阻滞、自身免疫性血小板减少、淋巴瘤。隐匿性干燥综合征的诊断，首先通过系统表现发现可疑干燥综合征，并注意排除其他疾病：其他自身免疫性疾病（如系统性红斑狼疮、系统性硬化症、抗磷脂综合征、系统性血管炎、结节病以及 IgG4 相关性疾病），及50岁以上患者合并的非自身免疫性疾病（如心血管病、糖尿病、神经退行性病变和癌症）。

对有系统表现的患者应完善相关检查明确亚临床腺体功能障碍。常用的诊断性试验包括唾液流率检测、唾液腺造影显像、腮腺闪烁扫描照相、眼染色评分、泪液分泌评估、泪液清除评估、泪膜稳定性评估等。

在仅有系统受累而缺乏或仅有轻微干燥症状的患者中，还应寻找临床上支持隐匿性干燥综合征的实验室检查异常，实验室检查异常的结果越多，诊断隐匿性干燥综合征的可能性越大。这些实验室检查异常包括：正细胞正色素性贫血，白细胞减少症，淋巴细胞减少症，中性粒细胞减少症，血小板减少症，红细胞沉降率（erythrocyte sedimentation rate，ESR）升高，高球蛋白血症，血清 IgG 升高，β2－微球蛋白升高，游离的免疫球蛋白轻链，血清寡克隆区带，抗核抗体，类风湿因子，抗 Ro 抗体，抗 La 抗体，低补体血症冷球蛋白。

尽管血清抗 SSA/Ro 是干燥综合征诊断特异性较高的方法，但干燥综合征诊断的金标准仍然是病理诊断，唇腺活检病理中发现淋巴细胞灶性浸润可确诊。

5. 干燥综合征的神经系统损害包括哪些？其发生率是多少？

干燥综合征的神经系统损害包括中枢神经系统损害、周围神经系统损害以及肌肉损害。干燥综合征的神经系统损害的发生率在不同部位差异较大，中枢神经系统损害发生率为2% ~68%，周围神经损害发生率为2% ~60%，肌肉损害的发生率为2.4% ~14%。干燥综合征的神经系统损害包括以下类型（表37）：

**表37 干燥综合征的神经系统损害**

| 中枢神经系统损害 | 周围神经系统损害 |
|---|---|
| 局灶性：运动和/或感觉障碍 | 感觉性共济失调性神经病（感觉神经元病） |
| 失语/构音障碍 | 感觉轴索性多发性神经病 |
| 癫痫发作 | 小纤维神经病 |
| 脑干综合征 | 感觉运动轴索性多发性神经病 |
| 小脑综合征 | 多发性单神经病 |
| 弥漫性：急性或亚急性脑病 | 多发性神经根病 |
| 无菌性脑膜炎 | 自主神经病 |
| 认知功能障碍/痴呆 | 多发性颅神经病 |
| 运动障碍疾病 | 三叉神经病 |
| 脊髓损害：横贯性脊髓炎 | 重症肌无力 |
| 慢性进展性脊髓炎 | |
| 下运动神经元综合征 | |
| 其他损害：视神经脊髓炎谱系病 | |
| 多发性硬化样疾病 | |

6. 干燥综合征神经系统损害的发病机制是什么？

干燥综合征神经系统损害的发病机制目前尚未明确，但认为血管炎和免疫是其主要发病机制。目前认为干燥综合征中枢神经系统损害的病理机制主要是免疫介导的小血管炎，T淋巴细胞在其中起到重要的作用。尽管有的研究认为干燥综合征患者血管炎的发生率不到10%，但对于血管炎合并神经病的干燥综合征患者，血管炎可以解释神经病的发生机制，炎症细胞浸润血管壁导致血管内皮细胞破坏并发生纤维素样坏死，以致血管内膜阻塞、缺血。

表现为单神经病或多发性单神经病的干燥综合征相关神经病患者多存在血管炎。还有研究发现，表现为感觉轴索性神经病或者感觉运动轴索性神经病的干燥综合征相关神经病患者多数也有血管炎的症状，表现为 SND 干燥综合征患者后根神经节病理也发现了 T 淋巴细胞的浸润。除了直接浸润，T 淋巴细胞还可通过分泌细胞因子造成神经的损伤。

尽管 B 淋巴细胞在干燥综合征的发病机制中起着重要的作用，但其在干燥综合征神经系统损害中所起的作用尚未明确，有研究在干燥综合征相关神经病的患者中发现了针对神经抗原的自身抗体，如抗 α－胞衬蛋白（α－Fodrin）抗体、3 型毒蕈碱型乙酰胆碱受体抗体等，但作用结果均未能确定。

7. 干燥综合征神经系统损害的治疗方案是什么？

由于免疫机制在干燥综合征的神经系统损害发病中起着重要的作用，因此治疗方案主要是免疫治疗。国外的临床研究显示，皮质激素对干燥综合征相关的颅内病变、脊髓病变、多发性单神经病和多发性颅神经病效果较好，但对感觉共济失调性神经病效果欠佳；而免疫球蛋白对干燥综合征相关的感觉共济失调性神经病和小纤维神经病均有效。此外，血浆置换、环磷酰胺、利妥昔单抗等其他免疫调节药物也可单用或联合皮质激素用于干燥综合征神经系统损害的治疗。

（邹漳钰）

## 参考文献

[1] Shiboski SC, Shiboski CH, Criswell L, et al. American College of Rheumatologyclassification criteria for Sjogren's syndrome: a data-driven, expert consensusapproach in the Sjogren's International Collaborative Clinical Alliance cohort. Arthritis care & research, 2012, 64: 475－487.

[2] Gwathmey KG. Sensory neuronopathies. Muscle Nerve, 2016, 53: 8－19.

[3] ChaiJ, Logigian EL. Neurological manifestations of primary Sjogren's syndrome. Curr Opin Neurol, 2010, 23: 509－513.

[4] Pavlakis PP, Alexopoulos H, Kosmidis ML, et al. Peripheral neuropathies in Sjogren's syndrome: a critical update on clinical features and pathogenetic mechanisms. Journal of autoimmunity, 2012, 39: 27－33.

[5] Teixeira F, Moreira I, Silva AM, et al. Neurological involvement in Primary Sjogren Syndrome. Actareumatologicaportuguesa, 2013, 38: 29－36.

[6] Brito－ZeronP, Theander E, Baldini C, et al. Early diagnosis of primary Sjogren's syndrome: EULAR－SS task force clinical recommendations. Expert review of clinicalimmunology, 2016,

12: 137 - 156.

[7] Shiboski CH, Shiboski SC, Seror R, et al. 2016 American College of Rheumatology/European League Against Rheumatism classification criteria for primary Sjögren's syndrome: A consensus and data - driven methodology involving three international patient cohorts. Ann Rheum Dis, 2017, 76(1): 9 - 16.

# 34. 肢体抖动、动作迟缓、僵硬，伴异动的中年女性

［病史摘要］

患者，女，43 岁，个体经营户。肢体抖动、动作迟缓、僵硬感 6 年余，异动 1 年。起病初为左手不自主抖动(37 岁时)，3 个月后出现双下肢不自主抖动；发病 1 年后(38 岁时)出现左下肢动作笨拙、迟缓、行走拖步，伴有明显僵硬感。病情逐渐加重；发病 3 年后(40 岁时)表现为四肢静止性震颤、动作迟缓、僵硬，于上海华山医院神经内科就诊，诊断为帕金森病(parkinson's disease，PD)(早发型)，启动药物治疗。

考虑患者年轻且运动症状不严重给予普拉克索等药物治疗，症状得以改善；随病情进展，几年内逐渐添加美多芭(左旋多巴 200 mg、苄丝肼 50 mg)、苯海索等药物治疗。患者治疗初症状改善明显，药物治疗 3 年后(43 岁时)即出现了运动症状波动(疗效减退、“开关”)和显著的异动(服药后加重，药效消失时也存在)，给予添加金刚烷胺等治疗。

然而，药物治疗效果无法满足患者需求，遂再次就诊。病史中有睡眠改善情况，晨起后症状改善约 30 分钟；主诉无嗅觉减退；便秘 3 年余；无睡眠中梦多、讲梦话、梦境演绎等行为；生病后有抑郁焦虑情绪；大小便无异常。既往史无特殊；否认除草剂、杀虫剂接触史；否认有遗传病家族史。

［神经科体格检查］

卧位血压 120/80 mmHg，立位血压 118/78 mmHg。神志清楚，精神可，查体合作。定向力、记忆力和计算力未见明显异常。“面具”脸、瞬目减少；言语语调低、音量小、吐词尚清，对答切题。眼球各向活动可，其余颅神经检查未见异常体征。四肢肌力 5 级，腱反射(＋＋)，四肢肌张力铅管样升高，病理征未引出。深浅感觉及皮层觉未见明显异常。双下肢静止性震颤(＋)；面部及上肢可见异动；手指捏合、握拳、旋转动作迟缓；双下肢动作迟缓；行走时手臂连带动作减少，未见冻结步态；后拉试验不能保持平衡。

［定位诊断思路］

临床定位诊断思路分析见图 171。

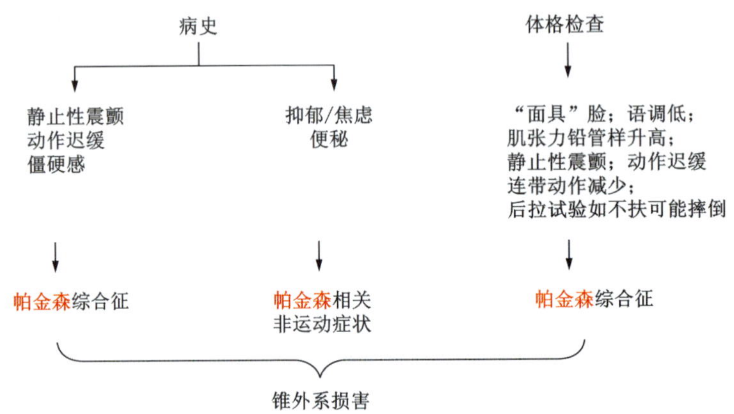


**图 171　定位诊断思路图**

［定性诊断与鉴别诊断］

定性诊断与鉴别诊断思路形成见图 172。

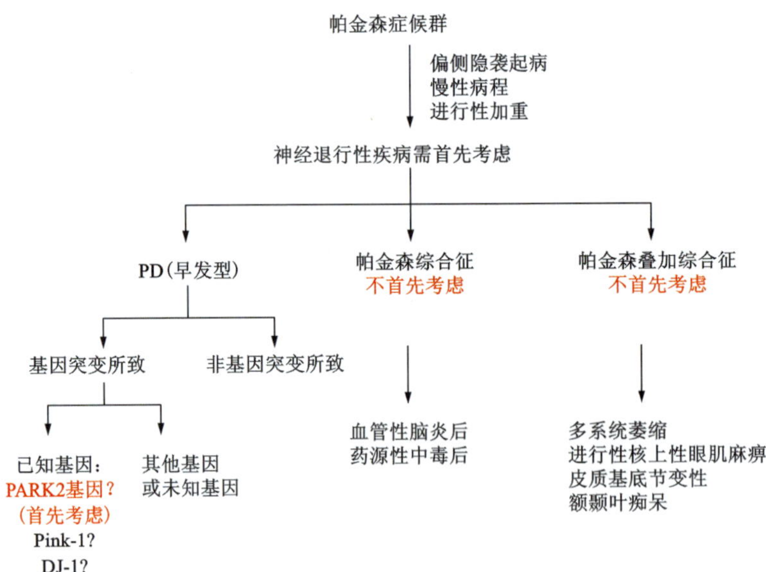


**图 172　定性诊断思路图**

患者中年女性，偏侧隐袭起病，慢性病程，进行性进展，神经退行性疾病需首先考虑。患者核心表现为帕金森综合征，其临床特点主要有：①肢体不对称性静止性震颤；②明显的多巴胺能药物疗效；③出现左旋多巴诱导的异动症。这3项特点支持PD诊断的证据，未见提示帕金森综合征、叠加综合征，或否定PD诊断的排除项或警示项，其诊断为临床确诊的PD，因其发病年龄为37岁，诊断为临床确诊的PD（早发型）。

患者为早发型PD患者，起病年龄为37岁（<50岁），需考虑基因在发病中的重要作用。患者无明显家族史，临床表现为帕金森综合征，有睡眠缓解现象，无明显嗅觉减退；对左旋多巴治疗反应好，较早出现异动症（启动药物治疗3年后），需高度怀疑Parkin、Pink1、DJ－1等基因突变，而其中Parkin基因突变最为常见。需完善基因检测，进行鉴别诊断。

基因检测（图173）：患者进行了新一代基因测序（PD整体方案），结果显示其为PARK2基因（Parkin）突变。对其父母基因进行验证，支持PARK2基因（Parkin）复杂杂合突变（exon 3 del；exon 9 p. H312fs）之基因诊断。

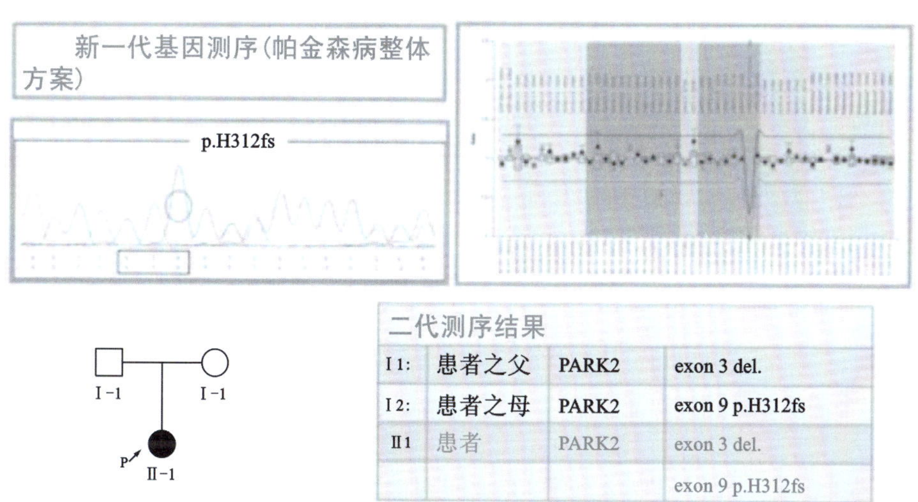


二代测序结果

| | | | |
|---|---|---|---|
| Ⅰ1: | 患者之父 | PARK2 | exon 3 del. |
| Ⅰ2: | 患者之母 | PARK2 | exon 9 p.H312fs |
| Ⅱ1 | 患者 | PARK2 | exon 3 del. |
| | | | exon 9 p.H312fs |

**图173　患者的基因检测结果**

图173彩色图

**最终诊断：帕金森病早发型（EOPD），PARK2基因复杂杂合突变**

治疗决策：患者目前面临的治疗困境包括“震颤症状控制不佳”“症状波动

及‘开关’依然存在”“异动症状难以控制”。对患者生活影响最大的核心问题是“异动”症状未得到有效控制。

要解决患者的“异动”，当然可以考虑药物调整，如加用氯氮平；尝试减少控释片的使用，减少单次给药剂量，增加给药次数；尝试受体激动药、MAO－B抑制药的不同组合等。然而，由于患者的“异动”为双相（药效明显和药效衰退均存在），这些药物调整措施能给患者带来的获益往往是波动和不确定的，鉴于患者 Parkin 基因突变的“本底”，我们尝试了脑深部电刺激（deep brain stimulation，DBS）手术治疗。

随访：患者施行双侧丘脑底核 DBS 手术治疗后，患者的震颤、异动症状得到显著改善。术后服用药物为左旋多巴 10 mg 或苄丝肼 25 mg，每日 3 次；普拉克索 0.25 mg，每日 2 次。对患者术后 12 个月的随访显示，患者的运动症状得到显著改善，非运动症状未加重，整体生活质量得到全面改善。

［**病例的问题**］

1. 什么叫作双相异动？其危险因素有哪些？

异动症（dyskinesia），通常是专指帕金森病患者出现的异常增多的不自主动作，症状学上常表现为舞蹈样和肌张力障碍样动作，严重时可呈现出偏身投掷样或肌阵挛样动作。根据其出现与服药的时间关系，可以分为剂峰异动（药效高峰时出现）、剂末异动（药效衰退时出现）和双相异动。其发生可能与左旋多巴浓度的脉冲样波动有关。

所谓双相异动（biphasic dyskinesia），是指在剂峰和剂末均可能出现的异动类型，与剂峰和剂末异动相比，其处理难度较大，对患者生活的影响也更为严重。通常而言，异动症的危险因素包括发病年龄低（受脉冲样刺激影响更大）；高左旋多巴剂量（异动症发生率与左旋多巴剂量呈正相关的线性关系）；体重轻、女性（单位体重的左旋多巴剂量）；高 UPDRSⅡ评分（对日常生活影响大）。

2. 在早发型 PD 患者中进行基因检测是否必要？基因检测是否有助于治疗？

通常来说，PD 是一种常见的老年性疾病，但青年起病的患者并不鲜见。大量研究表明，50 岁之前起病的早发型 PD 患者中，基因突变在病因中占据非常重要的作用。因此，对早发型（起病年龄小于 50 岁）PD 患者进行基因检测是必要的。

而正是由于基因检测结果的不断积累，才使我们对帕金森病这一异质性很强的疾病有了更深入的了解。如在此病例中，患者基因型为 PARK2 基因复杂杂合突变，其临床表型具有以下特点：①起病年龄早；②有睡眠缓解现象；③无明显嗅觉减退；④对左旋多巴治疗反应好，较早出现异动症（启动药物治疗 3

年后)等。这些信息的积累对于我们更好地认识 PD，完善其诊断和鉴别诊断具有积极的意义。

同时，基因检测的结果也会在不同程度上指导我们的治疗。仍以该患者为例，其对左旋多巴的治疗反应非常好，但在疾病早期即出现了不能耐受的严重的双相异动，在 DBS 手术治疗后，异动的问题依然存在，是我们术后程控的关注点和目标。这些提示我们，在 PARK2 基因突变所致的 PD 患者的药物治疗中，采用致异动风险小的方案；在 DBS 程控中，采用对异动控制效果好的参数将具有非常重要的价值。再如，GBA 基因突变的患者远期可能出现认知障碍的风险，因此在治疗时最好能采用致认知障碍风险小的治疗方案。随着我们认识的不断深入，基因检测将有助于我们的诊断和治疗。帕金森病(PD)的相关基因参见表 38。

**表 38　PD 相关基因**

| 年份 | PD 类型 | 基因 | 基因座位 | 遗传方式 | 临床表型 |
|---|---|---|---|---|---|
| 1997 | PARK1/4 | SNCA | 4q21 | AD | EOPD，有时候为痴呆或者路易体痴呆 |
| 1998 | PARK2 | Parkin | 6q25.2 – q27 | AR | EOPD |
| 1998 | PARK3 | 未知 | 2p13 | AD | 典型 PD |
| 1998 | PARK5 | UCHL1 | 4p13 | AD | PD，痴呆 |
| 2004 | PARK6 | PINK1 | 1p35 – 36 | AR | EOPD |
| 2003 | PARK7 | DJ – 1 | 1p36 | AR | EOPD |
| 2002 | PARK8 | LRRK2 | 12q12 | AD | 典型 LOPD |
| 2006 | PARK9 | ASP13A2 | 1p36 | AR | 不典型 PD，KRS |
| 2002 | PARK10 | 未知 | 1p32 | 危险因素 | 迟发性帕金森综合征 |
| 2008 | PARK11 | GIGYF2 | 2q37 | AD 或者危险因素 | 迟发性帕金森综合征 |
| 2003 | PARK12 | 未知 | Xq21 – 25 | X 连锁 | 迟发性帕金森综合征 |
| 2005 | PARK13 | HTRA2 | 2p12 | AD 或者危险因素 | 迟发性帕金森综合征 |
| 2009 | PARK14 | PLA2G6 | 22q13.1 | AR | 不典型 PD |

续表 38

| 年份 | PD 类型 | 基因 | 基因座位 | 遗传方式 | 临床表型 |
|---|---|---|---|---|---|
| 2008 | PARK15 | FBXO7 | 22q12 - q13 | AR | 儿童起病的锥体束征 |
| 2009 | PARK16 | | 1q32 | 危险因素 | 典型 PD |
| 2011 | PARK17 | VPS35 | 16q11.2 | AD | 典型 PD |
| 2011 | PARK18 | EIF4G1 | 3q27.1 | AD | 典型 PD |
| 2012 | PARK19 | DNAJC6 | 1p31.3 | AR | 儿童不典型帕金森综合征 |
| 2013 | PARK20 | SYNJ1 | 21q22.2 | AR | 儿童不典型帕金森综合征 |
| 2014 | PARK21 | DNAJC13 | 3q22.1 | AD | LOPD |
| 2015 | PARK22 | CHCHD2 | 7p11.2 | AD | LOPD |
| 2016 | | TMEM230 | 20p12 | AD | 典型帕金森症 |

此表及内容由上海华山医院神经内科孙一忞提供

注：EOPD—early onset PD（早发型帕金森病）；LOPD—late onset PD（迟发型帕金森病）；KRS—Kufor-Rakeb syndrome（Kufor-Rakeb 综合征）；AD—autosomal dominant（常染色体显性）；AR—autosomal recessive（常染色体隐性）

3. PARK2 基因致 PD 的主要机制是什么？

PARK2 基因致 PD 的可能机制包括：①作为泛素蛋白酶体系统的重要成员，PARK2 在细胞内蛋白质的质量控制过程中发挥着关键的作用。Parkin 突变会导致其作为泛素连接酶活性的降低甚至丧失，从而影响某些特定底物的降解，阻碍递质释放和运输的同时产生细胞毒性，导致多巴胺能神经元死亡；②Parkin蛋白还能通过释放细胞色素 C 激活线粒体自噬（mitophagy）而参与线粒体的保护，PARK2 突变可以破坏线粒体自噬；③PARK2 基因突变可以导致线粒体功能障碍、激活氧化应激等因素而影响多巴胺能神经元的功能和活性，并最终导致多巴胺能神经元的变性坏死。

4. 如何把握帕金森病 DBS 手术治疗的指征？

根据《中国帕金森病脑深部电刺激疗法专家共识，2012》[2]，原发性 PD 患者进行 DBS 手术治疗的适应证包括服用复方左旋多巴曾经有很好的疗效，疗效已经下降或出现严重的运动波动或异动症，影响生活质量；除外痴呆和严重的精神疾病等。

至于出现运动波动的患者的治疗决策，是选择优化药物治疗以达到最佳药物治疗(best medical treatment，BMT)效果，还是选择 DBS 手术治疗，目前并未有一致的结论，还是需要根据患者的整体情况决定。2013 年，EARLYSTIM 研究的结果认为，在帕金森病运动波动出现早期即进行丘脑底核 DBS 手术，较最佳药物治疗组可以显著改善患者的生活质量。

所以，对于出现运动症状波动的患者来说，进行 DBS 手术治疗是一个重要的选项。结合本例 PARK2 基因突变的年轻患者，可以预见“异动症”在患者的病情进展中将扮演着影响患者生活质量的重要因素。因此，单纯对患者进行药物调整的效果可能有限，故此我们最终选择对患者进行 DBS 手术治疗。

5. PD DBS 手术及术后程控的简要流程如何？

PD 患者进行 DBS 手术前需要进行详细的术前评估，具体包括影像学检测、运动功能评估、认知测试和精神状态评估等。通过术前评估的患者将进行立体定向手术，术中进行靶点定位、电极植入和电生理测试、确认电极植入点、刺激器植入等工作。术后可能由于微毁损等效应出现症状改善，医生可根据患者的反应调整用药。

对于 DBS 术后开机的时间，目前仍有争议，但一般在术后 2 ~4 周。开机后根据患者临床表现进行程控。在程控中，医生可以进行调整的参数包括触点(图 174)、电压、脉宽、频率等指标。PD 患者开机后 3 ~6 个月可能需要数次程控以优化刺激参数并进行药物的调整，以缓解症状和防止不良反应，以期以最小的刺激强度和最少的药物剂量获得临床症状最大程度的改善。

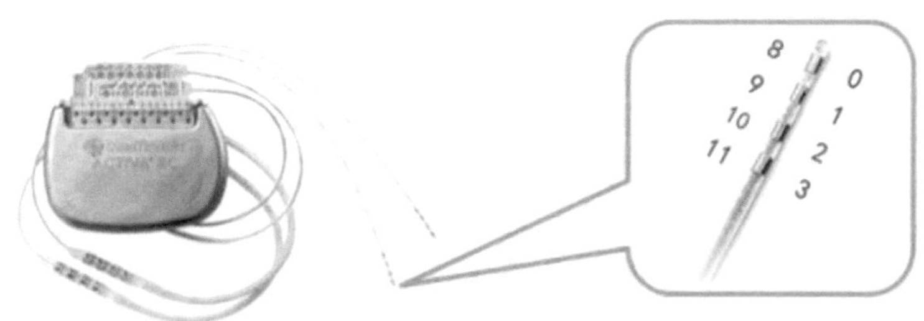


**图 174　DBS 电极触点示意图**

程控医生可以选择激活不同的触点，并设置不同触点的参数，包括电压、频率(每秒发放脉冲的次数)、脉宽(每次脉冲发放的时间，单位为微秒)。

6. DBS 治疗 PD 的循证医学证据如何？

DBS 已经成为治疗合并运动并发症 PD 患者的有效方法。研究表明，DBS

联合最佳药物治疗获益高于单纯最佳药物治疗。EARLYSTIM 研究显示，在早期出现运动并发症的 PD 患者中进行 DBS 手术，可以显著改善患者的生活质量[3]。越来越多的研究表明，无论是以 STN，还是以 GPi 为靶点的 DBS 治疗，对于合并运动并发症的 PD 患者的运动症状、生活质量皆有改善。更多大样本及长期随访的对照研究值得期待。

（刘丰韬　邬剑军）

## 参考文献

[1] Tanner CM. Parkinson disease in twins：an etiologic study. JAMA，1999，27；281(4)：341 - 6.

[2] 中国帕金森病脑深部电刺激疗法专家共识. 中华神经科杂志，2012，45(7)：541 -543.

[3] Schuepbach WM，Rau J，Knudsen K，et al. Neurostimulation for Parkinson's disease withearly motor complications. N Engl J Med，2013，14；368(7)：610 -622.

[4] 中国帕金森病脑深部电刺激疗法术后程控专家共识. 中华神经外科杂志，2016，32(12)：1192 -1198.

[5] Williams A，Gill S，Varma T，et al. Deep brain stimulation plus bestmedical therapy versus best medical therapy alone for advanced Parkinson'sdisease( PD SURG trial)：a randomised，open - label trial. Lancet Neurol，2010，9(6)：581 -591.

# 35. 突发右侧肢体无力的青年男性

[病史摘要]

患者，男，32 岁，职员，突发右侧肢体无力 3 周。3 周前突然出现右侧肢体无力，右上肢不能上举，右手不能持物，右腿不能抬起，无法行走，肢体无力远端更重。无明显感觉障碍，无口角歪斜，无言语不清，无肢体抽搐，无发热。之后症状无变化。既往体健。无特殊用药史。

[神经科体格检查]

神志清楚，言语清晰，对答切题，定时、定向正常，记忆力和计算力正常。颅神经检查未见异常体征。颈软，肌张力正常，右侧肌力：上肢近端肌力 3 级、远端肌力 0～1 级，右下肢近端肌力 3 级、远端肌力 1 级。右侧肢体腱反射较左侧活跃，右侧 Babinski（+）。左侧共济正常。感觉粗测对称。

[定位诊断思路]

临床定位诊断思路分析见图 175。

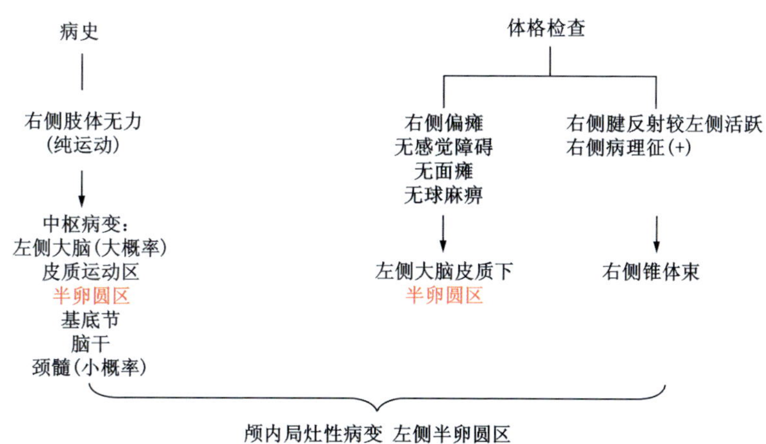


**图 175　定位诊断思路图**

该患者的定位诊断较为简单，均指向颅内病变。结合患者的起病方式，首先要排除青少年卒中，患者头颅 CT、MRI 影像提示左侧半卵圆区占位病灶(图 176)。接下来怎么办？应给予准确的定性诊断。

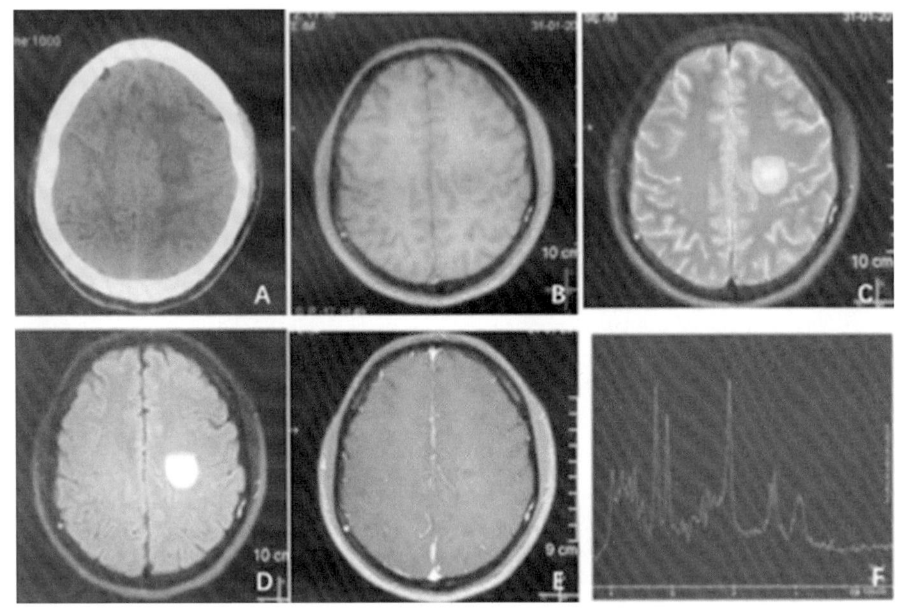


**图 176　患者头颅 CT、MRI 影像**

A. 头颅 CT 类圆形稍低密度灶，周围环形更低密度灶；B. MRI T1 类圆形低信号；C. MRI T2 高信号中心周围环绕高信号煎蛋样；D. MRI Flair 高信号；E. MRI C + 同心圆强化；F. MRSCho/NAA 中度升高

**[定性诊断与鉴别诊断]**

定性诊断与鉴别诊断思路形成见图 177。

该患者为卒中样起病，结合头颅影像学特点，考虑同心圆硬化。给予大剂量激素冲击治疗(甲泼尼龙 960 mg 连用 3 天→480 mg 连用 3 天→240 mg 连用 3 天→120 mg 连用 3 后减至 60 mg 口服)，加强康复。患者用药 2 天后症状明显改善，2 周后右上肢活动基本自如，可自行行走。患者脑脊液提示寡克隆带阳性，需要随访患者的转归。

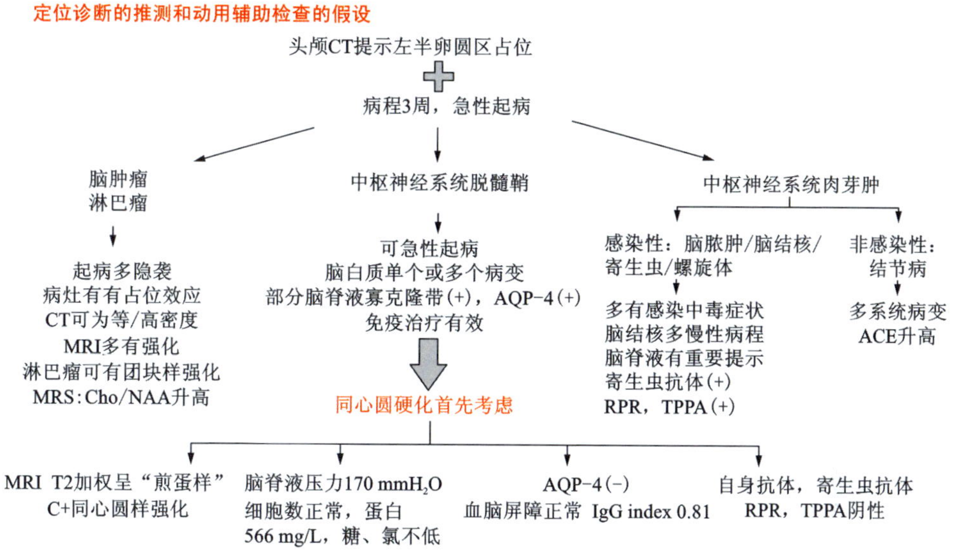

定位诊断的推测和动用辅助检查的假设

头颅CT提示左半卵圆区占位

+

病程3周，急性起病

脑肿瘤
淋巴瘤
↓
起病多隐袭
病灶有有占位效应
CT可为等/高密度
MRI多有强化
淋巴瘤可有团块样强化
MRS：Cho/NAA升高

中枢神经系统脱髓鞘
↓
可急性起病
脑白质单个或多个病变
部分脑脊液寡克隆带(+)，AQP-4(+)
免疫治疗有效
⇩
同心圆硬化首先考虑

中枢神经系统肉芽肿
感染性：脑脓肿/脑结核/寄生虫/螺旋体
↓
多有感染中毒症状
脑结核多慢性病程
脑脊液有重要提示
寄生虫抗体(+)
RPR，TPPA(+)

非感染性：结节病
↓
多系统病变
ACE升高

MRI T2加权呈“煎蛋样”C+同心圆样强化

脑脊液压力170 mm$H_2O$
细胞数正常，蛋白566 mg/L，糖、氯不低

AQP-4(-)
血脑屏障正常 IgG index 0.81

自身抗体，寄生虫抗体
RPR，TPPA阴性

图 177 定性诊断思路图

**最终诊断：同心圆硬化**

［病例的问题］

1. 中枢神经系统炎性脱髓鞘疾病的分类到底有哪些？

CNS 特发性炎性脱髓鞘疾病(idiopathic inflammatory demyelinating diseases，IIDDs)是一组在病因上与自身免疫相关，在病理上以 CNS 髓鞘脱失及炎症为主的疾病。由于组织学、影像学以及临床症候上的某些差异，构成了脱髓鞘病的疾病谱。参考 2014 年《Journal of autoimmunity》的一篇综述。将 IIDDs 谱系病总结如下(表 39)。随着对该疾病认识的加深，疾病诊断的索引和说明也在变化。

表 39　Ⅱ DDs 谱系病的分类

| 临床综合征 | 定义 | 诊断标准 |
| --- | --- | --- |
| 影像孤立综合征(RIS) | MRI T2 上高信号提示脱髓鞘病灶，缺乏临床症状 | MRI 白质异常满足如下标准：<br>(1)病灶卵圆形，边界清楚，信号混杂，可伴/不伴胼胝体受累<br>(2)T2 上高信号灶 >3 mm，并满足 Barkhof 空间多发的标准(4 项中至少满足 3 项)<br>(3)CNS 白质病变<br>A. 与血管形态不一致<br>B. 既往没有与神经功能障碍一致的缓解症状<br>C. MRI 异常并不导致明显的临床症状，包括社会，职业或者整体功能的影响<br>D. MRI 异常不是由于某些物质的直接生理效应(娱乐性药物滥用和毒物接触)或者其他医学状况引起的<br>E. 排除白质疏松和豁免胼胝体的广泛白质病变<br>F. CNS MRI 异常不能用其他的疾病来解释 |
| 临床孤立综合征(CIS) | 首次发生 CNS 脱髓鞘事件，符合 MS，超过 24 小时时不多发，空间可单发或者多发 | 85% 累及视神经，脑干和脊髓。<br>很多患者表现为多发的脑干病变<br>通过定量 MRI 可以发现看似正常的白质和灰质内的额外病变，这提示广泛的病理过程 |
| 多发性硬化(MS) | CNS 慢性，多灶的脱髓鞘病，临床和/影像学上提示时间和空间的多发 | 大部分呈缓解复发的病程(RRMS)；<br>随着时间，60% ~80% 转变为进展型(SPMS)<br>还有其他的类型：原发进展型(10%)，缓解 - 进展型和良性型<br>从 RRMS 到 SPMS 的中位诊断时间是 10 年<br>从起病到拄拐杖行走的时间是 15 ~25 年<br>超过 80% 患者(40% ~50% 在起病第 1 年)存在寡克隆抗体(脑脊液细胞数不高，蛋白正常)<br>95% 的患者头颅 MRI 异常<br>60% ~70% 患者视觉和/或脑干诱发电位异常 |

**续表 39**

| 临床综合征 | 定义 | 诊断标准 |
| --- | --- | --- |
| 急性播散性脑脊髓炎(ADEM) | 多见于儿童<br>急性或亚急性起病，与炎症或者脱髓鞘相关的事件，影响 CNS 多个部位。症状丰富，多表现为脑病 | 单灶/多灶病变，多累及大脑白质(可以有灰质受累)，排除既往白质破坏性改变，临床/影像上好转(可以有遗留症状)可以解释发作，同时排除其他病因<br>近 3 个月新出现或波动的症状，体征，或者 MRI 改变被认为是最初急性事件的部分表现<br>脑脊液寡克隆带阴性和淋巴细胞增多<br>CNS 灰质早期受累<br>无空间的多发性(在复发型 ADEM 中，仅仅是陈旧的病灶再次扩展)<br>发热，意识模糊和头痛 |
| 瘤样 MS | 至少有一个巨大(>2 cm)急性脱髓鞘病灶伴水肿，占位效应和环形强化。临床症状根据病灶大小和部位各异，包括头痛，意识障碍，失语，失用，癫痫等(不典型的 CIS/MS) | |
| Marburg 型/Balo 同心圆硬化 | 瘤样 MS 的变异型<br>具有恶性(常为致死性)，快速进展，不典型的神经病理改变和特征的影像学表现 | Marburg 型：在深部脑白质出现多发，巨大，多灶性脱髓鞘病灶<br>Balo 型：部分脱髓鞘和脱髓鞘交替形成同心圆型。在 MRI T1 加权像上等信号和低信号的同心环样病灶交替，对应低信号的病灶有强化 |
| Schilder 病 | 髓鞘溶解弥漫性硬化<br>影像：单个或 2 个位于半卵圆区的对称分布的病灶，2 cm×3 cm<br>临床：MS 的非典型症状 | 脑脊液寡克隆带阴性 |

**续表 39**

| 临床综合征 | 定义 | 诊断标准 |
|---|---|---|
| 急性出血性脑白质炎(AHL)<br>急性出血性白质脑脊髓炎(AHEM)<br>Hurst 坏死性出血性脑白质炎(ANHLE) | CNS 少见，严重，快速进展的炎症和出血性脱髓鞘疾病，ADEM 的变异型 | 头颅 MRI 提示白质病变巨大，弥散，有水肿和占位效应，受累脑区有弥散受限<br>脑脊液检查提示白细胞增高，红细胞增多和蛋白增高 |
| 视神经脊髓炎(NMO) | 主要标准<br>(1)视神经炎(严重或者双侧受累，固定的视力损害)<br>(2)急性脊髓炎<br>次要标准<br>(1)脊髓 MRI 提示连续病灶超过 3 个椎体高度<br>(2)血清 NMO – IgG 阳性<br>在修订标准中，NMO 可出现脑干病变，脑脊液细胞数增多，>50 个白细胞，长节段延伸型脊髓病变，常常累及脊髓中间部分，顽固性呃逆，恶心或者呕吐者，病灶多累及中脑导水管 | 修订后 NMO 诊断标准<br>(1)视神经炎<br>(2)急性脊髓炎<br>(3)以下 3 个标准中至少符合 2 条<br>①脊髓 MRI 提示连续病灶超过 3 个椎体高度<br>②头颅 MRI 的病灶不符合符合 MS 的诊断标准<br>③血清 NMO – IgG 阳性 |
| 视神经脊髓炎谱系病(NMOSD) | 包括典型 NMO，以及以下病变：<br>(1)NMO 的有限形式<br>①特发性单次或者复发性长节段脊髓炎(在脊髓 MRI 显示病灶超过 3 个椎体高度)<br>②视神经炎：复发性或同时双侧受累<br>(2)亚洲视神经 – 脊髓型 MS<br>(3)与系统性自身免疫病相关的视神经炎或者长节段脊髓炎<br>(4)视神经炎或脊髓炎，同时伴有典型 NMO 的颅内病变(下丘脑，胼胝体，脑室旁，或者脑干) | |

续表 39

| 临床综合征 | 定义 | 诊断标准 |
| --- | --- | --- |
| 慢性复发性孤立性视神经病变(CRION) | 区别于 CIS/MS，是一种免疫介导的视神经病变，复发或者慢性单侧/双侧视力减退 | 不同于 MS 相关的视神经病变，该病的视力减退严重，视力减退后的眼痛持久，容易复发，并且激素依赖。MRI 未发现颅内病变 |
| 横贯性脊髓炎 | 累及双侧脊髓平面或节段的炎症性和脱髓鞘疾病，在病变以下出现传导束障碍 | 大多数和病原体感染有关，由于病原体直接作用或者感染后的自身免疫反应所致。<br>病原体包括：梅毒螺旋体，麻疹病毒，伯氏疏螺旋体，水痘－带状疱疹病毒，单纯疱疹病毒，巨细胞病毒，EB 病毒，流感病毒，艾可病毒，人类免疫缺陷病毒(HIV)，甲肝病毒，风疹病毒和支原体。<br>其他原因包括疫苗后和特发性。<br>特发性横贯性脊髓炎可能是代表一次(或者首次)MS/NMO。MS 一般为非横贯性脊髓损害 |

注：RIS—radiologically isolated syndromes(影像孤立综合征)；CIS—clinically isolated syndromes(临床孤立综合征)；AHL—acute hemorrhagic leukoencephalitis(急性出血性脑白质炎)；AHEM—acute hemorrhagic leukoencephalomyelitis(急性出血性白质脑脊髓炎)；ANHLE—Hurst acutenecrotizing hemorrhagic leukoencephalitis(Hurst 急性坏死出血性脑白质炎)；CRION—chronicrelapsing isolated optic neuropathy(慢性复发性孤立性视神经病变)

2. 什么是同心圆硬化?

属于一种少见的中枢神经系统脱髓鞘病。1906 年由 Marburg 首先描述。1928 年匈牙利的神经病理科医生 Josef Baló 报道一例尸检脱髓鞘患者，临床表现为视神经炎后右侧偏瘫，称作"同心性轴周性脑炎"。由于 Baló 第一次详细描述了同心圆模式的脱髓鞘病变，该病被命名为 Balo's concentric sclerosis，BCS。顾名思义，这是一个基于病理的描述性诊断，指发生在脑白质内的一个或多个同心层状病变，髓鞘脱失与髓鞘保存相间排列，呈特征性的同心圆或洋葱皮样，从而与经典的 MS 或者瘤样脱髓鞘的病灶相鉴别。

3. 同心圆硬化的临床表现有哪些?

急性或亚急性起病。青年人多见，平均发病年龄为 34 岁(3～62 岁)。发病的性别比例国内外报道不一致，国外报道男性多于女性，国内总结男女发病无明显差异。有一定的种族易感性，在东亚地区的人群中，尤其是中国和菲律宾多见。

临床症状无特异性，主要为颅内占位性病变的表现，如头痛、认知下降、行为改变、淡漠、尿失禁、癫痫、失语和轻偏瘫等。有部分患者可以有发热、全身不适、头痛等前驱表现，还可以表现为卒中样发作，出现急性的神经功能障碍(如本病例的表现)。极少数患者为无症状。

4. 同心圆硬化的影像学特征是什么?

同心圆硬化曾经是一个病理诊断，随着影像学的进展，得以生前诊断。目前该病的诊断很大程度依赖影像学，并且通过随访影像的变化，观察疾病的转归。本病的病灶可以为单个，或者多个，大小不一。表40 中从影像学方面对同心圆硬化的病灶部位、形态、特征及演变四方面进行了描述。

**表 40　同心圆硬化的影像学特征**

| 四方面 | 具体描述 |
|---|---|
| 部位 | 多位于脑白质，但不累及 U 型纤维<br>还可以位于基底节、桥脑、小脑、脊髓和视神经 |
| 形态 | 同心圆样、扇形、跑道样、煎蛋样、马赛克样、莲花座状、康乃馨状、双杠形 |
| 特征 | (1)CT 皮质或皮质下低密度影，无占位效应，增强无强化<br>(2)MRI 在各种序列上均可见典型的圆或类圆形病灶，早期可呈“煎蛋样”表现，随着病程进展可见同心圆带<br>√ T1 加权交替等信号或低信号的同心圆样病灶<br>√ T2 加权 高信号的风暴中心周围环绕高信号的片层样结构<br>√ Flair 加权 更清晰地显示同心圆病灶<br>√ DWI 加权 病灶周围呈高信号，水肿不明显<br>√ C + 病灶周围可有环形强化，半环形或“C”形强化。与 T2 加权对应，可以有多个环形强化<br>√ 7T MRI 多个低信号病灶，与微出血和扩张静脉相一致<br>√ MRS Cho/NAA * 中度升高<br>√ 磁化传递成像 急性病变的病灶核心区磁化传递率显著降低，周围同心圆状病灶降低不明显，随着疾病的发展，周围结构的磁化传递率先下降后上升<br>(3)FDG - PET 病灶低代谢 |
| 演变 | 瘤样脱髓鞘典型 MS 脱髓鞘斑块 |

* Cho/NAA：乙酰胆碱/乙酰天门冬氨酸

借助影像学，可以和以下疾病鉴别：①脑肿瘤，主要是多形性胶质母细胞瘤和中枢神经系统淋巴瘤；②肉芽肿：脑脓肿，脑结核瘤和脑结节病；③瘤样脱髓鞘和急性播散性脑脊髓炎；④脑梗死。当鉴别困难时，可进行脑活检进一步明确诊断。

5. 同心圆硬化和MS的关系是怎样的？

传统上，同心圆硬化被认为是多发性硬化的不典型表现之一，可能是MS变异型或者一个独立又相关的疾病。

病理学方面的异同：同心圆硬化的典型特征包括脑白质少突胶质细胞丢失和脱髓鞘（类似于MS免疫病理Ⅲ型），皮质灰质并不受累（又不同于传统的MS）。

影像学方面：Balo样病变和典型的MS病变可同时出现。在复发－缓解型MS的病程中，可以出现Balo样病变。

临床转归：脑脊液寡克隆带阳性的同心圆硬化患者可能发展为MS。

6. 同心圆硬化的发病机制？

病毒感染后（包括人类疱疹病毒6，乙肝病毒），疫苗接种后，γ干扰素诱导等因素，可引发免疫反应从而导致疾病的发生发展。

具体的免疫发病机制可以解释为什么Balo病变表现为片状或同心圆状？对未知刺激反应，导致巨噬细胞和激活的小胶质细胞产生细胞因子，氧自由基或其他神经介质，并且在血管周围诱导脱髓鞘形成。Stadelmann等进一步提出炎症预处理学说，即在活跃的病灶边缘，炎症反应诱使尚未受到致死性损伤的组织表达预处理相关分子保护髓鞘，促使髓鞘保留带形成。同心圆模式图（图178）则直观的说明化学介质从核心区像波浪一样向外周传播。

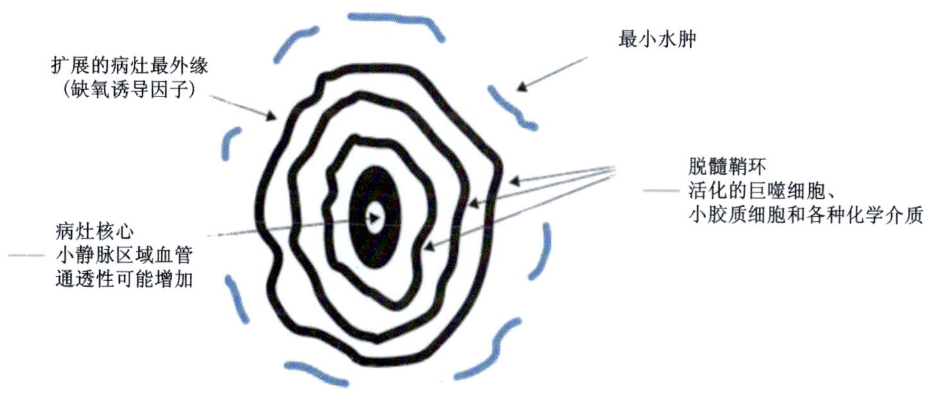


图178　同心圆模式图

7. 同心圆硬化的治疗和预后是怎样的?

由于同心圆硬化少见，目前缺乏治疗方面的随机对照研究。治疗的共识来自于病例报告。

(1)对于急性症状性患者，各种免疫抑制药都可以尝试应用。糖皮质激素是推荐的一线治疗方法，血浆置换是二线治疗。对个体患者，环磷酰胺、静脉注射免疫球蛋白、免疫吸附治疗可以应用。也可以长期应用硫唑嘌呤和米托蒽醌。对于病情进展加重的患者，在糖皮质激素，血浆置换，以及静脉注射环磷酰胺等疗效欠佳时，可尝试应用阿仑单抗治疗。总体上，所有的治疗，均是干预越早疗效越好，但均缺乏充分的证据支持。

(2)在某些符合 MS 诊断标准的患者，疾病修饰治疗可能是一种有效的治疗方法，但数据比较缺乏。

同心圆硬化预后不尽相同，预后好的临床和影像学改变均完全恢复，预后差的可能会死亡或者遗留显著的残疾。更多的患者处于上述两种情况之间。目前 7 项研究的数据提示预后较好。与 MS 患者相比，孤立性 Balo 病变的患者预后较好。如果出现了 Balo 病变，同时伴有额外的 MS 脱髓鞘病变或者寡克隆带阳性，或者两者兼有，那么转化为 MS 的风险更高。

(王　蓓)

## 参考文献

[1] Hardy TA, Miller DH. Baló's concentricsclerosis. Lancet Neurol, 2014, 13: 740-746.

[2] Stadelmann C, Ludwin S, TabiraT, et al. Tissue preconditioning may explain concentric lesions in Balo's type of multiplesclerosis. Brain, 2005, 128: 979-987.

[3] 江娇美, 漆学良, 张明. 中国同心圆硬化 72 例临床特点分析. 中风与神经疾病杂志, 2016, 33(8): 735-737.

[4] Karussis D. The diagnosis of multiple sclerosis and the various relateddemyelinating syndromes: A critical review. Journal of Autoimmunity, 2014, 48-49: 134-142.

# 36. 手脚笨拙伴构音不清、口角流涎的青年女性

［病史摘要］

患者，女，18岁，因“手脚笨拙伴口齿不清、口角流涎3个月”。患者3个月前无明显诱因出现手脚笨拙，右手持物握笔时感觉肌肉僵硬，写字速度变慢，行走时感觉腿部活动不灵活，走路变慢。症状逐渐加重。1个月后患者无法做精细动作，写字速度过慢影响考试学习，行走时姿势不稳，无法快速行走。1个月前患者开始出现口齿不清，说话含混，安静时口部微张，无法完全闭合，不断有口水从口角流出。发病过程中无肢体无力，无感觉异常，无智能减退，无精神行为异常，视物无重影，口角不歪斜，肢体无抽搐，无大小便失禁等表现。无发热头痛和肢体震颤。患者诉近3年来有关节疼痛病史，最近测身高较前减少4cm。否认家族史，否认毒物接触史，否认不良嗜好。

［神经科体格检查］

神志清楚，智能正常，对答切题，言语含糊，面型稍长，下颌微张，嘴部无法完全闭合，不断有口水流出，双侧瞳孔等大等圆，对光反射灵敏，双眼闭合有力，眼球活动无障碍，无眼震，双侧鼻唇沟对称，伸舌居中，无舌肌萎缩及纤颤，咽反射存在，悬雍垂居中，抬头肌力5级，四肢肌力5级，四肢腱反射对称（++），左侧上肢张力均匀增高，右手持笔时姿势异常，写字速度慢，无写字过小征，双侧痛触觉对称存在，双侧Babinski征阴性，双手轮替差，双侧指鼻试验正常，跟膝胫试验阴性。

［定位诊断思路］

临床定位诊断思路分析见图179。

为证实定位诊断，患者入院后做MRI提示：脑皮质萎缩，双侧壳核、丘脑、脑干区异常信号，T1呈低信号，T2/Flair呈高信号（图180）。

由于定位诊断考虑为锥体外系病变，而MRI提示明显双侧壳核和中脑被盖病变，高度怀疑Wilson病，故重行体格检查，发现角膜K－F环阳性（图181）。

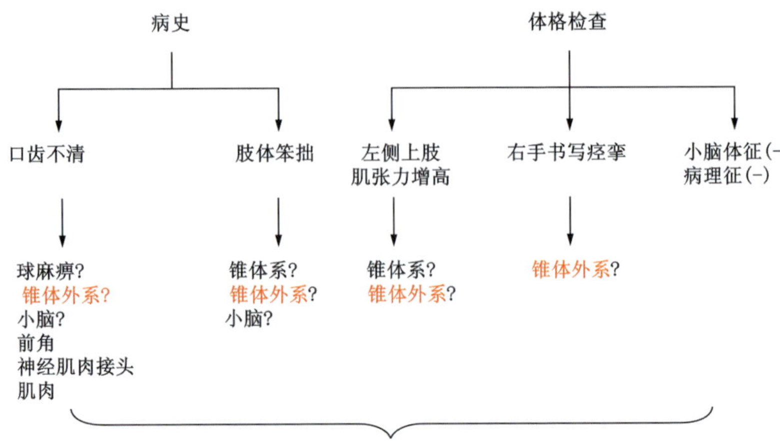


图 179　定位诊断思路图

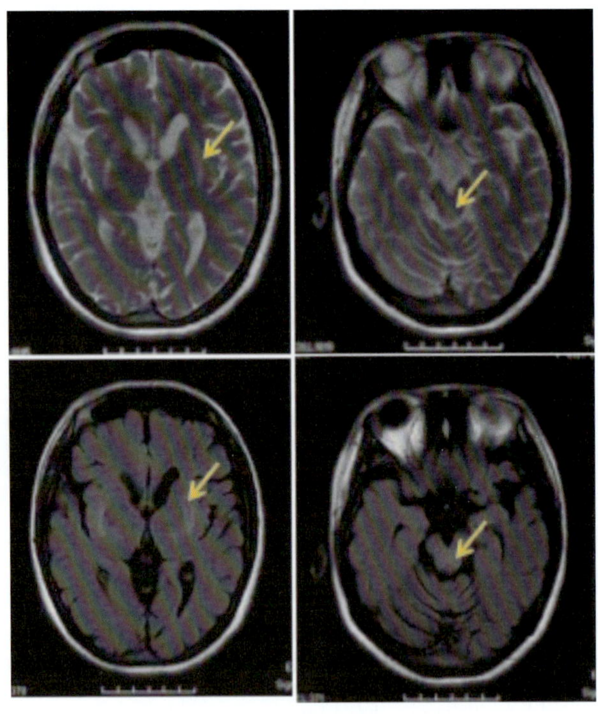

图 180　患者头颅 MRI 影像

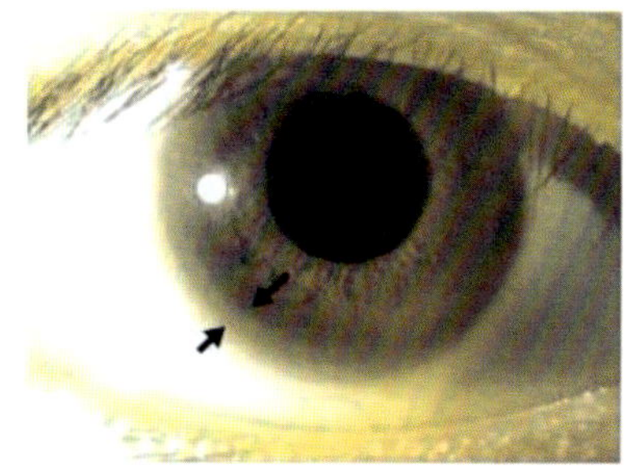

**图 181　患者角膜 K－F 环阳性**

箭头处见角膜和巩膜的交界区黄褐色的环形结构

［定性诊断与鉴别诊断］

定性诊断与鉴别诊断思路形成见图 182。

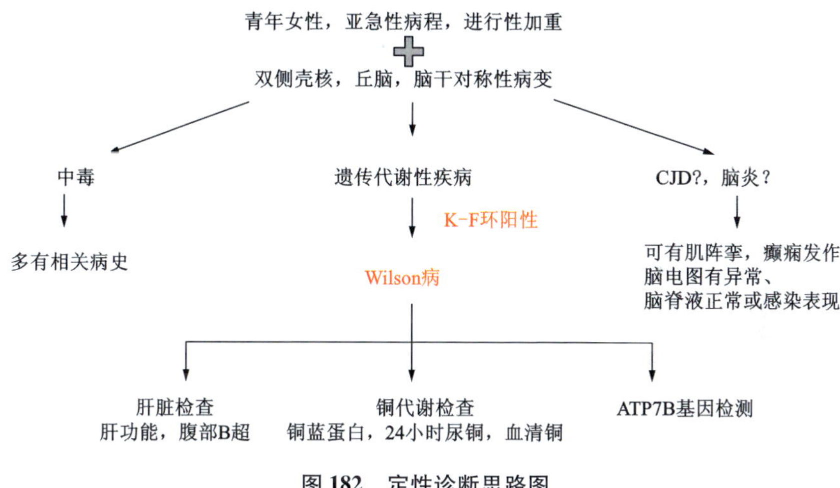


**图 182　定性诊断思路图**

患者进一步查腹部 B 超提示肝脏大小尚正常，肝内回声增多，分布不均匀，血管走行欠清。脾大，脾内回声均匀。检测铜蓝蛋白：21 mg/L（参考值：200～500 mg/L）。血清铜：264.6 μg/L（参考值：700～1550 μg/L）。24 小时尿铜：474.7 μg/24 h（参考值：＜100 μg）。头颅 SWI 影像：双侧基底节、红核、黑质、小脑 SWI 低信号，提示铁沉积（图 183）。

ATP7B 基因第 1～21 外显子测序：提示复合杂合突变，突变位点 Exon8 c.2333G＞T，p.R778L（杂合）；Exon13 c.2975C＞T，p.P992L（杂合），均为已报

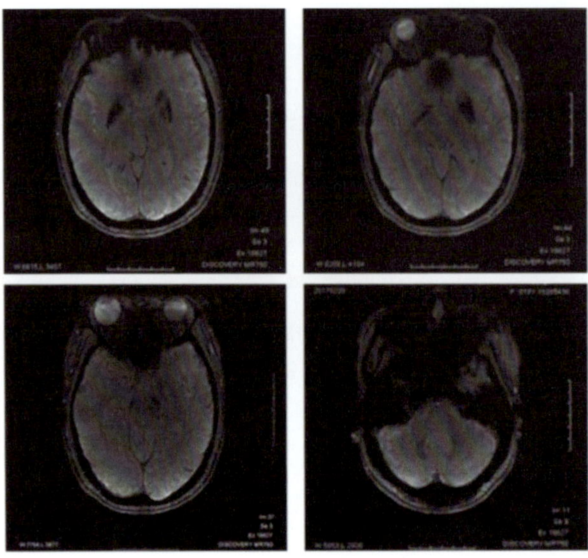

图 183　患者头颅 SWI 影像

道突变(图 184)。

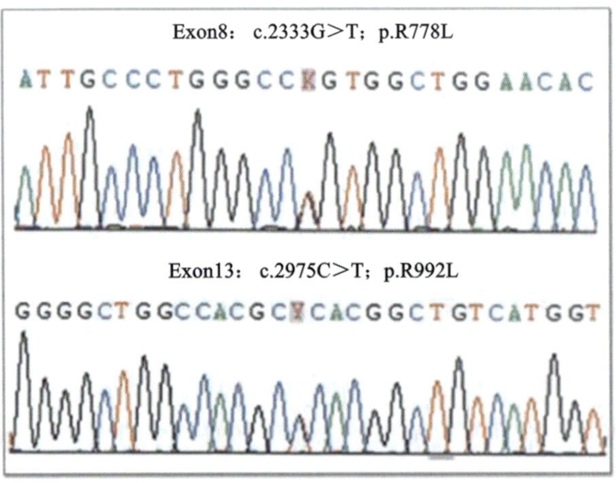


图 184　ATP7B 基因测序

## 最终诊断：肝豆状核变性

［病例的问题］

1. 肝豆状核变性是罕见病吗？

肝豆状核变性在世界范围内发病率为1/30000，致病基因携带率为1/90。不同国家和地区的发病率有所不同，该病在英国的发病率为1/7026，显著高于世界平均水平。东亚国家更是此病的高发区域，韩国的发病率估计在1/3000，致病基因的携带率约1/27，是韩国最常见的常染色体隐性遗传病。

我国大陆缺少具体的流行病学数据，但中国香港的数据表明，肝豆状核变性在香港汉族人群中的发病率为1/5400。肝豆状核变性虽然不是常见病，但在亚裔人群中并非罕见，而且此病是为数不多的几种可以治疗的神经遗传病之一，如不积极治疗预后极差，因此加深对此病的认识极其必要。

2. 肝豆状核变性的发病机制如何？

肝豆状核变性是一种常染色体隐性遗传病，致病基因ATP7B位于13q14.3。ATP7B基因主要在肝脏表达，其表达产物ATP7B酶(P型铜转运ATP酶)，在机体铜代谢过程中发挥着核心作用。当机体铜离子缺乏时，ATP7B主要表达在肝脏细胞的高尔基体表面，将铜离子转运至高尔基体内合成铜蓝蛋白，分泌入血供机体利用(图185)。

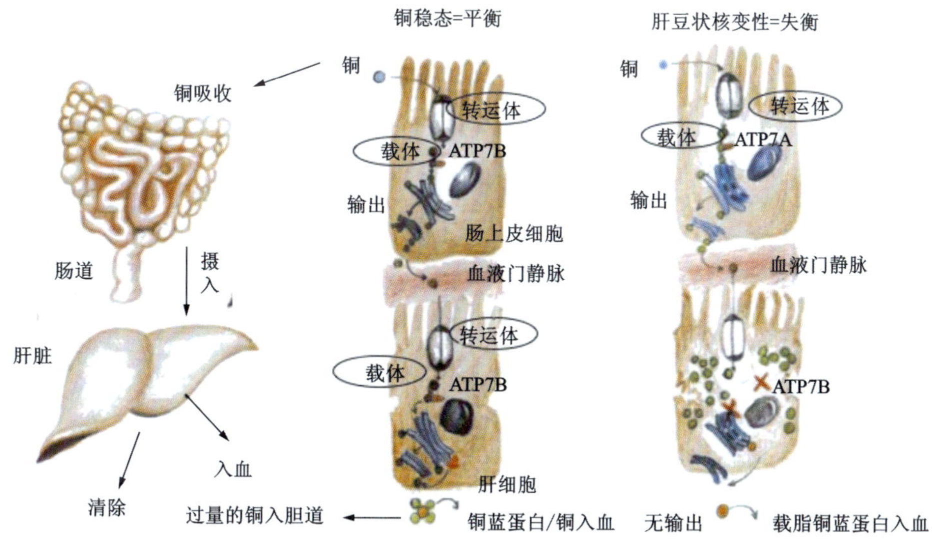


图185　肝豆状核变性的发病机制

当机体铜离子过多时，ATP7B 转移至肝细胞的胆小管侧，通过胆道系统将铜离子排出体外。肝豆状核变性患者的 ATP7B 基因突变导致 ATP7B 酶功能障碍，机体既无法合成铜蓝蛋白，又无法通过胆管排铜，铜离子在肝细胞内大量聚集，引起铜代谢紊乱。

铜离子是机体内的一种微量元素，总含量在 100 mg 左右，主要分布在肌肉(35%)，脑(20%)，肝脏(20%)，肾脏(5%)，血液(10%)。机体每天摄入2 ~ 5 mg 铜，在小肠近段吸收后经门静脉入肝。机体吸收的大部分铜在 ATP7B 介导下通过胆管系统排出体外(2 ~5 mg/d)，少部分在高尔基体内合成铜蓝蛋白。铜蓝蛋白是机体转运铜离子的主要形式，血清中约有 4.5 mg 铜，主要以铜蓝蛋白形式存在(约 4.3 mg)，少部分(约 0.2 mg)与清蛋白结合，生理状态下血清中只有极少量的游离铜离子存在(图 186)。

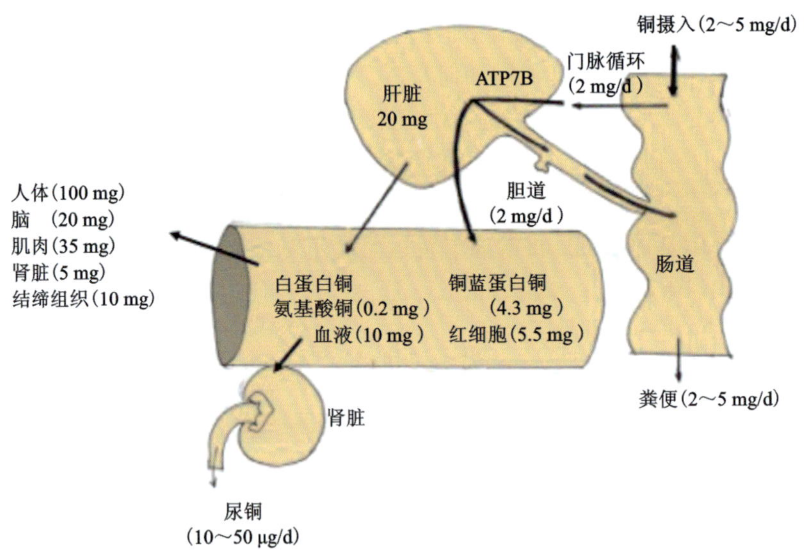


**图 186 人体铜代谢**

肝豆状核变性患者由于 ATP7B 功能障碍无法合成铜蓝蛋白，导致血清总铜量下降，而游离铜含量上升( >200 μg/L)。生理状态下只有少量铜经泌尿系统排出(10 ~50 μg/d)，肝豆状核变性患者由于无法经胆管排铜，尿铜大量增加(200 ~400 μg/d)。因此，ATP7B 功能障碍导致患者铜蓝蛋白下降，血清总铜量下降，游离铜上升，尿铜增加。

铜离子的增加和铜蓝蛋白的降低是肝豆状核变性核心的病理生理特点，在疾病早期铜离子主要在肝脏内聚集，当肝脏饱和后，铜离子开始在角膜、脑、肾、骨骼等肝外组织沉积。大量聚集的铜离子会造成严重的氧化应激损伤，导致 DNA 破坏和溶酶体损伤，诱导细胞凋亡，最终导致大量组织细胞死亡。

另一方面，机体内铜蓝蛋白会显著降低，铜蓝蛋白在机体内的主要功能是调节铁的代谢，铜蓝蛋白具有亚铁氧化酶活性，可以将二价铁氧化成为三价铁，使之能够结合到转铁蛋白，通过转铁蛋白受体途径为神经细胞吸收。当铜蓝蛋白缺乏时，转铁蛋白受体途径受阻，而非转铁蛋白铁摄取会过度增加，导致铁离子在神经系统内沉积，这种病理改变已经被影像学和病理学证实，在该患者即发现基底节区、中脑和小脑存在异常铁沉积。

3. 肝豆状核变性有哪些临床特点？

目前发现的 ATP7B 基因突变位点超过 700 个，汉族人群肝豆状核变性患者 ATP7B 基因的错义突变位点达 161 个，致病的突变位点有 78 个，不同的患者可能具有不同的突变位点和不同的突变位点数目，这导致肝豆状核变性的临床表现充满异质性。

部分肝豆状核变性患者症状轻微，也可数十年无症状，文献报道最大的发病年龄达 72 岁，而最小的患者 9 个月即可发病，3 岁即可发展为肝硬化。肝豆状核变性常见的发病年龄在 5 ~ 35 岁，根据临床阶段不同可分为：症状前期、肝型、脑型。由于铜离子首先在肝脏沉积，因此肝脏是最先受累的器官，但肝脏症状往往很隐匿，且无特异性，很难引起警觉，患者往往在体检时发现肝功能异常而前来就诊。

因此，对于原因不明的持续肝功能异常的年轻患者，都应将肝豆状核变性纳入到鉴别诊断当中。随着病情的进展，铜离子在肝脏会达到饱和，逐步沉积到肝外器官，其中角膜和神经系统的受累最具临床意义。神经系统的受累往往在肝脏受累后的数十年，因此当出现神经系统症状时，往往伴随不同程度的肝脏损害，轻者可表现为肝酶升高，严重时已经发生肝硬化。

在疾病早期，口下颌肌张力障碍是常见的临床表现，患者表现为吞咽困难，声音低沉，下颌微张，口角流涎，呈典型的“肝豆面容”。随着病情的进展，铜离子在壳核、苍白球、丘脑广泛沉积，会出现各种不同形式的锥体外系症状，包括帕金森综合征、肌张力障碍、震颤和共济失调。约有 1/3 的患者首发表现为精神行为异常，表现为人格改变、异常行为、学习成绩下降。此类患者极易被误诊，文献报道 1 例患者被误诊长达 12 年。

此外，肝豆状核变性还可表现为溶血性贫血，肾功能损害，骨骼肌肉损害。临床上如出现如下症状应警惕肝豆状核变性的可能：①青少年原因不明的持续肝功能异常；②青少年起病的帕金森综合征，口下颌肌张力障碍；③不明原因的精神行为异常伴肝脏损害；④coombs 实验阴性的溶血性贫血。

4. K－F 环为什么如此重要？

角膜内皮细胞基底膜的合成需要铜离子的参与，因此房水中的铜离子可以穿过内皮细胞进入角膜。肝豆状核变性患者房水中聚集的铜离子会穿过内皮细胞沉积在内皮下的后弹力层，在角膜和巩膜的交界区形成黄褐色的环形结构，称 K－F 环。

K－F 环早期最先出现在角膜上方(10～2 点钟方向)，呈黄褐色，新月形，云雾或磨砂状，随后在角膜下方(6 点钟方向)亦会出现类似结构，最终会环绕整个角膜形成环状。K－F 环早期常不易观察，需在裂隙灯下才能发现，后期逐渐明显，普通光源下即可看到。亚裔人群虹膜呈棕褐色，与 K－F 环颜色接近，对比度较小，使用黄色光源斜照角膜时观察得最清楚。

无症状患者 K－F 环的出现率只有 40%，有肝脏症状的患者出现率为 65%～70%，有神经系统症状的患者出现率接近 100%。K－F 环是反映机体铜代谢紊乱的一个重要体征，但并非肝豆状核变性所特有，其他一些肝脏疾病，如原发性胆汁性肝硬化、酒精性肝病、病毒性肝炎，会影响铜的代谢，亦可导致 K－F 环的形成。

K－F 环对诊断肝豆状核变性有很高的敏感性和特异性，且检查方便易行，当有临床症状或影像学表现指向此病时，K－F 环常常为明确诊断提供重要线索，因此对诊断肝豆状核变性具有重要意义。

5. 肝豆状核影像学有哪些特点？

肝豆状核变性在不同的临床阶段影像学表现不同，在病程早期，铜离子造成的氧化应激损伤导致细胞坏死，髓鞘脱失和组织水肿，这可导致双侧壳核和尾状核对称性的 T2 高信号，T1 呈等信号或低信号，严重时可出现弥散受限，在 DWI 上呈高信号，ADC 呈低信号。类似的病灶还可出现在苍白球、丘脑、中脑和小脑的齿状核。

典型的中脑病变会表现为“大熊猫征”(图 187)：中脑的病灶主要累及内侧丘系、红核脊髓束、皮质脑干束等红核周围的纤维束，造成红核周围在 T2 上呈高信号，构成了大熊猫脸上部的白色区域，未受累的红核和上丘在 T2 上呈低信号，分别构成了大熊猫的眼部和嘴部。随着病情的进展，细胞结构的大量坏死凋亡会造成组织萎缩，影像学上可发现明显的皮质、基底节的萎缩，造成侧脑室前角扩张；大量积累的铜离子会表现出明显的顺磁性，导致病变部位 T2 呈低信号，T1 呈高信号。

此外，肝豆状核变性患者在 SWI 上可见基底节、黑质、红核和小脑异常的顺磁性物质沉积(正如本病例所见)，目前观点认为这与继发的脑内铁沉积相

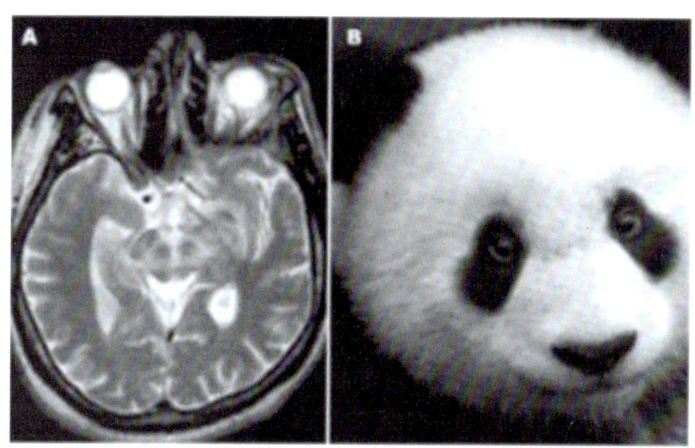


图 187　肝豆状核变性中脑呈“大熊猫征”

关，而并非铜沉积导致。在出现如下影像学表现时应警惕肝豆状核变性的可能：①双侧壳核对称性的 T2 高信号；②中脑呈“大熊猫征”影像；③基底节区对称 T1 高信号，T2 低信号。

6. 如何确诊肝豆状核变性？

当存在临床线索或影像学线索提示肝豆状核变性时，应对患者的铜蓝蛋白、24 小时尿铜、血清铜进行筛查，并对患者的临床症状进行评估。欧洲肝脏研究学会在 2012 年制定的肝豆状核变性临床指南推荐使用 Leipzig 评分（表 41）对该病进行诊断。如果 Leipzig 评分大于或等于 4 分，可临床确诊。如不能明确，可行基因检测，目前汉族人群 ATP7B 基因的致病突变位点有 78 个，最常见的是 p. R778L，p. P992L 和 p. T935M，该患者两个基因突变位点为 p. R778L 和 p. P992L。

**表 41　肝豆状核变性诊断的 Leipzig 评分**

| 典型症状体征 | 分值 | 其他测试 | 分值 |
|---|---|---|---|
| K－F 环 | | 肝铜 | |
| 有 | 2 | >4 μmol/g | 2 |
| 无 | 0 | 0.8～4 μmol/g | 1 |
| 神经系统症状 | | <0.8 μmol/g | －1 |
| 严重 | 2 | 玫瑰红染色颗粒阳性 | 1 |

**续表 41**

| 典型症状体征 | 分值 | 其他测试 | 分值 |
|---|---|---|---|
| 中度 | 1 | 尿铜 | |
| 无 | 0 | 正常 | 0 |
| 血清铜蓝蛋白 | | 低于 2 倍正常值 | 1 |
| >0.2 g/L | 0 | 高于 2 倍正常值 | 2 |
| 0.1～0.2 g/L | 1 | 青霉胺治疗后大于 5 倍正常值 | 2 |
| <0.1 g/L | 2 | 基因检测 | |
| Coombs 实验阴性的溶血性贫血 | | 两个染色体均发现突变位点 | 4 |
| 有 | 1 | 一个染色体发现突变位点 | 2 |
| 无 | 0 | 未发现突变位点 | 0 |
| 总分 | | | |
| ≥4 分 | | 确诊 | |
| 3 分 | | 可能，需要更多测试 | |
| ≤2 分 | | 可能性很小 | |

7. 肝豆状核变性如何治疗？

肝豆状核变性是为数不多的几种可以治疗的神经遗传病，明确诊断后应积极治疗，晚期会造成肝脏和神经系统不可逆的损害，药物治疗基本无效。对于存在暴发性肝衰竭或严重肝脏病的患者可行肝脏移植治疗。

对不能行肝脏移植的患者，须终生口服药物，目前青霉胺仍是一线治疗药物。青霉胺是一种络合剂，可以与铜离子结合形成可溶性复合物由尿液排出。青霉胺需从小剂量开始服用(250 mg/d)，如果没有严重的过敏反应，每 3～4 天加量 250 mg，成人维持量在 750～1000 mg。治疗期间建议每 2～4 周测 24 小时尿铜，如 24 小时尿铜维持在 200～500 μg 且症状稳定，表明青霉胺用量足够，可间歇服药，如服 10 天，停 10 天。

对不能耐受青霉胺治疗的患者，可考虑使用曲恩汀(此药国内尚未上市)，二巯丁二酸等其他络合剂替代治疗。对症状前患者、妊娠患者以及不能耐受青霉胺治疗的患者，可考虑使用锌剂(硫酸锌，葡萄糖酸锌)治疗，锌剂可阻止肠道对外源铜的吸收。锌剂成人剂量为 150 mg/d(以锌元素计算)，每天 3 次，餐后 1 小时后口服，如果单用锌剂，24 小时尿铜小于 125 μg 提示用量足够。除此之外，肝豆状核变性患者应避免进食含铜高的食物，如各类海鲜、坚果、豆类和巧克力等。

8.肝豆状核变性的预后如何?

肝豆状核变性的预后主要与ATP7B基因突变位点的类型、临床类型、有无系统治疗等因素相关。一些少见基因的突变位点和类型会导致暴发性肝衰竭,病情进展迅速,预后极差,患者会在发病数周内死亡。一般类型的肝豆状核变性患者如果发现及时,且接受系统的驱铜治疗,一般预后良好,正常寿命不受影响。

对处于代偿期的肝型肝豆状核变性患者,如无明显的中枢神经系统受累,不会造成严重的残疾,预后相对较好。对于已有神经系统受累的脑型患者,常会导致不同程度的残疾,预后不佳。

(段山山)

## 参考文献

[1] Ala A, Walker AP, AshkanK, et al. Wilson's disease. Lancet, 2007, 369(9559): 397-408.

[2] Suvarna JC. Kayser-Fleischer ring. Journal of postgraduate medicine, 2008, 54(3): 238-240.

[3] Litwin T, Gromadzka G, Szpak GM, et al. Brain metal accumulationin Wilson's disease. Journal of the neurological sciences, 2013, 329(1-2): 55-58.

[4] Ferenci P. Whom and howto screen for Wilson disease. Expert review of gastroenterology &hepatology, 2014, 8(5): 513-520.

[5] Dong Y, Ni W, Chen WJ, et al. Spectrum and Classification of ATP7B Variants in a Large Cohort of Chinese Patients withWilson's Disease Guides Genetic Diagnosis. Theranostics, 2016, 6(5): 638-649.

# 37. 急性起病的肢体麻木、无力中年男性

［病史摘要］

患者，男，48 岁，四肢麻木 10 天，无力 3 天。初为双足、双手麻木，走路踩棉花感，此后逐渐出现双小腿、双臂麻木；3 天前出现双上肢无力，尤其抬高时明显，双下肢无力，下蹲站起困难，行走不稳。既往史无特殊，发病前无感冒，无腹泻病史。父母健在，否认遗传病家族史。

［神经科体格检查］

全身淋巴结未及肿大，心肺听诊无异常，肝脾肋下未触及。神志清楚，言语清晰，对答切题，定向力、记忆力和计算力正常，颅神经检查未见异常体征，颈软，四肢肌肉未见明显萎缩，双上肢近端肌力 4 级，远端肌力 5 级 –，双下肢近端肌力 3 级，远端肌力 4 级，四肢腱反射未引出，双侧病理征阴性，双肘及双膝以下音叉振动觉、针刺觉减退。

［定位诊断思路］

临床定位诊断思路分析见图 188。

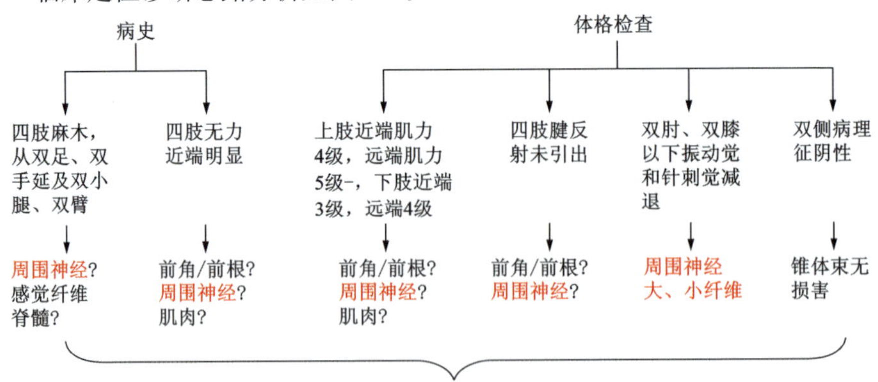


**图 188　定位诊断思路图**

患者入院经常规检查，主要行肌电图及神经传导测定，肌电图结果分析：神经传导测分析定运动传导见双侧正中神经、尺神经、胫后神经 DML 明显延长( >120% 正常高值)，波形离散，MCV 明显减慢( <85% 正常低值)，CMAP 波幅明显降低( <80% 正常低值)；感觉传导测定见双正中、尺神经 SNAP 未引出，双侧腓肠神经 SCV 降低；运动传导 CMAP 波幅明显降低、感觉传导 SNAP 波形上肢未引出，提示轴索损害可能，但由于 DML 明显延长、MCV 明显减慢、波形离散、传导阻滞均符合脱髓鞘的电生理标准，故考虑 CMAP 波幅明显降低和 SNAP 波形未引出为远端传导阻滞所致而非轴索损害。双侧尺神经 F 波潜伏期明显延长( >120% 正常高值)，出现率降低，提示神经根受累；针极肌电图上下肢肌肉未见自发电位，提示轴索损害不明显，但由于病程尚短，必要时可复查。综上，肌电图提示多发性神经根神经病，运动感觉纤维重度脱髓鞘损害。

针极肌电图双侧第 I 骨间肌、胫前肌、腓肠肌未见正锐波和纤颤电位，大力收缩募集正常。

入院后查脑脊液提示蛋白细胞分离，血神经节苷脂抗体阴性。

神经传导测定结果(图 189 ~ 190)：

| 运动传导 | 潜伏期(ms) | | 波幅(mV) | | 速度(m/s) | | F 波出现率 | |
|---|---|---|---|---|---|---|---|---|
| | 左 | 右 | 左 | 右 | 左 | 右 | 左 | 右 |
| 正中神经 | | | | | | | | |
| 腕 - APB | 15.0 (241% ↑) | 14.1 (220% ↑) | 0.8 (80% ↓) | 0.9 (78% ↓) | | | | |
| 肘 - 腕 | 32.4 (↑↑↑) | 24.4 (↑↑↑) | 0.5 (↓↓↓) | 0.6 (↓↓↓) | 9.5 (81% ↓) | 17.0 (65% ↓) | | |
| 尺神经 | | | | | | | | |
| 腕 - ADB | 6.8 (106% ↑) | 4.2 (27% ↑) | 1.3 (78% ↓) | 1.6 (73% ↓) | | | | |
| 肘下 - 腕 | 14.0 (↑↑↑) | 11.2 (↑↑↑) | 0.3 (↓↓↓) | 1.2 (↓↓↓) | 29 (44% ↓) | 30 (39% ↓) | | |
| F 波 | | | | | | | 50% (↓) | 60% (↓) |
| 胫神经 | | | | | | | | |
| 踝 - AHB | 20.0 (245% ↑) | 19.0 (228% ↑) | 0.1 (98% ↓) | 0.2 (95% ↓) | | | | |
| 腘 - 踝 | 31.8 (↑↑↑) | 29.8 (↑↑↑) | 0.1 (↓↓↓) | 0.1 (↓↓↓) | 31 (24% ↓) | 30 (27% ↓) | | |

| 感觉传导 | 潜伏期(ms) | | 波幅(uV) | | 速度(m/s) | |
|---|---|---|---|---|---|---|
| | 左 | 右 | 左 | 右 | 左 | 右 |
| 正中神经 | | | | | | |
| 指2－腕 | 未引出 | 未引出 | 未引出 | 未引出 | 未引出 | 未引出 |
| 尺神经 | | | | | | |
| 指5－腕 | 未引出 | 未引出 | 未引出 | 未引出 | 未引出 | 未引出 |
| 腓肠神经 | | | | | | |
| 小腿外下－外踝 | 4.7 | 4.8 | 4.1(32%↓) | 4.0(33%↓) | 30(25%↓) | 29(28%↓) |

**图 189　神经传导测定结果**

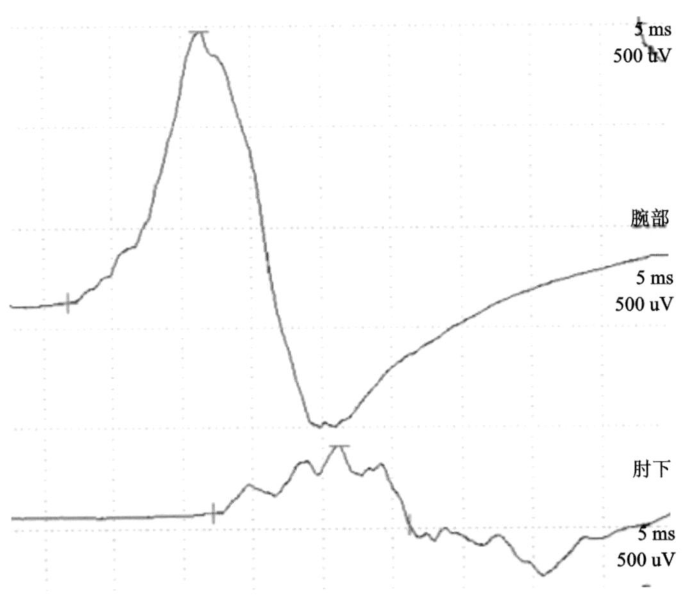


**图 190　左尺神经运动传导测定**

肘下－腕节段见传导阻滞和波形离散

## [定性诊断与鉴别诊断]

定性诊断与鉴别诊断思路形成见图 191。

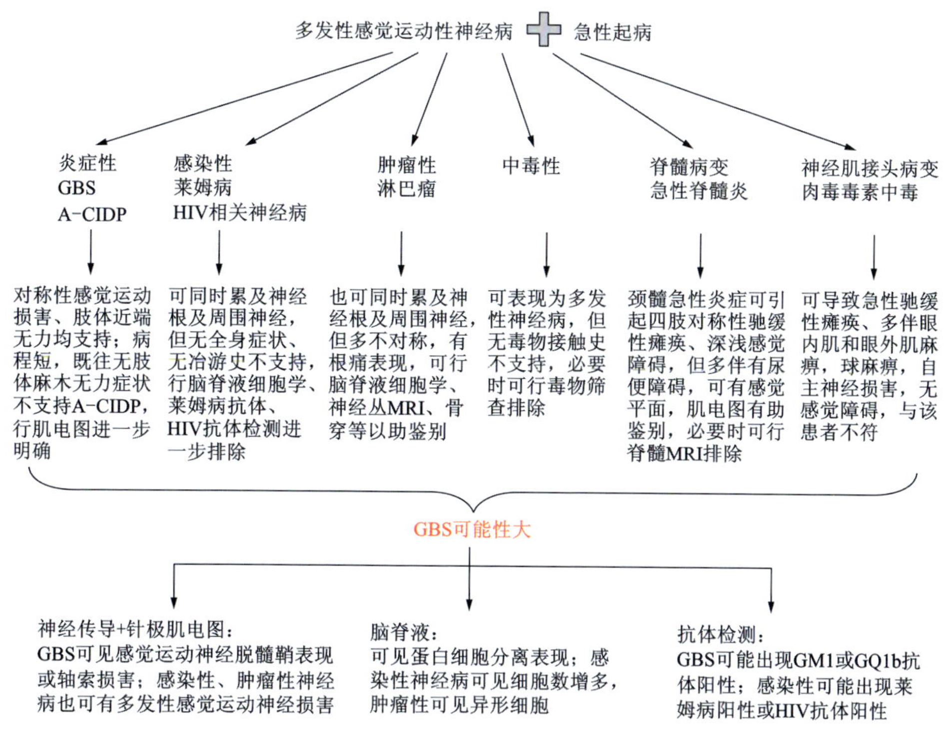
多发性感觉运动性神经病
急性起病
炎症性
GBS
A-CIDP
感染性
莱姆病
HIV相关神经病
肿瘤性
淋巴瘤
中毒性
脊髓病变
急性脊髓炎
神经肌接头病变
肉毒毒素中毒
对称性感觉运动损害、肢体近端无力均支持；病程短，既往无肢体麻木无力症状不支持A-CIDP，行肌电图进一步明确
可同时累及神经根及周围神经，但无全身症状、无冶游史不支持，行脑脊液细胞学、莱姆病抗体、HIV抗体检测进一步排除
也可同时累及神经根及周围神经，但多不对称，有根痛表现，可行脑脊液细胞学、神经丛MRI、骨穿等以助鉴别
可表现为多发性神经病，但无毒物接触史不支持，必要时可行毒物筛查排除
颈髓急性炎症可引起四肢对称性弛缓性瘫痪、深浅感觉障碍，但多伴有尿便障碍，可有感觉平面，肌电图有助鉴别，必要时可行脊髓MRI排除
可导致急性弛缓性瘫痪、多伴眼内肌和眼外肌麻痹，球麻痹，自主神经损害，无感觉障碍，与该患者不符
GBS可能性大
神经传导+针极肌电图：
GBS可见感觉运动神经脱髓鞘表现或轴索损害；感染性、肿瘤性神经病也可有多发性感觉运动神经损害
脑脊液：
可见蛋白细胞分离表现；感染性神经病可见细胞数增多，肿瘤性可见异形细胞
抗体检测：
GBS可能出现GM1或GQ1b抗体阳性；感染性可能出现莱姆病阳性或HIV抗体阳性

图 191　定性诊断思路图

**最终诊断：急性炎症性脱髓鞘性神经根神经病（acute inflammatory demyelinating radiculopathy，AIDR）**

患者入院时吉兰－巴雷综合征（Guilain－Barre syndrome，GBS）残疾量表评分4分，改良 Rankin 量表（modified Rankin Scale，MRC）评分48分，予丙球0.4 g/（kg·d）连用5天冲击治疗后3天肢体麻木、无力明显改善，GBS残疾量表评分2分，MRC评分55分。但3周后又出现肢体无力加重，GBS残疾量表评分3分，MRC评分50分，再予丙球0.4 g/（kg·d）连用3天治疗后肢体无力明显改善，出院时GBS残疾量表评分1分，MRC评分58分。

［病例的问题］

1. 引起快速进展性肢体无力的疾病有哪些？

临床上可引起快速进展性肢体无力的疾病很多，可伴或不伴呼吸肌无力，

这些疾病如下(表42):

表42 快速进展性肢体无力(伴或不伴呼吸衰竭)的疾病鉴别诊断

| 受累部位 | 具体疾病 |
| --- | --- |
| 中枢神经系统 | 脑炎、急性播散性脑脊髓炎、横贯性脊髓炎、脑干或脊髓压迫、脑膜恶性肿瘤 |
| 运动神经元 | 脊髓灰质炎、西尼罗河脊髓炎 |
| 神经丛 | 神经痛性肌萎缩、糖尿病 |
| 神经根 | GBS、急性起病的CIDP、莱姆病、巨细胞病毒相关神经根炎、HIV相关神经根炎、脑膜脊膜癌 |
| 周围神经 | GBS、急性起病的CIDP、医源性、中毒、危重症肌病-神经病、血管炎、白喉、卟啉症、硫胺素缺乏、莱姆病、代谢性疾病或电解质紊乱 |
| 神经肌肉接头 | 重症肌无力、肉毒中毒、中毒 |
| 肌肉 | 危重症肌病-神经病、线粒体病、急性横纹肌溶解症、多发性肌炎、皮肌炎、周期性麻痹 |

2. GBS的临床亚型包括哪些?

GBS实际上包括一组异质性疾病,按临床特征可以分为GBS和Miller-Fisher综合征(MFS)两大临床亚型,其中GBS包括经典型GBS和5种局限型GBS,咽颈臂型、双侧面肌无力伴麻木、截瘫型、偏瘫型以及多颅神经炎型;MFS还包括中枢亚型Bickerstaff脑干脑炎(BBE)。此外,各种不同亚型的GBS还可以有不完全型,比如咽颈臂型GBS的不完全型急性咽肌麻痹;MFS的不完全型有急性共济失调性神经病、急性眼外肌麻痹、急性眼睑下垂、急性瞳孔散大;BBE的不完全型急性共济失调嗜睡综合征。GBS各种亚型肌无力可参考图192所示的模式图。

3. GBS患者的腱反射都是减弱或消失的吗?

多数GBS患者都会出现无力肢体的腱反射减弱或消失,但并非所有GBS患者都会出现腱反射减弱和消失,约10%的GBS在病程中表现为腱反射正常或活跃。Yuki等对213例GBS进行回顾性研究,发现8例腱反射正常,15例腱反射亢进,这些腱反射正常或亢进的GBS患者多表现为单纯运动症状,抗GM1、GM1b、GD1a,或GalNAc-GD1a抗体阳性。GBS患者腱反射正常或者亢进可能机制为脊髓抑制中间神经元受累,此外,如果GBS合并BBE时也可以出现腱反射正常或亢进。

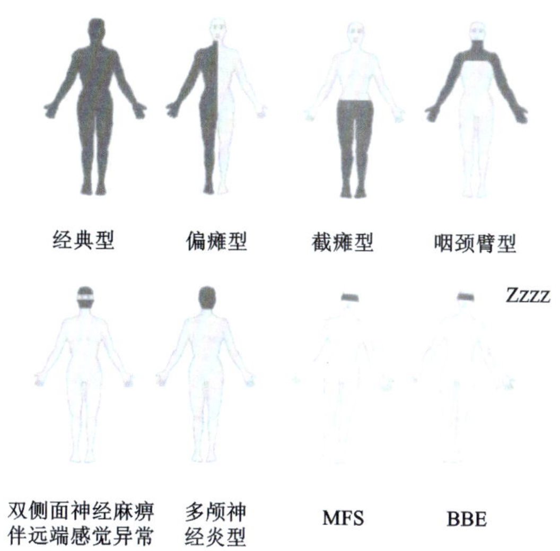


**图 192 GBS 各种亚型肌无力模式图**

蓝色阴影区域为肌无力的分布区，倾斜表示 MFS 和 BBE 存在共济失调，Zzzz 表示 BBE 存在意识障碍

4. 急性炎症性脱髓鞘性多发性神经病（acute inflammatory demyelinating polyneuropathy，AIDP）、急性运动轴索性神经病（acute motor axonal neuropathy，AMAN）和急性运动感觉轴索性神经病（acute motor sensory axonal neuropathy，AMSAN）的电生理标准是什么？

GBS 按神经电生理特征可以分为脱髓鞘型 AIDP 和轴索损害型 AMAN、AMSAN，AIDP 有脱髓鞘特征（运动神经传导速度降低，远端运动潜伏期延长、F 波潜伏期增加、传导阻滞以及波形离散），而 AMAN 或 AMSAN 没有脱髓鞘的特征。GBS 的电生理诊断标准多达 14 种，不同诊断标准的差别在于诊断 GBS 需要几根神经存在脱髓鞘病变/轴索损害，如何判断某一根神经存在脱髓鞘/轴索损害，以及如何判断某个电生理指标异常，国内外使用最多的电生理诊断标准是 Ho 诊断标准和 Hadden 诊断标准，具体的电生理标准如下（表 43）。

表 43　GBS 电生理诊断标准

| 分型 | 诊断标准 |
| --- | --- |
| AIDP | MCV <90% LLN(如果末端 CMAP 波幅 <50% LLN，MCV <85% LLN) DML >110% ULN(如果末端 CMAP 波幅 <100% LLN，DML >120% ULN 无波形离散的证据(Ho 标准)；<br>末端 CMAP 波幅≥20% LLN 时，近端 CMAP 波幅/远端 CMAP 波幅 <0.5 (Hadden 标准)<br>F 波潜伏期 >120% ULN<br>发病 2 周内至少 2 条神经出现以上一种电生理现象(Ho 标准)；<br>至少 2 条神经出现以上一种电生理现象；或者当其他神经兴奋性丧失时，有 1 条神经末端 CMAP 波幅≥10% LLN，并且至少出现以上 2 种电生理现象(Hadden 标准) |
| AMAN | 不存在以上任何一种脱髓鞘的电生理现象(Hadden 标准规定当末端 CMAP 波幅 <10% LLN 时允许存在以上一种脱髓鞘的电生理现象)<br>至少 2 条神经末端 CMAP 波幅 <80% LLN |
| AMSAN | 不存在以上任何一种脱髓鞘的电生理现象<br>至少 2 条神经末端 CMAP 波幅 <80% LLN<br>至少 2 条神经末端 SNAP 波幅 <50% LLN |

注：LLN，正常低值；ULN，正常高值。

5. GBS 患者“腓肠神经豁免”的含义及其机制？

GBS 患者感觉神经传导有一个特征性表现是“腓肠神经豁免”，指 GBS 患者腓肠神经感觉传导相对保留的现象。不同文献对“腓肠神经豁免”的电生理定义不同，曾使用过的定义包括正中神经/尺神经/桡神经 SNAP 波形消失而腓肠神经 SNAP 波正常或存在；腓肠神经 SNAP 波正常或大致正常而且至少有 2 条上肢神经(正中神经、尺神经或桡神经)SNAP 波异常；(腓肠神经 SNAP 波幅 + 桡神经 SNAP 波幅)/(正中神经 SNAP 波幅 + 尺神经 SNAP 波幅) >1，以及正中神经或尺神经 SNAP 波幅较正常值下降的幅度大于腓肠神经 SNAP 波幅较正常值下降的幅度。

Hiew 等对不同的电生理定义进行了系统的研究，发现以“正中神经 SNAP 波形消失而腓肠神经 SNAP 波正常或存在”为定义，可将 AIDP 与轴索型 GBS 区分开，尽管敏感性仅为 15.2% 和 21.7%，但特异性为 100%。

关于 GBS 患者腓肠神经豁免的机制，多数学者认为腓肠神经感觉传导在小腿中下 1/3 交界处刺激，外踝处记录，记录点距离易受累的神经末梢较远是可能的原因；还有部分学者认为GBS免疫攻击易累及血－神经屏障薄弱的部位，如神经根或者神经易嵌压处（如正中神经腕部和尺神经肘部）是腓肠神经豁免的原因。神经病理研究发现，存在腓肠神经豁免的GBS患者腓肠神经尽管也存在广泛的巨噬细胞浸润，但与其他神经相比病变相对较轻。

6. GBS的诊断标准是什么？

GBS有多个诊断标准，国外较常用的诊断标准是Brighton诊断标准，根据GBS患者满足诊断标准的情况分为不同的诊断级别，具体如下（表44）。

**表44 GBS诊断标准**

| 诊断标准 | 诊断级别 | | | |
|---|---|---|---|---|
| | 确诊 | 很可能 | 可能 | 疑诊 |
| 双侧肢体驰缓性瘫痪 | + | + | + | +/− |
| 无力肢体的腱反射减弱或消失 | + | + | + | +/− |
| 单相病程，发病至达峰时间介于12小时到28天 | + | + | + | +/− |
| 脑脊液细胞数 <50个/ul | + | +[a] | − | +/− |
| 脑脊液蛋白升高 | + | +/−[a] | − | +/− |
| 神经传导测定符合GBS某种亚型的特征 | + | +/− | − | +/− |
| 排除其他可引起肢体无力的诊断 | + | + | + | + |

a 如果未行脑脊液检查或者检查结果不详，神经传导测定须符合GBS某种亚型的特征。

最新的标准是2014年发表在《*Nature review in neurology*》上的GBS新分类及其诊断标准，将GBS、米勒－费舍尔综合征（Miller－Fisher syndrome，MFS）和Bickerstaff脑干脑炎（Bickerstaff's brainstem encephalitis，BBE）作为一个疾病谱，并根据临床受累部位对疾病谱中的表型进行了分类，提出相应的诊断标准（表45）。

表 45　2014GBS 新分类及诊断标准

| 疾病 | 核心临床特征 | 核心临床特征注解 | 支持特征 |
| --- | --- | --- | --- |
| 咽颈臂无力 | 口咽、颈部和上肢无力，以及上肢腱反射丧失/减低不伴下肢无力 | 可有不完全型；少数可有轻微下肢无力。出现其他体征提示与 GBS 重叠：有共济失调和眼外肌麻痹提示与 MFS 重叠；共济失调但不伴眼外肌麻痹提示与急性共济失调性神经病重叠；共济失调、眼外肌麻痹和意识障碍提示与 BBE 重叠 | 周围神经病的电生理证据；抗 GT1a 抗体或 GQ1b－IgG 抗体阳性 |
| 截瘫型 GBS | 下肢无力和下肢腱反射丧失/减低；不伴上肢无力 | 通常膀胱功能正常且无明确的感觉平面 | 周围神经病的电生理证据 |
| 双侧面神经麻痹伴远端感觉异常 | 面神经麻痹和肢体腱反射丧失/减低；不伴眼外肌麻痹、共济失调和肢体无力 | 一些患者可无肢体感觉异常，腱反射可正常 | 周围神经病的电生理证据 |
| MFS | 眼外肌麻痹、共济失调和腱反射丧失/减低；不伴肢体无力和嗜睡 | 缺乏某些体征为不完全型 MFS：不伴共济失调为“急性眼外肌麻痹”，不伴眼外肌麻痹为“急性共济失调性神经病”；出现单一体征为不完全型 MFS；眼睑下垂为“急性眼睑下垂”，瞳孔散大为“急性瞳孔散大”；出现肢体无力提示与 GBS 重叠 | 抗 GQ1b－IgG 抗体阳性 |
| BBE | 嗜睡、眼外肌麻痹和共济失调；不伴肢体无力 | 不伴眼外肌麻痹的患者为 BBE 的不完全型，称“急性共济失调嗜睡综合征”；出现肢体无力提示与 GBS 重叠 | 抗 GQ1b－IgG 抗体阳性 |

7. 如何评价 GBS 患者病情程度？

评估 GBS 患者病情程度最常用的量表是 GBS 残疾量表（表 46），评分≤2 分的患者属于轻症患者。由于 GBS 残疾量表没有对上肢的神经功能进行评估，临床上也常使用 MRC 总分来评估，该评分对双上肢三角肌、肱二头肌、腕伸肌、双下肢髂腰肌、股四头肌和胫前肌共12块肌肉的肌力进行评估，每块肌肉的MRC肌力0~5级对应相应的分数，总分为60分。

**表46　GBS残疾量表**

| 级别 | 状况 |
| --- | --- |
| 0 | 健康 |
| 1 | 症状轻微，可以跑 |
| 2 | 无辅助下可步行10 m，但不能跑 |
| 3 | 在辅助下可步行10 m，穿过空旷区域 |
| 4 | 卧床或依赖轮椅 |
| 5 | 需要辅助通气 |
| 6 | 死亡 |

8.如何区别复发性GBS、GBS相关性症状波动(Guilain - Barre syndome treatment - related fluctuations，GBS - TRF)和急性起病的CIDP(A - CIDP)?

复发性GBS的定义是：GBS患者的神经系统症状、体征至少出现2次发作；首次发作或前次发作后患者的神经病学症状、体征完全恢复或接近完全恢复(GBS残疾量表得分≤1)，但≥2个月后再次出现复发；首次发作或前次发作后患者的神经病学症状、体征不完全性部分恢复(GBS残疾量表得分≥2)，但≥4个月后再次出现复发。

GBS - TRF的定义是：经2~5天静脉输注2 g/kg的免疫蛋白(IVIg)治疗后，患者的GBS残疾量表评分至少降低1分或MRC评分至少提高5分，或者在>1周的时间内患者的神经系统症状、体征虽无改善但却趋于稳定，但发病后2个月内，患者的GBS残疾量表评分至少增加1分，或MRC评分至少降低5分。其原因可能为患者的自身免疫活动相对较长，超过了治疗效果的持续时间。

对A - CIDP的定义是：患者首次发作时，虽于发病后8周内神经病学症状、体征恶化至最严重程度，但病程却呈慢性连续性进展。

GBS - TRF患者于治疗后仅出现1~2次症状、体征的恶化，且症状体征的恶化通常出现得更早，均于首次发病后9周以内出现；相比之下，大多数A - CIDP患者症状、体征的恶化多出现于首次发病后9周，如果出现3次以上症状、体征的恶化，也支持A - CIDP。然而，这些区别并非是绝对的，CIDP也可以表现为单相病程、甚至也可以在接受了一个疗程的治疗之后达到完全缓解。

神经电生理检查并不能很好地将 GBS 与 CIDP 区别开来，复发性 GBS 的以下特点可与 A－CIDP 相鉴别：患者腱反射恢复后出现很长一段时间的无症状期，起病迅速，发病后 1 周内通常出现面瘫且脑脊液蛋白含量正常；复发性 GBS 诱发因素往往更常见，而且通常每次复发均有相似的诱发因素出现，如破伤风疫苗接种、柳氮磺吡啶药物的使用、妊娠等；此外，复发性 GBS 通常较严重，复发时的呼吸肌麻痹及球麻痹出现率、总体严重程度，与首次发作时相比，可以相似、也可以不同。三者的区别见表 47。

**表 47　GBS，GBS－TRF，A－CIDP 三者的区别**

| 特征 | GBS | GBS－TRF | A－CIDP |
|---|---|---|---|
| 症状达峰时间 | <2 周，最长 4 周 | <2 周，最长 4 周 | 4～8 周，随后进行性恶化 |
| 病程 | 单相 | 8 周内 1～2 次恶化 | 8 周内 >2 次恶化或 8 周后恶化 |
| 严重程度 | 不同患者差异性大，症状从轻微到瘫痪 | 不同患者差异性大，症状从轻微到瘫痪 | 大多数中度 |
| 依赖通气 | 20%～30% | 20%30% | 基本不需要 |
| 颅神经受累 | 常见 | 常见 | 偶见 |
| 肌电图 | 初次肌电图检查可能无法分类 | 初次肌电图检查可能无法分类 | 初次肌电图检查为脱髓鞘性神经病、多发性神经病 |
| IVIg 疗效 | 好 | 好，可波动 | 差异性大 |

9. GBS 的免疫调节治疗策略

GBS 是一种免疫性神经病，因此其主要的治疗是免疫调节治疗。RCT 研究已证实，免疫球蛋白（IVIg）和血浆置换是 GBS 有效的治疗药物，血浆置换常规的方案是 2 周 5 次，每次置换 2～3 L 血浆；IVIg 总量为 2 g/kg 体重，常规用法是分 5 d 使用 0.4 g/（kg·d），也可在 2 天内用完 1.0 g/（kg·d），国外研究发现 5 d 方案的不良反应更少，而且丙种球蛋白疗程较短的患者更容易发生治疗相关的症状波动。GBS 的免疫治疗策略可参见表 48。有部分 GBS 患者即便使用了 IVIg 和血浆置换治疗，仍存在严重的肢体无力，或者恢复缓慢，因此一直以来学者们都在探索其他治疗药物。

口服激素或者静脉滴注甲基泼尼龙治疗已经证实无效，IVIg 联合甲泼尼龙治疗的效果并不比单用 IVIg 更佳，尽管联合治疗可能有一定的短期效果；在血浆置换后加用 IVIg 治疗并没有比单独血浆置换或 IVIg 治疗获得额外的益处。对于丙种球蛋白和血浆置换治疗无效的患者，也可以考虑使用 Eculizumab，这是一种人源化单克隆抗体，与补体因子 C5 有高度亲和力，可与之结合并阻止其裂解为 C5a 和促炎症的细胞溶解性 C5b－9 复合体，目前欧洲和日本正在进行临床研究评价 Eculizumab 治疗 GBS 的有效性。

根据不同病情的个体化治疗策略见表 48。

**表 48　不同病情 GBS 的个体化治疗策略**

| 不同病情 GBS | 治疗策略及建议 |
| --- | --- |
| 开始治疗的时机 | GBS 残疾评分 >2 分的患者诊断后即应尽早开始治疗以防止神经继续损害；发病 2 周后开始 IVIg 治疗或发病 4 周后开始血浆置换治疗尚不明确 |
| 症状轻微的 GBS | GBS 残疾评分≤2 分的患者一般可先予支持治疗，但如果症状快速进展，或者出现自主神经功能损害、球部和面神经麻痹，可以给予 IVIg 或血浆置换治疗 |
| GBS 变异型 | 单纯 MFS 可仅予支持治疗，但对于合并肢体无力或球麻痹的 MFS 或者 BBE，应予 IVIg 或血浆置换治疗 |
| 儿童 GBS | 首选 IVIg 治疗，因 IVIg 比血浆置换方便 |
| 疗效不佳时 | 目前尚无证据表明对于重症患者在血浆置换后继以 IVIg 治疗有效；应避免在 IVIg 治疗后使用血浆置换；重复使用一个疗程 IVIg 治疗是否有效尚有待临床研究结果 |
| 治疗相关的症状波动 | 尽管尚无 RCT 研究的证据，但在出现治疗相关的症状波动后可以重复使用 IVIg 或血浆置换治疗；如果出现 3 次以上 TRF 或者发病 8 周后出现症状加重，应考虑 CIDP 急性发作的诊断 |

10. GBS 患者的预后如何？如何预测 GBS 患者的预后？

尽管 GBS 一直被认为是一种自限性疾病，但不同亚型病情严重程度差异较大，因此具有一定的致死性和致残性。欧美国家 GBS 的病死率为 3% ~7%，患者多死于疾病的急性进展期，死亡原因多为通气功能不全或肺部并发症，或自主功能障碍，如心律失常等。存活的患者可有残留的症状和功能缺损，如疼痛或疲劳感，20% 患者发病 6 个月后仍不能独立行走，但多数患者在发病 1 年内症状可得到改善，部分患者甚至 3 年内症状仍可继续改善，乃至痊愈。

由于 GBS 的临床进程和预后个体化差异较大，早期识别预后不良的患者，采取更积极的治疗措施，从而改善预后。一项纳入 397 例 GBS 患者的研究发现，高龄（大于 40 岁）、前驱腹泻（发病前 4 周内）、入院时和入院 1 周时 MRC 总分低，是 GBS 患者发病后 4 周、3 个月和 6 个月不能行走的独立危险因素，并根据这些预后因素建立预后预测模型：修订 Erasmus GBS 结局评分（表 49）。

**表 49　修订 Erasmus GBS 结局评分（mEGOS）**

| 预后因素 | 分数 | 预后因素 | 分数 |
|---|---|---|---|
| 发病年龄（岁） | | 发病年龄（岁） | |
| ≤40 | 0 | ≤40 | 0 |
| 41～60 | 1 | 41～60 | 1 |
| >60 | 2 | >60 | 2 |
| 前驱腹泻 | | 前驱腹泻 | |
| 无 | 0 | 无 | 0 |
| 有 | 1 | 有 | 1 |
| MRC 总分（入院时） | | MRC 总分（入院第 7 天） | |
| 51～60 | 0 | 51～60 | 0 |
| 41～50 | 2 | 41～50 | 3 |
| 31～40 | 4 | 31～40 | 6 |
| 0～30 | 6 | 0～30 | 9 |
| mEGOS 总分 | 0～9 | mEGOS 总分 | 0～12 |

mEGOS 分入院时和入院 7 天两个时间点，前者总分 9 分，后者总分 12 分，分数越高，发病后 4 周、3 个月和 6 个月不能行走的可能性越大，入院 7 天的 mEGOS 比入院时 mEGOS 具有更好的预测效能。

呼吸衰竭是 GBS 患者主要死因，呼吸衰竭与疾病进展速度、肢体无力严重程度、腓总神经传导阻滞以及低肺活量有关。可以用 Erasmus GBS 呼吸衰竭评分（表 50）来预测发生呼吸衰竭的风险，分数越高，发生呼吸衰竭的风险越大，0 分和 7 分发生呼吸衰竭的风险分别为 1% 和 91%。

表 50　Erasmus GBS 呼吸功能不全评分

| 项目 | 分类 | 分数 |
| --- | --- | --- |
| 出现无力症状距离入院的时间 | >7 d | 0 |
| | 4～7 d | 1 |
| | ≤3 d | 2 |
| 入院时面部和/或球部肌肉无力 | 无 | 0 |
| | 有 | 1 |
| 入院时 MRC 总分 | 60－51 | 0 |
| | 50－41 | 1 |
| | 40－31 | 2 |
| | 30－21 | 3 |
| | ≤20 | 4 |
| EGRIS | | 0～7 |

（邹漳钰）

# 参考文献

[1] Wakerley BR, Uncini A, YukiN. Guillain－Barre and Miller Fisher syndromes—new diagnostic classification. Nature reviews Neurology, 2014, 10: 537－544.

[2] Verboon C, van Doorn PA, Jacobs BC. Treatment dilemmas in Guillain－Barre syndrome. J Neurol NeurosurgPsychiatry, 2016, 88(4): jnnp－2016－314862.

[3] Willison HJ, Jacobs BC, vanDoorn PA. Guillain－Barre syndrome. Lancet, 2016, 388: 717－727.

[4] Walgaard C, Lingsma HF, RutsL, et al. Prediction of respiratory insufficiency in Guillain－Barre syndrome. Ann Neurol, 2010, 67: 781－787.

[5] Fokke C, van den Berg B, Drenthen J, et al. Diagnosis of Guillain－Barresyndrome and validation of Brighton criteria. Brain, 2014, 137: 33－43.

[6] van den Berg B, Walgaard C, Drenthen J, et al. Guillain－Barre syndrome: pathogenesis, diagnosis, treatment and prognosis. Nature reviews Neurology, 2014, 10: 469－482.

[7] Wakerley BR, Yuki N. Mimicsand chameleons in Guillain－Barre and Miller Fisher syndromes. Practicalneurology, 2015, 15: 90－99.

[8] Hiew FL, Rajabally YA. Suralsparing in Guillain－Barre syndrome subtypes: a reappraisal

with historical andrecent definitions. Clin Neurophysiol 2016; 127: 1683 - 1688.

[9] Yuki N, Kokubun N, Kuwabara S, et al. Guillain - Barre syndrome associated with normal or exaggerated tendonreflexes. J Neurol 2012; 259: 1181 - 1190.

[10] Ruts L, Drenthen J, Jacobs BC, et al. Distinguishing acute - onset CIDP from fluctuating Guillain - Barresyndrome: a prospective study. Neurology 2010; 74: 1680 - 1686.

# 38. 弥漫脑白质病变伴脱发的青年男性

［病史摘要］

患者，男，32 岁，头痛伴言语理解困难 8 个月。2015 年 10 月 1 日无明显诱因下突发头痛伴言语理解困难，答非所问，无明显肢体乏力麻木、肢体抽搐、意识丧失，至当地医院按照“脑梗塞”治疗后症状即缓解。出院后患者长期服用阿司匹林，症状无反复。2016 年 5 月 30 日患者突发口齿含糊、吐词不清、言语欠流利、言语理解困难，无意识障碍、吞咽呛咳、肢体乏力麻木、肢体抽搐。对症治疗后遗留有口齿不清。患者无明显智能下降、步态异常、头晕、头痛等表现，平素脾气较暴躁、易多思多虑，自发病来有加重趋势。既往否认有高血压、糖尿病等慢性病史，否认家族史和父母近期婚配史；否认药物、毒物接触史。

［神经科体格检查］

入院时神经系统检查：神志清楚，智能粗查可，言语欠流利，有找词困难；双侧眼睑无下垂，双侧瞳孔等大等圆，直径 3 mm，对光反射灵敏；角膜反射灵敏，鼻唇沟对称，伸舌居中；四肢肌力 5 级，肌张力无明显增减；四肢腱反射对称活跃，病理反射未引出；脑膜刺激征阴性；双侧感觉对称无明显异常。

［定位诊断思路］

临床定位诊断思路分析见图 193。

［定性诊断与鉴别诊断］

(1)初步定性诊断思路见图 194。

患者入院后做头颅 MRI 提示：双侧弥漫性脑白质病变，伴多发腔隙性脑梗死灶(图 195)。

(2)再次定性诊断：鉴于影像学提供了进一步的线索，再次定性诊断思路形成见图 196。

辅助检查：头颅 CT 检查，SWI 提示多发性微出血病灶(图 197)，但脑淀粉样血管病(cerebral amyloid angiopathy，CAA)少。血尿串联质谱：未发现明显代

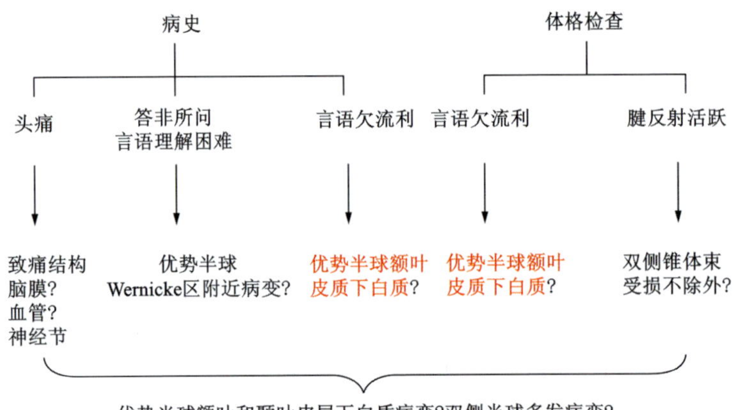


**图 193　定位诊断思路图**

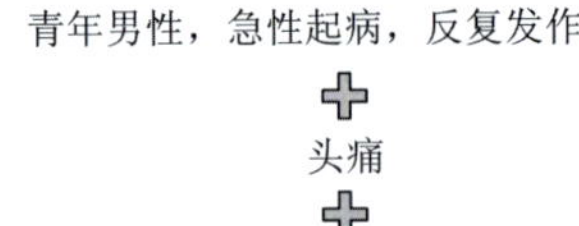


临床定位考虑以优势半球近皮层为主的脑内多发病变

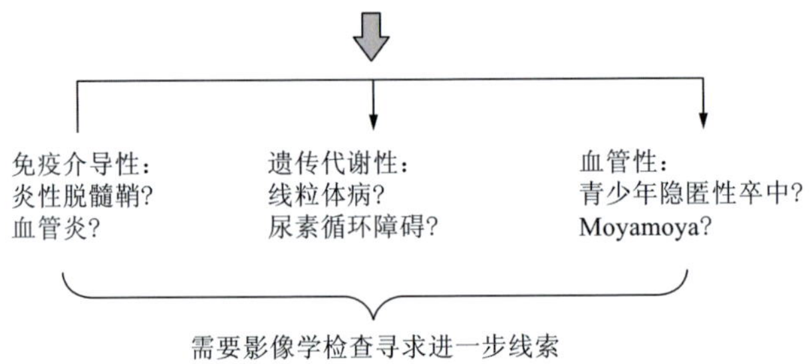


**图 194　初步定性诊断思路图**

谢异常。腰穿检查：脑脊液细胞数、蛋白均在正常值范围，未发现寡克隆区带。行 Nothch3 基因检测未发现突变。

进一步追问病史，患者既往有颈腰疼痛病史，外院 MRI 检查提示"颈椎间盘突出"(图 198)，重新关注患者的早秃脱发病史(见图 199，前面体检时未予特别重视)，高度怀疑常染色体隐性遗传性脑动脉病伴皮质下梗死及白质脑病(cerebral autosomalrecessive arteriopathy with subcortical infarctions and leukoencephalopathy，CARASIL)可能。行 HTRA1 基因检测提示：纯和突变：c. 589C > T p.(Arg197 *)，予以确诊!

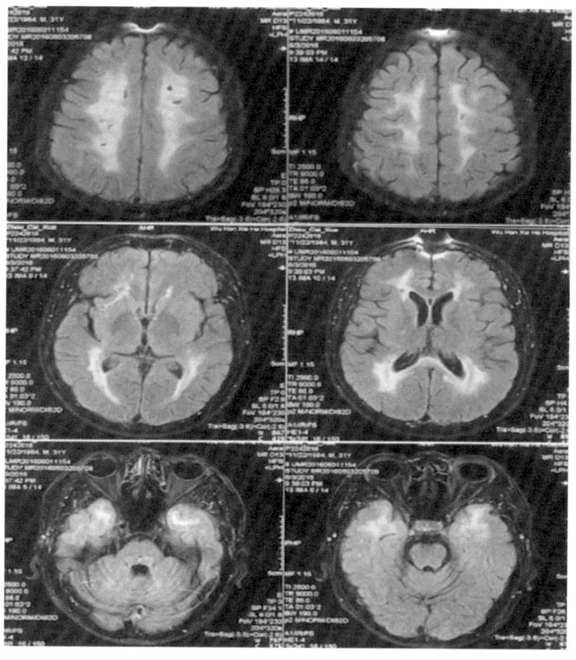

**图 195　患者头颅 MRI 影像(Flair)**

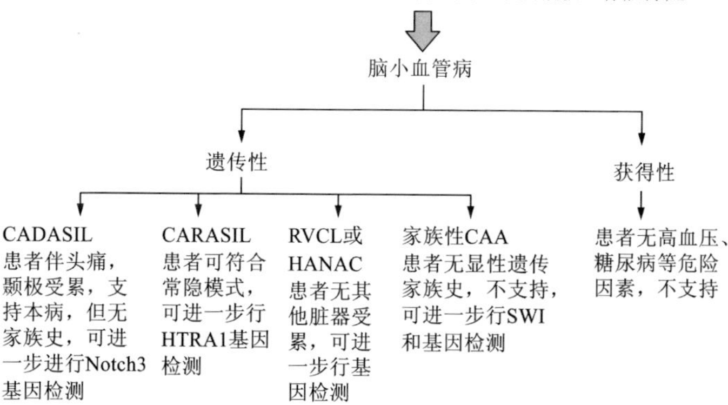


**图 196　再次定性诊断思路图**

注：CADASIL—cerebral autosomal dominant arteriopathy with subcortical infarcts and leukoencephalopathy(常染色体显性遗传性脑动脉病伴皮质下梗死及白质脑病)；HANAC—hereditary angiopathy with nephropathy, aneurysm and cramps(遗传性血管病、肾病、动脉瘤和肌肉痉挛综合征)；RVCL—retinal vasculopathy with cerebral leukoencephalopathy(伴脑白质不良的视网膜血管病)

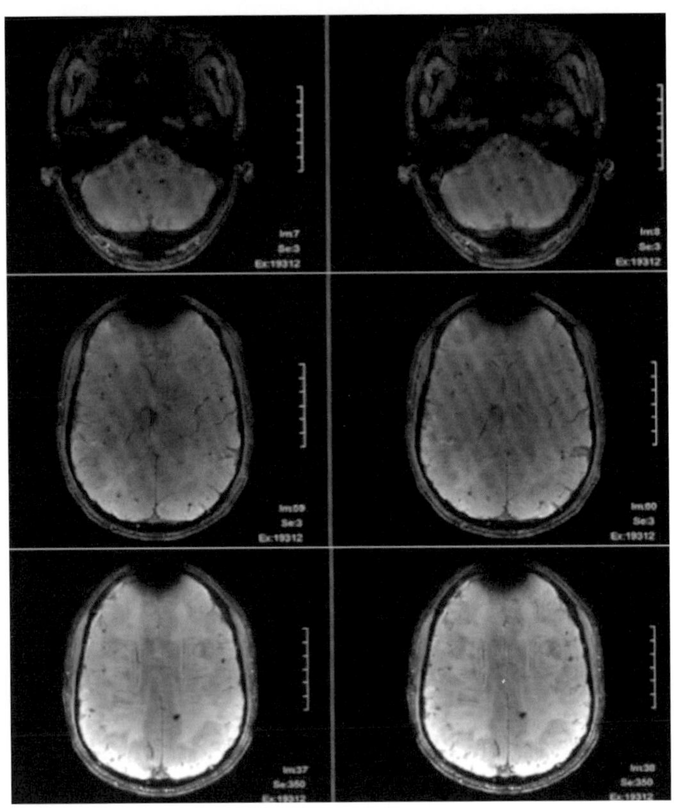

图 197　患者头颅 CT 影像

SWI 提示多发性微出血病灶

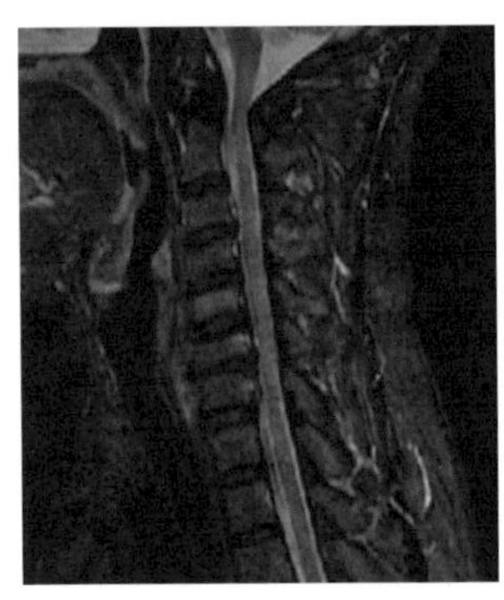

图 198　外地医院的颈椎 MRI(T2)影像

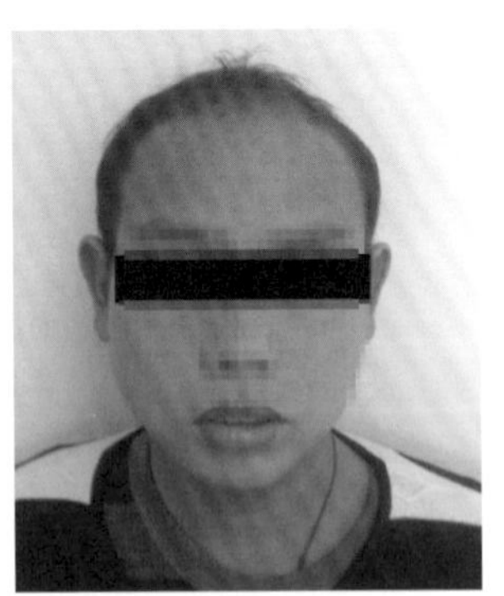

图 199　患者已早秃脱发

**最终诊断：CARASIL（伴皮质下梗死和白质脑病的常染色体隐性遗传性动脉病）**

［病例的问题］

1. 什么是为脑小血管病？

脑小血管病是一组主要累及颅内小动脉和微动脉（直径通常小于 300 μm）的疾病，是一组具有共同临床和影像学特点的临床影像综合征。临床上常隐匿起病，进行性进展，表现为卒中样发作、步态异常、认知功能障碍；影像学上表现为多发性腔隙性脑梗死、血管周围间隙扩张、多发性微出血、广泛的白质脑病。脑小血管病的病因和病理特点充满异质性，既包括常见的高血压相关的脑小血管病、淀粉样脑血管病，也包括免疫介导的血管炎和罕见的单基因遗传病，常见病因可见表 51。

**表 51　脑小血管病的分类**

| | 分类 |
|---|---|
| （1） | 年龄和高血压相关的脑小血管病 |
| （2） | 散发和家族性的淀粉样脑血管病 |
| （3） | 遗传性脑小血管病：CADASIL，CARASIL，CARASAL，CRMCC，HERNS，HANAC，fabry disease，MELAS |
| （4） | 免疫介导的小血管炎<br>结缔组织病并发的血管炎：类风湿关节炎，狼疮，干燥综合征，硬皮病，皮肌炎；<br>系统性血管炎：肉芽肿性血管炎，嗜酸性肉芽肿性血管炎，显微镜下多血管炎；冷球蛋白血症性血管炎，过敏性紫癜，皮肤白细胞破碎性血管炎，Sneddon'综合征；<br>原发性中枢神经系统血管炎 |
| （5） | 感染导致的小管炎：水痘带状疱疹，结核 |
| （6） | 静脉胶原病 |
| （7） | 其他：放射性血管病 |

注：CARASIL—cerebral autosomalrecessive arteriopathy with subcortical infarctions and leukoencephalopathy（常染色体隐性遗传性脑动脉病伴皮质下梗死及白质脑病）；CRMCC—cerebroretinalmicroangiopathy with calcifications and cysts（伴钙化和囊变的脑视网膜微血管病）；HERNS—hereditary endotheliopathy with retinopathy，nephropathy and stroke（伴视网膜病变、肾病和中风的遗传性内皮病）；MELAS—mitochondrial encephalonyopathy with lactic acidosis and stroke－like episodes（伴高乳酸和卒中样发作的线粒体脑肌病）

2. 遗传性脑小血管病有哪些共同的临床特征？

遗传性脑小血管病是一组由于基因突变导致的脑小血管病，发病年龄早，常在30～40岁起病，大部分疾病呈常染色体显性遗传，一级亲属中常有卒中、痴呆病史。此病常隐匿性起病，进行性进展，表现为反复的卒中发作、步态异常、认知功能减退。不同的疾病常伴发特征性的症状，如CADASIL常伴有偏头痛病史，CARASIL常伴有背部疼痛病史。影像学上常表现为广泛的脑白质病变，同时伴有侧脑室旁，基底节区多发的腔隙性脑梗死病灶，在SWI可发现多发的微出血病灶。对临床影像表现符合遗传性脑小血管病的患者，应进行仔细的病史询问和全面的脏器评估，重点关注视网膜、肾脏、心脏。对于有明确指向的疾病，如伴有多发钙化和囊肿则高度提示CRMCC，可行单基因检测；对于症状不典型的患者，可行遗传性脑小血管基因全套检测进行筛查。

3. 常见的单基因遗传性脑小血管病有哪些？

单基因遗传性脑小血管病的疾病谱在不断的扩大，从最常见的CADASIL到新近报道的CARASAL，我们对此病的认识在不断地深入。这类疾病虽然具有共同的临床和影像特点，但是彼此的致病基因不同，潜在的发病机制和病理特点都不相同，各种疾病都有自身特征性的临床和影像学特点。如CADASIL具有特征性的颞极受累，CARASIL伴有椎间盘突出，RVCL伴有肾病和视网膜病变。不同疾病的致病基因和特征表现可参考表52。

**表52　单基因脑小血管病**

| 英文缩写名称 | 中文全称 | 遗传方式 | 基因 | 特征性临床表现 | 特征性影像特点 |
|---|---|---|---|---|---|
| CADASIL | 伴皮质下梗死和白质脑病的常染色体显性遗传性动脉病 | AD | NOTCH3 | 偏头痛，抑郁 | 累及颞极，外囊，胼胝体的白质脑病 |
| CARASIL | 伴皮质下梗死和白质脑病的常染色体隐性遗传性动脉病 | AR | HTRA1 | 秃头，椎间盘突出 | 颈椎，腰椎间盘突出；终末期患者可见横跨脑桥和小脑脚的弧形病灶 |
| CARASAL | 伴卒中和白质脑病的组织蛋白酶A相关性动脉病 | AD | CTSA | 难治性高血压，眼干，口干，肌肉痉挛 | 累及内囊，外囊，脑干的广泛白质脑病，颞叶，颞极不受累 |

续表 52

| 英文缩写名称 | 中文全称 | 遗传方式 | 基因 | 特征性临床表现 | 特征性影像特点 |
|---|---|---|---|---|---|
| RVCL | 伴脑白质不良的视网膜血管病 | AD | TREX1 | 视网膜病变，肾病 | 多发点状钙化灶，假瘤样病灶 |
| HANAC | 伴肾病，动脉瘤，肌肉痉挛的遗传性动脉病 | AD | COL4A1，COL4A2 | 肾病，动脉瘤，肌肉痉挛 | 颅内多发动脉瘤 |
| CRMCC | 伴囊肿和钙化的脑视网膜微血管病 | AR | CTC1 | 视网膜病变，消化道出血，癫痫 | 皮层下多发点状钙化灶，多发囊肿 |
| Fabry | 糖鞘脂贮积症 | XR | GLA | 肾病，心肌病，皮肤血管角质瘤 | 丘脑枕部对称性 T1 高信号 |
| family CAA | 家族性脑淀粉样血管病 | AD | APP，CST3 | 反复脑出血 | 脑叶皮层多发脑出血 |

注：AD—autosomal dominant（常染色体显性遗传）；AR—autosomal recessive（常染色体隐性遗传）；XR—X－linked recessive inheritance（X 连锁隐性遗传）

4. CARASIL 有哪些临床特点？

CARASIL 是由于 HTRA1 基因突变导致的常染色体隐形遗传病，HTRA1 基因编码的丝氨酸蛋白酶参与转化生长因子 β（transforming growth factor－β，TGF－β）信号转导通路，其功能障碍导致动脉外膜细胞外基质变薄和动脉平滑肌缺失，造成血管壁结构破坏。典型的 CARASIL 临床表现为早发痴呆、步态异常、秃头和腰背疼痛。患者常在 20 岁左右出现脱发和腰背疼痛，30 岁左右出现步态异常，大部分患者在 45 岁之前即无法下床行走并伴有明显的认知功能减退。此外卒中、小便失禁、假性球麻痹、水平眼震也是常见表现。CARASIL 的影像学呈典型的脑小血管病表现、白质脑病、多发腔隙性脑梗死病灶、伴多发微出血；

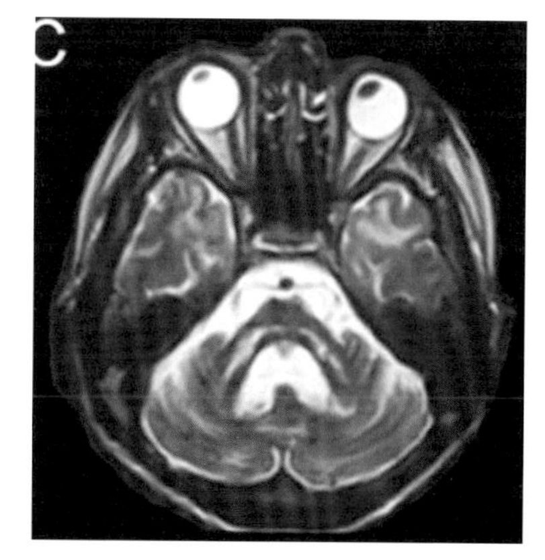


**图 200　CARASIL 的头颅 MRI（T2）影像**

终末期 CARASIL 患者脑桥线性高信号，特征性的“弓形征”

终末期患者可出现特征性的横跨脑桥和小脑脚的弧形病灶(图 200)。

5. CARASIL 的治疗和预后如何?

目前尚无针对 CARASIL 病因的特效治疗，对反复脑缺血发作患者可行抗血小板聚集治疗，但积极的抗血小板和抗凝治疗须慎重，可能会增加脑出血的风险。CARASIL 的预后极差，大部分患者在 45 岁之前丧失自主生活能力，需要长期卧床，疾病后期认知功能进行性下降，出现血管性痴呆。

(段山山)

## 参考文献

[1] Pantoni L. Cerebralsmall vessel disease: From pathogenesis and clinical characteristics totherapeutic challenges. The Lancet. Neurology. 2010, 9: 689 -701.

[2] Rincon F, Wright CB. Current pathophysiological concepts in cerebral small vessel disease. Frontiersin aging neuroscience, 2014, 6: 24.

[3] Nozaki H, Sekine Y, Fukutake T, et al. Characteristic featuresand progression of abnormalities on mri for carasil. Neurology, 2015, 85: 459 -463.

[4] Tan RY, Markus HS. Monogenic causes of stroke: Now and the future. Journal of neurology, 2015, 262: 2601 -2616.

[5] Sondergaard CB, Nielsen JE, Hansen CK, et al. Hereditary cerebral small vessel disease and stroke. Clinicalneurology and neurosurgery, 2017, 155: 45 -57.

# 39. 突发言语不清，左侧肢体无力伴口角歪斜的青年女性

［病史摘要］

患者，女，32 岁，餐饮服务员。患者静坐时突然出现言语欠清 2 天。左侧肢体无力，左手握力减弱，左下肢抬腿费力，行走时拖步。左侧口角歪斜。无饮水呛咳，无吞咽困难，无感觉异常，无头晕头痛。无肢体抽搐，无意识丧失。症状急骤出现后无变化，能正常交流。1 天前因“发热”(38.5℃)，给予抗生素治疗。无咳嗽咳痰，无尿急尿痛等感染症状。

既往史：曾发现血压偏高，具体不详，未服药。无特殊用药史。平素右利手。

［神经科体格检查］

T. 37.1℃，P. 72 次/分，R. 16 次/分，Bp. 110/64 mmHg。贫血貌。神志清楚，构音障碍，无找词困难，复述可，事物命名可。计算力不配合。双瞳等大等圆，对光反射灵敏。左侧鼻唇沟略浅。伸舌左偏，其余颅神经检查未见异常。双肺呼吸音清晰，未闻及明显心脏杂音。无肌肉萎缩，四肢肌张力正常，左侧肢体近端肌力 5 级、远端肌力 4 级，右侧肢体肌力 5 级，左侧腱反射(++)，右侧腱反射(+)，左侧掌颏反射可疑阳性，左侧 Babinski 征阳性，其他病理征阴性。双侧指鼻试验、跟膝胫试验稳准。粗测感觉功能尚好。

［定位诊断思路］

临床定位诊断思路分析见图 201。

该患者为青年女性，出现急性的神经功能缺失症状，结合患者的发病方式和头颅 CT、MRI 影像表现(图 202)，首先考虑青少年卒中，给予抗血小板药物治疗，接下来需要进一步查找病因，重点筛查心脏方面的情况。

该患者经心脏二维超声检查提供了重要线索，提示二尖瓣脱垂、瓣膜及瓣环左房面赘生物形成，并伴有中度至重度反流(图 203)。由此，我们给患者补

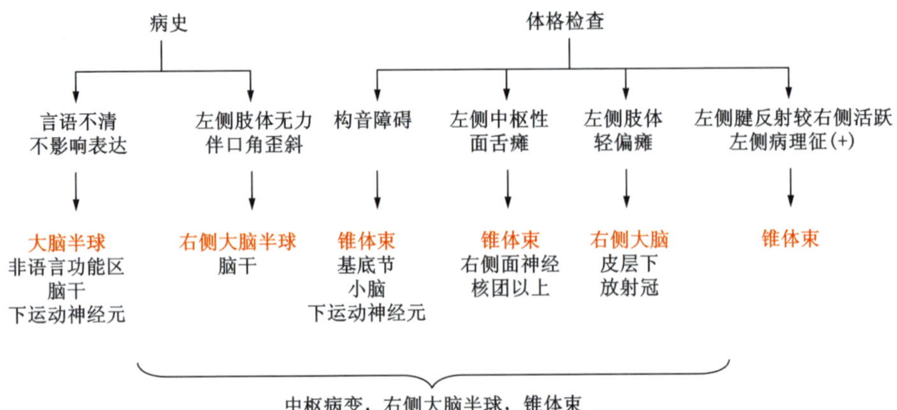


图 201　定位诊断思路图

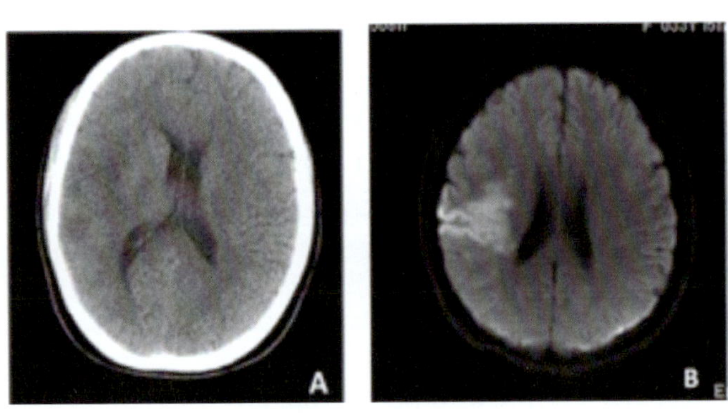


图 202　患者头颅 CT 影像

A. 头颅 CT；B. 头颅 MRI

做了血液细菌培养检验，血培养发现链球菌感染。再经临床仔细体格检查，发现患者左眼睑结膜和手指皮下有异常暗红色斑点（图 204A、B），为微栓塞的体征。

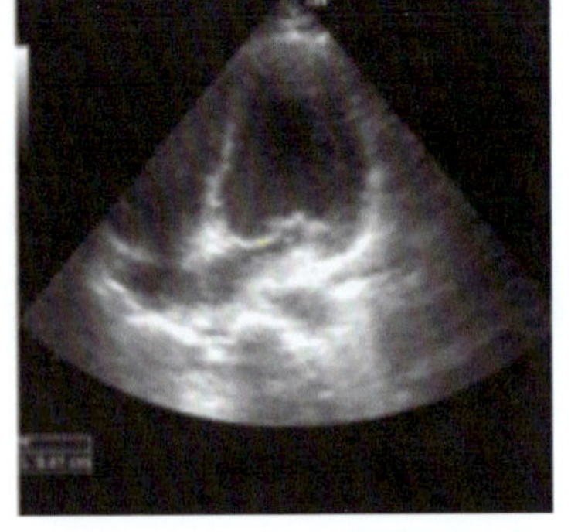

图 203　患者心脏二维超声影像

在感染科医生的指导下，应用抗生素治疗，方案为万古霉素 + 利福平（因患者对青霉素和头孢曲松均过敏），经抗炎治疗后患者未再出现发热，临床症状好转，治疗 2 周后复查头颅 MRI，提示左侧皮质下有栓塞病灶（图 205）。病

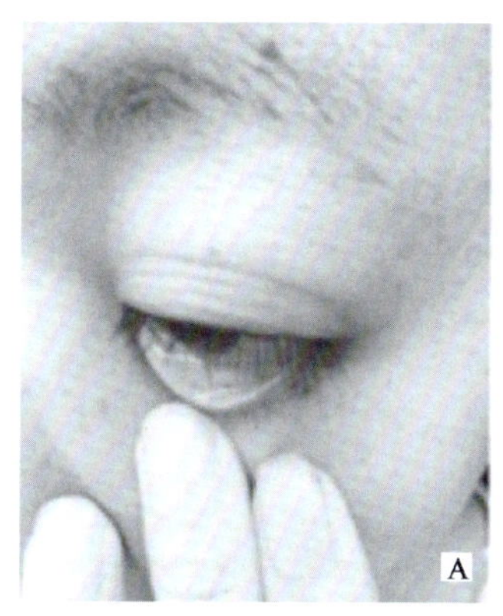


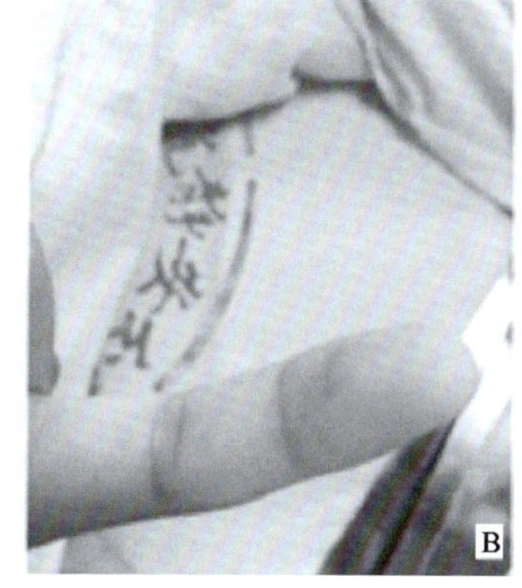

图204彩色图

**图 204　发现患者体表有异常暗红色斑点**

A. 左眼睑结膜异常暗红色斑点；B. 手指皮下异常暗红色斑点

情平稳后，经患者同意转科至心胸外科行心瓣膜置换术。

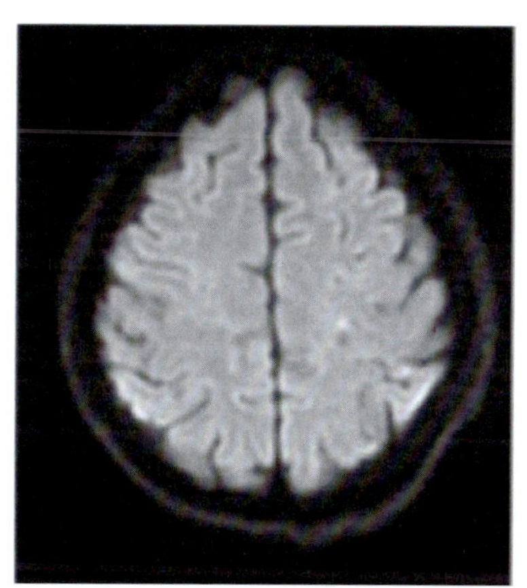

**图 205　患者头颅 MRI 影像**

**［定性诊断与鉴别诊断］**

定性诊断与鉴别诊断思路的形成见图 206。

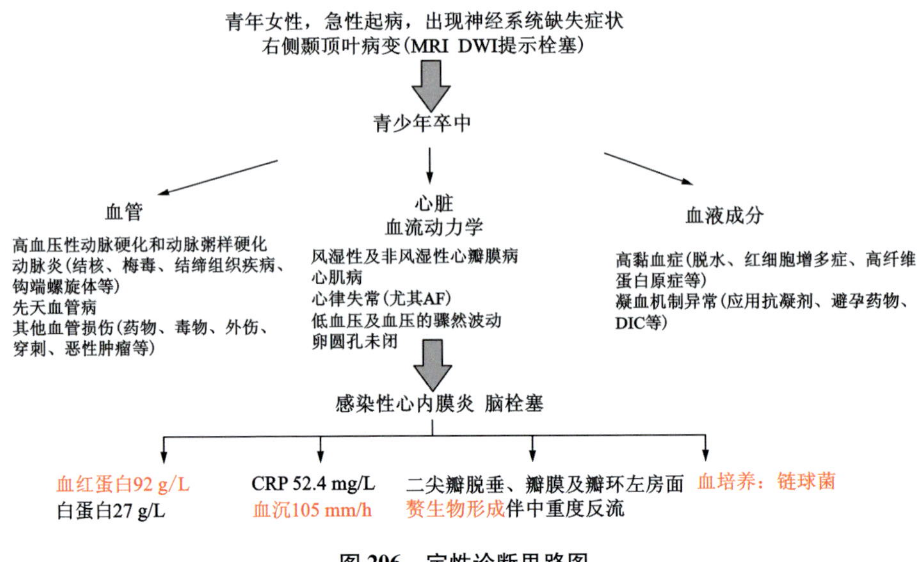


图 206 定性诊断思路图

**最终诊断：(1)感染性心内膜炎(infective endocarditis，IE)；(2)脑栓塞**

[病例的问题]

1. 感染性心内膜炎的诊断标准是什么？

IE 是由细菌、真菌和其他病原微生物循血行途径引起心内膜、心瓣膜或邻近大动脉内膜感染并伴赘生物形成的一组疾病。IE 典型的临床表现为持续的菌血症或败血症，活动性心瓣膜炎，血管栓塞和免疫性血管现象。但这种“教科书”样的症状少见，实际的临床表现异质性大，常漏诊和误诊。为满足诊断需要，需要敏感性和特异性均较高的诊断标准，来自 Duke 大学的 Durack 及其同事于 1994 年制定了 IE 诊断标准。目前采用改良 Duke 标准作为诊断标准(表 53)。

必须指出，这一标准主要用于流行病学和临床研究，内涵在不断变化中。比如：随着血清学诊断以及 PCR 技术的进展，巴尔通体和衣原体的抗体滴度和 PCR 检测 T whippelii 可划入主要标准，将 ESR、CRP、新出现的杵状指、脾大和镜下血尿划入次要诊断标准可提高诊断的敏感性。在临床实践中，需要记住 2 个推荐：

**表 53　IE 的改良 Duke 诊断标准**

| | | |
|---|---|---|
| 确诊 IE | (1)病理确诊：赘生物、栓子或心内脓肿内存在细菌或有赘生物的心内膜活动性炎症改变。<br>(2)临床确诊：符合 2 项主要标准，或 1 项主要标准 + 3 项次要标准，或 5 项次要标准。 | 主要诊断标准：<br>(1)血培养阳性*<br>①IE 有关的典型微生物，而且 2 次血培养为同一病原菌<br>如：绿色链球菌，牛链球菌，HACEK，金黄色葡萄球菌，缺乏主病灶的社区获得性肠球菌；<br>②IE 有关的微生物而且持续血培养阳性：至少 2 次，或者 3 次血培养阳性，血培养的时间间隔 > 12 小时；≥4 次血培养阳性(第一次和最后一次血培养的时间间隔 > 1 h)<br>③贝纳特氏立克次体血培养单次阳性或者反 1 期 IgG 抗体滴度 ≥1∶800<br>(2)心内膜受累依据<br>超声心动图提示 IE[在人工瓣膜，临床疑诊 IE，或者复杂 IE(例如瓣周脓肿)时推荐 TEE，在其他情况下首选 TTE]<br>典型表现为：在瓣膜或者支持结构上，反流通路上的震荡的心内赘生物，或者人工瓣膜上无法用改变的解剖结构所能解释的赘生物；脓肿；人工瓣膜上的新裂隙，或者新的瓣膜返流(已有杂音的恶化或者变化并不是必需的) |
| 可能 IE | 1 项主要标准 + 1 项次要标准或 3 项次要标准 | |
| 排除 IE | 其他明确的可以解释临床表现的诊断<br>≤4 天的抗生素治疗有效<br>≤4 天的抗生素治疗后，手术或尸检病理不提示 IE<br>不满足可能 IE 的标准 | 次要诊断标准<br>(1)存在易患因素，或者为 IDU；<br>(2)发热≥38℃；<br>(3)血管现象，如大动脉栓塞，细菌性肺栓塞，真菌性动脉瘤，脑出血，结膜出血和 Janeway 病灶<br>(4)免疫现象，如血管球性肾炎，Osler 结节，Roth 斑和类风湿因子升高；<br>(5)不符合主要标准的血培养阳性(排除单次凝固酶阴性葡萄球菌血培养阳性或者不引起心内膜炎的微生物)或致 IE 的细菌感染的血清学证据。 |

注：HACEK—Haemophilus species，Aggregatibacter species，Cardiobacterium hominis，Eikenella corrodens，Kingella species(嗜血杆菌，集杆菌，人心杆菌，啮蚀艾肯氏菌，金氏杆菌)；IDU—injection drug use(静脉药瘾，吸毒)；TEE—transesophageal echocardiography(经食管超声心动图)；TTE—transthoracic echocardiography(经胸超声心动图)

(1)从不同的静脉穿刺部位采血，至少做 3 次血培养。第一次和最后一次采样至少间隔 1 小时(I 级证据，A 级推荐)。

（2）疑似 IE 患者应尽快进行超声心动图检查（I 级证据，A 级推荐）。

2. 如何选择抗生素？

IE 本质上是一个系统性感染性疾病，抗生素的治疗是基石之一。需要早期、足量、全程的应用抗生素。具体用药包括基于病原学－药敏选择用药和经验性用药。

抗生素的选择主要分为两大类：天然瓣膜心内膜炎（native valve endocarditis，NVE）和人工瓣膜（包括其他人工心脏植入材料）心内膜炎（prosthetic valve endocarditis，PVE），进一步根据病原学细化治疗方案。静脉用药疗程一般为 4～6 周。总的来说，耐药菌推荐联合用药或者用更高级别抗生素，相对于 NVE，PVE 治疗时间更长。基于病原学和药敏试验的治疗方案见表 54。

**表 54　基于病原学－药敏结果的 IE 抗生素治疗方案**

| 瓣膜/病原菌 | 推荐抗生素治疗方案 | 证据级别 |
|---|---|---|
| NVE/VGS，牛溶血性链球菌（青霉素敏感） | （1）青霉素 G1200～1800 万 U/d 静脉持续给药或者每 4～6 h 给药一次，分次 4 周（特别适用于年龄 >65 岁，伴听神经损害，肾功能不全患者，替代用药：氨苄西林 2 g，每 4 小时给药一次，静脉滴注）<br>（2）头孢曲松 2 g 静脉滴注或肌内注射，1 天 1 次，给药 4 周<br>（3）青霉素 G 1200～1800 万 U/d 静脉持续给药或者每 6 小时给药一次，分次给药；或者头孢曲松 2 g 静脉滴注或肌内注射，1 天 1 次，加用庆大霉素 3 mg/（kg · d）静脉滴注或肌内注射，给药 2 周（不适用于有心内或心外脓肿、听神经损害的患者）<br>（4）万古霉素 30 mg/（kg · d），每 12 小时 1 次，静脉滴注（适用于对青霉素和头孢曲松不耐受的患者） | IIa，B |
| NVE/VGS，牛溶血性链球菌（青霉素不敏感） | （1）青霉素 G2400 万万 U/d 静脉持续给药或者每间 4 小时或每 6 小时给药 1 次，分次给药 4 周，或头孢曲松 2 g 静脉滴注或肌内注射，1 天 1 次，给药 4 周后加用庆大霉素 3 mg/（kg · d）静脉滴注或肌内注射 2 周<br>（2）万古霉素 30 mg/（kg · d），每 12 小时给药 1 次，静脉滴注（适用于对青霉素和头孢曲松不耐受的患者） | IIa，B<br>IIa，C |
| PVE/VGS，牛溶血性链球菌（青霉素敏感） | （1）青霉素 G2400 万 U/d 静脉持续给药或者每 4～6 小时给药 1 次，分次给药 6 周（替代用药：氨苄西林 2 g，每 4 小时给药 1 次，静脉滴注）<br>（2）头孢曲松 2 g 静脉滴注或肌内注射，每日 1 次，连续给药 6 周（可联合庆大霉素 3 mg/（kg · d）静脉滴注或肌内注射 2 周，对于高度敏感的细菌可单药治疗）<br>（3）万古霉素 30 mg/kg/d，每 12 小时给药 1 次，静脉滴注（适用于对青霉素和头孢曲松不耐受的患者）6 周 | IIa，B |

续表 54

| 瓣膜/病原菌 | 推荐抗生素治疗方案 | 证据级别 |
| --- | --- | --- |
| NVE/VGS，牛溶血性链球菌（青霉素不敏感） | （1）青霉素 G2400 万万 U/d 静脉持续给药或者每 4～6 小时给药 1 次，分次给药/头孢曲松 2 g 静脉滴注或肌内注射，1 天 1 次，再加用庆大霉素 3 mg/（kg·d）静脉滴注或肌内注射 6 周<br>（2）万古霉素 30 mg/（kg·d），每 12 小时给药 1 次，静脉滴注（适用于对青霉素和头孢曲松不耐受的患者）6 周 | IIa，B |
| NVE/葡萄球菌（苄唑西林敏感） | （1）苄唑青霉素或者苄唑西林 12 g/d，静脉滴注，每 4～6 小时给药 1 次，分次给药 6 周（不复杂的右心 IE，疗程为 2 周）<br>（2）对青霉素过敏者，头孢唑啉 6 g/d，静脉滴注分 3 次给药 | I，C<br>I，B |
| NVE/葡萄球菌（苄唑西林不敏感） | （1）万古霉素 30 mg/（kg·d），静脉滴注，每 12 小时给药 1 次，分次给药 6 周<br>（2）达托霉素 ≥8 mg/kg，静脉滴注 6 周 | I，C<br>IIb，B |
| PVE/葡萄球菌（苄唑西林敏感） | 苄唑青霉素或者苄唑西林 12 g/d 静脉滴注每 4～6 小时给药 1 次，分次给药≥6 周＋利福平 900 mg/d 静脉滴注或者口服，分 3 次给药≥6 周/庆大霉素 3 mg/kg/d 静脉滴注或者肌内注射，分 2～3 次给药 2 周（对 β 内酰胺酶快速高度敏感的患者推荐应用万古霉素，对非快速高度敏感的患者应用头孢菌素 V 替代苄唑青霉素或者苄唑西林 | I，B |
| PVE/葡萄球菌（苄唑西林不敏感） | 万古霉素 30 mg/kg/d 静脉滴注每 12 小时给药 1 次，分次给药≥6 周＋利福平 900 mg/d 静脉滴注或者口服，分 3 次给药≥6 周/庆大霉素 3 mg/kg/d 静脉滴注或者肌内注射，分 2～3 次给药 2 周 | |
| NVE/PVE 肠球菌（青霉素或者庆大霉素敏感） | （1）氨苄青霉素 2 g 静脉滴注每间 4 小时给药 1 次，4～6 周<br>（2）青霉素 G 1800～3000 万 U/d 静脉持续给药或者每 6 小时给药 1 次，分次给药＋庆大霉素 3 mg/kg 理想体重静脉滴注，分 2～3 次给药 4～6 周<br>（症状 <3 个月的天然瓣膜 IE 疗程为 4 周，症状 >3 个月的天然瓣膜 IE 及人工瓣膜 IE 疗程为 6 周<br>（3）双 β 内酰胺酶氨苄青霉素 2 g 静脉滴注每 4 小时给药 1 次，6 周＋头孢曲松 2 g 静脉滴注每 12 小时给药 1 次，6 周 | IIa，B |

**续表 54**

| 瓣膜/病原菌 | 推荐抗生素治疗方案 | 证据级别 |
|---|---|---|
| NVE/PVE 肠球菌(青霉素敏感，氨基苷类不敏感) | (1)双β内酰胺酶氨苄青霉素 2 g 静脉滴注每 4 小时给药 1 次，6 周 + 头孢曲松 2 g 静滴每 12 小时给药 1 次，6 周<br>链霉素敏感/庆大霉素不敏感时<br>(2)氨苄青霉素 2 g 静脉滴注，每 4 小时给药 1 次<br>(3)青霉素 G 1800～3000 万 U/d 静脉持续给药或者每 6 小时给药 1 次，分次给药 + 链霉素 15 mg/kg 理想体重/d 静脉滴注或者肌内注射分 2 次给药 | IIa，B |
| NVE/PVE 肠球菌(青霉素，氨基苷类，万古霉素均不敏感 | (1)利奈唑胺 600 mg 静脉滴注或者口服每 12 小时给药 1 次，>6 周<br>(2)达托霉素 10～12 mg/kg 静脉滴注每 12 小时给药 1 次，>6 周 | IIb，C |
| NVE/PVE HACEK | (1)头孢曲松 2 g/d 静滴或者肌内注射，单次给药 4～6 周<br>(2)氨苄青霉素 2 g 静脉滴注每 4 小时给药 1 次，4～6 周<br>(3)环丙沙星 1000 mg/d 口服或者 800 mg/d 静脉滴注分 2 次给药 4～6 周<br>疗程：NVE 4 周，PVE 6 周 | IIa，B<br>IIb，C |
| 真菌 | 两阶段治疗：<br>(1)初始治疗：手术(瓣膜置换术)<br>药物(两性霉素 B + 氟胞嘧啶，优于单药治疗。疗程 >6 周)<br>(2)长期治疗：口服唑类药物(氟康唑) | I B<br>IIa，B |

在实际临床工作中，常常需要临床医生给予经验性用药。一方面，微生物培养需要时间；另一方面，微生物培养阴性结果对明确诊断和治疗都提出了巨大的挑战。之所以会出现假阴性，与微生物的检测技术，需要高培养条件的细菌和真菌、缺少培养基、培养前应用抗生素等有关。对于一些少见的病原菌，如巴尔通体、衣原体、布鲁氏菌、军团菌属、热带鞭虫、假丝酵母菌和非假丝酵母菌、真菌(特别是曲霉菌种)，可以通过改良培养技术和血清学检测提高阳性率。应用微生物，组织病理和分子生物学技术对瓣膜切除组织进行检测，有助于诊断。经验性用药需要考虑相关的流行病学因素(表 55)，既往感染史(包括心血管感染)、应用抗生素史、病程、严重程度和心外感染灶。最好在感染科医

生的指导下，制订合适的方案。

**表 55　IE 流行病学因素**

| 流行病学特征 | 常见微生物 |
| --- | --- |
| IDU | 金黄色葡萄球菌，包括社区获得性耐苯唑西林株、凝固酶阴性葡萄球菌 β－溶血性链球菌<br>真菌、需氧革兰阴性杆菌，包括铜绿假单胞菌等<br>多种微生物 |
| 心血管医疗<br>器械置入 | 金黄色葡萄球菌、凝固酶阴性葡萄球菌<br>真菌 棒状杆菌属 |
| 泌尿生殖系统疾病、感染和操作，包括妊娠、分娩和流产 | 肠球菌属 B 组链球菌（无乳链球菌）<br>单核细胞增生李斯特氏菌<br>需氧革兰阴性杆菌、奈瑟菌、淋球菌 |
| 慢性皮肤疾病<br>包括复发性感染 | 金黄色葡萄球菌、β－溶血性链球菌 |
| 口腔疾病<br>口腔操作 | VGS、营养变异链球菌、营养不良症、<br>颗粒链球菌、兼性双球菌、HACEK、 |
| 酒精中毒<br>肝硬化 | 巴尔通体、气单胞菌属、李斯特菌属、<br>肺炎链球菌、β－溶血性链球菌 |
| 烧伤 | 金黄色葡萄球菌、需氧革兰阴性杆菌，包括铜绿假单胞菌、真菌 |
| 糖尿病 | 金黄色葡萄球菌、β－溶血性链球菌、肺炎链球菌 |
| 早期（＜1 年）人工瓣膜置入 | 凝固酶阴性葡萄球菌、金黄色葡萄球菌、<br>需氧革兰阴性杆菌、真菌、棒状杆菌属、军团菌属 |
| 晚期（＞1 年）人工瓣膜置入 | 凝固酶阴性葡萄球菌、金黄色葡萄球菌、草绿色链球菌、肠球菌、真菌、棒状杆菌属 |
| 狗或猫的接触史 | 巴尔通体、巴氏杆菌、二氧化碳嗜细胞菌 |
| 接触受污染的牛奶或受感染的农场动物 | 布氏杆菌、贝氏柯克斯体、丹毒丝菌 |
| 无家可归<br>伴体虱者 | 巴尔通体 |
| 艾滋病 | 沙门氏菌、肺炎链球菌、金黄色葡萄球菌 |

**续表 55**

| 流行病学特征 | 常见微生物 |
| --- | --- |
| 肺炎，脑膜炎 | 肺炎链球菌 |
| 器官移植 | 金黄色葡萄球菌、烟曲霉、肠球菌、假丝酵母菌 |
| 胃肠道病变 | 亚(牛）肠球菌 败血梭状芽孢杆菌 |

注：VGS—viridans group streptococci(草绿色链球菌)

对于急性 NVE 患者，用药需要覆盖金黄色葡萄球菌，β－溶血性链球菌和需氧革兰阴性杆菌，推荐万古霉素和头孢吡肟。对于亚急性 NVE 患者，用药需要覆盖金黄色葡萄球菌、VGS、HACEK 和肠球菌。推荐万古霉素和氨苄西林舒巴坦钠 。对于 PVE 来说，若在术后 1 年内出现，用药需要覆盖葡萄球菌、肠球菌和需氧革兰阴性杆菌，推荐药物为万古霉素、利福平、庆大霉素和头孢吡肟，若在术后 1 年后出现，用药需要覆盖葡萄球菌、VGS 和肠球菌，用药推荐万古霉素和头孢曲松。

由于 IE 的药物治疗时间较长，部分患者会复发。临床医生需要对患者进行教育，同时要注意药物相关的不良反应，如听神经损害以及假膜性肠炎。保证口腔卫生，治疗牙周牙龈疾病非常重要。

3. 什么时候需要外科治疗?

外科治疗是 IE 的另一基石。但关于外科治疗的时机，一直存在争议。在疾病早期进行瓣膜置换术，是否就能够给患者带来获益? 有很多影响因素，比如感染的微生物、赘生物大小、瓣膜周围感染、栓塞、心功能不全、年龄、其他共患病、手术条件等。是否需要手术以及确定手术时机需要多学科，包括心内科、影像科、心胸外科和感染科的共同讨论，权衡手术的潜在获益与手术风险及长期影响，共同制订手术决策并确定最佳时机。总的来说，对于反复栓塞或者持续的赘生物的 IE 患者，建议早期手术(指在住院初期，全程的抗感染治疗结束前)，而对于通过影像学检查发现的无症状性栓塞 IE 患者，是否需要手术可以根据患者的情况。具体推荐如下(表 56)。

**表 56　IE 手术指征**

| | |
|---|---|
| 在左房左室 NVE 患者中实行早期瓣膜手术 | (1)瓣膜功能不全，导致心衰的症状和体征(I 级证据 B 级推荐)<br>(2)真菌或者高度耐药菌感染时(耐万古霉素的肠球菌，多重耐药的革兰阴性菌(I 级证据 B 级推荐)<br>(3)伴有心脏大赘生物、环状或主动脉脓肿、破坏性穿透性病变(I 级证据 B 级推荐)<br>(4)伴有持续感染(持续菌血症或者合理的抗生素治疗后发热持续超过 5 ~ 7 天，并排除其他部位感染)(I 级证据 B 级推荐)<br>(5)合理抗生素治疗后，仍然出现反复栓塞、赘生物持续或增大(IIa 级证据 B 级推荐)<br>(6)出现严重的瓣膜返流以及机械瓣赘生物 >10 mm(IIa 级证据 B 级推荐)<br>(7)机械瓣赘生物 >10 mm，特别是在二尖瓣前叶时，同时伴有其他手术适应证(IIa 级证据 B 级推荐) |
| 在 PVE 中进行早期瓣膜手术 | (1)由于瓣膜撕裂，心内瘘或者严重的人工瓣膜功能不全导致心力衰竭(I 级证据 B 级推荐)<br>(2)合理的抗生素治疗 5 ~7 天后，仍出现持续菌血症(I 级证据 B 级推荐)<br>(3)伴有心脏大赘生物环状或主动脉脓肿，破坏性穿透性病变(I 级证据 B 级推荐)<br>(4)真菌或者耐药菌感染时( IIa 级证据 B 级推荐)<br>(5)在合理的抗生素治疗后，仍反复栓塞(IIa 级证据 B 级推荐)<br>(6)复发 PVE(IIa 级证据 C 级推荐)<br>(7)机械瓣赘生物 >10 mm(IIb 级证据 C 级推荐) |
| 右房右室 IE 进行瓣膜手术 | (1)在 IDU 患者中尽可能避免手术(IIa 级证据 C 级推荐)<br>(2)在出现特定并发症时(药物治疗无效，三尖瓣严重返流导致严重心衰，耐药菌感染，如真菌，多重耐药菌，合理抗生素治疗无效，三尖瓣赘生物≥20 mm，在药物治疗同时出现反复肺栓塞)，考虑手术(IIa 级证据 C 级推荐)<br>(3)相对于瓣膜置换术，优先选择瓣膜修补术(I 级证据 C 级推荐)<br>(4)采用瓣膜置换术时，需要根据患者的情况，选择个体化的瓣膜材料(IIa 级证据 C 级推荐) |

4. IE 伴发的神经系统损害有哪些？

22% ~50% IE 患者会发生系统性栓塞事件，借助于影像可以识别无症状(沉默)栓塞，所以上述比例会更高。栓塞多发生在大动脉，包括脑、肺、冠状动脉、脾脏、膀胱和四肢血管。其中，65% 栓塞发生在中枢神经系统，超过 90% 发生在大脑中动脉。二尖瓣 IE 患者中，相对于后叶受累，前叶受累更易出现栓塞。病原菌为金黄色葡萄球菌、假丝酵母菌或 HACEK 的 IE 患者更易发生栓塞。缺血性脑卒中的发生率为 17.7%，比颅内出血高出 53.1%，金黄色葡萄球菌感染性心内膜炎患者发生神经系统并发症的风险可能更高，并且可以伴有多个瓣膜受累。二尖瓣受累导致缺血性脑卒中的风险较主动脉瓣受累更高。具体见表 57。

**表 57　IE 的神经系统并发症**

| IE 的神经系统并发症（比例%） | 发病机制 | 具体表现 |
| --- | --- | --- |
| 缺血性卒中（40% ~50%） | 赘生物脱落导致颅内血管栓塞 | 脑栓塞，短暂性脑血缺发作无症状：头颅 MRI 发现的“沉默”栓塞 |
| 脑出血（12% ~30%） | 出血性脑梗死<br>血管炎、细菌性动脉瘤破裂 | 脑梗死的出血转化蛛网膜下隙出血，可无症状：微出血 |
| 脑膜炎（2% ~20%）<br>脑脓肿（5%） | 对感染，脑梗死或出血的无菌性炎症反应 | （1）多见于金黄色葡萄球菌感染<br>（2）症状重，预后差 |
| 细菌性动脉瘤（intracranial mycotic aneurysms，ICMA）（<10%） | 菌栓栓塞滋养血管或血管腔 | （1）多位于大脑中动脉远端<br>（2）常见的病原菌为草绿色链球菌和金黄色葡萄球菌<br>（3）不破裂者表现为发热、头痛、癫痫和（或）局灶症状<br>（4）破裂者表现为蛛网膜下隙出血或者脑出血，意识障碍，颅高压和（或）局灶症状 |
| 中毒性脑病 | 脓毒血症 | 不同程度意识障碍，急性意识模糊或者谵妄 |

5. IE 相关的神经系统并发症如何治疗？

如前所述，患者的治疗需要多学科团队的综合管理。内科（抗生素）治疗和外科（手术）治疗是两大基石，有助于减少栓塞（包括神经系统）并发症的发生。

非特异的管理措施

呼吸：气道管理和气管插管，预防吸入性肺炎。

循环：避免低灌注和/或高灌注（在既往有高血压的 IE 患者，控制 Bp≤180/120 mmHg，无高血压者 Bp≤160/85 mmHg）

血糖：≥10 mmol/L

静脉血栓栓塞的预防：缺血性卒中，每天低分子肝素 4000 U 皮下注射；脑出血，起初 24 小时内，弹性静脉按压，之后每天低分子肝素 4000 U 皮下注射。

相关的缺血性卒中的治疗决策见表 58。

**表 58　与 IE 相关的缺血性卒中的治疗决策**

| 治疗决策 | 认识 |
|---|---|
| 静脉溶栓 | (1)识别出 IE 有困难<br>(2)静脉溶栓风险大于获益。易出现梗死灶的出血性转化、动脉瘤破裂以及动脉炎相关血管的破裂。<br>(3)缺乏 RCT 研究 |
| 抗栓治疗(抗血小板和抗凝) | (1)避免急性期应用<br>(2.抗凝指征(心内血栓、心房颤动或静脉血栓栓塞)：延迟 2 周开始抗凝<br>(3)之前口服抗凝药物者，普通肝素替代 |
| 血管内治疗(血栓切除术) | (1)适用于大血管闭塞或 ICMA<br>(2)缺乏足够的临床试验或观察性研究进行评估<br>(3)对卒中治疗中心要求高 |
| 瓣膜手术 | (1)适用于缺血性卒中或者影像学提示的亚临床脑栓塞，并且排除颅内出血，心脏有赘生物，同时神经系统的症状不严重(IIb 级证据，B 级推荐)<br>(2)大面积脑梗死和颅内出血患者手术至少推迟 4 周。(IIa 级证据，B 级推荐) |

（王　蓓）

## 参考文献

[1] Baddour LM, Wilson WR, Bayer AS, et al. American Heart Association Committee on Rheumatic Fever, Endocarditis, and Kawasaki Disease of the Council on Cardiovascular Disease in the Young, Council on Clinical Cardiology, Council on Cardiovascular Surgery and Anesthesia, and Stroke Council. Infective Endocarditis in Adults: Diagnosis, Antimicrobial Therapy, and Management of Complications: A Scientific Statement for Healthcare Professionals From the American Heart Association. Circulation, 2015, 13; 132 (15):

1435 - 1486.

[2] Liang F, Song B, Liu R, et al. Optimal timing for early surgery in infective endocarditis: a meta - analysis. Interact Cardiovasc Thorac Surg, 2016, 22(3): 336 - 345.

[3] Jiad E, Gill SK, Krutikov M, et al. When the heart rules the head: ischaemic stroke and intracerebral haemorrhage complicating infective endocarditis. Pract Neurol 2017; 17: 28 - 34.

[4] Novy E, Sonneville R, Mazighi M, et al. Neurological complications of infective endocarditis: new breakthroughs in diagnosis and management. Med Mal Infect. 2013, 43(11 - 12): 443 - 450.

# 40. 进行性四肢无力、萎缩的中年男性

［病史摘要］

患者，男，44 岁，肌肉进行性四肢无力、萎缩 10 余年。10 年前开始出现四肢无力，以双上肢远端明显，持物、行走费力，四肢无力逐渐加重，并出现肌肉萎缩，以双上肢远端肌肉萎缩明显，3 年前双下肢无力加重，行走易跌倒，无肢体麻木、疼痛，无饮水呛咳、吞咽困难，无言语含糊。1 年前开始无法行走，需坐轮椅。既往史无特殊。父亲死于肺癌，母亲有脑出血、糖尿病病史，有 2 兄 1 姐，其二哥有“肢体无力”病史 5 年（具体不详）。

［神经科体格检查］

秃顶、面容瘦长（图 207），全身浅表淋巴结未扪及肿大，心肺阴性，肝脾肋下未触及。神志清楚，言语清晰，对答切题，定向力、记忆力和计算力正常，颅神经检查未见异常体征，颈软，四肢远端肌肉明显萎缩，双上肢近端肌力 4 级，远端肌力 3 级，双下肢近端肌力 3 级，远端肌力 3 级 –，双手紧握拳后张开困难，大鱼际肌叩诊可见肌丘，四肢腱反射（ + ），双侧病理征阴性，双侧肢体振动觉、针刺觉对称正常。

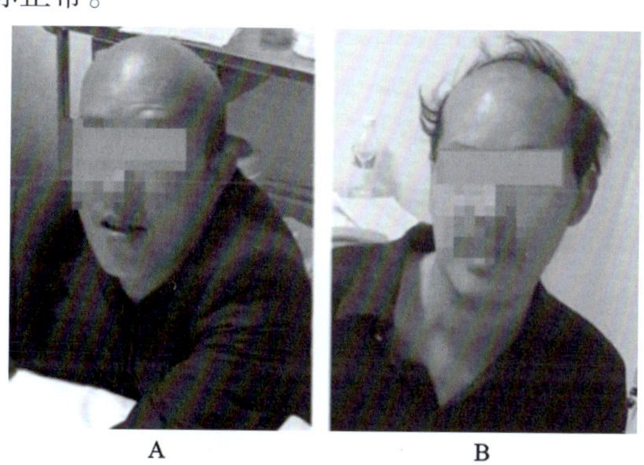

A　　B

**图 207　患者就诊时外观秃顶、瘦长面容**

A. 患者秃顶、瘦长面容；B. 患者二哥

［定位诊断思路］

临床定位诊断思路分析见图 208。

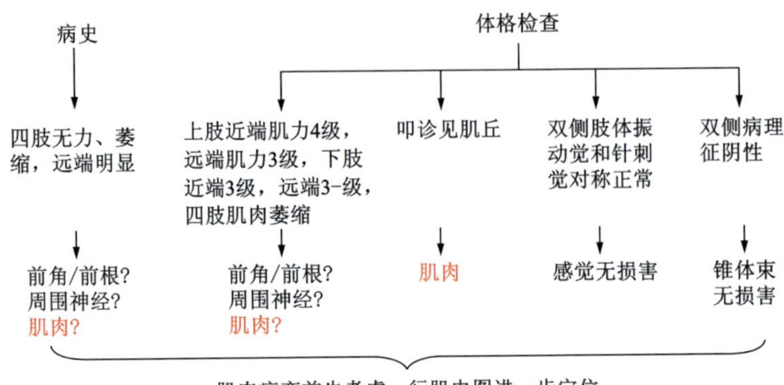


**图 208　定性诊断思路图**

肌电图检查结果：

(1)神经传导测定结果如下(图 209)

| 运动传导 | 潜伏期(ms) | | 波幅(mV) | | 速度(m/s) | | F 波出现率 | |
|---|---|---|---|---|---|---|---|---|
| | 左 | 右 | 左 | 右 | 左 | 右 | 左 | 右 |
| 正中神经 | | | | | | | | |
| 腕－APB | 4.1 | 3.5 | 4.0(↓) | 3.2(↓) | | | | |
| 肘－腕 | 7.7 | 6.7 | 3.9(↓) | 3.1(↓) | 56.5 | 55.0 | | |
| 尺神经 | | | | | | | | |
| 腕－ADB | 2.6 | 2.5 | 5.0 | 4.9(↓) | | | | |
| 肘下－腕 | 7.4 | 7.3 | 4.3 | 4.0(↓) | 49.4 | 53.5 | | |
| F 波 | 22.5 | 23.7 | | | | | 100% | 75% |
| 腓总神经 | | | | | | | | |
| 踝－ | 5.3 | 5.74 | 4.5 | 2.2(↓) | | | | |
| 小头下－踝 | 10.8 | 11.3 | 3.9 | 1.6(↓) | 46.8 | 49.6 | | |
| 胫神经 | | | | | | | | |
| 踝－AHB | 4.3 | 3.4 | 13.7 | 8.9 | | | | |
| 腘－踝 | 10.7 | 11.0 | 11.7 | 7.0 | 51.6 | 46.5 | | |
| F 波 | 43.7 | | | | | | 100% | |

| 感觉传导 | 潜伏期(ms) | | 波幅(uV) | | 速度(m/s) | |
|---|---|---|---|---|---|---|
| | 左 | 右 | 左 | 右 | 左 | 右 |
| 正中神经 | | | | | | |
| 腕－指3 | 1.9 | 1.9 | 78 | 59 | 64.5 | 62.5 |
| 尺神经 | | | | | | |
| 腕－指5 | 1.9 | 2.0 | 57.9 | 46.2 | 58.5 | 51.0 |
| 腓肠神经 | | | | | | |
| 小腿外下－外踝 | 2.5 | 3.2 | 26.9 | 18.2 | 48.4 | 47.9 |

**图209　患者肌电图神经传导测定结果**

(2)针极肌电图(图210)：

| 肌肉 | 正锐波 | 纤颤 | 肌强直电位 | 募集相 |
|---|---|---|---|---|
| 右三角肌 | 2＋ | 2＋ | 2＋ | 早募集 |
| 右指总伸肌 | 2＋ | 2＋ | 2＋ | 早募集 |
| 右第一骨间肌 | 2＋ | 2＋ | 2＋ | 早募集 |
| 左指总伸肌 | 2＋ | 2＋ | 2＋ | 早募集 |
| 右股直肌 | 2＋ | 2＋ | 2＋ | 早募集 |
| 右胫前肌 | 2＋ | 2＋ | 2＋ | 早募集 |
| 左胫前肌 | 2＋ | 2＋ | 2＋ | 早募集 |

**图210　患者针极肌电图结果**

肌电图结果分析：神经传导测定运动传导见双侧正中、右尺神经、右腓总神经CMAP波幅降低，提示运动轴索、神经肌肉接头或肌肉病变可能；针极肌电图上肢或下肢远端及近端肌肉均可见正锐波、纤颤电位和肌强直放电，募集相呈早募集，提示肌源性损害。综上，肌电图呈肌源性损害，肌强直放电提示肌强直性疾病可能性大。

视频11(肌强直放电)

视频11

**[定性诊断与鉴别诊断]**

定性诊断与鉴别诊断思路形成见图211。

该患者进一步检查血CK：157 IU/L，眼科会诊发现双眼白内障，头颅MRI未见明显异常，DMPK基因CTG重复拷贝数分别为11和130，存在异常扩增。

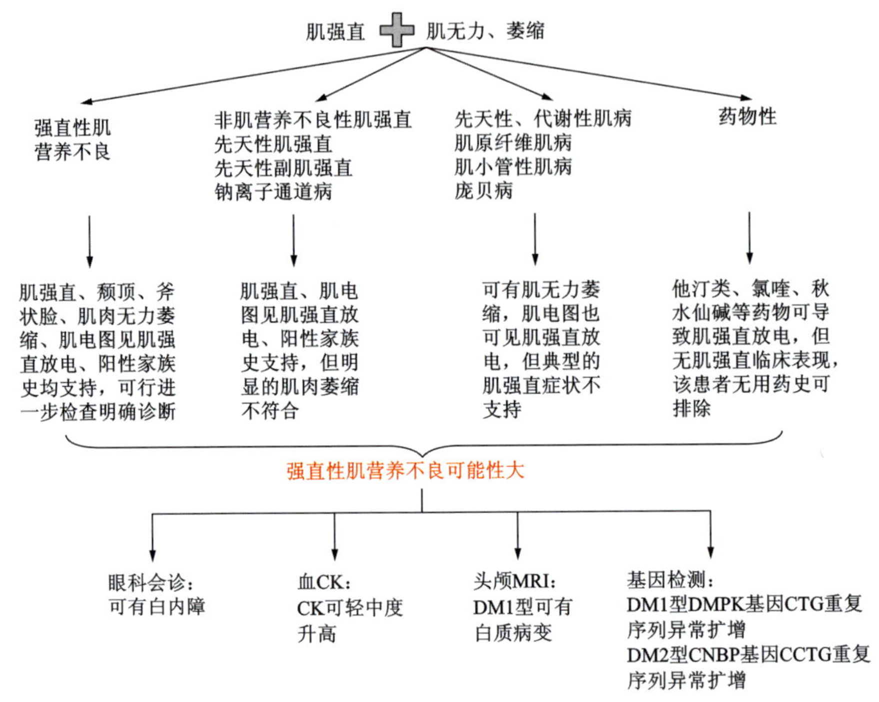
肌强直
肌无力、萎缩
强直性肌营养不良
非肌营养不良性肌强直
先天性肌强直
先天性副肌强直
钠离子通道病
先天性、代谢性肌病
肌原纤维肌病
肌小管性肌病
庞贝病
药物性
肌强直、额顶、斧状脸、肌肉无力萎缩、肌电图见肌强直放电、阳性家族史均支持，可行进一步检查明确诊断
肌强直、肌电图见肌强直放电、阳性家族史支持，但明显的肌肉萎缩不符合
可有肌无力萎缩，肌电图也可见肌强直放电，但典型的肌强直症状不支持
他汀类、氯喹、秋水仙碱等药物可导致肌强直放电，但无肌强直临床表现，该患者无用药史可排除
强直性肌营养不良可能性大
眼科会诊：可有白内障
血CK：CK可轻中度升高
头颅MRI：DM1型可有白质病变
基因检测：DM1型DMPK基因CTG重复序列异常扩增
DM2型CNBP基因CCTG重复序列异常扩增

图 211　定性诊断思路图

**最终诊断：强直性肌营养不良 1 型（myotonic dystrophy type 1，DM1）**

［病例的问题］

1. 肌强直性疾病包括哪些？

肌强直性疾病是指肌膜兴奋性增高导致出现肌强直临床表现，肌电图呈肌强直放电的一组疾病，通常由骨骼肌离子通道功能障碍引起，可分为以下几类（表 59）。

肌强直典型的临床表现为骨骼肌在随意收缩或物理刺激而收缩后松弛延迟，如用力握拳后难以松开，叩诊大鱼际肌、舌肌等肌肉可见肌丘。肌强直症状在重复骨骼肌收缩或重复物理刺激后可缓解，称为“暖身（warm up）现象”，寒冷环境中肌强直加重；先天性副肌强直患者肌强直症状在重复骨骼肌收缩时反而加重，称为“反常性肌强直”。

表 59　肌强直性疾病的分类

| 分类 | 类型 |
| --- | --- |
| 强直性肌营养不良 | DM1<br>强直性肌营养不良 2 型(myotonic dystrophy type 2，DM2) |
| 氯离子通道性肌强直 | 常染色体隐性先天性肌强直(Becker 型)<br>常染色体显性先天性肌强直(Thomsen 型) |
| 钠离子通道性肌强直 | 先天性副肌强直(paramyotoniacongenita，PC)<br>钾加重性肌强直(potassium aggravated myotonia，PAM)<br>高钾性周期性麻痹 |

视频 12(肌球)

视频 13(握拳后松弛延迟)

视频12

视频13

2. 强直性肌营养不良 1 型(DM1)和强直性肌营养不良 2 型(DM2)的临床特征有哪些?

强直性肌营养不良 1 型(DM1)和强直性肌营养不良 2 型(DM2)的临床特征见表 60。

表 60　强直性肌营养不良 1(DM1)型和强直性肌营养不良 2 型(DM2)的临床特征

| | 临床特点 | DM1 | DM2 |
| --- | --- | --- | --- |
| 遗传 | 遗传方式 | 常染色体显性遗传 | 常染色体显性遗传 |
| | 遗传早现 | 存在 | 极少见 |
| | 基因位点 | DMPK | CNBP |
| | 扩增突变 | (CTG)n | (CCTG)n |
| 核心特征 | 肌强直临床特征 | 通常成人起病 | <50%患者 |
| | 肌强直肌电图特征 | 通常存在 | 许多患者可无，或者多变 |
| | 肌无力 | 通常 30～50 岁时残疾 | 通常 60～85 岁时残疾 |
| | 白内障 | 通常存在 | 部分患者可见 |

**续表 60**

| | 临床特点 | DM1 | DM2 |
|---|---|---|---|
| 无力部位 | 面部或下颌 | 通常存在 | 一般无 |
| | 上睑下垂 | 常有 | 罕见，轻微或中度 |
| | 延髓肌(吞咽困难) | 通常晚期出现 | 无 |
| | 呼吸肌 | 通常晚期出现 | 极其罕见 |
| | 肢体远端肌 | 通常明显 | 一些患者指深屈肌受累 |
| | 肢体近端肌 | 可多年不受累 | 多数患者致残原因，出现晚 |
| | 胸锁乳突肌 | 通常明显 | 少数患者明显 |
| 肌肉症状 | 肌痛 | 无或中度 | 许多患者最致残性的症状 |
| | 肌力改变 | 偶尔 | 相当部分存在 |
| | 肌萎缩 | 面部、颞部、双手远端和大腿 | 通常无 |
| | 腓肠肌肥大 | 无 | 至少 50% 存在 |
| 其他神经症状 | 震颤 | 无 | 多数患者可明显 |
| | 行为改变 | 常见 | 不明显 |
| | 嗜睡 | 明显 | 不常见 |
| 其他特征 | 显性糖尿病 | 偶尔 | 不常见 |
| | 男性额部秃顶 | 通常有 | 少见 |
| | 工作或日常生活能力丧失 | 通常 30～35 岁后出现 | 极少在 60 岁前出现，除非有严重疼痛 |
| | 心脏传导异常 | 常见 | 差异大，无到严重 |
| | 血 CK | 无到中度升高 | 无到中度升高 |

3. 肌强直放电可见于哪些疾病？

肌强直放电是肌强直性疾病肌电图的特征性表现，是肌纤维在自主收缩或受到外部刺激(电或机械刺激)后不自主强直放电，肌膜自发持续去极化，动作电位长时间持续性发放形成的。肌强直放电包括正锐波和短时程负棘波两种形式，波幅在 10 uV～1 mV 之间，频率波动于 20～150 Hz，波幅和频率先逐渐增大，随后逐渐减小(图 212A)。特征性的波幅和频率盈亏的高频电位放电，在肌电图扬声器发出一种类似“轰炸机俯冲”或摩托车启动或熄火时的声音。有时肌强直放电可不出现波幅和频率逐渐增大而仅表现为波幅和频率逐渐减小的高频电位发放(图 212B)。

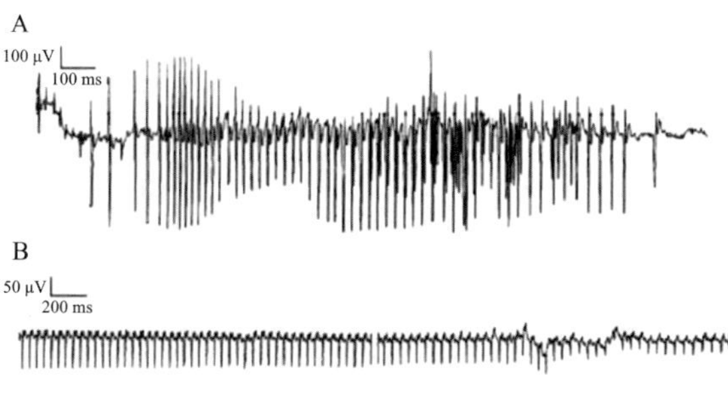


**图 212　肌强直性疾病的肌电图特征**

4. 肌强直放电的电生理

CD、先天性肌强直、PC、PAM 和高钾性周期性麻痹具有肌强直的临床表现，肌电图可见肌强直放电。此外，肌强直放电还可见于肌原纤维肌病、肌小管性(或中心核)肌病、酸性麦芽糖酶缺乏症(庞贝病)、McArdle 病、多发性肌炎、皮肌炎、恶性高热、窖蛋白病、甲状腺功能减退症和严重去神经支配。还有多种药物也可导致患者出现肌强直放电，包括 HMG - CoA 还原酶抑制药、氯喹、秋水仙碱、氯氰酸盐、普萘洛尔、非诺特罗、特布他林、青霉胺、环孢菌素等。

5. 神经电生理在肌强直性疾病的诊断和鉴别诊断有什么意义？

短时运动诱发实验对于肌强直性疾病的鉴别诊断有重要的价值。短时运动诱发实验是在室温下让患者用最大力气做小指展肌外展运动 10 秒后即刻以超强刺激(在腕部刺激)，在小指展肌记录，此后每 10 秒刺激一次，直至 60 秒为止。休息 60 秒后重复第 2 次短时运动诱发实验，休息 60 秒再行第 3 次短时运动诱发实验。此后将对侧手浸入冰水中或者用冰袋敷 10 分钟，再同样行 3 次短时运动诱发实验。

Fournier 的研究发现，肌强直疾病的短时运动诱发实验可以出现三种不同的模式。

模式 I(图 213)短时运动诱发实验均可见持续存在的 CMAP 波幅下降，重复实验或肌肉寒冷刺激可加重 CMAP 波幅下降幅度。其机制可能是由于运动诱发的膜持续性去极化导致的肌肉电刺激不应期。模式 I 对于诊断先天性副肌强直敏感性达 100%。短时运动诱发实验 CMAP 波幅的下降模式与患者的临床表现一致，即运动后或寒冷刺激症状加重。

模式 II(图 214)：见于先天性肌强直，尤其是常染色体隐性遗传的先天性

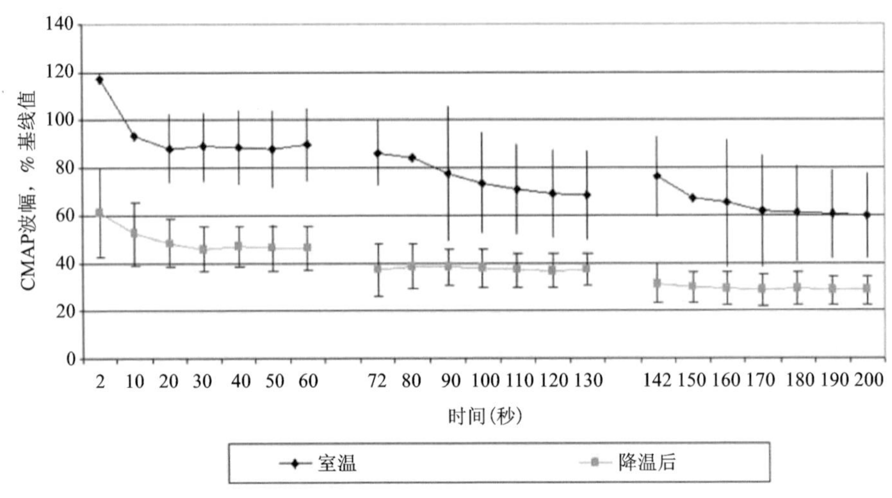


**图 213　短时运动诱发实验模式 I**

肌强直，也可见于常染色体显性遗传的先天性肌强直、DM1 和 DM2。短时运动诱发实验可致 CMAP 波幅暂时降低，但可迅速恢复正常(1 分钟)，重复实验波幅下降可消失，寒冷刺激对 CMAP 波幅无影响。重复短时运动诱发实验可逆转对肌肉兴奋性的阻滞，这种运动诱发的 CMAP 波幅的恢复与多数患者的临床表现一致，即运动可以改善肌强直。模式 II 对于先天性肌强直诊断敏感性为 83%。

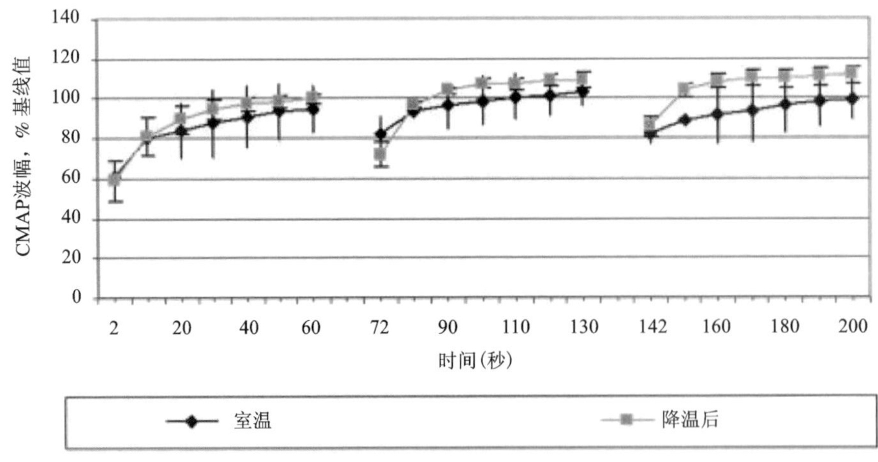


**图 214　短时运动诱发实验模式 II**

模式 III（图 215）：多见于钠离子通道性肌强直，如 PAM，还可见于常染色体显性遗传的先天性肌强直、DM1 和 DM2，其特征为短时运动诱发实验 CMAP 波幅均未见明显改变，重复实验和寒冷刺激对波幅均无影响。

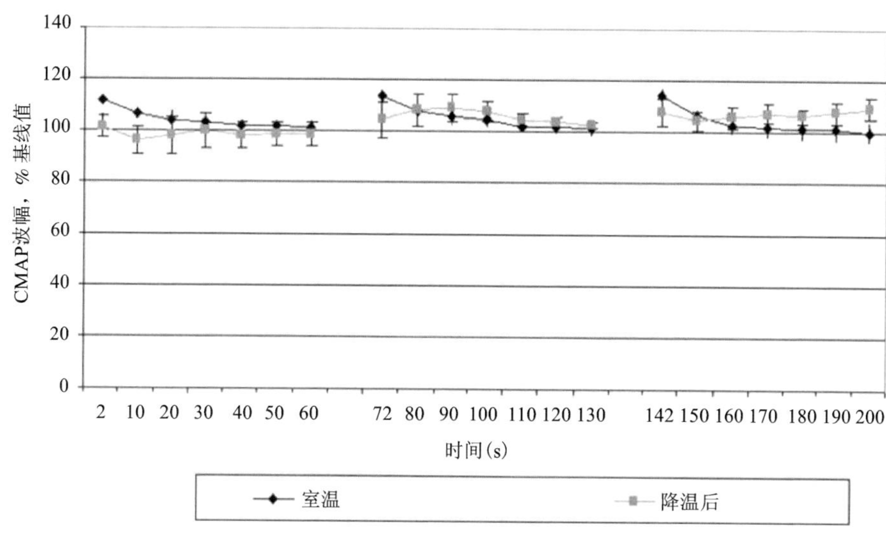


**图 215　短时运动诱发实验模式 III**

6. 非营养不良性肌强直疾病的主要鉴别点有哪些？

非营养不良性肌强直疾病的主要鉴别点见表 61。

**表 61　非营养不良性肌强直疾病的主要鉴别点**

| 鉴别点 | 隐性遗传先天性肌强直 | 显性遗传先天性肌强直 | PC | PAM |
|---|---|---|---|---|
| 遗传方式 | 隐性 | 显性 | 显性 | 显性 |
| 致病基因 | CLCN1 | CLCN1 | SCN4A | SCN4A |
| 肌强直分布 | 下肢较上肢多见 | 上肢较下肢多见，可累及面部 | 上肢和面部较下肢多见 | 上肢、面部和眼外肌较下肢多见 |
| 暖身现象 | 有 | 有 | 无 | 可有 |
| 反常性肌强直 | 无 | 无 | 有 | 可有 |

**续表 61**

| 鉴别点 | 隐性遗传先天性肌强直 | 显性遗传先天性肌强直 | PC | PAM |
|---|---|---|---|---|
| 运动后迟发性肌强直 | 无 | 无 | 无 | 可有 |
| 发作性肌无力 | 常见，运动开始后即出现，但持续短暂，快速恢复 | 不常见 | 常见，通常在寒冷刺激和/或运动后加重，常可持续数小时 | 无 |
| 眼睑肌强直 | 不常见 | 不常见 | 常见 | 常见 |
| 常温下短时运动诱发实验 | CMAP 波幅暂时降低，但波幅可迅速恢复正常，重复实验波幅下降可消失 | CMAP 波幅轻度下降或无下降 | 持续存在的 CMAP 波幅下降，重复实验加重 | CMAP 波幅无变化 |
| 寒冷刺激下短时运动诱发实验 | 寒冷刺激对 CMAP 波幅影响很小 | CMAP 波幅暂时降低，但波幅可迅速恢复正常，重复实验波幅下降可消失 | 肌肉寒冷刺激可加重 CMAP 波幅下降幅度 | CMAP 波幅无变化 |
| Fournier 模式 | Ⅱ | Ⅱ/Ⅲ | Ⅰ | Ⅲ |

7. 肌强直性疾病的诊断策略是什么？

常见的肌强直性疾病的诊断策略如下（图 216）：

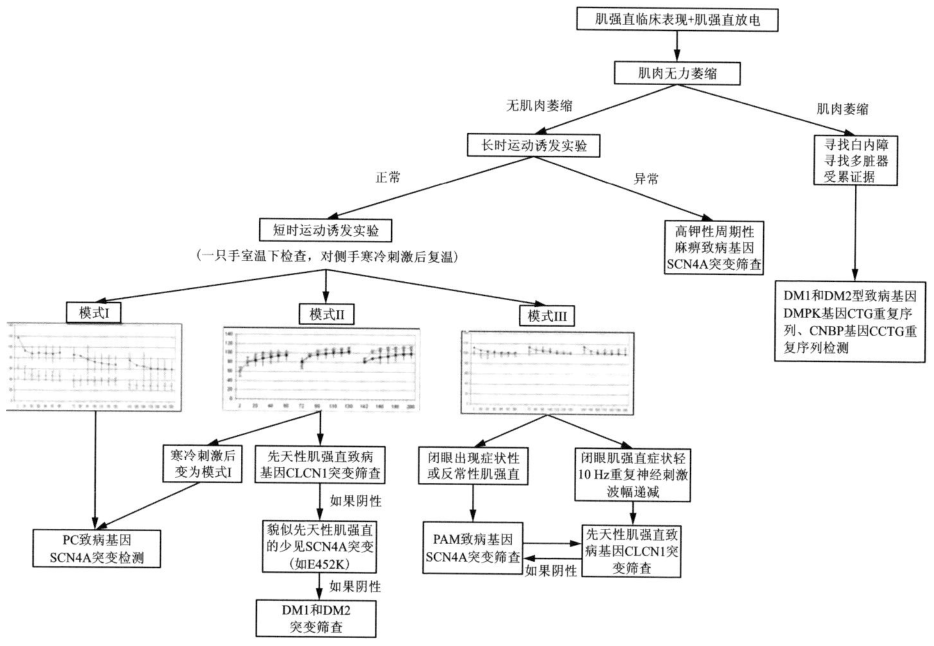


**图 216　肌强直性疾病的诊断策略**

（邹漳钰）

# 参考文献


[1] Udd B, Krahe R. Themyotonic dystrophies: molecular, clinical, and therapeutic challenges. The Lancet Neurology, 2012, 11: 891 – 905.

[2] Tan SV, Matthews E, Barber M, et al. Refined exercise testing can aid DNA – based diagnosis in muscle channelopathies. Ann Neurol, 2011, 69: 328 – 340.

[3] Sansone VA. The Dystrophic andNondystrophic Myotonias. Continuum (Minneapolis, Minn), 2016, 22: 1889 – 1915.

[4] Matthews E, Fialho D, Tan SV, et al. Thenon-dystrophic myotonias: molecular pathogenesis, diagnosis and treatment. Brain, 2010, 133: 9 – 22.

[5] Heatwole CR, Statland JM, Logigian EL. Thediagnosis and treatment of myotonic disorders. Muscle Nerve, 2013, 47: 632 – 648.

# 41. 脑出血后出现的低钠血症

［病史摘要］

患者，男，49 岁，突发左侧肢体无力伴呕吐 1 天。1 天前突发左侧肢体无力，伴呕吐胃内容物。无明显头痛，无抽搐，无意识不清等不适。即刻急症就诊，当时测血压 200/100 mmHg，做头颅 CT 示右侧基底节、丘脑出血，破入脑室（图 217）。

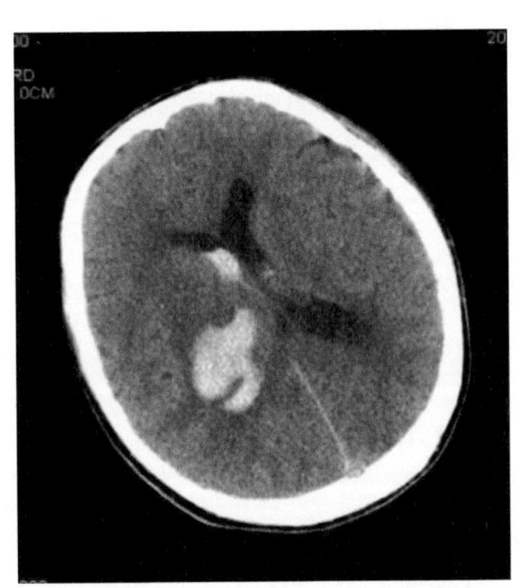

**图 217　患者头颅 CT 影像**

既往史：高血压病史 2 年，血压最高 200/110 mmHg，控制欠佳。吸烟 20 年，平均 20 支/日。

［神经科体格检查］

神志清楚，颅神经检查未见异常，左上肢肌力 3 级，左下肢肌力 4 级，左侧肢体感觉减退，左侧病理征阳性。

［定位诊断思路］

临床定位诊断思路分析见图218。

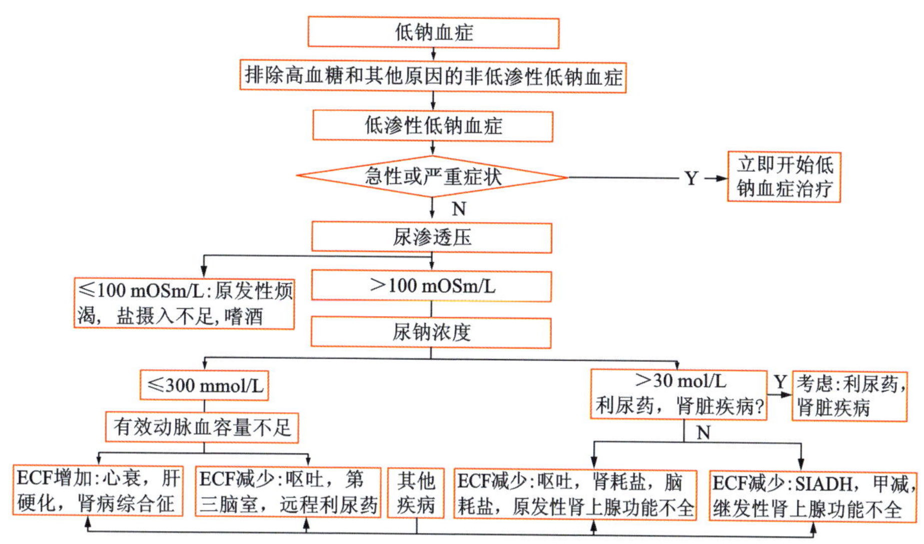


**图218　低钠血症的病因诊断思路**

注：ECF—extracellular fluid（细胞外液）

脑出血是神经科的常见疾病，高血压性脑出血，给予控制血压，脱水降颅压治疗。患者病情平稳，无发热，进食可。降压治疗10天后血生化复查，发现低钠血症（钠114 mmol/L，氯77 mmol/L）。低钠血症的病因诊断思路如图218所示。患者无明显摄入不足，无过度脱水，无明显的感染征象，需要考虑中枢性低钠血症。结合患者症状、高尿钠、脑出血的部位，考虑抗利尿激素异常分泌综合征。给予适当限水，补钠后，血钠逐步升高，补钠6天后复查血清钠131 mmol/L。

**最终诊断：高血压性脑出血，中枢性低钠血症，抗利尿激素分泌异常综合征（syndrome of inappropriate secretion of antidiuretic hormone，SIADH）**

［病例的问题］

1. 低钠血症的临床表现是怎样的？

钠是人体重要的阳离子之一，每千克体重含钠量为60 mmol。正常人血清钠浓度为135～145 mmol/L。血清钠低于135mmol/L时，称为低钠血症

(hyponatremia)。低钠血症是最常见的电解质紊乱症状之一，大约30%的住院患者会出现。

低钠血症的临床表现与年龄、合并症、血钠的水平以及下降的速度有关。症状主要在神经系统和肌肉系统两方面。血钠下降，细胞外渗透浓度降低，导致细胞外水进入细胞内，从而使细胞肿胀。不同程度的脑水肿，可出现头痛、恶心呕吐、乏力、定向力障碍等。数小时内严重的低钠血症可导致脑疝、抽搐、昏迷，甚至死亡。低钠血症时，细胞动作电位下降，发生在骨骼肌，表现为无力、软瘫、腱反射减弱；发生在平滑肌，表现为恶心、呕吐。即使是轻度低钠血症，也易并发行走不便、认知损害、骨质疏松症和骨折。合并低钠血症的患者的病死率可以是正常人群的3～60倍。而过度过快地纠正慢性低钠血症，易出现中枢神经系统髓鞘溶解，从而引发严重的神经系统症状。

在诊断和处理低钠血症过程中，须区分以下几种分类(表62)，而临床上重点关注低渗性低钠血症。

**表62　低钠血症的分类**

| 依据 | 具体分类 |
|---|---|
| 病理生理 | 假性低钠血症<br>非低渗性低钠血症：等渗性低钠血症<br>　　　　　　　　　高渗性低钠血症<br>低渗性低钠血症：　低渗低容量低钠血症<br>　　　　　　　　　低渗等容量低钠血症<br>　　　　　　　　　低渗高容量性低钠血症 |
| 血钠浓度 | 轻度(mild)低钠血症：血钠130～135 mmol/L<br>中度(moderate)低钠血症：血钠125～129 mmol/L<br>重度(profound)低钠血症：血钠<125 mmol/L |
| 发生时间 | 急性低钠血症<48 h<br>慢性低钠血症>48 h |
| 症状 | 中度症状：恶心、意识混乱、头痛<br>重度症状：呕吐、心脏呼吸窘迫、嗜睡、癫痫样发作、昏迷(Glasgow评分≤8) |

此外，要了解与急性低钠血症相关的因素可参考表63。

**表 63　与急性低钠血症相关的药物和病情**

| |
|---|
| 术后状态，如前列腺癌的手术切除后，内镜下子宫切除术后 |
| 烦渴 |
| 运动 |
| 近期应用噻嗪类药物 |
| 3，4 – methylenedioxymethamfetamine（MDMA，XTC） |
| 结肠镜检查的准备工作 |
| 静脉应用环磷酰胺 |
| 缩宫素 |
| 近期开始应用加压素、去氨加压素、特利加压素 |

2. 有哪些神经系统疾病会出现低钠血症？

严重的中枢神经系统疾病，比如脑出血、蛛网膜下隙出血、脑外伤、脑炎、鞍区手术均会出血均可引发低钠血症。神经危重症患者多合并肾上腺皮质功能不全，而出现低钠血症、低血压、低血糖。肺癌脑转移、副肿瘤综合征患者易出现顽固性低钠血症。中枢性低钠血症主要包括抗利尿激素分泌异常综合征SIADH和脑性盐耗综合征（cerebral salt wasting syndrome，CSWS）两种类型。在临床上鉴别两者对治疗和预防其并发症有重要意义，具体鉴别点见表 64。

**表 64　中枢性低钠血症的鉴别**

| 特征 | SIADH | CSWS |
|---|---|---|
| 机制 | 抗利尿激素（antidiuretic hormone，ADH）增加，增加肾小管对水的重吸收，水的排泄障碍，血液稀释 | 脑钠肽和心钠肽增多，竞争性抑制肾小管 ADH 受体，排钠排水 |
| 实验室检查 | 中心静脉压增高<br>尿量正常/减少<br>尿比重增高 | 中心静脉压降低<br>尿量多<br>尿比重正常 |
| 血容量 | 高 | 低 |
| 本质 | 稀释性低钠 | 缺水重于缺钠 |
| 治疗 | 限水 | 扩容，补盐 |

当临床上对两者鉴别困难或实验条件有限时，可采用实验性治疗，即补液

试验或限水试验。补液试验即在密切观察病情下采用0.9%氯化钠注射液静脉滴注，如患者症状出现改善，则为CSWS；如无改善，则为SIADH。在病情许可情况下，可应用限水试验，则限制液体至700～1000 mL/d，如血浆渗透压增加，尿钠排出减少，则为SIADH；如患者症状加重，则为CSWS。

3.什么是SIADH？诊断标准是什么？病因有哪些？

ADH是一种9肽激素，由下丘脑的视上核和室旁核分泌，经下丘脑－垂体束到达神经垂体后叶后释放，促进远曲小管和集合管对水的吸收。SIADH是一种综合征，由于ADH，即精氨酸加压素(arginine vasopressin，AVP)分泌异常或AVP受体功能增强所致水潴留，稀释性低钠血症，尿钠和尿渗透浓度增加，约占低钠血症患者的40%。

其诊断主要是排除诊断(尤其是肾上腺皮质功能不全)，不建议通过检测ADH来确诊。SIADH的诊断标准见表65。

**表65 SIADH的诊断标准**

| 基本标准 | 补充标准 |
| --- | --- |
| 有效血浆渗透压<275 mOsm/kg<br>有效渗透压某种程度的下降，尿渗透压>100 mOsm/kg<br>临床正常容量<br>正常的盐和水摄入量下，尿钠浓度>30 mmol/L，<br>无肾上腺，甲状腺，垂体或肾功能不全<br>最近未使用利尿药 | 血尿酸<0.24 mmol/L(<4 mg/dl)<br>血清尿素<3.6 mmol/L(<21.6 mg/dl)<br>0.9%氯化钠注射液输注后未纠正低钠血症<br>钠排泄分数>0.5%<br>尿素排泄分数>55%<br>尿酸排泄分数>12%<br>通过液体限制低钠血症得以校正 |

该综合征的病因多样，而且对同一个患者来说，可以存在多种致病因素。具体病因总结如下(表66)。

**表66 SIADH的病因**

| 分类 | 具体疾病 |
| --- | --- |
| 肿瘤 | 肺/纵隔(支气管肺癌、间皮瘤、胸腺瘤)<br>非胸腔起源(十二指肠癌、胰腺癌、输尿管/前列腺癌、子宫癌、鼻咽癌、白血病、淋巴瘤、肉瘤) |

续表 66

| 分类 | 具体疾病 |
| --- | --- |
| 中枢神经系统疾病 | 占位(肿瘤、脑脓肿、硬膜下血肿)<br>感染(脑炎、脑膜炎、系统性红斑狼疮、急性间歇性卟啉症)<br>变性和脱髓鞘疾病(GBS、脊髓病变、多发性硬化症)<br>其他：蛛网膜下隙出血、创伤性脑损伤、急性精神病、震颤谵妄、垂体柄病变、经蝶窦垂体瘤手术、脑积水、血管炎、海绵窦血栓形成，脑血管意外 |
| 药物 | 促进 AVP 释放(尼古丁、吩噻嗪、三环类药物)<br>直接肾作用和/或增强 AVP 的抗利尿作用(去氨加压素、缩宫素、前列腺素合成抑制药)<br>混合效应或者作用机制不明(血管紧张素转换酶抑制药、卡马西平和奥卡西平、氯磺丙脲、氯贝丁酯、氯氮平、环磷酰胺、甲基苯丙胺、奥美拉唑、5－羟色胺再摄取抑制药、长春新碱) |
| 肺部疾病 | 感染(结核，急性细菌性或病毒性肺炎、曲霉病、脓胸、支气管扩张)<br>机械通气障碍(急性呼吸衰竭、慢性阻塞性肺病、正压通气) |
| 其他 | 获得性免疫缺陷综合征与艾滋病相关综合征<br>长时间的剧烈运动(马拉松、铁人三项、超级马拉松、炎热天气徒步)<br>巨细胞动脉炎<br>老年性萎缩<br>特发性 |

4. 低钠血症如何治疗？

低钠血症的处理，基于症状的严重程度，病因治疗是根本。总体目标为：

在第 1 小时，血钠浓度增高 5 mmol/L；

在第 1 天，血钠浓度增高 6～8 mmol/L，增幅不超过 10 mmol/L，之后每天增幅不超过 8 mmol/L，直到血钠纠正至 130 mmol/L

低钠血症具体处理流程见表 67。

**表 67　低钠血症的处理流程**

| | |
|---|---|
| 严重低钠血症 | (1)第1小时处理：推荐立即静脉输注3%氯化钠注射液150 mL，时间超过20分钟；20分钟后检查血钠浓度，在第二个20分钟可重复静脉输注3%氯化钠注射液150 mL；重复上述治疗，或直到血钠浓度增加5 mmol/L<br>(2)1小时后血钠浓度增加5 mmol/L，症状改善后续治疗：停止输注3%氯化钠注射液；输注0.9%氯化钠注射液，并开始对因治疗；第1个24小时限制血钠升高超过10 mmol/L，随后每24小时血钠升高<8 mmol/L，直到血钠达到130 mmol/L；第6小时、12小时复查血钠，此后每天复查血钠，直到血钠浓度稳定<br>(3)1小时后血钠浓度增加5 mmol/L，但症状无改善，继续静脉输注3%氯化钠注射液，使血钠浓度增加1 mmol/L出现下列之一者停止输注3%氯化钠注射液：症状改善，血钠升高幅度达10 mmol/L；血钠达到130 mmol/L<br>(4)对于体重异常大的患者，按2 mL/kg的3%氯化钠注射液输注<br>(5)纠正低钾血症有助于纠正低钠血症 |
| 中重度低钠血症 | (1)立即开始诊断评估<br>(2)如果可能，停止引起低钠血症的所有治疗<br>(3)推荐病因治疗<br>(4)立即单次输注3%氯化钠注射液150 mL，20分钟以上<br>(5)每24小时血钠升高5 mmol/L<br>(6)第1个24小时血钠升高<10 mmol/L，之后每日血钠<8 mmol/L<br>(7)第1小时，6小时，12小时检测血钠<br>(8)如果血钠上升，症状无改善，需要寻找其他原因 |
| 无中重度症状的急性低钠血症 | (1)确定与以前的检测方法一致，而且标本无错误<br>(2)如果可能，停止一切可能导致低钠血症的治疗<br>(3)开始诊断评估<br>(4)开始病因治疗<br>(5)如果急性血钠降低>10 mmol/L，单次静脉输注3%氯化钠注射液150 mL<br>(6)4小时后用同样技术检测血钠 |

续表 67

| | |
|---|---|
| 无中重度症状的慢性低钠血症 | (1)去除诱因<br>(2)针对病因治疗<br>(3)轻度低钠血症，不建议将增加血钠作为唯一治疗<br>(4)中度或重度低钠血症，第 1 个 24 小时应避免血钠增加 > 10 mmol/L，随后每 24 小时 < 8 mmol/L<br>(5)中重度低钠血症，每 6 小时检测血钠，直至血钠稳定<br>(6)对未纠正的低钠血症患者，重新考虑诊断程序，必要时邀请专家会诊 |
| 低容量慢性低钠血症 | (1)输注 0.9% 氯化钠注射液或晶体平衡液，0.5 ~ 1 mL/(kg · h)，以恢复细胞外液容量<br>(2)对血流动力学不稳定患者进行血生化检测和临床监测<br>(3)血流动力学不稳定时，快速液体复苏比快速纠正低钠血症更重要 |
| 高容量慢性低钠血症 | (1)轻中度低钠血症，不宜单纯以增加血钠为唯一治疗目的<br>(2)液体限制，防止进一步液体负荷加重<br>(3)不推荐应用血管加压素受体拮抗药<br>(4)不推荐应用“地美环素” |
| SIADH | (1)一线治疗：限制液体输入<br>(2)二线治疗：0.25 ~ 0.5 g/d 尿素摄入，低剂量袢利尿药，口服氯化钠溶液<br>(3)不推荐锂或去甲金霉素<br>(4)不推荐加压素受体拮抗药 |

（王　蓓）

## 参考文献

[1] Spasovski G, Vanholder R, Allolio B, et al. Hyponatraemia Guideline Development Group. Clinical practice guideline on diagnosis and treatment of hyponatraemia. Eur J Endocrinol, 2014, 25, 170(3): G1 -47.

[2] Verbalis JG, Goldsmith SR, Greenberg A, et al. Diagnosis, evaluation, and treatment of

hyponatremia: expert panel recommendations. Am J Med, 2013, 126(10 Suppl 1): S1 -42.

[3] Ball SG, Iqbal Z. Diagnosis and treatment of hyponatraemia. Best Pract Res Clin Endocrinol Metab, 2016, 30(2): 161 -173.

# 42. 双下肢无力伴大小便障碍的老年女性

［病史摘要］

患者，女，73 岁，因双下肢麻木无力，伴大小便障碍 8 个月收入院。患者 2016 年 3 月无明显诱因下出现双下肢无力，行走不稳，容易跌倒，伴腰部疼痛和会阴部臀部烧灼感。2016 年 10 月初患者劳累后出现双下肢无力加重，出现跛行，行走拖步，外院治疗后症状有所缓解。2016 年 10 月中旬患者双下肢无力再次突然加重，无法下床行走。2016 年 11 月初，外院行腰穿检查后出现会阴部麻木伴大小便失禁，给予“激素”治疗后症状无明显改善。既往体健，无慢性病史，无家族史，无毒物药物接触史。

［神经科体格检查］

神志清楚，智能正常，言语流利，对答切题。双瞳孔等大等圆，直径 2.5 mm，对光反射灵敏，眼球位置居中，眼球各向活动可，无眼震。双侧额纹对称，双侧鼻唇沟等浅。饮水无呛咳，伸舌居中。双上肢肌力 5 级，深浅感觉对称存在，肌张力、腱反射无异常，双侧腹股沟以下针刺觉减退，鞍区减退明显，关节震动觉，位置觉减退，双下肢肌力 3 级，腱反射( + + + )，双 Babinski 征阳性。

［定位诊断思路］

临床定位诊断思路分析见图 219。

［定性诊断与鉴别诊断］

定性诊断与鉴别诊断思路形成见图 220。

患者入院后进一步完善辅助检查，腰椎穿刺：脑脊液细胞数、蛋白均在正常范围。未发现寡克隆区带。

血 AQP4 阴性。

外院提供 PET – CT 示：脊髓及全身未见明显氟脱氧葡萄糖(fludeoxy glucose，FDG)吸收异常。

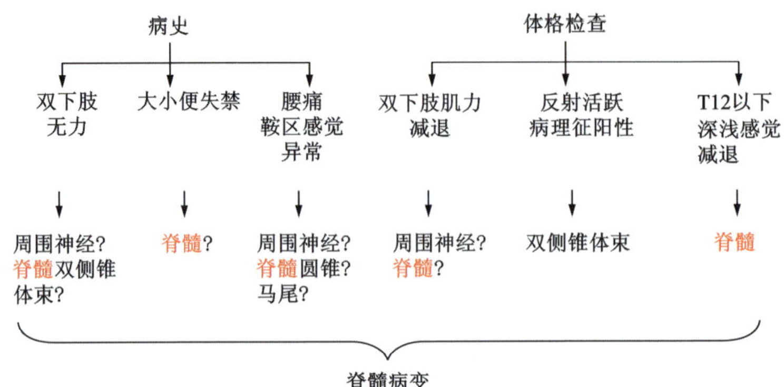


图 219　定位诊断思路图

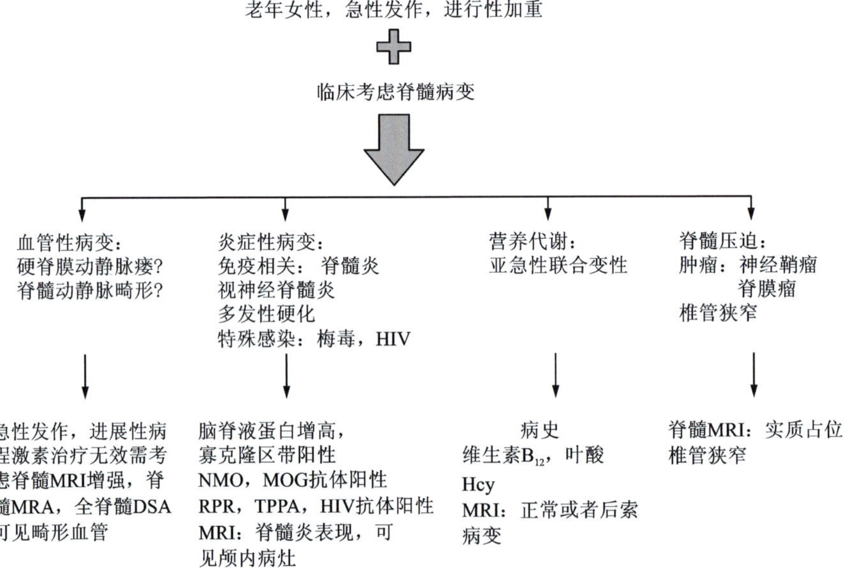


图 220　定性诊断思路图

腰椎 MRI 影像示：腰髓马尾 T2 异常信号，增强呈片状强化；脊髓 MRA 影像示：胸腰段脊髓背侧血管增多，迂曲，考虑血管畸形（图 221）。行数字减影血管造影（digital subtraction angiography，DSA）检查示：左侧腰 1 节段硬脊膜动静脉瘘（spinal dural arteriovenous fistula，SDAVF）（图 222）。

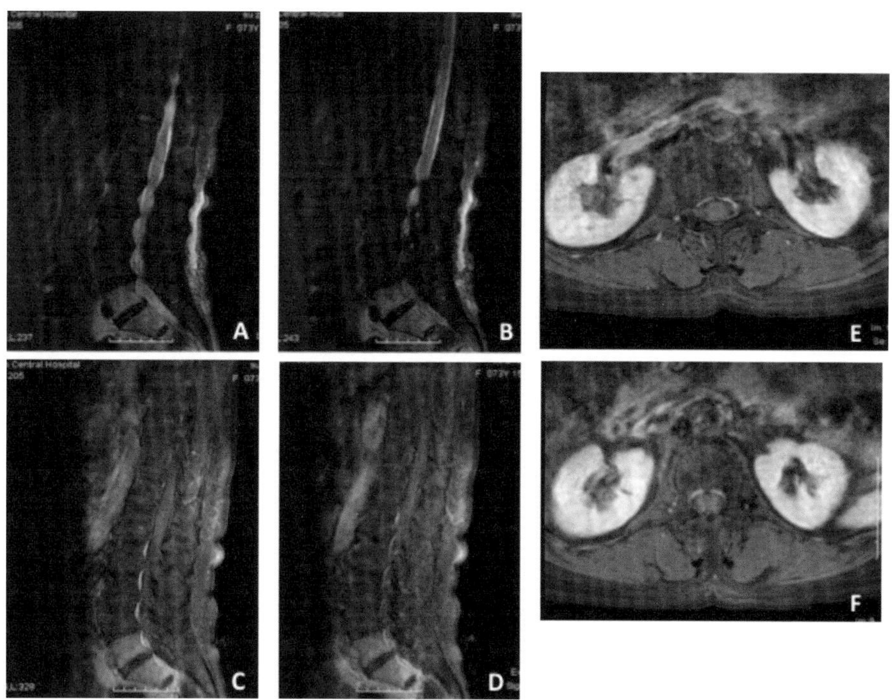


图 221　患者腰椎 MRI 影像

A、B. 腰髓马尾 T2 异常信号；C ~ F. 增强呈片状强化

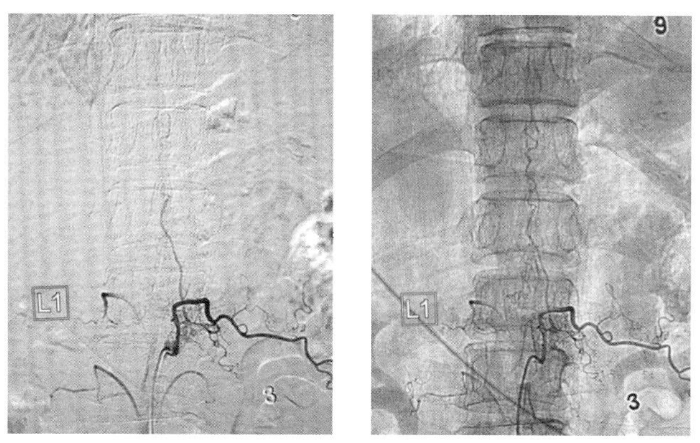


图 222　患者左侧腰 1 节段 SDAVF DSA 检查影像

**最终诊断：硬脊膜动静脉瘘（spinal dunal arteriovenous fistula，SDAVF）**

［**病例的问题**］

1. 脊髓的血管畸形有哪些，何为SDAVF？

脊髓血管畸形是少见病，包括海绵状血管瘤、动脉瘤、动静脉畸形、动静脉瘘等病变（表68）。其中动静脉瘘又可分为硬脊膜外动静脉瘘和硬脊膜内动静脉瘘，前者是由于硬膜外的动静脉交通，导致硬膜外静脉扩张，对脊髓造成压迫；后者又可分为腹侧型和背侧型，腹侧型是脊髓前动脉和回流静脉交通而成，临床罕见，目前认为是一种先天性疾病；背侧型是神经根袖套内的动静脉交通而成，是最常见的脊髓血管畸形，占所有脊髓血管畸形的60%～80%，是一种后天获得性疾病。如不加特指，SDAVF指的是背侧硬脊膜内动静脉瘘。

**表68　脊髓血管畸形的分类**

| 分类 | 具体疾病 |
|---|---|
| 血管肿瘤样病变 | 成血管细胞瘤 |
| | 海绵状血管瘤 |
| 动脉瘤 | |
| 动静脉畸形 | 硬脊膜外动静脉瘘 |
| 动静脉瘘 | 硬脊膜内动静脉瘘 |
| | 腹侧 |
| | 背侧 |

2. SDAVF的发病机制如何？

SDAVF的病变位置在椎间孔的神经根袖套内，根动脉的硬膜分支与根静脉发生病理性沟通，导致动静脉短路是该病的核心病理生理机制（图223）。SDAVF的平均确诊年龄在55～60岁，目前倾向于是一种后天获得性疾病，但是导致这种动静脉异常交通的原因至今不明。动脉和静脉直接交通，会导致静脉"动脉化"，静脉压力会大幅增高；早期表现为静脉回流受阻，脊髓充血肿胀；晚期会导致组织灌注不足，引起静脉性梗死。病理可见病变部位的髓内和髓外大量异常血管，管腔扩张扭曲，管壁增生肥厚（图224）；脊髓病变呈向心性分布，以中央灰质受累为主，组织广泛坏死，细胞缺失，白质病变相对较轻，病变可从胸髓中段一直延续到脊髓圆锥，呈“坏死性脊髓病”表现。

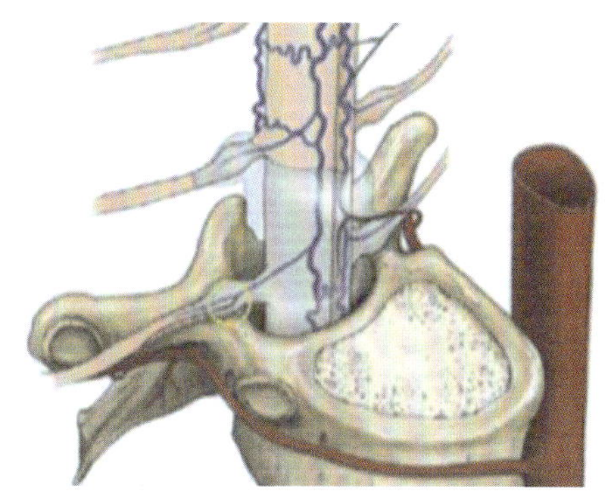

图 223　SDAVF 动静脉短路

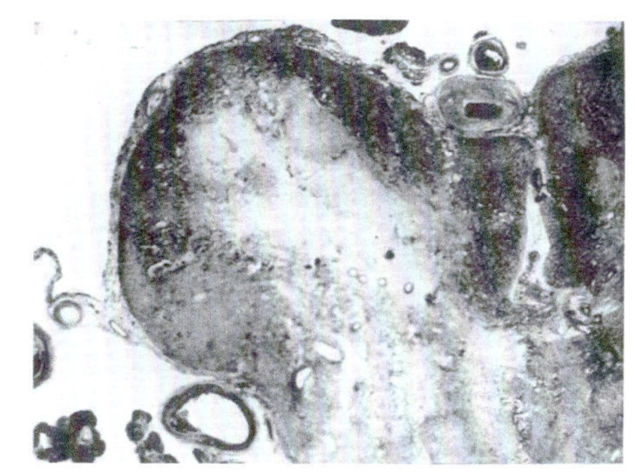

图 224　SDAVF 脊髓病理

3. SDAVF 有何临床特点？

SDAVF 属于罕见病，占所有脊髓血管畸形的 60% ~80%。此病好发于中年男性，平均确诊年龄在 55 ~60 岁，男女比例在 5∶1。整体病程呈慢性进展型，在一些可以导致静脉淤血加重的诱因作用下，如体力活动，症状会在短时间内急性加重，因此病程中会出现症状波动、呈阶梯样恶化。SDAVF 好发于胸腰段，发生在颈段和骶段的非常罕见。胸腰段的 SDAVF 不论瘘的位置如何，脊髓下端总是最先受累，这可能与脊髓下段静脉回流通路较少有关，后期会逐渐向上蔓延至胸腰段。早期常表现为非对称性的双下肢感觉运动异常，常从远端逐渐向近端蔓延，易被误诊为周围神经病；随着病情进展，逐步出现大小便障碍和鞍区受累表现，此阶段常被误诊为脊髓肿瘤；从发病到确诊的中位时间为 12 ~44 个月，确诊时患者几乎均存在步态异常，双下肢感觉运动异常，大小便异常；病程后期脊髓病变特征会越来越明显，出现上运动神经元受累表现、感觉平面、双下肢截瘫。

4. SDAVF 有哪些影像学特点？

SDAVF 的诊断依赖于脊髓 MRI 和 DSA。MRI 可以发现脊髓肿胀，静脉迂曲扩张等间接征象，对诊断具有重要提示意义。MRI 主要可以发现以下三种征象：①T2 像上长节段异常信号(图 225A)；②T2 像上“虫噬样”血管流空影(图 225B)；③脊髓 MRA 可见髓周静脉显影(图 225C)。由于脊髓下端最先受累，因此超过 90% 的患者均可在脊髓圆锥上发现 T2 异常信号(不论瘘的位置和病灶的上缘位置)，随着病情的进展，病灶可以从圆锥向上延伸至胸腰段，典型病灶表现为脊髓中央长节段的 T2 异常信号，在 T1 增强上可表现为斑片状弥漫性增强，呈“长节段性脊髓炎”表现。蛛网膜下隙扩张迂曲的静脉在 T2 上表现为“虫噬样”血管流空影，T1 增强上呈点线样强化，在 MRA 上这些“动脉化的”髓周静脉在动脉期即可显影。脊髓 MRA 在 SDAVF 的诊断和治疗后随访过程中发挥着重要作用。在既往的小样本研究中，脊髓 MRA 诊断 SDAVF 的敏感性可达到 100%，特异性可达到 95%，并且可以提供瘘口位置，为后续 DSA 检查指明方向。既往的研究提示对于缺乏上述三种征象的患者基本可排除 SDAVF，无需再行 DSA 检查。DSA 目前仍是诊断 SDAVF 的金标准，最终目的是明确瘘口位置，由于 SDAVF 好发于胸腰段，因此肋间动脉和腰动脉是重点排查对象，如未发现瘘口，应检查颈升动脉，颈深动脉，骶中动脉，骶外侧动脉排除颈部和骶部的 SDAVF，如仍未发现瘘口，应行颅内血管造影，排除硬脑膜动静脉瘘 V 型。

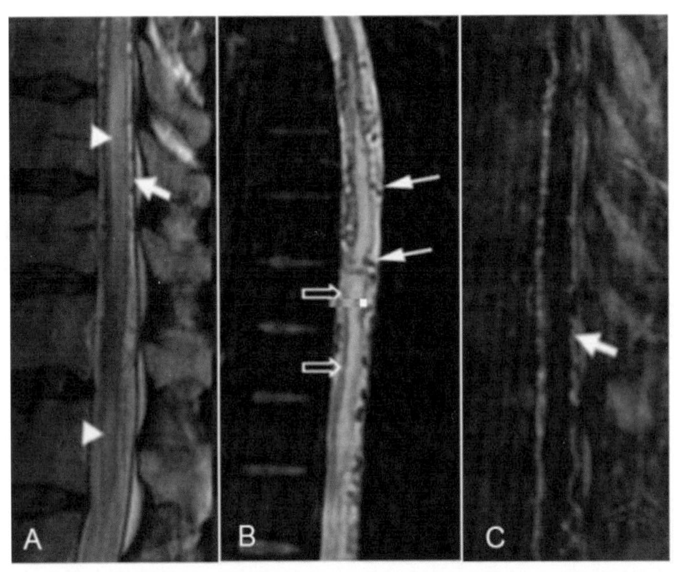


**图 225　SDAVF 在 MRA 的特征性影像**

图 A、B. 脊髓 MRI T2；C. 脊髓 MRA

5. SDAVF 如何治疗？

目前的治疗方法包括两种，手术结扎瘘口和血管内栓塞，治疗的最终目的是封堵瘘口，阻断分流，解除静脉高压。血管内栓塞手术创伤小，但失败率和复发率较高，既往的 Meta 分析表明，手术结扎成功率在 98%，血管内栓塞的成功率只有 46%。但两种治疗方法的优劣不能一概而论，要根据具体的血管病理综合考虑。值得注意的是，越来越多的证据表明，使用糖皮激素治疗后会加重SDAVF病情，导致不可逆的损伤，使用糖皮质激素后超过50%的患者症状会加重，其导致的症状恶化不完全可逆。其潜在的机制可能为：①激素导致水钠潴留，加重静脉高压，导致脊髓缺血加重；②激素的扩血管作用导致SDAVF的瘘口分流增加。因此对诊断考虑SDAVF的患者应避免使用激素和过量补液。

6. SDAVF的预后如何？

影响SDAVF预后的因素主要包括病程持续时间、治疗前功能障碍程度、是否积极治疗。未经治疗的SDAVF预后极差，患者会发展为双下肢截瘫，大小便障碍，最终死于各种并发症。积极的治疗会阻止病情的进展，部分症状甚至可以逆转，其中运动症状，如步态、肌力常可部分好转，感觉症状、大小便障碍常常恢复较差。

（段山山）

## 参考文献

[1] Mathur S, Symons SP, Huynh TJ, et al. First - pass contrast - enhanced mr angiography in evaluation of treated spinal arteriovenous fistulas: Is catheter angiography necessary? AJNR. American journal of neuroradiology, 2017, 38: 200 - 205.

[2] Jellema K, Tijssen CC, van Gijn J. Spinal dural arteriovenous fistulas: A congestive myelopathy that initially mimics a peripheral nerve disorder. Brain: a journal of neurology, 2006, 129: 3150 - 3164.

[3] DiSano MA, Cerejo R, Mays M. Acute paraparesis and sensory loss following intravenous corticosteroid administration in a case of longitudinally extensive transverse myelitis caused by spinal dural arteriovenous fistula: Case report and review of literature. Spinal cord series and cases, 2017, 3: 17025.

[4] Koch MJ, Stapleton CJ, Agarwalla PK, et al. Open and endovascular treatment of spinal dural arteriovenous fistulas: A 10 - year experience. Journal of neurosurgery. Spine, 2017, 26: 519 - 523.

[5] Takai K. Spinal arteriovenous shunts: Angioarchitecture and historical changes in classification. Neurologia medico - chirurgica, 2017, 57(7): 356 - 365.

# 43. 四肢麻木无力的中年女性

［病史摘要］

患者，女，44 岁，职员，因四肢麻木无力 2 个月余，加重 2 周收入院。亚急性起病，进行性加重。2 个月前开始出现四肢麻木无力。双足麻木，双手接触凉水后出现触电感。持筷及写字无力，双足不能上抬。近 2 周行走困难加重，多次摔倒。患病后无明显肌肉萎缩，无肉跳，无大小便障碍。“2 型糖尿病”病史 3 年，服用“瑞格列奈片”，血糖控制尚可。

［神经科体格检查］

神志清楚，颅神经检查无异常。四肢肌张力正常，抬头肌力 5 级 –，四肢近端肌力 5 级 –，双上肢远端肌力 3 级 +，双下肢远端肌力 1 级，双上肢腱反射（ + ），双下肢腱反射消失，双手手套样感觉异常，双足长筒袜样感觉异常。肌肉萎缩不明显。病理征阴性。

［定位诊断思路］

临床定位诊断思路分析见图 226。

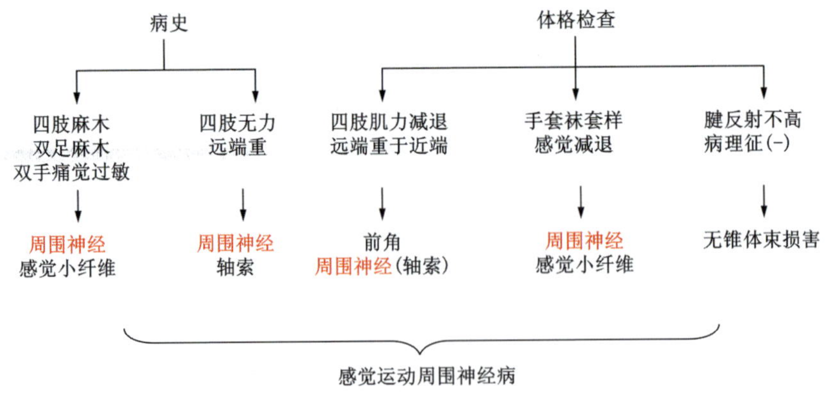


图 226　定位诊断思路图

该患者的病史和体格检查均提示周围神经病。完善肌电图检查，其测试结果见图227所示，自发电位纤颤，正锐波，提示为活动性损害；运动传导速度波幅下降明显，速度减慢，感觉神经传导波幅下降，提示运动感觉周围神经病，运动轴索损害为主。

| 肌肉 | 插入电位 | 自发电位 | | | | MUP | | 募集相 |
|---|---|---|---|---|---|---|---|---|
| | | 纤颤 | 正锐 | 肌束震颤 | 其他 | 多相 | 形态 | |
| 右　胫前肌 | 正常 | 1+ | 1+ | – | – | – | 未引出 | 未引出 |
| 右　腓内肌 | 正常 | 1+ | 1+ | – | – | – | 正常 | 单纯相 |
| 右　股内肌 | 正常 | – | 1+ | – | – | – | 正常 | 混一单相 |
| 右　第一背侧骨间肌 | 正常 | 1+ | 2+ | – | – | – | 未引出 | 未引出 |
| 右　桡侧腕屈肌 | 正常 | – | 1+ | – | – | 不规则波 | 正常 | 混一单相 |
| 右　肱二头肌 | 正常 | 1+ | 1+ | – | – | – | 正常 | 混合相 |

| | 潜伏期(ms) | 波幅(mV) | 距离(mm) | 速度(m/s) |
|---|---|---|---|---|
| 右　正中神经 | | | | |
| 运动　腕 – APB | NP | | | |
| 右　尺神经 | | | | |
| 运动　腕 – ADB | 4.9 | 0.3 | 62 | |
| 肘下 – 腕 | 8.8 | 0.1 | 150 | 38.5 |
| 肘上 – 肘下 | 12.1 | 0.1 | 120 | 36.4 |
| F 波 | NP | | | |
| 腓总神经 | | | | |
| 运动　踝 – EDB | NP | | | |
| 胫神经 | | | | |
| 运动　踝 – AHB | NP | | | |

| 感觉传导 | 潜伏期(ms) | | 波幅(uV) | | 距离(mm) | | 速率(m/s) | |
|---|---|---|---|---|---|---|---|---|
| | 左 | 右 | 左 | 右 | 左 | 右 | 左 | 右 |
| 正中神经 | | | | | | | | |
| 腕－指3 | | 3.1 | | 2.4 | | 1.7 | | 46.5 |
| 尺神经 | | | | | | | | |
| 腕－指5 | | 2.3 | | 1.5 | | 86 | | 50.3 |
| 腓浅神经 | | | | | | | | |
| 小腿外－足背 | | 3.1 | | 3.6 | | 95 | | 41.3 |
| 腓肠神经 | | | | | | | | |
| 小腿外下－外踝 | 2.8 | 2.8 | 5.7 | 4.3 | 95 | 91 | | 52.0 |

**图 227　患者肌电图测试结果**

**[定性诊断与鉴别诊断]**

定性诊断与鉴别诊断思路形成见图 228。

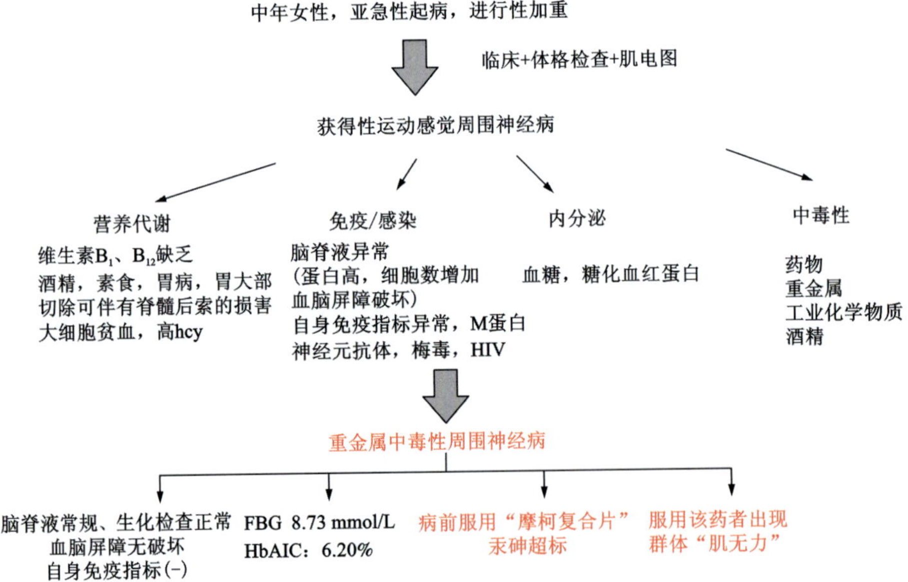


**图 228　定性诊断思路图**

该患者为亚急性起病的获得性对称性周围神经病，肌电图提示轴索损害为主。鉴别诊断主要是与营养代谢、免疫相关的疾病相鉴别，同时对糖尿病性周围神经病以及中毒性周围神经病也需作相应鉴别。患者脑脊液及免疫相关检查均正常。易混淆的主要是糖尿病性周围神经病，患者的肌电图提示运动轴索损害为主。该肌电图的受累模式及起病方式均不支持糖尿病性周围神经病。此外，一个重要线索是：患病前 4 个月服用保健品“摩柯复合片”。患者的姐姐（血糖轻度升高）服用该保健品 2 个月，出现类似的症状。同期报道多人因服用该保健品出现”肌无力“症状，为汞、砷超标所致。留取患者头发及血液、尿液未检测出相关重金属中毒。给予营养神经、抗氧化及康复治疗后，患者症状有所恢复。

**最终诊断：重金属（汞砷）中毒性周围神经病**

［**病例的问题**］

1. 重金属中毒性周围神经病的临床特点有哪些？

与临床有关的重金属主要为四种：汞、砷、铅、铊。

（1）汞：总体来说少见，外用（如银屑病患者外用“中药”）、内服或吸入含汞偏方后出现症状，导致长度依赖性感觉运动周围神经病，大多数是亚临床的表现，也可以极其严重。血液中汞水平正常化后症状的缓解只是局部的。

（2）砷：大量接触砷，导致亚急性周围神经病。典型的临床表现为，先出现胃肠道症状，数周后出现进行性肌无力，类似于 GBS，但是很少累及颅神经。疼痛感觉迟钝和指甲上的 Mees 线高度提示砷中毒。慢性接触患者，临床表现为长度依赖性感觉运动轴索性周围神经病。血砷水平并不可靠，尿砷、发砷以及指甲中砷含量是可靠的检测指标。

（3）铅：长期（超过 5 年）接触无机铅，可出现轻度感觉和自主神经病。由于脱离接触后，骨骼中的铅释放入血，铅水平仍然持续增高，周围神经病往往不可逆。急性或亚急性铅中毒，在腕下垂后，出现运动受累为主的周围神经病。亚急性者常伴有腹痛。

（4）铊：职业暴露或摄入受污染的可卡因、海洛因和草药制品而患病。临床表现为痛性感觉异常，手足无力。可累及颅神经（第Ⅴ、Ⅶ、Ⅸ、Ⅹ对颅神经）。并伴有脱发、皮肤损害和中枢神经系统损害。

2. 常见的中毒性周围神经病有哪些？

主要分为四大类：药物性（特别是化疗药物）、重金属、环境和工业化学物质、乙醇。中毒性周围神经病具有共性：如剂量（浓度）依赖性的特点；多种中毒性物质协同作用；患者如果同时患有其他周围神经病，会对中毒性物质更加敏感；如果早期脱离中毒物质，周围神经病的症状会相应减轻；而脱离中毒物质后，症状在数周或数月内仍有所进展的现象称为“滑行现象”（coasting phenomenon）。中毒性物质易影响感觉小纤维，可侵犯背根神经节和自主神经；还可以影响多系统，包括肌肉、中枢神经系统、视神经或其他系统。每一种中毒性周围神经病又有其个性特征，具体见表69。

**表69　中毒性物质及临床特征**

| 中毒性物质 | 感觉 | 感觉神经元 | 运动 | 髓鞘 | GBS样 | 自主神经 | 滑行现象 | 其他 |
|---|---|---|---|---|---|---|---|---|
| 长春花生物碱 | +++ | + | + |  | + | ++ | ++ | 首发症状为指伸肌无力 |
| 紫杉烷类 | +++ | + |  |  |  |  |  |  |
| 铂衍生物 | +++ | ++ |  |  |  |  | ++ | 奥沙利铂特异性综合征 |
| 硼替佐米 | +++ |  |  | + | + |  |  | 严重，运动受累为主，多发性神经根神经病 |
| 酞醚哌啶酮 | +++ |  | + |  |  |  |  |  |
| 利奈唑胺 |  | + |  |  |  |  |  |  |
| 氯霉素 | + |  |  |  |  |  |  | 视神经炎 |
| 对氨基双苯砜 |  |  | + |  |  |  |  | 上肢为主，多数单神经病 |
| 乙氨丁醇 | + |  |  |  |  |  |  | 视神经病 |
| 甲硝唑 | + |  |  |  |  |  |  |  |
| 呋喃妥因 | + |  |  |  | + |  |  |  |
| 异烟胺 | + | + |  |  |  |  |  | 补充维生素 $B_6$ 可缓解 |
| 核苷逆转录酶抑制药 | ++ |  |  |  |  | + |  | 血清乳酸水平有助于区分HIV周围神经病和核苷逆转录酶抑制剂所致 |

**续表 69**

| 中毒性物质 | 感觉 | 感觉神经元 | 运动 | 髓鞘 | GBS 样 | 自主神经 | 滑行现象 | 其他 |
|---|---|---|---|---|---|---|---|---|
| 氯喹 | + | | | | | | | 主要为空泡肌病 |
| 胺碘达隆 | + | | + | + | | | | 少数为亚急性 |
| 奴佛卡因胺 | + | | + | + + | | | | 类似于 CIDP |
| 阿普利素灵 | + | | | | | | | 补充维生素 $B_6$ 可缓解 |
| 呢克昔林 | + | | + | + | | | | 视神经病 |
| 戒酒硫 | + | | + | + | | | | |
| 苯妥英 | + | | | | + | | | |
| 维生素 $B_6$ | + + | + | + | | | | | |
| 金 | + | | | | + | | | |
| 秋水仙碱 | + | | | | | | | 主要为空泡肌病 |
| 铊 | + + | | + + | | + | | | 脱发，皮肤病变，CNS 症状 |
| 铅 | + + | | + + | | | + | | 急性：运动神经病<br>慢性：感觉神经病 |
| 砷 | + + | + | | | + + | | | 急性：GBS 样<br>慢性：感觉神经病 |
| 汞 | + | + | | | | | | 慢性接触，亚临床 |
| 二硫化碳 | + | + | | + | | | | |
| 二甲胺硼烷 | + + | + + | | | | | | |
| 乙二醇 | | | | | + + | | | 症状延迟 |
| 二甘醇 | | | | | + + | | | 症状延迟 |
| 甲醇 | + | + | | | | | | 视神经病 |
| 正己烷 | + | + | | | + + | | | |
| 丙烯酰胺 | + | + | | | | | | 皮肤剥脱 |
| 灭鼠优 | + + | | | | | + + + | | 严重的脑病 |
| 有机磷酸酯 | + + + | + + | + | | + | | | 严重者四肢瘫，伴上运动神经元损害 |
| 泻鼠李 | | | | + + | + + | | | |

**续表 69**

| 中毒性物质 | 感觉 | 感觉神经元 | 运动 | 髓鞘 | GBS 样 | 自主神经 | 滑行现象 | 其他 |
|---|---|---|---|---|---|---|---|---|
| 壁虱性麻痹 | | | | + | + + | | | |
| 白喉毒素 | | | | + + | + + | | | |
| 乙醇 | + | | | | | | | 不同于硫胺素缺乏周围神经病，是运动受累为主，快速进展 |

注：+偶发；+ +常见；+ + +非常普遍

3. 临床上如何诊断中毒性周围神经病变？

临床上诊断中毒性周围神经病，病史、体格检查以及实验室检查三方面均非常重要。对不明原因的周围神经病患者，要仔细询问病史，尤其有关化学物质的接触史，并进行相关的毒物监测，以准确诊断。此外，需要考虑以下 5 个问题。

(1) 可疑的中毒性物质是否可以导致周围神经病变？

(2) 中毒性物质和周围神经病之间是否存在肯定的相关性？

(3) 在症状出现之前，是否与中毒性物质有足够的暴露量和暴露时间？

(4) 脱离中毒性物质后，是否能减轻症状？

(5) 是否有相关的动物或实验室模型？

4. 中毒性周围神经病的发病机制是怎样的？

中毒性周围神经病发病机制是多方面的。以神经毒性药物为例，可能的作用机制有 8 个方面，针对这些作用靶点，可以给予相应的药物治疗（图 229，表 70）。对其他的中毒性周围神经病的治疗也可以借鉴。

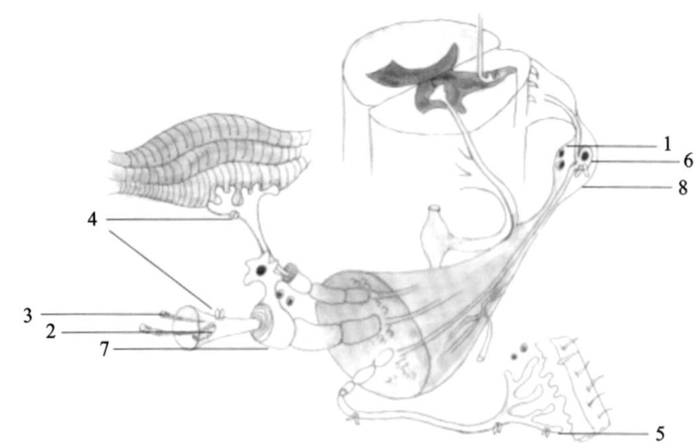


**图 229　神经毒性药物相关周围神经病的作用靶点**

表 70　神经毒性药物作用机制和治疗药物

| 神经毒性机制 | | 药物 | 可能有效的药物 |
|---|---|---|---|
| (1)DRG 细胞毒炎性改变 | | 酞醚哌啶酮(反应停) | |
| | | 硼替佐米 | |
| | | 顺铂 | N-乙酰半胱氨酸，褪黑素，氨磷汀，谷胱甘肽，维生素 E，普瑞巴林，加巴喷丁 |
| | | NRTIs | 依那西普 |
| | | 他克莫司 | |
| (2)线粒体毒性和氧化应激 | | 紫杉醇 | 谷氨酰胺，维生素 E，异丁地特，EPO，奥利索西，左旋肉碱，米诺环素，褪黑素 |
| | | 硼替佐米 | 乙酰左旋肉碱 |
| | | 铂化合物 | 水飞蓟宾，奥利索西，乙酰左旋肉碱 |
| | | NRTIs | |
| | | 抗 VEGF 复合物 | |
| (3)微管功能障碍 | | 长春花生物碱 | 非甾体抗炎药丙戊茶碱 |
| | | 紫杉醇 | |
| | | 埃博霉素 | |
| (4)电压门控离子通道障碍 | 钠通道 | 奥沙利铂 | 利多卡因，普瑞巴林，加巴喷丁，谷胱甘肽，谷氨酰胺，奥卡西平，钙或镁盐 |
| | 钾通道 | 顺铂 | 瑞替加滨 |
| | | 奥沙利铂 | |
| | 钙通道 | 奥沙利铂 | 尼莫地平和钙调蛋白抑制药钙或镁盐 |
| | | 紫杉醇 | |
| (5)TRP 离子通道家族功能障碍 | 锚蛋白 1(TRPA1) | 紫杉醇 | HC0300031 |

**续表 70**

| 神经毒性机制 | | 药物 | 可能有效的药物 |
|---|---|---|---|
| | | 奥沙利铂 | |
| | 离子通道 1（TRPV1） | 顺铂 | capsazepine，SB366791 |
| | 离子通道 4（TRPV4） | 紫杉醇 | RN1734 |
| （6）DRG 神经元凋亡 | | 顺铂 | |
| | | 硼替佐米 | |
| （7）脱髓鞘 | 降低髓鞘甲基化 | 一氧化二氮 | 维生素 $B_{12}$ |
| | 免疫介导脱髓鞘 | 依那西普<br>英夫利昔单抗<br>阿达木单抗 | IVIG |
| | | 奥沙利铂 | IVIG |
| （8）VEGF 神经保护效应的降低 | | 贝伐单抗 索拉非尼 舒尼替 | |

注：EPO—erythropoietin（红细胞生成素）；NRTIs—nucleoside analog reverse – transcriptase inhibitors（核苷类逆转录酶抑制剂）；TRP—transient receptor potential（短暂受体电位）；HC0300031，RN1734，capsazepine and SB366791 TRPA1，TRPV1 和 TRPV4 的拮抗药。

（王　蓓）

## 参考文献

[1] Diezi M，Buclin T，Kuntzer T. Toxic and drug – induced peripheral neuropathies：updates on causes，mechanisms and management. Curr Opin Neurol，2013，26（5）：481 – 488.

[2] Karam C，Dyck PJ. Toxic Neuropathies. Semin Neurol，2015，35（4）：448 – 457.

# 44. 行走不稳，言语不清伴头晕的青年女性

［病史摘要］

患者，女，37 岁，设计师。因行走不稳、言语含糊，伴头晕 1 个月收住院。起病急，2 ~ 3 天病情达到高峰，1 个月病情无好转。行走不稳，表现为无法坐起，无法行走，无法控制平衡。言语含糊不清，能理解他人言语。诉头晕不适，时有视物成双，无恶心呕吐，无明显视物旋转，无耳鸣，无听力下降，无发热。病前无腹泻，无特殊用药史。既往体健。否认类似家族史。

［神经科体格检查］

神志清楚，水平和旋转眼震，眼球活动正常，吟诗样言语，四肢肌张力正常，肌力粗测尚可，双上肢腱反射（ + + ），双下肢腱反射（ + + + ），双侧髌阵挛、踝阵挛阴性。双侧病理征阴性。意向性震颤，指鼻、跟膝胫动作完成极差。无法行走。

［定位诊断思路］

临床定位诊断思路分析见图 230。

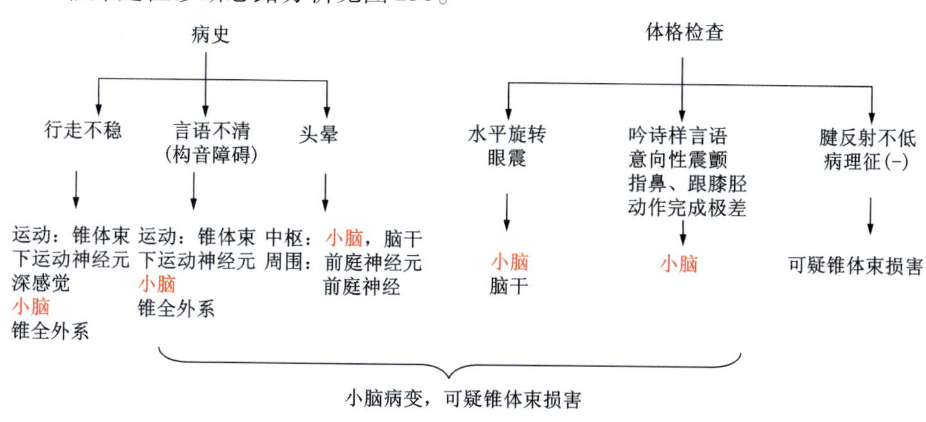


图 230　定位诊断思路图

该患者的病史和体格检查均提示小脑性共济失调。根据起病的方式，急性小脑性共济失调可进一步分为两大类：以数分钟/小时起病和以数小时/天起病。

［定性诊断与鉴别诊断］

定性诊断与鉴别诊断思路形成见图 231。

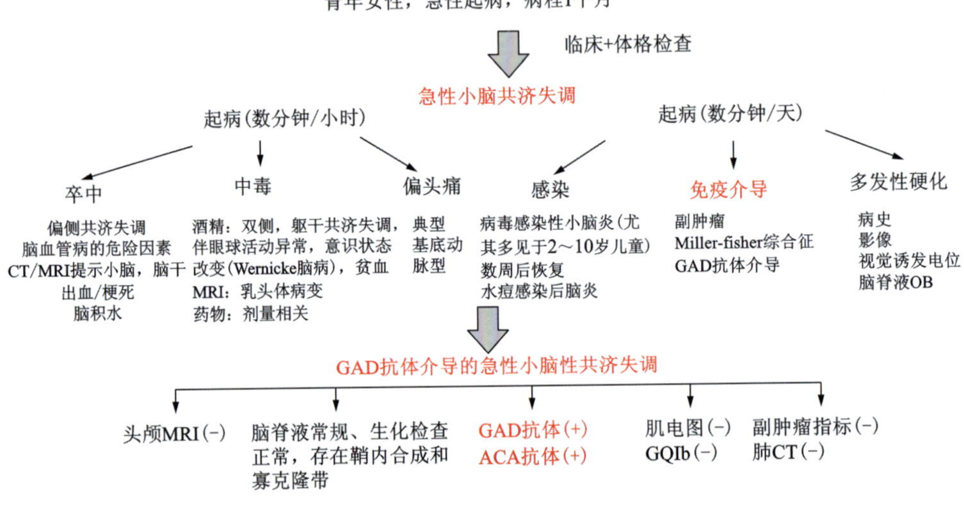


**图 231　定性诊断思路图**

对于非遗传性小脑性共济失调来说，47% 的患者发病与免疫相关。结合本例的起病方式和病程，重点筛查免疫介导的小脑共济失调。辅助检查未提示肺部占位病变，副肿瘤指标正常，PNS 依据不足。患者病程已 1 个月，脑脊液无蛋白细胞分离，肌电图及 GQ1b 抗体均正常，Miller－fisher 综合征依据不足。脑脊液存在鞘内合成和寡克隆带，谷氨酸脱羟酶（glutamic acid decarboxylase，GAD）抗体（＋），并出现其他自身抗体（ACA）阳性，无糖尿病。给予大剂量激素联合丙种球蛋白治疗，加强康复锻炼，治疗后 1 个月，患者言语不清和头晕症状明显改善，可自行坐起，在他人帮助下可行走。

**最终诊断：GAD 抗体介导的急性小脑性共济失调**

［病例的问题］

1. 免疫介导的小脑性共济失调有哪些？

根据自身免疫的促发因素是否与其他疾病相关，免疫介导的小脑性共济失调的分类见表71。

**表71　免疫介导的小脑性共济失调的分类**

| | |
|---|---|
| 1. 自身免疫的主要靶点为小脑或者相关结构 | |
| （1）不被其他疾病促发的小脑自身免疫 | |
| GAD抗体介导的小脑性共济失调 | |
| 桥本氏脑病的小脑型 | |
| 原发性自身免疫性小脑性共济失调（primary autoimmune cerebellar ataxia，PACA） | |
| 其他 | |
| （2）被其他疾病促发的小脑自身免疫 | |
| 麸质相关共济失调 | （麸质过敏） |
| 急性小脑炎 | （感染） |
| Miller－Fisher综合征 | （感染） |
| 副肿瘤性小脑变性 | （肿瘤） |
| 2. 自身免疫的靶点在中枢神经系统的多个部位 | |
| 多发性硬化 | |
| 与结缔组织病（如系统性红斑狼疮）相关的共济失调 | |

2、GAD抗体与哪些神经系统疾病有关？

GAD是一种细胞内酶和限速酶，将谷氨酸转化为γ－氨基丁酸（GABA），催化CNS抑制性神经递质的合成。GAD主要分布在CNS突触前GABA神经元和胰腺内胰岛β细胞。根据同工酶（分子量）的大小，GAD抗体分为两种，GAD65和GAD67。临床上可通过酶联免疫吸附测定法（enzyme－linked immunosorbent assay，ELISA）和放射免疫分析法（radio immuno assay，RIA）检测，一般检测的是GAD65。

GAD抗体多与免疫有关的中枢神经系统疾病相关，可同时伴1型糖尿病、恶性贫血、白癜风和甲状腺炎。血清中低滴度GAD抗体在80%左右的新诊断的1型糖尿病患者中出现。高滴度GAD抗体（超过1型糖尿病患者滴度100%以上，或者RIA法≥2000 U/mL）则与多发内分泌疾病和神经系统疾病有关。GAD抗体介导一系列神经系统疾病（表72）。

表 72　GAD 抗体介导神经系统疾病谱

| 疾病 | 特征 |
|---|---|
| 僵人综合征(stiff – person syndrome, SPS) | 多数为女性<br>与 1 型糖尿病和多腺体自身免疫疾病有关，呈不对称表现[比如僵肢综合征(stiff – limb syndrome)]，对免疫治疗敏感 |
| 小脑性共济失调和脑干病变 | 高滴度与多部位累及有关<br>大多数亚急性起病，也可以隐袭起病<br>MRI 大多数是正常的，或者出现小脑萎缩<br>免疫治疗疗效欠佳 |
| 癫痫 | 肌阵挛和难治性癫痫 |
| 周期交替性眼球震颤(periodic alternating nystagmus, PAN) | 下跳性眼震(downbeat nystagmus, DBN) |
| 特发性边缘叶脑炎 | |
| PNS | 需要完善其他神经元抗体的检查，发现潜在肿瘤 |
| 重症肌无力 | |

3. GAD 抗体介导的小脑性共济失调有哪些特征？

(1)急性/亚急性起病或者快速进展(虽然有隐袭起病/进展者)，老年女性(60 岁左右)，复发，不对称/偏侧，僵人现象；

(2)伴 1 型糖尿病；

(3)相关自身免疫背景/标志物；

(4)自身免疫性疾病家族史；

(5)脑脊液寡克隆带阳性，IgG 指数升高。

4. GAD 抗体介导的小脑共济失调的治疗和预后是怎样的？

与 GAD 抗体介导的单纯 1 型糖尿病 SPS 不同，GAD 抗体介导的小脑共济失调的发病机制更为复杂，体液和细胞免疫均参与其中。免疫治疗是主要的药物治疗，包括激素、静脉用丙种球蛋白、单克隆抗体。有关合理的治疗策略方面，目前缺乏大规模随机临床试验。

总体来说，GAD 抗体介导的小脑共济失调的预后欠佳。大多数患者遗留残疾。对 GAD65 抗体介导的小脑共济失调而言，亚急性起病，及时的免疫治疗是预后良好的预测因子。疾病的严重程度、临床表现亚型、对治疗的反应性与血清或脑脊液中的 GAD 抗体滴度并不相关。

（王　蓓）

## 参考文献

[1] Mitoma H, Adhikari K, Aeschlimann D, et al. Consensus Paper: Neuroimmune Mechanisms of Cerebellar Ataxias. Cerebellum, 2016, 15(2): 213 - 232.

[2] Saiz A, Blanco Y, Sabater L, et al. Spectrum of neurological syndromes associated with glutamic acid decarboxylase antibodies: diagnostic clues for this association. Brain, 2008, 131 (Pt 10): 2553 - 2563.

[3] Eugene MC, Kitei D, Silvers D. Clinical reasoning: a 75 - year - old woman with visual disturbances and unilateral ataxia. Neurology, 2010, 17; 75(7): e29 - 33.

[4] Ariño H, Arribas NG, Blanco Y, en al. Cerebellar Ataxia and Glutamic Acid Decarboxylase Antibodies: Immunologic Profile and Long - term Effect of Immunotherapy. JAMA Neurol, 2014, 71(8): 1009 - 1016.

# 45. 急性起病的肢体无力的中年男性

［病史摘要］

患者，男，42 岁，肢体无力、行走不稳 7 天。起初为双下肢无力，行走不稳，3 天前出现双上肢无力，提重物困难，无吞咽困难、言语含糊，无肢体麻木、疼痛。发病前 2 周有感冒病史，无服药史和毒物接触史。父母健在，否认遗传病家族史。

［神经科体格检查］

全身浅表淋巴结未扪及肿大，心肺阴性，肝脾肋下未触及。神志清楚，言语清晰，对答切题，颅神经检查无异常，颈软，四肢肌肉未见明显萎缩，双上肢近端肌力 5 级 -，远端肌力 4 级，双下肢近端肌力 5 级 -，远端肌力 4 级，双上肢腱反射( + + )，双下肢腱反射( + )，Romberg 征阴性，双侧病理征阴性，双侧感觉对称正常。

［定位诊断思路］

临床定位诊断思路分析见图 232。

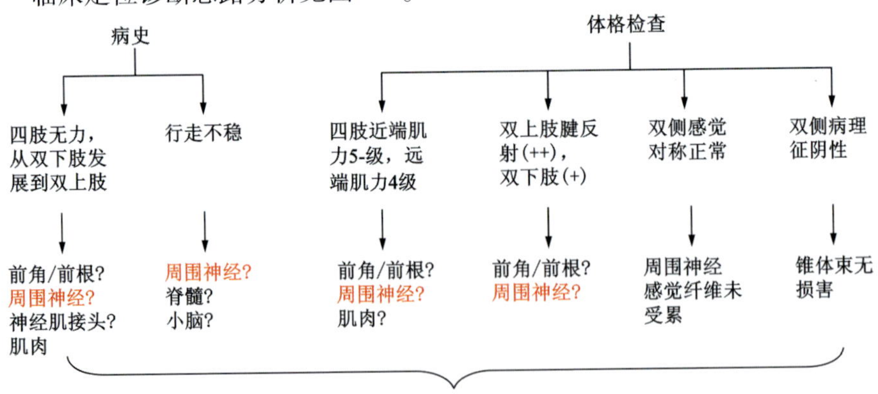


图 232　定位诊断思路图

## [定性诊断与鉴别诊断]

定性诊断与鉴别诊断思路形成见图 233。

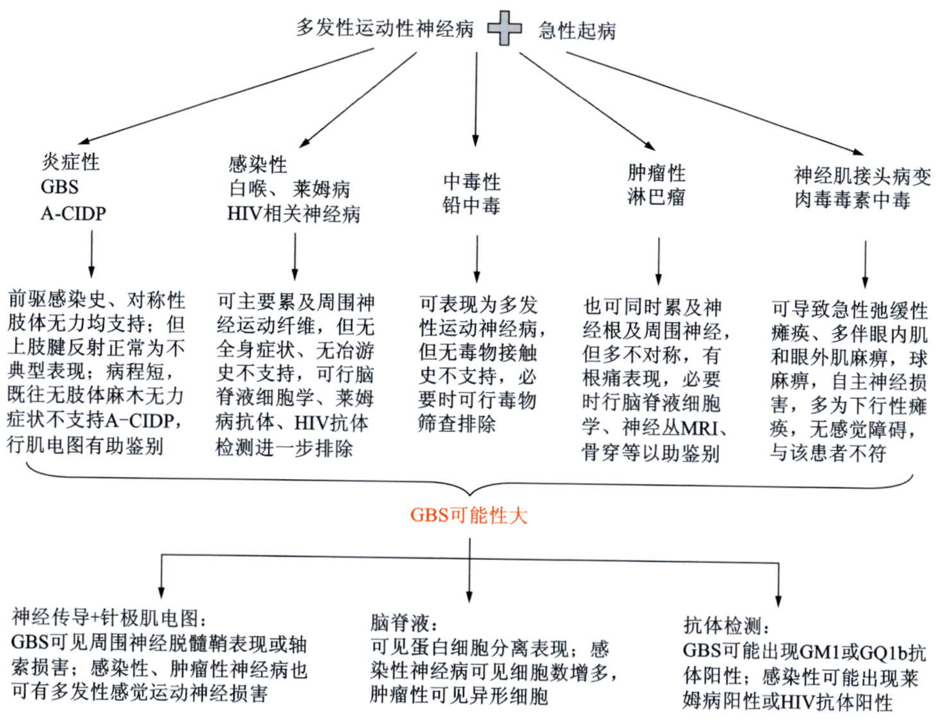

多发性运动性神经病 ✚ 急性起病
炎症性
GBS
A-CIDP
感染性
白喉、莱姆病
HIV相关神经病
中毒性
铅中毒
肿瘤性
淋巴瘤
神经肌接头病变
肉毒毒素中毒
前驱感染史、对称性肢体无力均支持；但上肢腱反射正常为不典型表现；病程短，既往无肢体麻木无力症状不支持A-CIDP，行肌电图有助鉴别
可主要累及周围神经运动纤维，但无全身症状、无冶游史不支持，可行脑脊液细胞学、莱姆病抗体、HIV抗体检测进一步排除
可表现为多发性运动神经病，但无毒物接触史不支持，必要时可行毒物筛查排除
也可同时累及神经根及周围神经，但多不对称，有根痛表现，必要时行脑脊液细胞学、神经丛MRI、骨穿等以助鉴别
可导致急性弛缓性瘫痪、多伴眼内肌和眼外肌麻痹，球麻痹，自主神经损害，多为下行性瘫痪，无感觉障碍，与该患者不符
GBS可能性大
神经传导+针极肌电图：
GBS可见周围神经脱髓鞘表现或轴索损害；感染性、肿瘤性神经病也可有多发性感觉运动神经损害
脑脊液：
可见蛋白细胞分离表现；感染性神经病可见细胞数增多，肿瘤性可见异形细胞
抗体检测：
GBS可能出现GM1或GQ1b抗体阳性；感染性可能出现莱姆病阳性或HIV抗体阳性


**图 233　定性诊断思路图**

患者入院后做肌电图检查，其神经传导测定结果如下(图 234)。

| 运动传导 | 潜伏期(ms) | | 波幅(mV) | | 速度(m/s) | | F 波出现率 | |
|---|---|---|---|---|---|---|---|---|
| | 左 | 右 | 左 | 右 | 左 | 右 | 左 | 右 |
| 正中神经 | | | | | | | | |
| 腕 - APB | 3.0 | 3.1 | 4.9 | 4.7 | | | | |
| 肘 - 腕 | 7.2 | 7.1 | 1.0(↓↓) | 4.3 | 54.2 | 57.0 | | |
| 腋 - 肘 | | 0 | 0.9(↓↓) | 4.1 | | | 未引出 | 80% |
| F 波 | | | | | | | | |
| 尺神经 | | | | | | | | |
| 腕 - ADB | 3.5(↑) | 3.6(↑) | 6.5 | 6.3 | | | | |
| 肘下 - 腕 | 6.7 | 6.9 | 6.3 | 6.2 | 53.3 | 52.1 | | |
| | 8.6 | 8.7 | 6.3 | 6.0 | 53.9 | 54.3 | | |

| 运动传导 | 潜伏期(ms) | | 波幅(mV) | | 速度(m/s) | | F 波出现率 | |
|---|---|---|---|---|---|---|---|---|
| | 左 | 右 | 左 | 右 | 左 | 右 | 左 | 右 |
| 腓总神经 | | | | | | | | |
| 踝 – EDB | 6.2(↑) | 6.0(↑) | 0.6 (70%↓) | 0.8 (60%↓) | | | | |
| 小头下 – 踝 | 未引出 | 11.5(↑) | 未引出 | 0.7(↓↓) | 未引出 | 46 | | |

| 感觉传导 | 潜伏期(ms) | | 波幅(uV) | | 速度(m/s) | |
|---|---|---|---|---|---|---|
| | 左 | 右 | 左 | 右 | 左 | 右 |
| 正中神经 | | | | | | |
| 指 3 – 腕 | 2.9 | 2.8 | 44 | 46 | 53.2 | 54.1 |
| 尺神经 | | | | | | |
| 指 5 – 腕 | 2.8 | 2.7 | 31 | 34 | 54.1 | 54.5 |
| 腓肠神经 | | | | | | |
| 小腿外下 – 外踝 | 4.7 | 4.8 | 8.6 | 8.3 | 50.7 | 49.8 |

**图 234　患者肌电图神经传导测定结果**

肌电图结果分析：神经传导测定及运动传导测定可见左正中神经肘腕段 CB，双尺神经远端潜伏期稍延长，双胫后神经远端潜伏延长，CMAP 波幅明显下降。感觉传导测定正常。因此，考虑多发性运动神经病，以脱髓鞘为主。

根据患者神经传导测定结果，考虑急性炎性脱髓鞘性神经病，入院时 GBS 残疾量表评分 2 分，MRC 评分 48 分，给予丙种球蛋白 0.4 g/(kg · d)连用 5 天冲击治疗后，第 7 天患者肢体无力基本缓解，查血 GQ1b 抗体、GM1 抗体阳性，腰穿脑脊液细胞数 1 个，蛋白 675 mg/L；出院时 GBS 残疾量表评分 1 分，MRC 评分 58 分。

患者出院前复查肌电图，其神经传导测定结果见左正中神经 CMAP 波幅较明显入院时升高，肘腕段 CB 消失(图 235B)，左胫神经 CMAP 波幅较入院时明显升高，远端潜伏期明显缩短(图 235D)，针极肌电图所检上下肢肌肉未见自发电位。由于患者 CB 消失，且复查肌电图未见末端潜伏期延长、传导速度减慢、波形离散等电生理表现，不符合 AIDP 的电生理特征，结合血 GQ1b 抗体和 GM1 抗体阳性，考虑急性运动轴索性神经病。

发病第 8 天肌电图检查示左正中神经腕 – 肘部节段见肯定的 CB(图 235A)，第 29 天肌电图示腕 – 肘部节段 CB 消失，不伴有 DML 延长、MCV 减慢

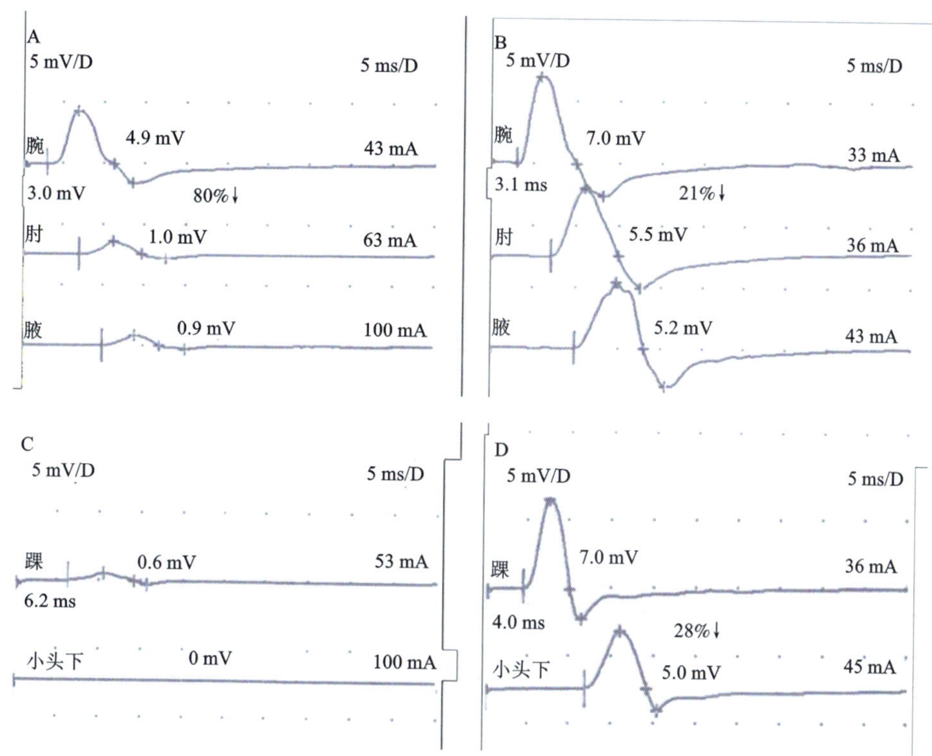


**图 235　患者入院至出院时神经传导肌电图**

和波形离散(图 235B)。发病第 8 天腓总神经远端 CMAP 波幅明显降低，DML 明显延长(图 235C)，第 29 天腓总神经 CMAP 波幅恢复正常，不伴波形离散(图 235D)。

**最后诊断：急性运动轴索性神经病(acute motor axonal neuropathy，AMAN)**

［病例的问题］

1. 抗神经节苷脂抗体致病有哪些证据？

抗神经节苷脂抗体致病有比较充分的证据：①抗神经节苷脂抗体的滴度在发病时最高，随着病程推移逐渐降低；②已有报道使用神经节苷脂治疗的患者可发生 AMAN；③GBS 和 MFS 最常见的前驱感染病原体空肠弯曲杆菌表达脂多糖，并且与 GM1，GD1a 或 GQ1b 具有相似的分子结构；④用 GM1 或 GM1 样脂多糖致敏兔子可以复制 AMAN 的表型，用 GD1b 致敏可以制备急性感觉共济失调性神经病的模型；⑤小鼠腹腔内注射 GQ1b 抗体和补体可以导致呼吸肌麻痹；⑥在动物模型中单克隆抗神经节苷脂抗体可作用于 GD1a 阻断神经传导，并通过补体通路破坏远端运动神经。

2. 空肠弯曲杆菌感染为什么能导致患者出现不同的临床表现？

空肠弯曲杆菌是 GBS 患者最常见的前驱感染病原体，由于空肠弯曲杆菌脂寡糖与人体的神经节苷脂存在相似的分子结构，空肠弯曲杆菌感染后通过分子模拟机制产生抗神经节苷脂抗体导致 GBS。神经节苷脂样细菌脂多糖是由唾液酸转移酶 Cst－Ⅱ、N－乙酰半乳糖胺基转移酶 CgtA 和半乳糖基转移酶 CgtB 合成的，其中 Cst－Ⅱ是合成脂多糖的关键酶。Cst－Ⅱ由 291 个氨基酸组成，其中第 51 个氨基酸决定了其酶活性，Cst－Ⅱ(Thr51)只有 α－2、3 唾液酸转移酶活性，合成 GM1－样和 GD1a－样脂寡糖，Cst－Ⅱ(Asn51) 兼有 α－2、3 唾液酸转移酶和 α－2，8 唾液酸转移酶双重活性，可以合成 GT1a－样和 GD1c－样脂寡糖，这两种脂寡糖与 GQ1b 具有相似的分子结构。GM1 和 GD1a 主要在运动神经轴突表达，而 GQ1b 则在动眼、滑车、外展神经和一些初级感觉神经元表达。因此，空肠弯曲杆菌(Thr51)菌株具有 GM1－样和 GD1a－样脂寡糖，感染人体后产生抗 GM1 或抗 GD1a IgG 抗体，并使患者出现肢体无力症状，而空肠弯曲杆菌(Asn51)菌株合成 GT1a－样和 GD1c－样脂寡糖，感染人体后产生抗 GQ1b IgG 抗体，并使患者出现眼外肌麻痹和共济失调的症状。因此，脂多糖合成酶唾液酸转移酶 Cst－Ⅱ基因多态性(Thr/Asn51)通过影响脂多糖合成导致不同血清型空肠弯曲菌抗原结构差异，因此决定了 GBS 临床受累部位，决定了感染后患者出现 GBS 还是 MFS 的症状。

3. GBS 患者腱反射是否一定减弱？

Yuki 等对 213 例 GBS 患者的回顾性研究发现有 8 例腱反射正常，15 例腱反射亢进，进一步分析发现这些患者多以单纯运动症状起病，血抗 GM1 抗体、GD1a 抗体、GD1b 抗体阳性，临床分型为 AMAN。2014 年，GBS 诊断标准中腱反射减低和/或消失不再作为核心临床特征，在对于经典型 GBS 核心临床特征注解中指出约 10% 患者腱反射正常或亢进。GBS 患者腱反射亢进的机制尚未完全明确，由于这些患者相当部分 H 反射的波幅和比目鱼肌记录的 H：M 比值升高，提示脊髓前角细胞兴奋性增高，推测腱反射亢进可能机制为脊髓抑制中间神经元受累。

4. AMAN 患者可以出现 CB 吗？

1998 年，HaddenGBS 诊断标准及 2010 年中国 GBS 诊断标准均认为 CB AIDP 节段性脱髓鞘的标志，而 AMAN 的诊断标准中则要求没有 CB 等脱髓鞘的表现。但越来越多的研究显示，以轴索病变为主的 AMAN 患者中也存在 CB。

AMAN 患者存在的 CB 有两种不同的类型，第一种是长度依赖性传导障碍，第二种是可逆性传导衰竭(reversible conduction failure，RCF)。

长度依赖性传导障碍是免疫介导的原发性轴突变性及进行性的兴奋性丧失，导致神经通路中不同节段 CMAP 波幅下降，受病变过程累及的不同距离影响，疾病早期轴突近端不能兴奋，而远端尚可兴奋，因而近端 CMAP 波幅下降；当病变达到神经远端时，则远端兴奋性亦下降或丧失，直至最后近端与远端 CMAP 幅度相同，因而随诊 CB 消失，但病变进程中不出现波形离散。

RCF 表现为疾病早期出现 CB，在疾病进程中很快恢复；甚至可同时出现阻滞部位传导速度减慢、远端潜伏期延长，但随 CB 的消失而恢复正常，不出现局灶性脱髓鞘相应的进行性传导速度减慢、近端潜伏期延长、波形离散。产生这一病理性电生理现象的机制为郎飞结及结旁轴膜因神经节苷脂抗体介导的生理学 CB。

因此，长度依赖性传导障碍和 RCF 本质上是同一病理过程造成的两个转归，均代表轴突损害。

5. RCF 的电生理标准是什么？

最近，Chan YC 等提出了基于随诊神经传导测定的 RCF 的电生理诊断标准，其标准如下：

发病 10 周内复查神经传导测定满足下列条件 1 条以上即可定义为 RCF。

(1)远端 CMAP 波幅升高≥50%，并且有以下改变：①末端运动潜伏期或远端 CMAP 时限下降≥10%；②或者末端运动潜伏期或远端 CMAP 时限在正常范围内。

(2)由于近端 CMAP 波幅升高，近端 CB 消失，并且伴随有以下改变：MCV 升高≥10% 或者近端 CMAP 时限下降≥10%。

(3)SNAP 波幅升高≥50%，并且伴随有以下改变：SCV 升高≥10% 或者潜伏期下降≥10%。

6. 如何对 GBS 进行准确的电生理分型？

由于 AMAN 在疾病早期可出现类似 CD 的 RCF，也可出现 MCV 的减慢，易误诊为 AIDP，单凭一次电生理检查无法对 GBS 进行准确分型，因此需要通过随访复查肌电图来进行准确的电生理分型。Uncini 建议对 GBS 患者在发病后第 1 周和第 3 周进行两次电生理检查，首次检查确定急性周围神经病，第 2 次检查确定临床亚型。如果第 2 次检查显示 MCV 和 DML 符合脱髓鞘改变但进行性加重，且 CMAP 波幅的 TD 增加则诊断 AIDP；远端 CMAP 波幅维持不变或降低则提示轴索变性；远端 CMAP 波幅或 CB 迅速恢复且不伴 TD 增加则提示可逆性轴索功能障碍。后两者均属于 AMAN，但可逆性轴索功能障碍患者的神经功能可快速恢复，而轴索变性的神经功能恢复慢，预后较差。

（邹漳钰）

## 参考文献

[1] Chan YC, Punzalan - Sotelo AM, Kannan TA, et al. Electrodiagnosis of reversible conduction failure in Guillain - Barre syndrome. Muscle Nerve, 2017, 56(5): 919.

[2] Yuki N. Campylobacter sialyltransferase gene polymorphism directs clinical features of Guillain-Barre syndrome. J Neurochem, 2007, 103 Suppl 1: 150 - 158.

[3] Uncini A. 99 years of Guillain - Barre syndrome: pathophysiological insights from neurophysiology. Practical neurology, 2015, 15: 88 - 89.

[4] Yuki N, Kokubun N, Kuwabara S, et al. Guillain - Barre syndrome associated with normal or exaggerated tendon reflexes. J Neurol, 2012, 259: 1181 - 1190.

[5] Wakerley BR, Uncini A, Yuki N. Guillain - Barre and Miller Fisher syndromes - - new diagnostic classification. Nature reviews. Neurology, 2014, 10: 537 - 544.

[6] 沈定国. 更新诊断标准以正确研究我国吉兰 - 巴雷综合征亚型. 中华神经科杂志, 2013, 5: 291 - 294.

[7] 孙青, 邹漳钰, 崔丽英. 急性运动轴索性神经病与传导阻滞. 中华神经科杂志, 2011, 11: 474 - 476.

# 46. 左侧肢体无力伴言语不清、意识障碍的中年男性

［病史摘要］

患者，男，50岁。因左侧肢体无力4个月，伴言语不清，意识障碍1个月收住院治疗。患者2017年4月无明显诱因出现左侧肢体无力，左上肢抬举费力，左手持物不稳，行走时左腿拖步。当地医院按“脑梗死”治疗后，症状稍有好转。2017年6月患者左侧肢体无力症状加重，偏瘫在床，左上肢无法抬起，左下肢不能迈步，伴言语含混，口齿不清，数天后出现嗜睡，当地诊断考虑“脑血管病”，给予对症支持治疗1个月余，患者意识水平好转，遗留有记忆力减退，言语不清等后遗症。病程中患者食纳尚好，大小便无异常，无体重减轻。既往体健，无高血压，无糖尿病，无不良嗜好，家族中无类似患者。

［神经科体格检查］

神志清楚，定时、定向可，近事记忆稍差，计算力、执行力正常，构音障碍。双侧瞳孔等大等圆，直径3.0 mm，对光反射灵敏，眼球位置居中，眼球各向活动可，无眼震。双侧额纹、鼻唇沟对称，悬雍垂、伸舌居中，咽反射正常。颈软，左侧肢体肌力4级，右侧肢体肌力5级，四肢肌张力正常，左侧上下肢腱反射(＋＋＋)，左侧Babinski征阳性。深浅感觉对称存在。指鼻、轮替、跟膝胫正常，Romberg征阴性。

［定位诊断思路］

临床定位诊断思路分析见图236。

患者在外院头颅MRI检查(2017年6月)示：右侧基底节区病灶，轻度占位效应，累及右侧丘脑，内囊、纹状体、右侧脑干和颞叶内侧也有累及(图237)。

［定性诊断与鉴别诊断］

定性诊断与鉴别诊断思路形成见图238。

进一步完善辅助检查，再次做头颅MRI增强，提示病灶未见明显强化。头

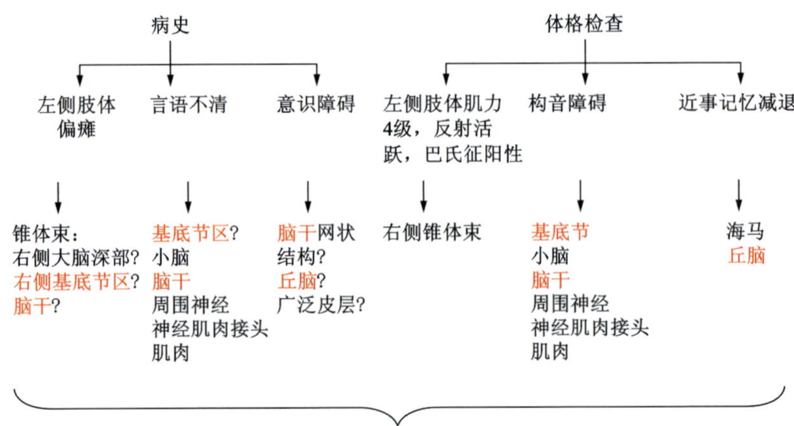


**图 236　定位诊断思路图**

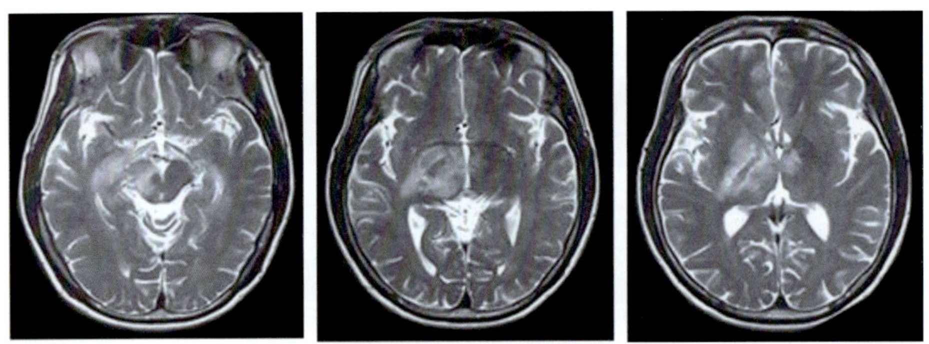

**图 237　患者外院头颅 MRI 影像(T2)**

颅 MRV 提示颅内静脉血管通畅，未见明显异常。腰椎穿刺脑脊液，常规生化检测：葡萄糖 3 mmol/L，蛋白 895 mg/L，细胞数 $3\times10^6$/L。脑脊液寡克隆区带阴性，未见鞘内 IgG 合成增加的证据。血 AQP4 抗体、MOG 抗体阴性。

补充询问病史和查体：患者反复口腔溃疡 15 年，每年 10 余次，每次持续 1 周左右。8 年前开始反复阴囊部溃疡，既往未积极诊治。查体可见口腔黏膜有一新发溃疡(图 239A)，右侧足趾溃疡趋于愈合(图 239B)，阴囊可见多发陈旧性溃疡瘢痕(图 239C)。遂行皮肤针刺实验，结果阳性(图 239D)，考虑白塞病。给予激素联合丙种球蛋白治疗后，复查头颅 MRI 示病灶已大部分消散(图 240)。

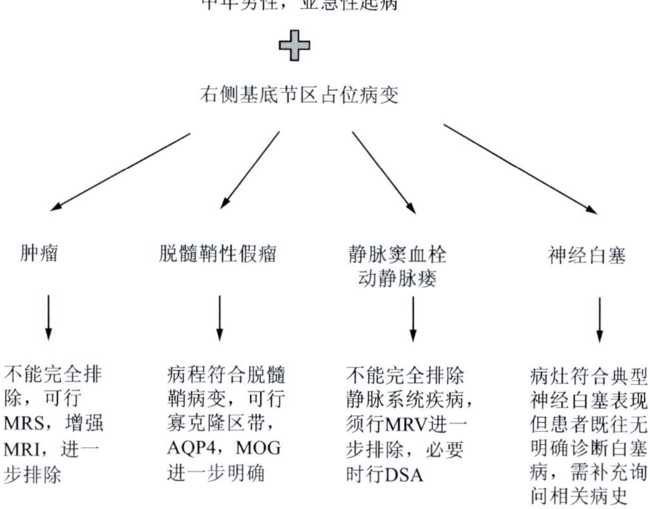
中年男性，亚急性起病
右侧基底节区占位病变
肿瘤
脱髓鞘性假瘤
静脉窦血栓
动静脉瘘
神经白塞
不能完全排除，可行MRS，增强MRI，进一步排除
病程符合脱髓鞘病变，可行寡克隆区带，AQP4，MOG进一步明确
不能完全排除静脉系统疾病，须行MRV进一步排除，必要时行DSA
病灶符合典型神经白塞表现，但患者既往无明确诊断白塞病，需补充询问相关病史

**图 238　定性诊断思路图**

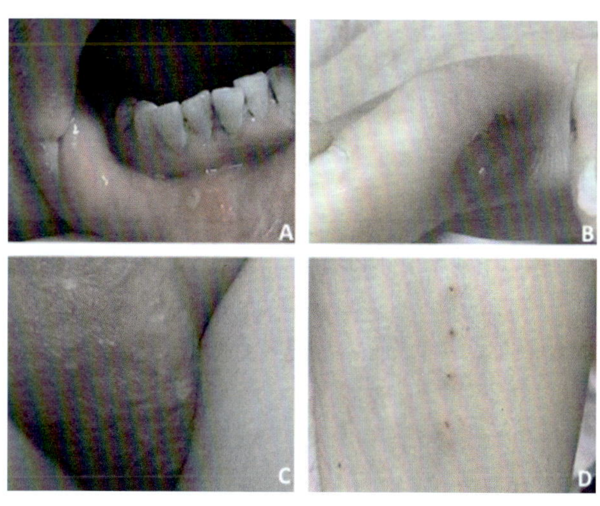
A
B
C
D

**图 239　患者皮肤黏膜体征**

A. 口腔黏膜溃疡；B. 右足趾溃疡；C. 阴囊溃疡瘢痕；D. 皮肤针刺实验阳性

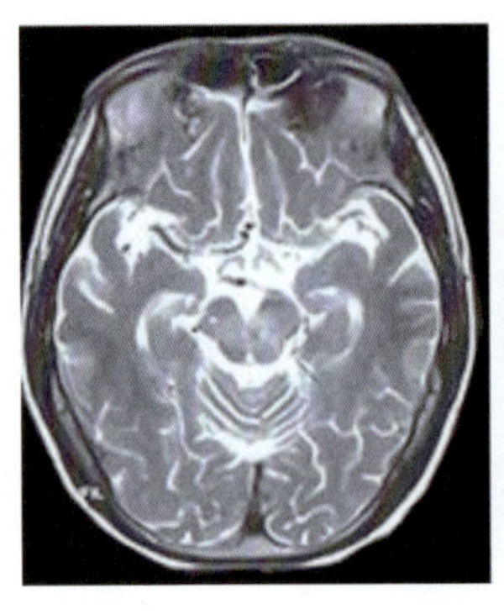
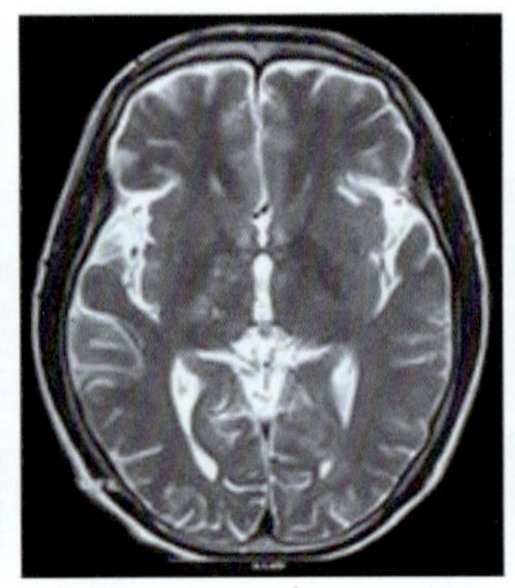
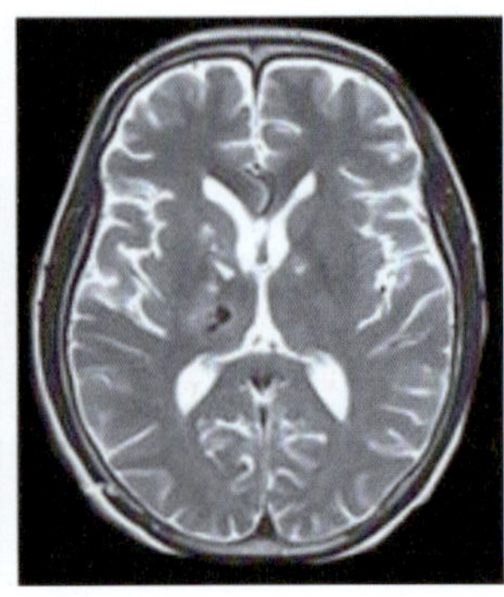

**图 240　治疗后患者复查头颅 MRI（T2）影像**

**最终诊断：神经白塞病**

[病例的问题]

1. 常见的风湿结缔组织病可以有哪些神经系统并发症？

常见四种风湿结缔组织病的神经系统表现及并发症见表 73。

**表 73　风湿结缔组织病神经系统表现及并发症**

| 风湿结缔组织病 | 中枢神经系统 | 周围神经系统 | 肌肉 |
|---|---|---|---|
| 系统性红斑狼疮 | 脑血管病<br>无菌性脑膜炎<br>脑炎样表现<br>头痛，癫痫<br>精神行为异常<br>认知功能下降<br>急性精神错乱状态<br>脱髓鞘样综合征<br>脊髓炎 | AIDP<br>多发性神经病<br>多发性单神经病<br>自主神经病<br>神经丛病<br>颅神经病变 | 重症肌无力 |

续表 73

| 风湿结缔组织病 | 中枢神经系统 | 周围神经系统 | 肌肉 |
|---|---|---|---|
| 类风湿关节炎 | 类风湿脑膜炎<br>脑膜脑炎<br>脑血管病(系统性血管炎中枢受累)<br>假瘤样病灶(类风湿结节相关) | 神经压迫症(类风湿结节，关节炎，滑膜炎相关)<br>多发性神经病<br>多发性单神经病(血管炎相关)<br>自主神经病 | 肌炎<br>2 型肌纤维萎缩 |
| 干燥综合征 | 无菌性脑膜炎<br>脑血管病(系统性血管炎中枢受累)<br>脑白质病变<br>脊髓炎 | 轴索性感觉神经病<br>轴索性感觉运动神经病<br>感觉神经元病<br>多发性单神经病(血管炎相关) | 无 |
| 神经白塞病 | 动脉瘤<br>静脉窦血栓形成<br>脑膜脑炎<br>精神症状：<br>头痛、癫痫、运动障碍<br>视神经炎<br>脊髓炎 | 多发单神经病 | 肌病<br>肌炎 |

2. 如何诊断神经白塞病？

神经白塞病目前尚无特异性的免疫学指标和病理学特点，仍然是需要根据临床特点进行综合判断，具体诊断标准可参考表 74。

**表 74　神经白塞病诊断标准**

| 必须的临床表现 |
|---|
| 反复口腔溃疡：1 年内反复发作 3 次 |
| 以下临床表现至少具备 2 个 |
| 反复外阴溃疡 |
| 眼部病变：色素膜炎，玻璃体内有细胞出现，视网膜血管炎 |
| 皮肤病变：结节性红斑，假性毛囊炎，丘疹性脓疱，痤疮样结节 |
| 针刺实验阳性 |

3. 神经白塞病有哪些临床特点？

白塞病为系统性病变，可以累及全身各个器官，神经系统受累是其致残和致死的主要原因。约 9% 的白塞病患者会合并神经系统受累，常在发病后的 3 ~6 年出现，平均发病年龄在 20 ~40 岁，男性明显多于女性。以神经系统症状为首发表现的白塞病临床上亦有报道，但较为罕见。

神经白塞病可分为实质受累型和血管受累型，前者主要表现为脑膜脑炎和脊髓炎，后者主要表现为静脉窦血栓形成和动脉瘤。

75% 的实质受累型神经白塞病主要累及上位脑干和基底节区，常呈亚急性起病，症状在数天内达到高峰，可持续数周、症状体征取决于病灶大小和疾病的严重程度，可表现为偏瘫、偏身感觉障碍、眼肌麻痹；少数患者可出现癫痫和运动障碍；10% 的患者会出现脊髓受累，常累及颈髓的背外侧，可出现感觉平面和大小便障碍，此类患者常常预后不佳。

血管受累型神经白塞病主要表现为静脉窦血栓形成和动脉瘤，约 18% 的神经白塞病患者表现为静脉窦血栓形成。静脉窦血栓形成主要与血管内皮炎症导致的内皮细胞损伤和血栓形成相关，常呈亚急性或慢性起病，主要表现为头痛、视力下降、视乳头水肿等颅内压增高表现。白塞病会增加颅内动脉瘤的风险，可能与白塞病诱发的炎症相关，男性多于女性，常呈多发性梭形动脉瘤，激素治疗后可消失。

4. 神经白塞病有哪些影像学特点？

神经白塞病在 MRI 影像上，病灶最常见于中脑和间脑的交界区，可以从上位脑干蔓延至基底节区，常为单侧病灶，少见情况下可出现双侧受累；其次常见于桥延交界区，可向上蔓延至小脑上脚和背盖区；部分患者会出现脊髓受累，病灶常位于颈髓的后外侧，不对称，可累及 2 个以上节段；此外病灶还可出现在大脑白质，丘脑和视神经。此类病灶急性期在 T2 像上呈高信号，T1 像呈低信号，可强化，部分病灶内可伴有出血。治疗后部分病灶可完全消失或残留部分病灶进入慢性期。在慢性期，病灶 T2 像呈稍高信号，T1 像呈等信号，可伴有明显的组织萎缩。神经白塞病 MRI 上累及上位脑干和基底节区的病灶极具特征性，对明确诊断具有重要提示意义。

5. 神经白塞病的治疗和预后如何？

白塞病尚无有效的根治方法，目前的各种治疗方法仍有待循证医学的进一步证实。对于急性期患者可静脉给予大剂量甲泼尼龙冲击治疗，然后改口服泼尼松逐步减量。大部分患者激素治疗后恢复良好，约 1/3 的患者呈复发缓解病程，此类患者可使用激素联合免疫抑制药预防复发，如泼尼松联合环磷酰胺（环磷酰胺每次用量 0.5 ~1.0 $g/m^2$ 体表面积，每 3 ~4 周 1 次）。约有 1/3 的患者呈慢性进展型，症状逐步加重，此类患者常常预后不佳。

（段山山）

## 参考文献

[1] Demir GA, Serdaroglu P, Tasci B. Clinical patterns of neurological involvement in Behcet's disease: evaluation of 200 patients. The Neuro - Behcet Study Group. Brain, 1999, 122(Pt 11): 2171 - 2182.

[2] Araji AA, Kidd DP. Neuro - Behcet's disease: epidemiology, clinical characteristics, and management. Lancet Neurol, 2009, 8(2): 192 - 204.

[3] Haghighi BA, Sarhadi S, Farahangiz S. MRI findings of neuro - Behcet's disease. Clin Rheumatol, 2001, 30(6): 765 - 770.

[4] Kalra S, Silman A, Demir GA, et al. Diagnosis and management of Neuro - Behcet's disease: international consensus recommendations. J Neurol, 2014, 261(9): 1662 - 1676.

[5] Kocer N, Islak C, Siva A, et al. CNS involvement in neuro - Behcet syndrome: an MR study. AJNR Am J Neuroradiol, 1999, 20(6): 1015 - 1024.

# 47. 四肢抽搐伴记忆力减退和精神异常的中年女性

［病史摘要］

患者，女，55 岁，因肢体抽搐，伴记忆力减退，精神行为异常半个月收住院。患者于入院前半个月无明显诱因突然摔倒，呼之不应，继而四肢抽搐，伴口吐白沫，大小便失禁，症状持续约 8 分钟自行缓解。发病第 4 天、第 5 天，再次发作 2 次，性质同前，当地医院给予"丙戊酸钠"、"氯硝西泮"等药物治疗后症状暂时控制。之后患者逐渐出现记忆力减退，不认识家人，不记得日常物品位置，不记得电话号码。入院前 3 天患者出现胡言乱语，自言自语，说话缺少逻辑性，部分为虚构内容，伴阵发性精神狂躁，受刺激后会攻击家人。发病过程中无发热，无肢体无力，无感觉异常，无体重减轻。既往有高血压病史，无不良嗜好，无毒物接触史，家族中无类似患者。

［神经科体格检查］

神志清楚，时间及空间定向力差，计算力及记忆力差，答非所问，MMSE 评分 10 分。构音清晰，双侧瞳孔等大等圆，直径 2.5 mm，对光反射灵敏，眼球活动尚可。鼻唇沟对称，伸舌居中。颈软，四肢肌张力正常，肌力 5 级，双侧腱反射（＋＋），病理征阴性。脑膜刺激征阴性，感觉、共济检查不合作。全身关节未见肿胀畸形，皮肤未见皮疹和其他皮肤疾病，无口干眼干，无口腔溃疡，皮肤黏膜无溃疡。

［定位诊断思路］

临床定位诊断思路分析见图 241。

［定性诊断与鉴别诊断］

定性诊断与鉴别诊断思路形成见图 242。

患者入院后做头颅 MRI 平扫示：两侧海马区异常信号，符合定性诊断中考虑边缘性脑炎（图 243）。进一步完善脑脊液检查，脑脊液常规、生化检测结果：葡萄糖 3.51 mmol/L，蛋白 695 mg/L，细胞数 $3\times10^{6}$/L。脑脊液病原学：RPR，

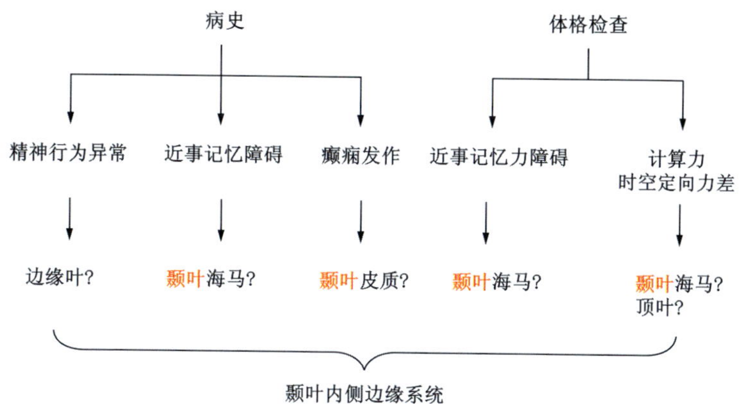


图 241　定位诊断思路图

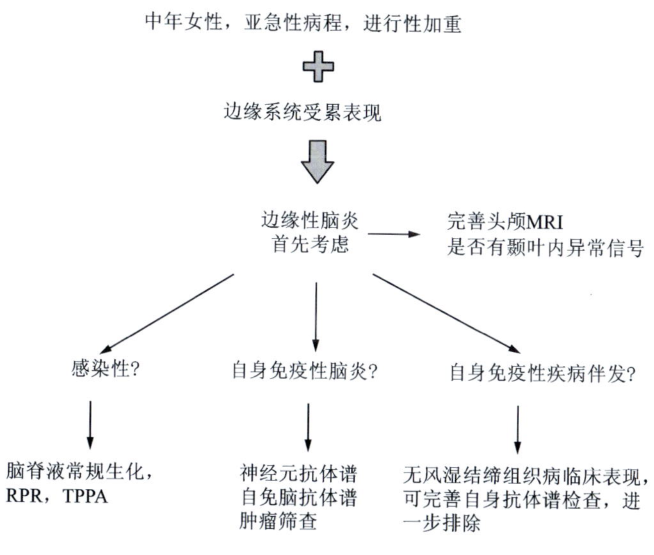


图 242　定性诊断思路图

TPPA 阴性，脑脊液寡克隆区带阴性，未见鞘内 IgG 合成增加的证据。胸部 CT 影像：未见明显异常。血清神经元抗原谱抗体：抗 Hu 抗体、抗 Yo 抗体、抗 Ma 抗体、抗 CV2 抗体阴性。血清肿瘤标志物正常，自身抗体均阴性。PNS 和系统性自身免疫疾病伴发中枢神经病变依据不足。血清、脑脊液自身免疫性脑炎抗体谱：血清 GABA 抗体阳性（+ +）、脑脊液 GABA 抗体阳性（+ + +）。脑电

图：异常脑电图，各区稍多散在性短程 4 ~ 7 Hz 30 ~ 80 uV 慢波，伴有少量中 - 高幅尖波、尖慢波及短程 80 ~ 100 uV 慢波。

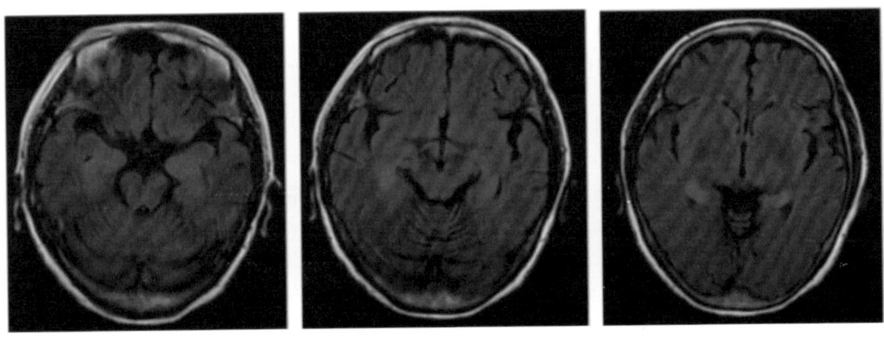

**图 243　患者头颅 MRI 平扫影像（Flair）**

图像示两侧海马区高信号

**最终诊断：抗 GABAR 抗体相关性自身免疫性脑炎（autoimmune encephalitis，AE），继发性癫痫**

［病例的问题］

1. 什么是边缘性脑炎（limbic encephalitis，LE）？导致 LE 的病因有哪些？

边缘系统主要由海马结构、海马旁回、乳头体、丘脑前核、杏仁核等结构组成，主要参与记忆力形成、情感和本能行为的调节。LE 主要累及颞叶内侧的海马结构和杏仁核，海马功能障碍是导致近事记忆力减退的主要原因，杏仁核损伤与患者的精神行为异常相关，癫痫发作主要与颞叶皮质受累相关。

LE 是边缘系统的炎性病变导致的临床影像综合征，临床表现为头痛、癫痫、近事记忆力减退、精神行为异常。影像学主要表现为颞叶内侧 T2/Flair 高信号。病因主要包括感染性、自身免疫性和自身免疫性疾病伴发。其中自身免疫性是 LE 常见病因，按照病因中可分为副肿瘤性和非副肿瘤性，具体可参考表 75。

表 75　LE 的病因

| 感染性 | 自身免疫性 | 自身免疫性疾病伴发 |
|---|---|---|
| (1)病毒感染<br>单纯疱疹病毒(1 型，2 型)<br>人类疱疹病毒(6 型，7 型)<br>轮状病毒<br>流感病毒<br>(2)梅毒螺旋体 | (1)副肿瘤性<br>抗 Hu 抗体<br>抗 Ma 抗体<br>抗 CV2 抗体<br>抗 Yo 抗体<br>(2)非副肿瘤性<br>抗 LGI1 抗体<br>抗 AMPAR 抗体<br>抗 GABAbR 抗体 | 红斑狼疮<br>干燥综合征<br>白塞病<br>桥本脑病<br>复发性多软骨炎 |

2. 什么是自身免疫性脑炎(AE)？可表现有哪些临床综合征？

AE 是一组由抗神经元自身抗体导致的炎性脑病，其中包括抗神经元表面抗体和抗神经元胞质抗体，前者主要包括抗谷氨酸受体(N－methyl－D－aspartate receptor，NMDAR)抗体，抗 LGI 抗体，抗 GABAR 抗体，抗 AMPAR 抗体等，此类抗体的靶抗原是神经元表面受体或突触蛋白，主要通过体液免疫导致相对可逆的神经功能障碍，对免疫治疗反应良好；后者主要包括抗 Hu 抗体、抗 Yo 抗体、抗 Ma 抗体、抗 CV2 抗体等，此类抗体针对细胞质抗元，介导细胞免疫反应，常导致不可逆的神经功能损伤，对免疫治疗反应较差。此外临床上还有其他类型的脑炎，如 ADEM、Bickerstaff 脑干脑炎、桥本脑炎等，也属于广义的 AE，但其发病机制和病理生理与此类脑炎不同，故不在此讨论。AE 的疾病谱在不断扩大，其临床表现复杂多变，最常见的临床综合征包括抗 NMDAR 脑炎和 LE，此外还包括其他一些少见的自身免疫性脑炎综合征，具体可参见表 76。

表 76　AE 的疾病谱

| 临床综合征 | 主要临床表现 | 辅助检查 | 相关抗体 | 可能合并的肿瘤 |
|---|---|---|---|---|
| 抗 NMDAR 脑炎 | 头痛、发热、认知功能障碍、精神行为异常、意识障碍，中枢性低通气，心律异常 | 66% 的患者 MRI 正常<br>34% 的患者可见 Flair/T2 皮质和皮质下非特异性病灶 | 抗 NMDA 受体抗体 | 畸胎瘤 |

**续表 76**

| 临床综合征 | 主要临床表现 | 辅助检查 | 相关抗体 | 可能合并的肿瘤 |
|---|---|---|---|---|
| LE | 头痛、癫痫、近事记忆力减退、精神行为异常 | 颞叶内侧 Flair/T2 高信号 | 抗 LGI1 抗体<br>抗 AMPA 受体抗体<br>抗 GABAb 受体抗体<br>抗 Hu 抗体<br>抗 Ma 抗体<br>抗 CV2 抗体<br>抗 Yo 抗体 | 小细胞肺癌，胸腺瘤<br>肺癌，乳腺癌<br>小细胞肺癌<br>小细胞肺癌<br>精原细胞癌<br>小细胞肺癌，胸腺瘤<br>卵巢癌，乳腺癌 |
| 莫旺综合征(mowan's fibrillary chorea, Morvan) | 神经肌强直<br>睡眠障碍、自主神经功能障碍 | 肌电图可见纤维束颤，神经性肌强直 | 抗 CASPR2 抗体 | 胸腺瘤 |
| Ophelia 综合征 | 合并霍奇金淋巴瘤、边缘性脑炎表现 | 除典型的颞叶内侧病灶，可发现顶叶、枕叶皮质、脑桥广泛的病灶 | 抗 mGluR5 抗体 | 霍奇金淋巴瘤 |
| 伴强直和肌阵挛的进展性脑脊髓炎(progressive encephalomyelitis with rigidity and myoclonus, PERM) | 痛性痉挛、肌阵挛、易惊吓、自主神经症状 | 无特异性表现 | 抗 GlyR 抗体 | 较少合并肿瘤 |
| 僵人综合征 | 中轴肌肉和四肢近端肌肉持续收缩 | 无特异性表现 | 抗 GAD 抗体 | 较少合并肿瘤，可合并甲状腺炎，1 型糖尿病 |

**续表 76**

| 临床综合征 | 主要临床表现 | 辅助检查 | 相关抗体 | 可能合并的肿瘤 |
|---|---|---|---|---|
| DPPX相关脑炎 | 腹泻、体重减轻、记忆力减退、精神行为异常、中枢神经兴奋性增高(易惊吓、肌阵挛、癫痫) | 无特异性表现 | 抗 DPPX 抗体 | 与肿瘤无相关性 |
| GABAaR相关脑炎 | 难治性癫痫、癫痫持续状态 | 皮质和皮质下广泛的 Flair/T2 异常信号 | 抗 GABAaR 抗体 | 较少合并肿瘤 |
| 基底节脑炎 | 肌张力障碍、震颤、动眼危象、帕金森综合表现、精神症状、睡眠障碍 | 部分患者可见基底节区异常信号 | 抗多巴胺受体抗体 | 与肿瘤无相关性 |

3. 颞叶内侧病变应该如何进行鉴别诊断?

MRI 影像显示颞叶内侧 Flair/T2 高信号并非自身免疫性脑炎所特有，临床上多种疾病可以有类似表现，它既可以是炎性病变，也可以是肿瘤性病变，还可以是癫痫发作的继发表现。颞叶内侧病变不应和 AE 划等号，应该根据临床表现、脑脊液检查、脑电图和影像学表现综合判断。具体鉴别诊断流程可参考图 244。

4. 抗 GABAbR 抗体相关 AE 有哪些临床特点?

抗 GABA 受体相关 AE 可分为两型，抗 GABAaR 抗体相关脑炎和抗 GABAbR 抗体相关脑炎，前者主要表现为难治性癫痫，后者主要表现为 LE。该患者只检测到抗 GABAR 抗体阳性，未作进一步分型，根据临床表现推测为抗 GABAbR 抗体相关 AE。

抗 GABAbR 抗体在脑部皮质和皮质下广泛分布，在海马和小脑皮质的分子层分布最多，主要表达在神经元细胞膜表面，与致病抗体结合后会导致突触功能障碍，引起一系列临床表现。

抗 GABAbR 抗体是明确的致病抗体，抗体阳性的患者几乎都会发病，大部分患者为 LE 表现，少数患者表现为小脑共济失调或眼阵挛肌阵挛综合征。

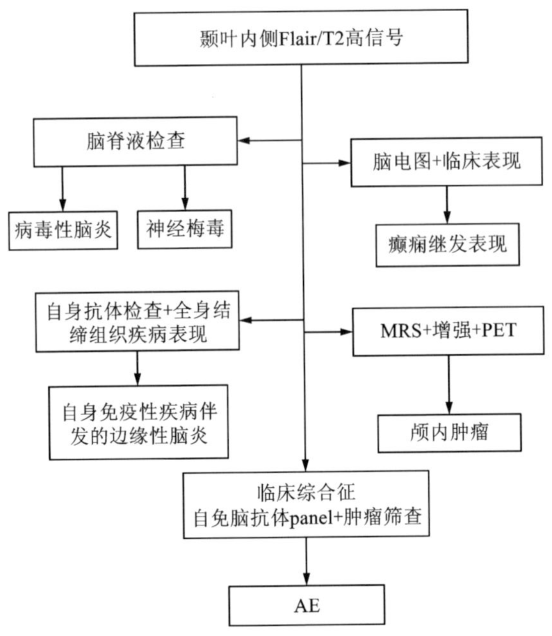


**图 244　颞叶内侧病变鉴别诊断流程图**

58% 的患者会合并肿瘤，主要为小细胞肺癌；少数患者合并胸腺瘤或黑色素瘤。高龄患者（平均年龄 66 岁）比低龄患者（平均年龄 43 岁）合并肿瘤的风险明显增高。MRI 影像可见颞叶内侧 T2/Flaire 高信号。脑电图可见颞叶起源的癫痫放电，以及弥漫或散在分布的慢波。该患者临床表现和辅助检查均支持抗 GABAbR 抗体相关 AE 的诊断。

抗 GABAbR 抗体相关脑炎对免疫治疗反应良好，大部分患者接受激素、丙种球蛋白或血浆置换治疗后症状会明显改善。该患者接受激素联合丙种球蛋白治疗后，癫痫未再发作，认知功能、精神状态也明显改善。

5. AE 的治疗和预后如何？

AE 的治疗包括免疫治疗和针对癫痫、精神症状的对症治疗，以及支持治疗。合并肿瘤的患者需进行手术切除，必要时行放疗和化疗。一线的免疫治疗包括激素、丙种球蛋白和血浆置换。大部分患者经一线治疗后症状会显著改善，对反应不佳的患者可考虑行二线治疗，药物主要包括利妥昔单抗和环磷酰胺。对于反复复发的患者需行长程免疫治疗，药物包括霉酚酸脂和硫唑嘌呤等。大部分 AE 患者经免疫治疗后预后良好，反复复发和合并肿瘤的患者则预后较差。

（段山山）

## 参考文献


[1] Hoftberger R, Titulaer MJ, Sabater L, et al. Encephalitis and gabab receptor antibodies: Novel findings in a new case series of 20 patients. Neurology, 2013, 81: 1500 – 1506.

[2] Onugoren MD, Deuretzbacher D, Haensch CA, et al. Limbic encephalitis due to gabab and ampa receptor antibodies: A case series. J Neurol Neurosurg Psychiatry, 2015, 86: 965 – 972.

[3] Leypoldt F, Armangue T, Dalmau J. Autoimmune encephalopathies. Ann N Y Acad Sci, 2015, 1338: 94 – 114.

[4] da Rocha AJ, Nunes RH, Maia AC, et al. Recognizing autoimmune – mediated encephalitis in the differential diagnosis of limbic disorders. AJNR Am J Neuroradiol, 2015, 36: 2196 – 2205.

[5] Graus F, Titulaer MJ, Balu R, et al. A clinical approach to diagnosis of autoimmune encephalitis. Lancet Neurol, 2016, 15: 391 – 404.

# 检索表

A－CIDP(acute onset CIDP，急性发病型慢性炎性脱髓鞘性多发性神经病)

ACR(American College of rheumatology，美国风湿病学会)

AD(alzheimer disease，阿尔茨海默病)

AD(autosomal dominant，常染色体显性遗传)

ADEM(acute disseminated encephalomyelitis，急性播散性脑脊髓炎)

ADH(antidiuretic hormone，抗利尿激素)

AE(autoimmune encephalitis，自身免疫性脑炎)

AHEM(acute hemorrhagicl eukoencephalo myelitis，急性出血性白质脑脊髓炎)

AHL(acute hemorrhagic leukoencephalitis，急性出血性脑白质炎)

AIDP(acute inflammatory demyelinating polyneuropathy，急性炎症性脱髓鞘性多发性神经病)

AIDR(acute inflammatory demyelinating radiculopathy，急性炎症性脱髓鞘性神经根神经病)

AIDS(acquired immune deficiency syndrome，获得性免疫缺陷综合征，艾滋病)

ADL(activity of daily living，日常生活能力量表)

ALS(amyotrophic lateral sclerosis，肌萎缩侧索硬化症)

ALS－FTD(amyotrophic lateral sclerosis－frontotemporal dementia，肌萎缩侧索硬化合并额颞叶痴呆)

AMAN(acute motor axonal neuropathy，急性运动轴索性神经病)

AMN(adrenomyeloneuropathy，肾上腺脊髓神经病)

AMSAN(acute motor sensory axonal neuropathy，急性运动感觉轴索性神经病)

ANA(antinuclear antibody，抗核抗体)

ANCA(anti－neutrophil cytoplasmic antibody，抗中性粒细胞胞浆抗体)

AQP－4(aquaporin－4，水通道蛋白－4)

AR(autosomal recessive，常染色体隐性遗传)

AVP(arginine vasopressin，精氨酸加压素)

Aβ(amyloid β - protein，β淀粉样蛋白)

BACE1(β - site APP - cleaving enzyme 1，β - 分泌酶1)

BBE(Bickerstaff's brainstem encephalitis，Bickerstaff脑干脑炎)

BMT(best medical treatment，最佳药物治疗)

bvFTD(behavioral variant frontotemporaldementia，行为变异型额颞叶痴呆)

CAA(cerebral amyloid angiopathy，脑淀粉样血管病)

CAA - ri(cerebral amyloid angiopathy - related inflammation，脑淀粉样血管病相关炎症)

CADASIL(cerebral autosomal dominant arteriopathy with subcortical infarcts and leukoencephalopathy，常染色体显性遗传性脑动脉病伴皮质下梗死和白质脑病)

CANVAS(cerebellar ataxia with neuropathy and vestibular areflexia syndrome，伴神经病变和前庭反射消失的小脑性共济失调综合征)

CARASAL(cathepsinA - realateclarteriopathy with strokes and leukoencephalopathy，伴卒中和白质脑病的组织蛋白酶A相关性动脉病)

CARASIL(cerebral autosomalrecessive arteriopathy with subcortical infarctions and leukoencephalopathy，常染色体隐性遗传性脑动脉病伴皮质下梗死和白质脑病)

CAS(carotid stent implantation，颈内动脉支架植入术)

CB(conduction block，传导阻滞)

CD(celiac disease，乳糜病)

CEA(carotid endarterectomy，颈内动脉内膜剥脱术)

CgA(ChromograninA，嗜铬蛋白A)

CIDP(chronic inflammatory demyelinating polyneuropathy，慢性炎性脱髓鞘性多发性神经病)

CIS(clinically isolated syndromes，临床孤立综合征)

CJD(creutzfeldt - Jakob disease，克雅病)

CK(creatine kinase，肌酸激酶)

CLIPPERS (chronic lymphocytic inflammation with pontineperivascular enhancement responsive to steroid，类固醇激素反应性慢性淋巴细胞性炎症伴脑桥血管周围强化)

CLN(cortical laminar necrosis，皮质层状坏死)

CMAP(compound muscle action potential，复合肌肉动作电位)

CMB(cerebral microbleed，微出血)

CMCT(central motor conduction time，中枢运动传导时间)

CMT(charcot - Marie - Tooth，腓骨肌萎缩症)

CMT1(charcot - Marie - Tooth 1，腓骨肌萎缩症 1 型)

CMTNS(charcot - Marie - Tooth neuropathy score，腓骨肌萎缩症神经病变评分)

CNS(central nervous system，中枢神经系统)

CRION(chronicrelapsing isolated optic neuropathy，慢性复发性孤立性视神经病变)

CRMCC(cerebroretinalmicroangiopathy with calcifications and cysts，伴钙化和囊变的脑视网膜微血管病)

CRP(c - reactionprotein，C 反应蛋白)

CSS(collet - Sicard syndrome，枕骨髁 - 颈静脉孔连接部综合征)

CSWS(cerebral salt wasting syndrome，脑性盐耗综合征)

CTA(computed tomography angiography，CT 血管成像)

DACM(distal anterior compartment myopathy，远端前群肌病)

DAT(dopamine transporter，多巴胺转运体)

DAT - PET - CT(dopamine transporter positron emission tomography computer tomography，多巴胺转运体正电子发射计算机断层组合显像)

DBN(downbeat nystagmus，下跳性眼震)

DBS(deep brain stimulation，脑深部电刺激)

DLB(dementia with lewy bodies，路易小体痴呆)

DM1(myotonic dystrophy type 1，强直性肌营养不良 1 型)

DM2(myotonic dystrophy type 2，强直性肌营养不良 2 型)

DMD(Duchenne muscular dystrophy，杜氏肌营养不良)

DML(distal motor latency，运动神经远端潜伏期)

DRG(dorsal root ganglion，背根神经节)

DSA(digital subtraction angiography，数字减影血管造影)

DTI(diffusion tensor imaging，弥散张量成像)

DWI(diffusion weighted imaging，磁共振弥散加权成像)

ECF(extracellular fluid，细胞外液)

EF(eosinophilic fasciitis，嗜酸性筋膜炎)

ENA(extractable nuclear antigen，可提取性核抗原)

EOS(eosinophils，嗜酸性粒细胞)

EPO(erythropoietin，红细胞生成素)

ESR(erythrocyte sedimentation rate，红细胞沉降率)

EUL(elebation of the upper limbs，上肢失举度)

FAB(frontal assessment battery，额叶功能评估量表)

FAS(flail arm syndrome，连枷臂综合征)

FBI(frontal behavior inventory，额叶行为量表)

FDF - PET - CT (fludeoxyglucose positron emission tomography computer tomography，氟脱氧葡萄糖正电子放射计算机断层组合显像)

FDG(fludeoxyglucose，氟脱氧葡萄糖)

FLAIR(fluid attenuated inversion recovery，液体衰减反转恢复序列)

FLS(flail leg syndrome，连枷腿综合征)

FSHD(facioscapulohumeral muscular dystrophy，面肩肱型肌营养不良症)

FTD(frontotemporal dementia，额颞叶痴呆)

FTLD(frontotemporal lobe degeneration，额颞叶变性)

GA(gait analysis，步态分析)

GABA(γ - aminobutyric acid，γ - 氨基丁酸)

GAD(glutamate decarboxylase，谷氨酸脱羟酶)

GBS(guillain - Barre syndrome，吉兰 - 巴雷综合征)

GBS - TRF(guillainBarre syndome treatment - related fluctuations，GBS 治疗相关性波动)

GFAP(glial fibrillary acidicprotein，胶质纤维酸蛋白)

HACEK(haemophilus species，aggregatibacter species，cardiobacteriumhominis，eikenellacorrodens，kingella species，嗜血杆菌，集杆菌，人心杆菌，啮蚀艾肯氏菌，金氏杆菌)

HANAC(hereditary angiopathy with nephropathy，aneurysm and cramps，遗传性血管病、肾病、动脉瘤和肌肉痉挛综合征)

HD(hirayama disease，平山病)

HERNS(hereditary endotheliopathy with retinopathy，nephropathy and stroke，伴视网膜病变、肾病和中风的遗传性内皮病)

HIV(human immunodeficiency virus，人类免疫缺陷病毒)

HNPP(hereditary neuropathy with liability to pressure palsies，遗传性压力易感性神经病)

HSAN(hereditary sensory autonomic neuropathy，遗传性感觉自主神经病)

HSP(hereditary spastic paraplegia，遗传性痉挛性截瘫)

IBM(inclusion body myositis，包涵体肌炎)

ICAA(inflammatory CAA，炎症性 CAA)

ICH(intracranial hemorrhage，颅内出血)

IDON(idiopathic demyelinating optic neuritis，特发性脱髓鞘性视神经炎)

IDU(injection drug use，静脉药瘾，吸毒)

IE(infective endocarditis，感染性心内膜炎)

IIDDs(idiopathic inflammatory demyelinating diseases，特发性炎性脱髓鞘疾病)

IVIg(intravenous immunoglobulin，免疫球蛋白)

KD(kennedy disease，肯尼迪病)

LCFA(long chain fatty acid，长链脂肪酸)

LDH(lactate dehydrogenase，乳酸脱氢酶)

LE(limbic encephalitis，边缘性脑炎)

LEMS(Lambert - Eaton Myasthenic Syndrome，肌无力综合征)

LGMD2B(limb girdle muscular dystrophy type 2B，肢带型肌营养不良 2B)

LLN(lower limits of normal，正常值下限)

LMN(lower motor neuron，下运动神经元)

LOA(loss of attachment，失连接现象)

MAP(monophasic action potential，单相动作电位)

MBP(myelin basic protein，髓鞘碱性蛋白)

MCA(middle cerebral Artery，大脑中动脉)

MCV(motor nerve conduction velocity，运动神经传导速度)

MDS(Movement Disorder Society，运动障碍协会)

MELAS(mitochondrial encephalonyopathy with lactic acidosis and stroke - like episodes，伴高乳酸和卒中样发作的线粒体脑肌病)

MELAS(mitochondrial encephalopathy, lactic acidosis and stroke - like episodes，线粒体脑病、乳酸酸中毒伴卒中样发作)

MEP(motor evoked potential，运动诱发电位)

MFS(miller - Fisher syndrome，米勒 - 费舍尔综合征)

MIBG(meta iodobenayl guanidine，间位碘代苄胍)

MLPA(multiplex ligation - dependent probe amplification，多重连接探针扩增技术)

MMN(multifocal motor neuropathy，多灶性运动神经病)

MMSE(mini - mental state examination，简易智能精神状态检查量表)

MMT(manual muscle testing，徒手肌力检查)

MND(motor neuron disease，运动神经元病)

MOG(myelin oligodendrocyte glycoprotein，少突胶质细胞糖蛋白)

MOG - ON(MOG antibody - related optic neuritis，MOG 抗体性相关视神经炎)

MRA(magnetic resonance angiography，磁共振血管成像)

MRC(modified Rankin Scale，改良 Rankin 量表)

MRI(magnetic resonance imaging，磁共振成像)

MRV(magnetic resonance venogram，磁共振静脉成像)

MS(multiple sclerosis，多发性硬化症)

MS - ON(multiple sclerosis related optic neuritis，多发性硬化相关视神经炎)

MSA(multiple system atrophy，多系统萎缩)

MSA - P(multiple system atrophy with parkinsonism，多系统萎缩 - 帕金森型)

MST(morning stiffness time，晨僵时间)

MTX(methotrexate，甲氨蝶呤)

MUAP(motor unitaction potential，运动单位动作电位)

MUP(motor unit potentials，运动单位电位)

NCV(nerve conduction velocity，神经传导速度)

NGF(nerve growth factor，神经生长因子)

NIHSS(National Institute of Health Stroke Scale，美国国立卫生研究院卒中量表)

NMO(neuromyelitis optic，视神经脊髓炎)

NMO - ON(neuromyelitisoptica related optic neuritis，视神经脊髓炎相关视神经炎)

NMOSD(neuromyelitisoptica spectrum disorders，视神经脊髓炎谱系疾病)

NRTIs(nucleoside analog reverse - transcriptase inhibitors，核苷类逆转录酶抑制剂药)

NSF(neuronal survival factor，神经细胞存活因子)

NVE(native valve endocarditis，天然瓣膜心内膜炎)

OCT(optical coherence tomography，视神经光学相干断层扫描)

ON(optic neuritis，视神经炎)

PAM(potassium aggravated myotonia，钾加重性肌强直)

PAN(periodic alternating nystagmus，周期交替性眼球震颤)

PBP(progressive bulbar palsy，进行性延髓麻痹)

PC(paramyotoniacongenita，先天性副肌强直)

PCNSL(primary central nervous system lymphoma，原发性中枢神经系统淋巴瘤)

PD(parkinson's disease，帕金森病)

PD－MCI(parkinson's disease mild cognitive impairment，帕金森病轻度认知功能损害)

PDD(parkinson's disease dementia，帕金森病痴呆)

PEG(percutaneous endoscopic gastrostomy，经皮胃镜下胃造口术)

PERM(progressive encephalomyelitis with rigidity and myoclonus，伴强直和肌阵挛的进展性脑脊髓炎)

PET(positron emission tomography，正电子发射计算机断层成像)

PET－DAT(positron emission tomography－dopamine transporter，多巴胺转运体正电子发射型计算机断层显像)

PLS(primary lateral sclerosis，原发性侧索硬化)

PMA(progressive muscular atrophy，进行性肌萎缩)

PMR(polymyalgia rheumatica，风湿性多肌痛)

PNFA(progressive nonfluentaphasia，进行性非流利性失语症)

PPA(primary progressive aphasia，原发性进行性失语)

PPS(post－poliomyelitis syndrome，脊髓灰质炎后综合征)

PrPc(Prion protein，朊蛋白)

PSND(paraneoplastic sensory neuron disease，副肿瘤性感觉神经元病)

PSW(periodic sharp wave complex，周期性发作波)

PTF(post tetanic facilitation，强直后异化)

PVE(prosthetic valve endocarditis，人工瓣膜心内膜炎)

PWI(perfusion weighted imaging，灌注成像)

RAPD(relative afferent pupillary defect，相对性瞳孔传入障碍)

RBD(rapid sleep behavior disorder，快速睡眠行为障碍)

RCF(reversible conduction failure，可逆性传导衰竭)

RCT(randomized controlled trials，随机双盲对照试验)

REM(rapid eye movement，快动眼睡眠期)

RF(rheumatoid factor，类风湿因子)

RIS(radiologicallyisolated syndromes，影像孤立综合征)

RMT(resting motor threshold，静息运动阈值)

RNFL(retinal nerve fiber layer，视网膜神经纤维层)

RNS(repetatur nerve stimulation，重复神经电刺激)

RPD(rapidlyprogressive dementia，快速进展性痴呆)

RPR(rapid plasma reagintest，快速血浆反应素试验)

RVCL(retinal vasculopathy with cerebral leukoencephalopathy，伴脑白质不良的视网膜血管病)

SAH(subarachnoid hemorrhage，蛛网膜下隙出血)

SANDO(sensory ataxia neuropathy with dysarthria and ophthalmoplegia，感觉性共济失调性神经病伴构音障碍及眼肌麻痹)

SBMA(spinaland bulbar muscular atrophy，脊髓延髓肌萎缩症)

SCD(subacute combined degeneration，亚急性联合变性)

SCLC(small cell carcinoma of lung，小细胞肺癌)

SCV(sensory nerve conduction velocity，感觉神经传导速度)

SD(semantic dementia，语义性痴呆)

SDAVF(spinal dural arteriovenous fistula，硬脊膜动静脉瘘)

SEP(somatosensory evoked potential，体感诱发电位)

SIADH(syndrome of inappropriate secretion of antidiuretic hormone，抗利尿激素分泌异常综合征)

SMA(spinal mustular atrophy，脊髓性肌萎缩症)

SNAP(synaptosomal associated protein，突触体相关蛋白)

SNCV(sensory nerve conduction velocity，感觉神经传导速度)

SND/SNN(sensory neuron disease/sensoryneuronopathy，感觉神经元病)

SS(superficialsiderosis，表面铁沉积)

STIR(short time inversion recovery，短时间反转恢复序列)

SWI(susceptibility weighted imaging，磁敏感加权成像)

TEE(transesophageal echocardiography，经食管超声心动图)

TGF－β(transforming growth factor－β，转化生长因子 β)

TIA(transient ischemic attack，短暂性脑缺血发作)

TNF－α(tumor necrosis factor，肿瘤坏死因子)

TPPA(treponemapallidumparticleagglutinationtest，梅毒螺旋体明胶颗粒凝集试验)

TRP(transient receptor potential，短暂受体电位)

TST(triple stimulation technique，三重经颅磁刺激技术)

ULN(upper limits of normal，正常值上限)

UMN(upper motor neuron，上运动神经元)
UPDRS(unified Parkinson's disease rating scale，帕金森病综合评分量表)
VAMP(vesicle associated membraneprotein，囊泡相关膜蛋白)
VASp(visual analogue scale for patient，患者疼痛视觉模拟评分)
VASph(visual analogue scale for physician，医生疼痛视觉模拟评分)
VDRL(venereal disease research laboratory，性病研究实验室试验)
VEGF(vascular endothelial growth factor，血管内皮生长因子)
VGCC(voltage - gated calcium channels，电压门控钙通道)
VLCFA(very long chain flatty acid，极长链脂肪酸)
WBRT(whole brain radio therapy，全脑放射治疗)
XR(X - linked recessive inheritance，X 连锁隐性遗传)